JN275418

あたらしい
社会保障・社会福祉法
概　説［第2版］

佐藤　進・金川琢雄　編

信山社

―――〈執筆者紹介〉（掲載順）―――

佐藤　進（日本女子大学・立正大学名誉教授）
　　　　　（新潟青陵大学名誉教授）
金川琢雄（金沢医科大学名誉教授）
宇山勝儀（群馬社会福祉大学社会福祉学部教授）
森　長秀（日本大学生物資源科学部専任講師）
金子光一（東洋大学社会学部教授）
宇都榮子（専修大学文学部教授）
金子和夫（ルーテル学院大学文学部教授）
茶谷利つ子（新潟青陵大学助教授）
水野　勝（東洋大学名誉教授）
宮崎和子（元千葉県立衛生短期大学教授）
山﨑文夫（平成国際大学法学部教授）
河野康徳（昭和女子大学人間社会学部特任教授）
河村ちひろ（新潟青陵大学助教授）
齋藤敏靖（東京国際大学助教授）
片岡　直（福岡大学法学部教授）

第2版　はしがき

　現代社会は，バブル経済10年の崩壊後，日本社会の——産業，金融経済，労使関係などの——変貌に伴い，日本資本主義の現代再生を目ざして，歴代内閣，橋本，小淵，森内閣，ことに小泉内閣は〈構造改革〉（政治，産業，金融財政，労使関係，教育，社会保障，社会福祉などの全関係構造改革）を目ざして，制度・政策改革を試みてきた。ことにこの小泉内閣の5カ年は，自民党，公明党のペア内閣により，戦後60年の日本社会の大きな変革を試み，平成19年（2007）秋の参議院選挙を目ざしている。
　そこで本書は，多くの類書にみられるような法の概説としてではなく，次のような点に留意して編んでいる。

　第1に，現代の関係制度政策の改革にあわせて，人々のくらしに，生活に寄与できる視点を目ざして，説明したこと。
　第2に，社会保障，社会福祉法の史的な現状と課題について，国際の中の日本と対比して西欧の現況にふれたこと。
　第3に，日本の関係法制度の個別的，非連携的な性格に対し，医学部，福祉，看護心理大学で学ぶ，地域で実務の世界を担う看護，福祉従事者に幅広い連けい・実践技術の現状と展望について幅広い識見を取得できるよう心がけたこと，また人間のくらしにかかわる。以上の地域住民の学びに資するよう心がけたこと。

　とにかく，以上できる限り，法制度・政策のめまぐるしい改正に即応できるよう努力したことがあげられる。
　しかし行財政の日本の現状，保健医療改革，介護保険改革を含む社会保障，社会福祉の法制度・政策はなお進行中でめまぐるしい。
　小泉内閣退陣後もなお，安倍内閣の後継政策は，小泉内閣のきびしい社会保障，社会福祉制度政策は，産業関係，雇用関係にみる〈階層，地域格差〉の発生とその是正の現状は，日本経済の動きとかかわってなお，進行していること。基礎構造改革の視点である国優先の資本への優遇税制改革にあわせて，自立自助，公的福祉依存回避，民営化推

進が進行している。これらが，どのように現実に日本改造を試みているか，国民生活への影響について，国民の生存権保障の空洞化といわれている現状から，読者の方々からのご批判，ご意見をいただいたうえで，不備な点については，さらに，よりよいものへと補正を行うつもりである。

　平成18（2006）年11月

佐　藤　　　進
金　川　琢　雄

はしがき

　現代社会は，社会生活をとりまく政治，経済，社会的状況の変化が著しく，それが保健，医療，看護，福祉をめぐるサービス対応にも大きな影響を与えている。

　そこで，本書は第1に，わが国の社会保障・社会福祉法の概要とその現状と問題点をわかりやすく包括的に解説することに努めたこと。
　第2に，社会保障・社会福祉法の現状とその課題を明らかにするため，歴史的な展開や将来の課題についても言及したこと。また，現代の課題として，保健・医療・福祉の連携や，総合的な care が必要との視点に重点をおき説明していること。
　第3に，医学部，看護・福祉大学などで学び，将来，保健・医療・看護・福祉等の実務に従事する人達のために，利用しやすいものであること，また実務的な視点を取り入れ社会生活の変動に対して対応できるよう幅広く知識をえられるようにしたこと。もちろん，これらに関係のない読者の方々にもわかりやすい手頃な概説書として利用しうるよう心がけたこと。

　以上の趣旨で各分野の専門研究者が執筆したのであるが，何分にも短期間の執筆作業のためと行政改革に伴う法律改正作業が各分野で進んでおり，不十分な点もありうるかと思われる。医療保険改革，社会福祉基礎構造改革論議などにも言及したが，これら将来構想にかかわる点についても，読者の方々からのご批判，ご意見をいただいた上で，よりよいものへと改訂を行うつもりである。

　　平成11年4月

　　　　　　　　　　　　　　　　　　　　　　佐　藤　　　進
　　　　　　　　　　　　　　　　　　　　　　金　川　琢　雄

佐藤進・金川琢雄 編
あたらしい社会保障・社会福祉法概説〔第2版〕
目　次

第2版はしがき……………………………………佐藤進・金川琢雄…*iii*

はしがき……………………………………………佐藤進・金川琢雄…*v*

Part I　社会保障・社会福祉へのガイダンス……………………1
　このパートで学ぶ目標

1　社会保障・社会福祉の定義とその範囲………［佐藤　進］…2
1）ILOの「社会保障」に関する把え方とその特徴…………2
2）ILOの「社会保障」の把え方の背景および社会保障の歴史……………………………………………………4
3）「社会保障」の理念と第2次大戦後への影響……………5
4）国連の「社会福祉」把え方とその特徴……………………5
5）現代社会保障・社会福祉制度とその果たしている機能（役割）……………………………6
6）21世紀にみる各国の社会保障の動向とILO……………7

2　社会保障・社会福祉の構造………………………………8
1）社会保障と社会福祉の把え方………………………………8
2）社会保障・医療保障・社会福祉サービス保障……………8
3）社会保障・社会福祉の行財政　……［宇山勝儀・森長秀］…13
　　I　社会保障・社会福祉の行政 (13)
　　　(1)　生存権的基本権の登場 (13)
　　　(2)　生存権行政分野の広範性 (14)
　　　(3)　生存権の充実と法的性質 (15)
　　　(4)　生存権具体化のための施策形成過程 (16)
　　　　　(a)　行政責任所在の明確化 (16)
　　　　　(b)　施策の具体化・明確化 (17)
　　　(5)　社会保障・社会福祉施策執行における国と地方公共団体の関係 (18)

             (a) 自治事務 (19)
             (b) 法定受託事務 (19)
         (6) 社会保障・社会福祉施策執行における権力行政と
             非権力行政 (20)
             (a) 権力行為的行政 (20)
             (b) 非権力行為的行政 (21)
      Ⅱ 社会保障・社会福祉の財政 (22)
         (1) 財政の意義 (22)
         (2) 社会保障関係予算・決算の動向 (22)
             (a) 社会保障関係費の動向 (22)
             (b) 地方公共団体における民生費の決算の
                 動向 (24)
             (c) 地方分権と財源 (25)
         (3) 社会保障・社会福祉財政の財源構造 (26)
             (a) 保険料 (26)
             (b) 自己負担および費用徴収 (26)
             (c) 国庫支出金 (27)
         (4) 国庫支出金の問題点 (28)
      Ⅲ 社会保障・社会福祉と行政救済 (28)
         (1) 行政救済制度の意義 (28)
         (2) 国家補償制度 (29)
             (a) 国家賠償 (29)
             (b) 損失補償 (29)
         (3) 行政争訟制度 (30)
             (a) 行政不服審査 (30)
             (b) 行政事件訴訟 (31)
             (c) 両制度の関係 (32)
         (4) 簡易迅速な行政救済 (33)

3 社会保障・社会福祉の歴史 …………………………………… 34

   1) 西欧における発展 ………………………………[金子光一]… 34
      (1) 救貧法の成立 (34)
      (2) 民間福祉部門の発展 (36)
         (a) COS の形成と展開 (36)
         (b) セツルメント運動の形成と展開 (36)

- (3) 貧困調査（37）
- (4) 救貧法の廃止（38）
  - (a) 「救貧法および貧困救済に関する王立委員会」の意義（38）
  - (b) 社会立法の成立（39）
  - (c) 公的扶助の成立（40）
- (5) 福祉国家体制の確立とその後の展開（40）

2）わが国における発展 ……………………………[宇都榮子]…42
- (1) 社会事業前史（43）
  - (a) 古代・中世・近世社会の慈善救済（43）
  - (b) 明治維新と恤救規則の制定（43）
  - (c) 窮民救助法案の提出（44）
  - (d) 社会問題としての貧困問題の発生（44）
  - (e) 3つの救済法案（45）
- (2) 社会事業の成立（45）
  - (a) 窮乏層の拡大と社会事業の成立（45）
  - (b) 昭和恐慌と救護法の成立（46）
  - (c) 戦時厚生事業（47）
- (3) 社会事業から社会福祉へ（47）
  - (a) 戦後処理としての社会事業（47）
  - (b) 福祉3法の確立（48）
  - (c) 社会保障審議会勧告と新生活保護法（48）
  - (d) 高度経済成長と社会福祉の拡大（49）
- (4) 社会福祉の展開（50）
  - (a) 「福祉見直し論」の登場（50）
  - (b) 地域福祉中心型の社会福祉（50）
  - (c) 少子高齢化社会と社会福祉（51）

〈主要文献〉

Part II 健康の確保と医療の保障 ……………………[金川琢雄]…53
このパートで学ぶ目標

A 疾病予防・健康維持増進体制 ……………………………53

1 地域保健 ……………………………………………………53

1）地域保健の意義と沿革 (53)
 (1) 地域保健の意義 (53)
 (2) 地域保健の沿革 (54)

2）地域保健行政の組織 (55)
 (1) 厚生労働省と都道府県 (55)
 (2) 保健所 (56)
 (3) 市町村保健センター (57)

2 主な疾病予防，健康増進対策 ……………………………57

1）健康増進・成人保健対策 (57)
 (1) 健康日本21（仮称）総合戦略 (57)
 (2) 成人保健対策 (58)
 (3) 生活習慣病対策 (59)

2）感染症対策 (60)
 (1) 伝染病予防法の制定 (60)
 (2) 感染症の動向と予防対策 (60)
 (3) 予防接種 (62)

3）母子保健対策 (63)
 (1) 母子保健対策の沿革 (63)
 (2) 母子保健対策の現状 (64)
  (a) 母子保健対策 (64)
  (b) 母子医療対策 (64)
 (3) 母子保健活動の基盤整備 (65)
  (a) 母子健康センター (65)
  (b) 母子保健医療推進事業 (65)
  (c) 母子保健対策の今後の方向 (65)

4）精神保健対策 (65)
 (1) 精神保健対策の沿革 (65)
 (2) 精神障害者の医療 (66)
  (a) 入院医療 (66)
  (b) 通院医療 (67)
 (3) 社会復帰対策 (67)
 (4) 精神保健対策の今後の課題 (68)

5）歯科保健対策〈68〉
- (1) 歯科保健対策の沿革〈68〉
- (2) 歯科保健対策〈69〉
  - (a) 歯科保健思想の普及〈69〉
  - (b) 母子歯科保健〈69〉
  - (c) 成人・高齢者の歯科保健〈69〉
  - (d) 生涯を通じた歯科保健対策〈69〉

6）難病対策〈69〉
- (1) 難病対策と疾病の範囲〈69〉
- (2) 医療費の自己負担の軽減〈70〉

7）がん対策〈70〉

3　疾病予防・健康増進の今後の課題 …………71

1）地域保健対策の基本的な考え方〈71〉
- (1) サービスの受け手の視点の重視〈71〉
- (2) 地域の特性を生かした生活環境の整備〈72〉
- (3) 健康危機管理の視点〈72〉

2）市町村と都道府県の役割分担と体制整備〈72〉
- (1) 市町村と都道府県の役割分担〈72〉
- (2) 市町村の体制整備〈73〉
- (3) 都道府県保健所の機能強化〈73〉

B　医療提供体制 …………74

1　医療提供の沿革と理念 …………74

1）医療提供の沿革〈74〉
- (1) 沿　革〈74〉
- (2) 最近の医療法改正〈76〉

2）医療提供の理念と責務〈76〉
- (1) 医療法の目的〈76〉
- (2) 医療のめざすべき方向〈76〉
- (3) 関係者の責務〈77〉

2　医療提供に際し留意すべき事項 …………78

1）患者への情報提供 (78)
 (1) 入退院時の書面の作成及び交付 (78)
 (2) 退院後の療養への連携 (79)
 (3) 病院・診療所の情報の提供 (79)
 (4) 医療安全支援センターの相談・助言 (80)
2）医療機能の分化と連携 (80)
 (1) 医療計画 (80)
  (a) 医療計画の目的 (80)
  (b) 医療計画の内容 (80)
  (c) 医療計画において配慮すべき事項 (81)
 (2) 医療提供施設外での医療 (82)
  (a) 訪問看護 (82)
  (b) 療養病床の再編 (82)

3　医療提供体制の現況 …………………………… 83

1）医療施設・病床 (83)
2）医療従事者 (85)
 (1) 医師・歯科医師 (88)
 (2) 保健師，助産師，看護師 (88)
 (3) 薬剤師 (88)
3）救急医療体制 (89)

4　医療提供体制の今後の課題 …………………………… 90

1）医療施設機能の体系化と連携 (90)
2）かかりつけ医機能の向上 (91)
3）情報提供の推進 (91)

C　医療保障制度 …………………………… 93

1　医療保障制度の沿革と方法 …………………………… 93

1）医療保障の意義 (93)
2）医療保障の沿革 (94)
3）医療保障の方法 (96)
 (a) 社会保険方式 (96)

　　　　(b)　公的扶助方式 (96)

　　　　(c)　公的保健サービス方式 (96)

2　医療保険制度の内容 …………………………………………97

　1）医療保険の体系と概要 (97)

　2）保険者と被保険者・被扶養者 (99)

　　(1)　保険者 (99)

　　　(a)　健康保険組合 (99)

　　　(b)　全国健康保険協会 (99)

　　(2)　被保険者 (100)

　　(3)　被扶養者 (100)

　3）保険給付の種類と範囲 (101)

　　(1)　療養の給付 (101)

　　(2)　入院時食事療養費・入院時生活療養費 (103)

　　(3)　保険外併用療養費 (103)

　　(4)　訪問看護療養費 (103)

　　(5)　移送費 (103)

　　(6)　高額介護合算療養費 (104)

　　(7)　傷病手当金 (104)

　　(8)　出産手当金 (104)

　　(9)　分娩費，育児手当金 (104)

　　(10)　埋葬料等 (104)

　　(11)　資格喪失後の継続給付 (105)

　4）費用の負担 (105)

　　(1)　一部負担金 (105)

　　(2)　保険料 (105)

　5）国民健康保険と高齢者医療 (106)

　　(1)　国民健康保険 (106)

　　(2)　前期高齢者医療 (107)

　　(3)　後期高齢者医療 (107)

　　　(a)　保険者 (107)

　　　(b)　被保険者 (107)

　　　(c)　医療給付 (108)

　　　(d)　一部負担 (108)

　　　(e)　保険料 (108)

　　　　　　　　(f) 国庫負担金等 (108)

　　6) 公費負担医療 (108)

　　　　(1) 社会防衛医療 (109)

　　　　(2) 社会福祉医療 (109)

　　　　(3) 災害補償医療 (109)

　　　　(4) 難病対策・研究医療 (109)

　　　　(5) 経済保障医療 (110)

　　7) 保険診療の法律関係 (110)

　　　　(1) 保険医療機関の指定と保険医の登録 (110)

　　　　(2) 保険診療 (111)

　　　　(3) 社会保険診療報酬支払基金 (111)

　　8) 保健事業 (112)

　　9) 財政状況 (113)

3　今後の改革に向けて …………………………………115

　　1) 改革案といくつかの論点 (115)

　　2) 医療費適正化計画 (116)

　　3) 診療報酬のあり方 (118)

　　4) 被保険者・被扶養者の自己負担 (120)

　　5) 高齢者医療保障制度 (120)

Part III　高齢社会と保健・医療・福祉への対応 …［金子和夫］…123
　　　このパートで学ぶ目標

1　高齢者の保健・医療・福祉施策の沿革と理念 ……………123

　　1) 高齢者の保健・医療・福祉施策の沿革 (123)

　　　　(1) 老人福祉法の制定とその前提 (123)

　　　　(2) 老人保健法の制定 (127)

　　　　(3) ゴールド・プランからゴールド・プラン21へ (128)

　　2) 高齢者の保健・医療・福祉施策の構造と理念 (131)

　　　　(1) 日常生活の自立支援 (131)

　　　　(2) 高齢者の尊厳の保持と権利擁護 (133)

　　　　(3) 保健・医療・福祉の連携と介護保険制度 (135)

　　　　(4) 高齢者の生きがい・生活支援 (136)

　　　　(5) 老人保健福祉計画と介護保険事業計画 (136)

　　　　(6)　今後の課題 (137)

2　介護保険 …………………………………………………………139

　　1）介護保険制度創設の背景 (139)
　　2）サービス提供システムの変化 (139)
　　3）介護保険法の概要 (140)
　　4）2005年制度改正の概要 (143)
　　5）保険給付の種類と内容 (144)
　　6）要介護者の認定 (147)
　　7）ケアプランの作成 (149)
　　8）介護サービス提供体制 (150)
　　9）費用負担 (151)
　　10）権利保護 (152)
　　11）介護保険制度の課題 (153)
　　〈主要文献〉

Part IV　労働生活の安全・衛生と補償 ………………………155
　このパートで学ぶ目標

1　労働生活の安全・衛生と補償の確保 ………[水野　勝]…155

　　1）労働基準法のあらまし (155)
　　　　(1)　労基法の目的と理念 (155)
　　　　(2)　労働契約と労働者保護 (156)
　　　　(3)　賃金保護 (157)
　　　　(4)　労働時間制と労働者保護 (158)
　　　　　　(a)　労働時間の原則と弾力化 (158)
　　　　　　(b)　時間外・休日労働と保護 (159)
　　　　　　(c)　休憩・休日・年次休暇 (159)
　　　　(5)　最低基準の確保措置 (160)
　　2）労働安全衛生法 (161)
　　　　(1)　安衛法の目的 (161)
　　　　(2)　安衛法の性格 (161)
　　3）男女雇用機会均等法 (162)
　　　　(1)　均等機会等の確保 (162)
　　　　　　(a)　差別行為の規制と改正法 (162)

　　　　(b) 差別紛争の処理 (163)
　　(2) セクハラ防止の配慮 (163)
　　(3) 妊産婦の健康管理 (163)

2　労働環境の安全と衛生 ……………………［宮崎和子］…165

1) 労働衛生行政の仕組み (165)
2) 労働安全衛生対策とその管理体制 (165)
　　(1) 労災職業病の増大と法の対応 (165)
　　(2) 安全衛生管理体制 (166)
　　　　(a) 総括安全衛生管理者 (168)
　　　　(b) 衛生管理者 (168)
　　　　(c) 安全管理者 (169)
　　　　(d) 安全衛生推進者 (169)
　　　　(e) 作業主任者 (169)
　　　　(f) 安全・衛生委員会 (169)
3) 安衛法と危害防止基準 (170)
　　(1) 危害防止基準の類型 (170)
　　(2) 職業性疾病の予防 (171)
　　　　(a) 職業病概念の変化 (171)
　　　　(b) 職業病の予防対策 (171)
4) 職場環境改善の推進 (171)
5) 産業医制度 (172)
　　(1) 意義と特性 (172)
　　(2) 選任義務事業 (173)
　　　　(a) 産業医の専属 (173)
　　　　(b) 職　務 (173)

3　労災補償制度 ……………………………………［水野　勝］…173

1) 労災保険の仕組み (174)
2) 業務上災害・負傷・疾病 (175)
　　(1) 認定の一般基準 (175)
　　(2) 主要な労働災害の認定 (176)
　　　　(a) 業務および業務不随行為中の災害 (176)
　　　　(b) 休憩中の災害 (177)
　　　　(c) 出張中の災害 (177)

            (d) 懇親会等への参加と災害 (178)
        (3) 職業病の認定 (179)
            (a) 職業病の範囲 (179)
            (b) 現代の職業病 (181)
    3）通勤災害 (184)
        (1) 業務上通勤災害 (184)
        (2) 保護通勤災害 (185)
            (a) 沿　革 (185)
            (b) 性　格 (186)
            (c) 保護通勤災害の認定 (186)
    4）労災保険の給付 (190)
        (1) 給付内容 (190)
            (a) 療養（補償）給付 (190)
            (b) 休業（補償）給付 (190)
            (c) 傷害（補償）給付 (190)
            (d) 遺族（補償）給付 (191)
            (e) 葬祭料 (192)
            (f) 傷病（補償）年金 (192)
            (g) 介護（補償）年金 (192)
            (h) 労働福祉事業 (193)
        (2) 他の社会保険給付との調整 (193)
        (3) 保険給付と損害賠償 (194)
            (a) 報償責任と賠償責任の調整 (194)
            (b) 賠償と補償の調整と法64条 (195)
            (c) 労災民事責任と安全配慮義務 (196)
        (4) 企業内特別補償協定 (198)
    5）不服申立て (198)

4　雇用保険 ……………………………………[山﨑文夫]…200

    1）雇用の現状と雇用保険 (200)
        (1) わが国の雇用の状況 (200)
        (2) 雇用保険とは (200)
    2）失業等給付 (201)
        (1) 求職者給付 (201)
        (2) 雇用継続給付 (201)

3）雇用 3 事業 (203)
- (1) 雇用安定事業 (203)
- (2) 能力開発事業 (203)
- (3) 雇用福祉事業 (204)

〈主要文献〉

Part V　自立支援の社会福祉サービス……207

このパートで学ぶ目標

1　社会福祉の供給体制……[河野康徳]…207

1）社会福祉行政の組織と運営 (208)
- (1) 社会福祉の行政組織 (208)
- (2) 社会福祉制度の運営 (211)
    - (a) 制度運営の構成要素 (211)
    - (b) 措置制度 (211)
    - (c) 契約制度 (212)

2）社会福祉の供給組織 (213)
- (1) 法律による組織・団体 (213)
    - (a) 公設公営型 (213)
    - (b) 認可団体型 (214)
    - (c) 利用支援型 (214)
- (2) 法律によらない組織・団体 (214)
    - A　民間非営利組織 (214)
    - (a) 行政関与型 (214)
    - (b) 協同組合型 (215)
    - (c) 地域活動型 (215)
    - B　民間営利組織 (215)

3）社会福祉施設 (216)
- (1) 社会福祉施設の体系 (216)
- (2) 施設利用の活性化方策 (218)

4）自立支援活動の総合化をめざして (219)
- (1) 地域生活支援活動の総合性 (219)
- (2) 保健・医療・福祉の連携の具体的方策 (219)
- (3) 諸施策連携の質的向上のために (221)

2　児童福祉 ………………………………［河村ちひろ］…222

1）児童福祉の理念（222）
2）児童福祉の法律（222）
3）児童福祉の施策（224）
　(1)　子育て支援と健全育成（224）
　(2)　保　育（225）
　(3)　児童自立支援（225）
　(4)　障　害（227）
　(5)　ひとり親家庭の福祉（228）

3　障害者福祉 ………………………………［河野康徳］…230

1）障害の概念と福祉の理念（230）
　(1)　「障害者の権利宣言」にみる障害概念（230）
　(2)　「国際障害者年行動計画」の概念構成と主な原則（231）
　(3)　「完全参加と平等」とノーマライゼーション（232）
　(4)　リハビリテーションと機会の均等化（232）
　(5)　理念の展開（233）
2）障害者の福祉に関する法律（234）
　(1)　障害者基本法（234）
　(2)　障害者施策に関する法律の体系（235）
　(3)　障害者福祉に関する法律（237）
3）障害者福祉の施策（237）
　(1)　障害者自立支援システム（237）
　　　A　障害者福祉法体系の再編成（237）
　　(a)　施策の再編成へ向けて（237）
　　(b)　障害者自立支援法の成立と改革のねらい（237）
　　(c)　既存各法との関係（238）
　　　B　障害福祉サービスの一元化（238）
　　　C　総合的な自立支援システムの構築（239）
　　　D　利用者本位のサービス体系への再編（240）
　　　E　支給決定の透明化（241）
　　　F　費用負担関係の合理化（242）
　　　G　障害福祉計画の策定（243）
　(2)　身体障害者福祉法（244）

　　　　A　総　則 (244)
　　　　(a)　法の目的・理念 (244)
　　　　(b)　法の対象となる身体障害者 (245)
　　　　(c)　援護の実施機関等 (246)
　　　　B　更生援護 (246)
　　　　(a)　総　則 (246)
　　　　(b)　障害福祉サービス，障害者支援施設等への
　　　　　　入所等の措置 (247)
　　　　(c)　盲導犬等の貸与 (248)
　　　　(d)　社会参加の促進等 (248)
　　　　C　事業および施設 (249)
　　　　(a)　事業の開始等 (249)
　　　　(b)　施設の設置等 (249)
　　　　(c)　施設の基準 (249)
　　　　(d)　施設体系 (249)
　　　　D　費用負担関係 (249)
　　(3)　知的障害者福祉 ……………………………[河村ちひろ]…250
　4）精神障害者福祉 ……………………………[齋藤敏靖]…251
　　(1)　精神障害者社会復帰施設 (251)
　　　　(a)　精神障害者生活訓練施設 (252)
　　　　(b)　精神障害者授産施設 (252)
　　　　(c)　精神障害者福祉工場 (253)
　　　　(d)　精神障害者社会復帰施設の問題点と課題 (253)
　　(2)　精神科医療機関における精神科デイ・ケアと
　　　　精神科訪問看護 (254)
　　　　(a)　精神科デイ・ケア（デイ・ナイト・ケア含む）(254)
　　　　(b)　精神科訪問看護 (254)
　　　　(c)　精神科デイ・ケア及び精神科訪問看護の問題点
　　　　　　と課題 (255)
　　(3)　精神保健福祉法及び精神障害者に適応される
　　　　社会復帰関連制度 (256)
　　　　(a)　精神障害者社会適応訓練事業（法50条の3旧法
　　　　　　50条の4）(256)
　　　　(b)　精神障害者退院促進支援事業 (256)
　　　　(c)　精神障害者社会適応訓練事業および精神障害者

退院促進支援事業の問題点と課題 (257)

　5) 障害者福祉の課題 ……………………………[河野康徳]…258

　　(1) 課題の前提となる国際動向 (258)

　　(2) 国際動向への我が国の対応 (258)

　　(3) 当面する課題 (259)

　〈主要文献〉

4　高齢者福祉 ……………………………………[茶谷利つ子]…261

　1) 高齢者福祉の理念 (261)

　2) 高齢者福祉に関する法律 (262)

　3) 在宅福祉サービス (264)

　　(1) 介護サービス (264)

　　(2) 居宅訪問系サービス (265)

　　(3) 通所系サービス (268)

　　(4) 利用型サービス (270)

　　(5) 相談サービス (272)

　　(6) 生きがい対策 (273)

　4) 施設福祉サービス (274)

　　(1) 入居型施設 (274)

　　　(a) 老人福祉法による施設サービス (274)

　　　(b) 介護保険法による施設サービス (276)

　　(2) レクレーション型施設 (280)

5　自立と福祉の援助活動 ……………………………[河村ちひろ]…281

　1) 社会福祉従事者とその実践 (281)

　　(1) 社会福祉従事者の現状 (281)

　　(2) 実践の方法 (282)

　　　(a) 相談援助 (282)

　　　(b) 生活援助 (283)

　　　(c) 間接援助 (285)

　　(3) 国家資格 (285)

　　　(a) 社会福祉士 (286)

　　　(b) 介護福祉士 (286)

　　　(c) 精神保健福祉士 (286)

　2) 民間活動 (287)

(a) 社会福祉協議会 (287)
(b) 民生委員・児童委員 (287)
(c) NPO (288)

Part VI 経済生活の保障 ……………………………[片岡　直]…289

このパートで学ぶ目標

1 公的扶助 …………………………………………………………289

1）生活保護制度の意義・沿革・目的 (289)
　(1) 生活保護制度の意義・沿革 (289)
　　(a) 意義 (289)
　　(b) 沿革 (290)
　(2) 生活保護制度の目的 (292)
　　(a) 最低生活保障の目的 (292)
　　(b) 自立助長の目的 (293)

2）生活保護制度の仕組み (294)
　(1) 生活保護制度の基本原理 (294)
　　(a) 生存権保障の原理 (294)
　　(b) 無差別平等の原理 (295)
　　(c) 最低生活保障の原理 (295)
　　(d) 補足性の原理 (296)
　(2) 保護の実施機関と手続き (296)
　　(a) 保護の実施機関 (296)
　　(b) 保護の実施手続き (297)
　(3) 生活保護実施上の原則 (298)
　　(a) 申請保護の原則 (298)
　　(b) 基準及び程度の原則 (298)
　　(c) 必要即応の原則 (299)
　　(d) 世帯単位の原則 (299)
　(4) 生活保護の種類と方法 (300)
　　(a) 生活扶助 (300)
　　(b) 教育扶助 (301)
　　(c) 住宅扶助 (301)
　　(d) 医療扶助 (301)
　　(e) 介護扶助 (301)

　　　　(f)　出産扶助 (302)

　　　　(g)　生業扶助 (302)

　　　　(h)　葬祭扶助 (302)

　　(5)　保護基準設定の考え方 (302)

　　(6)　生活保護に対する不服申立て (304)

3 ）生活保護の現状 (305)

　　(1)　保護人員・保護世帯と保護の原因 (305)

　　(2)　医療扶助の現状 (307)

　　(3)　保護施設への入所 (308)

　　(4)　保護費の負担 (309)

2　年金制度……………………………………………………310

1 ）老後の生活設計と公的年金 (310)

　　(1)　公的年金の役割と特徴 (310)

　　(2)　公的年金制度の沿革 (312)

2 ）公的年金制度の仕組み (315)

　　(1)　公的年金制度の体系 (315)

　　(2)　国民年金制度 (316)

　　　　(a)　概　要 (316)

　　　　(b)　被保険者 (316)

　　　　(c)　国民年金手帳の交付 (317)

　　　　(d)　保険料納付 (317)

　　　　(e)　年金給付の内容 (317)

3 ）公的年金制度の現状 (320)

　　(1)　公的年金制度の現状と課題 (320)

　　　　(a)　国民年金制度の現状と課題 (320)

　　　　(b)　厚生年金保険の現状と課題 (321)

　　　　(c)　国民年金・厚生年金保険の収支状況 (322)

　　(2)　年金額の物価スライド制 (322)

　　(3)　費用負担 (323)

　　　　(a)　国民年金保険料 (323)

　　　　(b)　厚生年金保険料 (324)

　　　　(c)　基礎年金の費用負担 (325)

　　　　(d)　国庫負担 (325)

4 ）企業年金・国民年金基金制度 (325)

(1)　企業年金制度（325）

　　　(2)　国民年金基金制度（326）

　　5）公的年金制度の実施機構と不服申立て（327）

　　　(1)　実施機構（327）

　　　　(a)　社会保険業務センター（327）

　　　　(b)　社会保険事務所（328）

　　　(2)　不服申立制度（328）

3　児童手当ほか手当制度 …………………………………330

　　1）総　説（330）

　　2）児童関係手当の内容（331）

　　　(1)　児童手当（331）

　　　(2)　児童扶養手当（331）

　　　(3)　障害児・者に対する社会手当（332）

　〈主要文献〉

Part VII　社会保障・社会福祉の課題 ………………［佐藤　進］…335

このパートで学ぶ目標

1　社会保障・社会福祉の論理 …………………………………336

　　1）「社会保障」および「社会福祉」制度の現代的性格（336）

　　2）現代社会における生存権保障と公的責任の
　　　「揺らぎ」（336）

　　　(1)　生存権保障からみた「負担」と「受益」基準原理とは（338）

　　　(2)　国民負担率と「給付＝受益」と「負担」（339）

　　　(3)　社会保障・社会福祉制度の存在とその論理を考える
　　　　──介護保障制度を実践として──（341）

2　社会保障・社会福祉を受ける権利の保障 ……………343

　　1）生存権保障とこれにかかわっている憲法規定（343）

　　　(1)　現代社会と人間の権利（343）

　　　(2)　生存権保障とその権利実現にかかわる法（344）

　　2）社会保障・社会福祉の権利とは（345）

　　　(1)　社会福祉諸サービスを受ける権利とは（345）

　　　(2)　社会福祉サービスの権利の内容について（345）

3）社会保障・社会福祉の受給権の保障とは (347)
　(1) 社会福祉サービスを容易に受けるための手続的な権利の擁護 (347)
　(2) ニードに即した権利内容を保障することの擁護 (347)
　(3) 社会福祉サービスの権利擁護のための争訟の権利の保全 (348)
　(4) 行政計画作成・決定，行政運営・管理への参加の権利の擁護 (349)

3　社会保障・社会福祉制度の機能と将来の展望 …………351

1）社会保障・社会福祉制度とその行財政の基本的特徴 (351)
2）社会保障・社会福祉制度連けい実現とその改革の視点 (352)
3）社会保障・社会福祉制度の展望 (355)
〈主要文献〉

重要事項索引（巻末）

あたらしい
社会保障・社会福祉法
概説［第2版］

*New Text Book for Social Security
and Social well-being Law
Second edition*

Part I

社会保障・社会福祉へのガイダンス

――〈このパートで学ぶ目標〉――

　今日，国民である勤労者，地域住民，まさに生活者は，この生きて，暮らしているこの社会――現代の資本主義社会の豊かな社会――で，一見何不自由なく暮らしているようにみえる。しかし，生活している人の生命，生活を脅かす社会的，経済的，保健面での数多くの原因や状況がみられる。たとえば，人間の生きる権利，自由な生活を営む権利を脅かすとみられる失業や，仕事に起因すると否とを問わず病気や負傷，死亡さらに後遺障害をはじめ，高齢退職，少子，多子，加えて自然災害や，社会的災害ともいえる殺人犯罪，交通災害などの生活事故や生活障害などはその数例にすぎないであろう。

　そこでこの社会では，第1に自分の生活は自分で維持するという立前は当然としても（自立自助といい，家族や自分を含めてお互いに助けあって生活を維持すること，これが私的な扶養責任原則といわれる），すでにのべたような多くの原因に対して，これでは対処しえない場合も多いのである。このような場合，これらに対して予防的にまた臨床的に自立自助を目ざす私的扶養を補強してゆくために国民の生存，生活を維持してゆくための多様な制度，政策を，国の公的責任によって国民に対して，慈恵，恩恵としてではなく，**法的な権利として行うものが「社会保障」，「社会福祉」**といってよい。そこで第2に日本において，また世界でこの制度や政策の意味とともに，これがどのような社会の歩みのなかで形成され，発展してきたかについて，学んでゆくことをめざしている。ことに，社会的経済的発展に関連して，ITの高度情報技術は，人々の生活を支配し，このIT関連犯罪を誘発しており，その対応が急がれている。

1　社会保障・社会福祉の定義とその範囲

　　わが国はいうまでもなく，主要世界諸国において，その国々の政治・経済や社会生活の状況また国民の生活，文化意識などにより，その内容に違いがあるとしても社会保障や，社会福祉という用語が広く用いられているが，それらの国々の事情もありその明確な定義は見られていない。そこで，「社会保障」という用語を広く普及させ，国際的にこれを定着させた公的な国際機関のILOの定義と，そこにみられる特徴などからみてみよう。

1）ILO（国際労働機関）（International Labor Organization）の「社会保障」に関する把え方とその特徴

　　公的な国連とその協力機関であるI・L・Oは，つぎのように把えている。

　　「社会保障は，社会がしかるべき組織を通じて，その構成員がさらされている一定の危険に対して与える保障である。これらの危険は，本質的には，資力の小さい個人がかれ自身の能力と予見のみをもってしては，あるいはかれの仲間たちとの私的な団結をもってしてさえ，有効な対処をすることのできない諸々の事故である。これらの諸々の事故の特色は，勤労者自身ならびにかれに依存する人びとに対して，健康でつつましやかな状態に，それらの人たちの生活を支える能力を危うくさせることにある。したがって，**国は，市民の一般的な福祉のために存在する住民の共同体である**から，社会保障を推進することは，国の適切な機能である。国のすべての政策は，社会保障になんらかの関係をもっているか，病気の予防や治療のための給付や，収入が得られなくなった時に援護し，収入の得られる活動にもどすための給付を，人びとに支給するようなしくみだけを，社会保障サービスとみることは便利なことである。しかし，このような措置のすべてが，保障を与えるものと考えることはできない。なぜなら，保障は客観的事実であると同時に，心の状態であるからである。保障を享受するためには，人は必要なときには，いつでも給付が得られるという信頼の念をもたなければならず，保障を与えるためには，施設（制度）が質・量ともに十分でなければならない」（I. L. O., Approaches to Social Security, 1942, p. 83）。

　　ここで，この「社会保障」というものの定義を，分解して説明してみると，それを広義の意味で把えるとすると，つぎのように整理しうると思うのである。

①

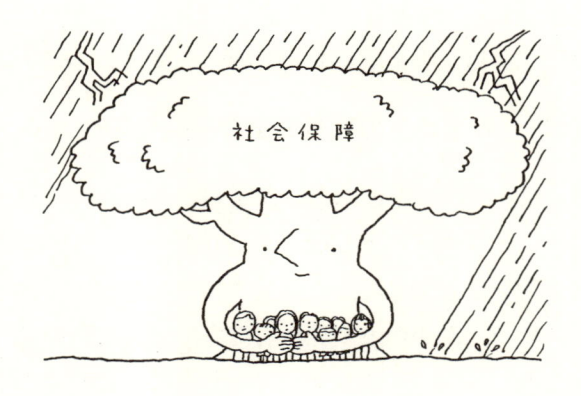

　第1は，社会，すなわち国家ならびに関連組織である**地方公共団体は，市民の一般的な福祉のために存在する共同体である**ということ。そこで，国やそれらの関連組織を通じて，その公的な責任によってその生活の保障を行うものであるということ。

　第2は，国は，その構成員である国民全体，その国民が社会生活において，どのような生産システムであろうと（資本主義であろうと，社会主義であろうと），それらのシステムを前提に，**さらされている一定の生活危険**（生活事故や生活状況などの）**に対して，権利としてその保障を行う**ということ。この対応は，労働する個人や，その扶養される人々がその私的な協力のみでは，有効に対応しえないものに対して，これは，健康をはじめとして，生活能力を危くしているものに対してであるということである。

　第3は，国の制度，政策は，上記の社会保障になんらかの関係をもっている給付，たとえば病気の予防，治療のための給付，また収入がえられない折の援護や，収入の得られる活動に戻すための給付を行うということ。それは，病気で健康を害していることや，色々の収入をうる機会がえられない，たとえば障害とか，高齢退職や失業などの場合をさすことになる。

　第4は，以上にとどまらず，このような客観的措置とあわせて，国民の精神的安定を確保するために，その保障を，必要な時に，いつでもどこででも得られることとあわせて，そのための施設，制度が質的，量的に十分なものであること。

　以上で整理したように，ILOが，このような把え方をしたのは，1942年であった。これは当時，すでに世界での「社会保障」と「社会福祉」などの当時の関係制度の広がりをみており，「社会保障」について，ILO加盟国が，財産権の尊重，契約の自由，自治による自由競争原理をとる資本主義生産システムをとっていようと，財産の国有化，計画生産体制をとる社会主義生産システムをとっていようと，どのような生産システムであろう

と，そこに発生する生活を脅かす事故に対するものに，どのように対処しているかについて，以上のように表現したとみてよいのである。

2）ILOの「社会保障」の把え方の背景および社会保障の歴史

（ⅰ）なお，ILOが，この把え方による報告を試みたのは，後に，歴史でも説明されることであろうが（3　社会保険・社会福祉の歴史参照），このような国民生活を脅してきた生活事故や情況に対して，歴史的には各国の生産経済システムにかかわって発生してきている生活問題への国の制度政策対応の歩みと，当時の到達点を見てとったことにもよっている。すなわち，前資本主義生産体制期にみるイギリスのヴィクトリア時代の，農村の大量の貧困と恩恵的な，公的な法制度政策，そしてその後イギリスなどにみる1840年代の産業革命期の経済発展，そしてこれに関連して，勤労者階級とその抬頭による労働組合結成と生産システムの変革の動きは，国の政治や政策に大きな影響を与えてきた。そしてそれとあわせて，マルクス・エンゲルスなどの社会主義，共産主義思想と結合する，当時の王制政治体制への脅威とそれへの対応としての王制側からの社会立法，とりわけドイツ，プロイセン帝国にみるビスマルク宰相の「飴と鞭」の社会政策（1884〜9年にみる，ビスマルクの勤労者階級への「飴」＝宥和政策としての健康保険法，労災保険法，老齢年金法の制度と「鞭」としての社会主義者鎮圧法の制定）などにみる勤労者対象の各種の勤労者や地域住民などへの**公的な保険法の西欧諸国への拡がり**をみせてきた。

（ⅱ）そして，さらに，20世紀に入り，第1次世界大戦をへて，1929年アメリカの「世界恐慌」とその世界への不況への対応としての**1935年アメリカ連邦政府「社会保障法」制定**さらに，**1938年ニュージーランド「社会保障法」**という，世界における「社会保障」の用語の使用と，そこにみられる新たな思想と内容の充実がみられてゆくことになる。

すなわち，アメリカの世界恐慌への対応としての社会保障法は，ビスマルクの「保険技術」を中心としたものであった。しかし，その後のニュージーランドの「社会保障法」は，これまでの救貧事業制度の税＝公費負担による「公的扶助」や，保険料拠出にもとづく勤労者保険関係法など，総合としての社会保障制度の確立として把えられるものであったのである。このニュージーランドの「社会保障」は，全国民に対し，平等原則にもとづいて，権利として，「生まれてから死ぬまで」の生活維持に対し，経済的側面，保険（保健）医療的側面，対人的サービス側面などに対して，税＝公費負担による保障という，「社会保障」にきわめて思想的な意味をこ

めた制度政策を具体化したことであった。この政策は，それまでの税による救貧的な，無権利の恩恵的政策を（公的扶助といわれるもの），権利として，救貧，防貧をともにあわせた政策をとったことであった。このような公費負担による制度政策構想は，当時としてはユニークであり――今日でもユニークであるが―― ILO は，ここで，「社会保障」という用語とあわせ，全国民の生存，生活の「生まれてから死ぬまで」の維持の問題を，保険技術や税（公費負担）による公的扶助との組みあわせの，既製の制度政策はともかく，税＝公費負担による政策技術を誕生せしめたことを重くみてとったことから，上記の社会保障の把え方を提起したといってもよいのである。

3）「社会保障」の理念と第2次大戦後への影響

その後，イギリスの社会保障制度改革の構想といわれる，1942年ベヴァリッジ卿の「社会保障改革（社会保険および関連サービス）」報告書と，その第2次大戦後のイギリス社会保障改革は，いわゆる「福祉国家」形成化に影響を与える。これは，第2次大戦後の戦争経済から平和経済への移行にかかわる英米の「大西洋憲章」にみられた「社会保障」の制度化，さらに第2次大戦終結前の1944年 ILO の各種の社会保障関係勧告（「所得保障への勧告」，「医療保障への勧告」「雇用への勧告」）に具体化され，さらに1948年フランスのピエール・ラロック社会保障改革ならびに ILO 加盟国への社会保障制度に影響を与えることになる。しかし，21世紀に入って世界は経済不況化とならんで，国の財政とからむ，社会保障制度の在り方が問題となっている。

4）国連の「社会福祉」把え方とその特徴

（ⅰ）つぎに，「**社会福祉**」という**用語**についてみてみよう。

第2次大戦を経た，現代社会において，ILO と深い関係をもつ公的な国際機関である国際連合（UN）は，前述の ILO の社会保障とは別に，「**社会福祉サービス**という用語は，ソーシャル・サービスの限定された諸領域における組織的諸活動を意味する」といい，「それは，家族や子どもの生活のような領域，保健，社会調整，余暇時間，生活水準，社会的諸関係などの領域における諸々のニーズに対処することに関して，自助に努めている人びとに対して援助を行うことを通して，社会的福祉（Social Wellbeing）の促進を目的とする組織的諸活動をいう」と整理的に定義する。

そして，この国連の考え方は，ILO と一味違っており，いわゆる狭義の

「所得保障」＝経済的給付と，これと並立して生活問題に対処する対人的サービス保障にかかわるソーシャル・サービスの実現は，第1に，ソーシャル・ケースワーク，第2に，ソーシャル・グループワーク，第3に，コミュニティ・ウェルフェアとその組織という3つの基礎的なアプローチに加えて，補助的アプローチとして，ソーシャル・リサーチ，ソーシャル・アドミニストレーション，ソーシャル・アクションからなることを指摘したといってよい。そして，そのサービスの対象領域は，つぎのものに向けられていることを指摘する。①家族および児童に対する諸サービス，②経済的障害者に対する諸サービス，③社会的，身体的，精神的障害者に対する諸サービス，④コミュニティ・サービス，グループに対する諸サービス，⑤その他の訓育にかかわる制度の枠組み内部の諸サービスなど。

　（ⅱ）　第2次大戦後の社会福祉＝対人的な社会福祉サービス（狭義の社会福祉）は，このような国際的な定義と，その機能的・専門的な役割，その評価のうえで，今日国連加盟国において，それなりに定着をみつつあることも事実である。このことは，一国のみならず，国際的関係においても，広義の「社会保障」，「社会福祉」という用語は，前述のILOの定義にみるような狭義の社会保障＝「所得保障（経済的保障）」とあわせて，国連(UN)でみる対人的な**社会福祉サービス保障**とを，広く必要とする時代の到来を示し，その専門従事者による対人的，専門的，総合的サービスの充実を迫る時代の到来を示してきていることを知る。

　日本の「社会保障」と「社会福祉」との把え方とその機能枠組みは，日本国憲法25条1・2項と関わって，憲法25条2項で使用されている用語は加えて「公衆衛生」が用いられているが，今日，ほぼそのような内容の包括的な制度化を実現してきているといってよいとみられるのである。

5）現代社会保障・社会福祉制度とその果たしている機能（役割）

　現代資本主義社会でも，数多くの生活問題や生活不安に対処するために，前述のように広義の社会保障（社会福祉）制度は，その狭義の「社会保障」，「社会福祉」制度などを通じて，その展開とその拡大をみせてきている。そしてそれらは，その資本主義社会内部にみられる雇用などの所得配分の不均衡の増大などによって生ずる階層間の対立の激化，不安を生みだし，体制自体の崩壊を誘発する恐れが生ずるということへの対処であることも無視できない。

　第1に，広い社会保障，社会福祉制度政策は，その導入により，たとえば累進課税制度や各種の税控除制度，目的税制度など税政策や財政政策と

も関連して，生産経済体制内部の自由経済活動の結果，発生する所得配分の不均衡の是正のための役割——**社会保障の経済的機能ともいうべき「所得再配分機能」**——を果たしている。

そして第2に，このような機能を通じて国民生活の最低限保障による安定化機能の実現は，それ自体の，すなわち資本主義社会の安定化機能，政治的安定化機能を果たすことになる。

また，第3にこのような**国民生活の安定化機能**を中心に，国民生活の社会的な画一化，平等化機能を果たすことになる。そして，これらのことは結果としては，国家によるその財政支出にもとづく社会的給付による国民生活の管理的規制を果たすことになることは否定できないのである。

これらの制度機能について，生産体制擁護のための「飴」と「鞭」の社会政策のうち，「飴」としての機能をもつものとしての批判がみられる。しかし今日，社会保障あるいは社会福祉制度は，国民の生存権実現に寄与していることは否定できないのであり，国民生活の維持，安定化の一端として，私的扶養の補足的役割を果していることはいうまでもない。

6）21世紀にみる各国の社会保障の動向とILO

（ⅰ）戦前の救貧的社会保障制度は，第2次大戦後，日本の国民経済の展開・発展により，救貧にあわせて防貧的な機能を果たし，平等保障を実現する役割を果たしてきた。

しかし，戦後20世紀わが国のバブル経済崩壊，さらに21世紀初頭の小泉内閣は財政・金融制度に加えて，社会保障，社会福祉制度にみる公的財政支出の抑制と北欧型高福祉，高負担抑制を実現すべくその構造改革を目ざした。国民の富裕化による自立自助，公的社会保障依存回避，公費福祉→民営化競争促進をベースに受益者負担，自己負担による社会保障制度政策を強める政策をとり，社会的な所得格差増大を生み出した。

（ⅱ）なお，ILOは，21世紀に対応して，財政，経済，国民生活の安定に関連して，21世紀の世界の変化にあわせて日本の社会保障制度の持続的安定を目ざす制度政策を望んでいる。

2 社会保障・社会福祉の構造
――「社会保障」と「社会福祉」との制度の構造と法――

1）社会保障と社会福祉の把え方

　「社会保障」と「社会福祉」とは，前述の国際関係機関にみるその目的と機能の把え方という点では，その目的，機能においてかなり類似し，相関関係をもっていることが理解されることであろう。広義の「社会保障」といい，「社会福祉」という場合，国民の生存，生活保障といっても，ILOや国連加盟国の経済的・政治的・社会的諸条件や，とりわけ経済的な発展によって国の公的な財政責任とそれにもとづく制度政策による対応が異なることから，その把え方も異なっているといってよいのである。

　ことに**狭義の「社会保障」**という場合，前述のように人間の生活にとって，もっとも基本的なことは経済的な生活保障ということであり，これを「所得保障」（Income Security）とか，「経済保障」（Economic Security）と呼ぶのである。また，所得保障とかかわって，人間の健康に不可欠な医療保障（Medical Security）とか，健康保障（Health Security）などがそのベースの保健保障とかかわって医療が医療保険とか，公衆衛生制度の制度をとって関連するのである。

　さらに**狭義の「社会福祉」**という場合，これは，生きている人間生活の基礎にある家族とその構成員，とりわけ児童はいうまでもなく，経済的障害者ともいえる無所得層や低所得層，さらに，社会的障害者ともいうべき移民・外国人の人々や，心身などの障害者などに対する，対人的なサービス→ソーシャル・ワークや関連教育サービスをさすといってもよいのである。

2）社会保障・医療保障・社会福祉サービス保証

　「社会保障」,「医療保障」さらに「社会福祉サービス保障」という場合，その機能的な面からみるとき，とりわけその実現に即してみるとき，そこには，かなり異なった内部的な構造が存するようにみえるのである。

　（ⅰ）「社会保障」は，人間の生活維持の上で，必要不可欠な「所得保障」あるいは「経済保障」を意味し，「社会福祉」は要援護の児童・障害者，高齢者などの対人的な支援サービスをも意味し，そしてこれを実現す

るという場合，前にふれたように資本主義社会の生活は，個人の自由な自立によって営まれることが前提となっており（私的扶養責任＝個人生活自己責任原則），その前提が崩れる虞（おそ）れがある，あるいは崩れたことを前提に，その補足として国の公的な，社会的な扶養責任としての社会保障制度による政策的対応が試みられるということである。

そして，国の公的責任，これも権利保障を前提に，責任を具体化する場合には，その責任の担い方やその政策制度による実現の在り方も財政とかかわって国によってそのかかわり方に違いがみられる。

また，ここから国が直接的な対応を試みるが，また国が直接的はともかく，その委任する機関（地方公共団体など）や，民間団体によって試みるということがおこるのである。

また，その公的責任がかかわる生活障害者対象をどの範囲とするか，どのような障害の範囲，またその所得や生活障害度合などの程度にするか，またそれをどのような制度政策によって（公的な直接給付によるか，委任による給付によるかなど），とりわけ必要な財源をどのような調達方法で対応するかなどの問題がおこるのである。以下これらについて，各制度について考えてみよう。

（ii）　**狭義の「社会保障」は，「所得保障」といわれる**ように，先ず各個人は，企業その他から労働＝雇用の機会をえて，労働力を提供し，その対価として賃金所得，収入をえ，それによって自分やその家族の生活を維持することになる。しかし，ここで本人の死亡や，自分が好んで，自分の都合などで退職する場合を含め，雇用が失われ，賃金や所得を失う場合がある。例えば，(1)企業の都合による解雇＝失業，(2)業務上の疾病（職業病），負傷，(3)非業務上の疾病，負傷，(4)出産と多子（少子），(5)本人の死亡，(6)高齢退職と退職後の疾病と介護・介助保障，(7)先天的，後天的障害，その他などがこれである。このような場合，所得のストック（貯蓄）がある場合には一時的，長期的に対応できるが，ない場合には所得なしには生活不能に陥ることになる。

これに対処するのに，第1に，国が公的に対応した制度政策として，無所得層に対し，救貧的な制度として，公費負担＝税による公的扶助（Public Assistance）制度（日本の場合生活保護法による生活給付）が，生活維持のために導入されたのである（イギリスのエリザベス救貧法，日本では明治年代の「恤救規則」→救護法（昭4）→旧生活保護法（昭20）→現行生活保護法（昭25））。目下，きびしい改正・法解釈が試みられているが，

第2は，保険料拠出によって，法で定める保険事故が発生した場合に給付する勤労者対象の**「勤労者保険」制度の創出**がみられるのである（1880年代のドイツ，プロイセンのビスマルクの導入した勤労者対象の「社会保険」といわれるもので，労働災害保険法，老齢年金法，医療保険法がこの代表である。しかし当時，失業保険法は制定されなかったのである）。これが，世界の主要諸国に普及してゆき，勤労者対象の保険が，広く地域住民にまで及ぼされ，いわゆる全国民への保険料拠出＝給付の「社会保険」制度となる。今日，この**社会保険制度**は，労働者や地域住民に対し，強制適用として全世界に拡大し，ドイツやフランスのように**包括的な社会法典**になっている場合もあれば，日本のように各個別の保険事故対象の労災保険法，雇用（失業）保険法，医療（健康）保険法，年金保険法，加えて介護保険法となっている例もある。もちろん，任意適用の制度も存在する。

　この**社会保険制度政策**は，世界の国々によっても異なっており，国・地方公共団体（保険者），適用される国民の範囲（被保険者），給付事故とその範囲，給付内容（現金か，現物かなどの），財政（保険料に加えて国の財政補助），その受給の権利の権利保障（行政不服申立，裁判所で訴訟する権利を含めて，公租公課その他などの賦課の禁止）の定めにも違いがあるのである。ことに，医療保険法や労災補償保険法の場合には，公的年金などの「所得保障」による各種の現金給付（医療費を含めて）と異なり，後述のように「医療保障」として，医療給付にかかわる医療保健従事者が関係し，医療サービスを提供する点で，公的年金のように単なる所得の再配分とは異なる性格があるのである。これらについては，後に説明されるところを参照されたい（Part II「健康の確保と医療の保障」およびPart VI「経済生活の保障」参照）。

　第3は，第1の公費負担＝税の財政的の支出による**公的扶助制度**がある。この「公的扶助」は，前に説明したイギリスのエリザベス女王の1600年代からみられ，救貧法として，資力調査（ミーンズ・テスト）や，労働能力調査などに加え，扶養者などの資力調査を要件に給付され，受給者のプライバシー侵害や，扶助行政担当者の自由裁量などによって，人権を著しく侵害することがみられ，今日でもみられている。このような人権侵害を改革するために，公費負担＝税による給付であっても，権利として受給権保障のための新しい「社会扶助（Social Assistance）」制度が創造されることになる（前述の1938年ニュージーランド社会保障法は，「生まれてから死ぬまで」の全生涯にかけて，各種の所得＝現金給付，医療サービス，社会福祉サービスをこの方式で行ったことから，公的扶助制度をはじめ関係制度改革の導火

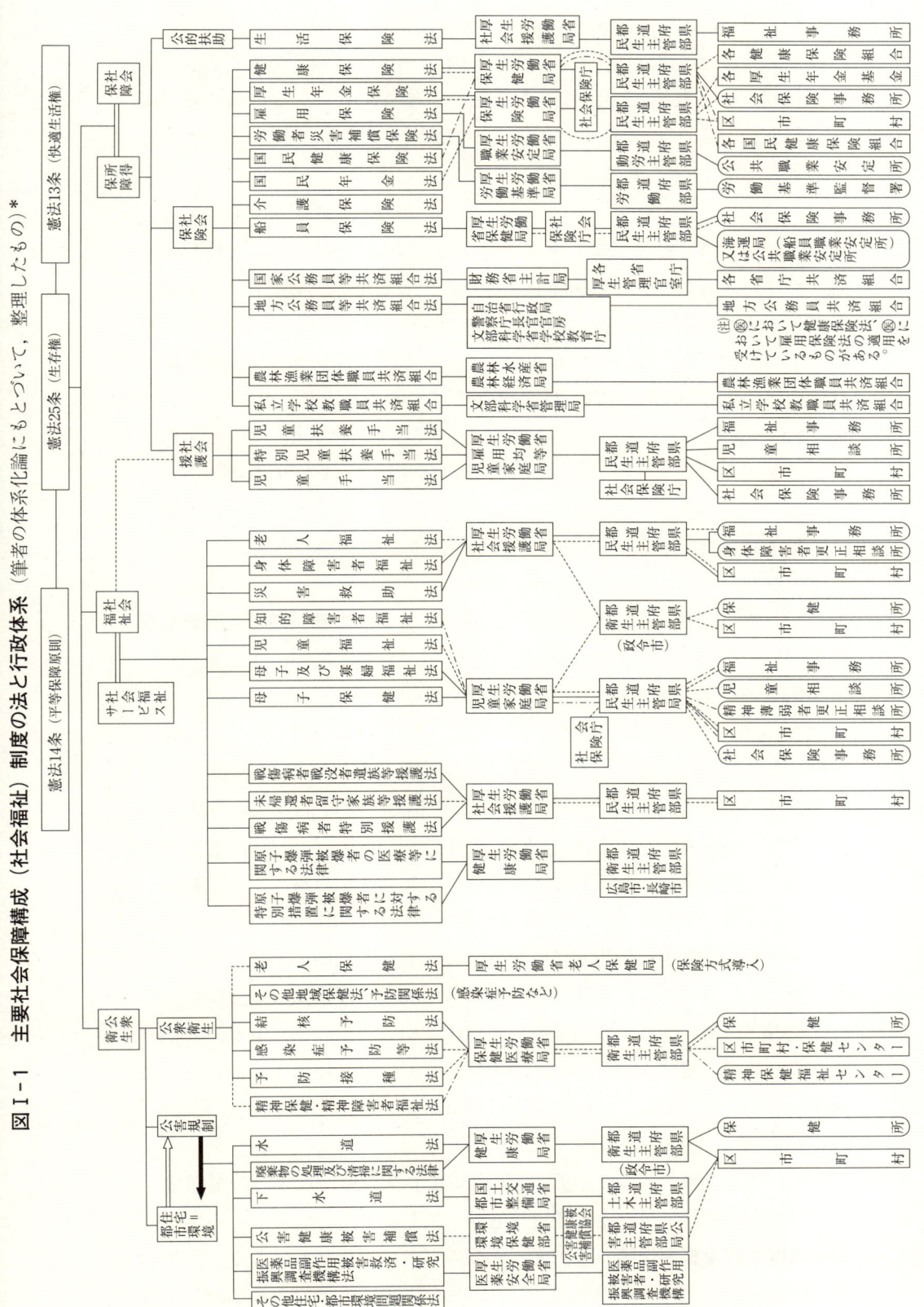

Part I
社会保障・社会福祉へのガイダンス

図 I-1　主要社会保障構成（社会福祉）制度の法と行政体系（筆者の体系化論にもとづいて、整理したもの）*

* 佐藤進『社会保障と社会福祉との法と法政策』(第5版)(誠信書房)(1998), pp. 90〜92 一部修正
健康保険組合連合会(編)『社会保障年鑑』(2004年版) などを一部使用。

線となった）（Part Ⅵ「経済生活の保障」参照）。

　以上，狭義の所得保障＝社会保障に関する制度を概観した。そこで，以下，便利と言われるので，日本の広義の「社会保障」あるいは「社会福祉」制度にかえ，「公衆衛生」制度といわれるものについて，まず表示しておくので図Ⅰ-1を参照されたい。

　（ⅲ）　以上の**「社会保障」＝「所得保障」**（現金保障）に加え，**「社会福祉」＝「対人的なサービス保障」**が，今日その補足的役割をおびて並立的な制度として拡充をみる（Part Ⅲ，Ⅳを参照）。大家族時代が，産業の発展とその変化などによって核家族化するにつれて，従来家族構成員や地域住民が果たしてきた個別的・集団的な対人サービス機能（相談，援護，育成，老親扶養，教育など）を専門，特化し，コニュニティ・ケアなどを創出せざるをえない時代が到来している。以前慈善的な，恩恵的なボランティによる「社会事業」といわれたものが，「社会福祉事業」として，中央政府や地方自治体と協力して専門事業化し，准公的機関として，たとえば「社会福祉法人」などの形で法的に認知される時代がきているのである。あわせて，その従事者も，専門的職業従事者として，**国家試験による資格保有**を認められる時代がきている（社会福祉士，精神保健福祉士，介護福祉士，また看護師（士），その他）。

　「社会福祉」＝「対人サービス保障」は，「国家扶助の適用をうけているもの，身体障害者，児童，その他援助育成を要する者が自立してその能力を発揮できるよう，必要な生活指導，更生補導，その他の援助育成を行う」（昭25，社会保障制度審議会「社会保障制度に関する勧告」）と定義されている。この規定は，その対象者とそのサービス活動対象を記している。そして，これは旧社会福祉事業法でも定められ，1993年（平成5年）法改正によって，事業中心の規定に改正されてはいるが民間の事業者によってその精神はうけつがれ，後述の身体者の人々への「援護法」制定にあわせて受益者負担措置制度から当事者間の自由契約と負担制度による，公私の在宅サービス，施設入所サービスの事業によって自立促進とかかわって展開をみせている（Part Ⅴ「自立支援の社会福祉サービス」参照）。

　（ⅳ）　なお，最後になったが，**「公衆衛生」施策**も，従来「公衆保健」として狭く評されてきたが，今日筆者が主張してきたところであるが**「社会生活環境保全整備保障」**と把え，人間の暮しの生活基盤にある，公衆保健，住宅＝居住生活環境の整備として，過疎，過密地域であると否とに関

わらず，健康保全にかかわる公害はじめ，生活環境に影響を及ぼす各地の生活環境汚染防止，快適な住宅住居生活保全関係施策は，人間の生活，生活の権利にかかわり，社会保障の法領域に必要不可欠のものといえる。これが，社会保障法の領域に含ませると考えるか，これを排除すべきかは学者によって社会保障や公衆衛生の把え方の違いがあり，ともかく，人間生活にかかわる社会資本の整備，充実の時代の大きな課題であることを指摘しておきたい（前掲**図１**参照）。

〔佐藤　進〕

3）社会保障・社会福祉の行財政

I　社会保障・社会福祉の行政

(1)　生存権的基本権の登場

　日本国憲法が規定する基本的人権は，その保障に到る歴史のなかでみると，２つの型がある。いわゆる**自由権的基本権と生存権的基本権**である。**自由権的基本権**は，19世紀の経済・政治思潮であった自由主義法論に拠るものであった。かつて市民生活への国家の介入を極力排除し，自由な活動の保障こそ国家機能の基本とされた。学問の自由，思想・信条の自由，集会・結社の自由，居住・移転の自由，経済活動の自由等はこの思想を背景とするものである。自由権は，本質的に国家に対して市民生活への介入排除を請求するものであり，国家と人民との関係でいえば，不作為請求権の機能を持つものである。

　これに対し**生存権**では，国が市民生活に対して手をこまねいていたのでは，経済的・社会的弱者は益々生活障害に追い込まれ，ついには国家の安定的存立を脅かすこととともなりかねないので，このような事態の発生を回避するため，すべての国民に対し**「人間らしい生活の保障」を国家の責務**と定め，その実現・充実に向けた努力を規定するに至ったものである。国家と市民生活との関係でいえば，自由権が国家介入の排除を請求する国に対する不作為請求権であるのに対し，生存権は，人間に値する生活の保障を求めて，国の責務の履行を請求するいわば作為請求権ということができる。

　社会保障・社会福祉の諸施策は，まさに国家の作為義務の履行として展開されているものであり，その充実・発展は積極国家（福祉国家）の存立基盤となっているものである。

歴史的に見て，自由権尊重の思潮は，原始資本主義ないし資本蓄積期には大きな効果を生じたが，資本主義の成熟とともに資本主義の持つ内在的・論理的矛盾が社会問題を多発させるに至った。富の著しい偏在，貧富の差の拡大，貧困サイクルの拡大再生産等はそれであり，その結果，労働争議の多発，貧困層の沈殿化による社会問題の発生等自由主義の名のもとに夜警国家をきめこむことを許さない社会・経済・政治状況の発生への対応，さらには戦争の遂行上必要な戦費の調達など国家による経済への介入が不可避的となり，かつての自由主義的ないし消極主義的国家観の修正が必然的となっていった。

とくに国内的には，労働運動に対する慰撫や生産性向上のためにも労働者対策が必至となり，業務災害保障や拠出を前提とした所得保障等の施策が形成されるに至った。

このような流れの中で自由主義的国家ないし消極国家は，積極主義的国家ないし福祉国家へと変貌していった。例えば，アメリカ独立革命のなかで生まれた**ヴァージニア憲法**（The Virginia Bill 1776）第1条では，「幸福と安全の追求と獲得」を人間生来の権利と規定し，1919年の**ワイマール憲法**151条1項では，経済活動における自由放任からの転換を宣言するとともに，**「人間に値する生活」**を憲法上の理念として表明した。これらの動向のなかで，1935年にアメリカ社会保障法が制定されるなど，国が国民の福祉向上に積極的になるべきだという，国家理念の変容が世界的傾向となっていった。ただ，当初社会保障や社会福祉の概念はきわめて抽象的であり，その実体も漠然としていたが，1942年にイギリスで公にされた，いわゆる**ベヴァリッジ・レポート**（「社会保険及び関連サービス」）と第2次大戦後その具体化のために実施された矢継ぎ早な立法化により，多くの社会保障・社会福祉の諸施策が具体的に把握されるようになり，各国の社会政策に大きな影響を与えることとなった。

日本国憲法における生存権規定もこれらの思想的影響を強く受けて誕生したものである。

(2) **生存権行政分野の広範性**

　国に対する作為請求権としての生存権は，積極的に国民の生活上のニーズに対応して，必要な施策を整備・充実することを国に対して求める**憲法上の権利である。**

ところで，国がすべての国民に「最低限度の文化的生活」を保障するために行う積極主義の施策は，生存権規定で列挙された社会福祉，社会保障，

公衆衛生に限定されるものではない。「人に値する生活」の実現では、すべての国民のあらゆる生活領域に関わりを持つものであることから、社会保障、社会福祉と密接な関連を有する労働、教育、環境、消費者保護、住宅等の分野にも配慮を必要とするものである。

　教育を受ける権利、労働権、幸福追求権等はその権利の行使を国が妨げないという自由権的な基本権ではなく、これら諸権利の保障が国民に平等に保障されていない場合は、その阻害要因の除去や阻害状況の改善等を求めることを可能とする権利というべく、概念的には生存権の隣接的基本的人権であるが、機能的には国家に対する作為請求権であり、生存権と同列視すべきものである。事実、「教育」では、義務教育の保障、奨学制度の創設、養護学校等の法制が、「労働」では、労働組合法や労働基準法等による、資本の論理から労働者を守るための諸法制等が創設され、「住宅」では、例えば低所得者向け公営住宅の建設、住宅資金の低利での融資等低所得者に住宅の取得を支援する諸施策が形成されている。また「環境」でも、騒音・水質汚濁・大気汚染等に関する規制が、「消費者保護」でも不当表示・訪問販売等の被害に対し事前・事後に対処できるよう、関係施策が存在する。

　社会保障が**「ゆりかごから墓場まで」**の各段階で、すべての国民のニーズに応えるには、福祉行政は広範かつ膨大な領域となる。あらゆるニーズに対し、一気にこれを充足させることは、いつの時代のどの行政でも困難であり、また最低限度の生活保障の程度・範囲はその時代の一般国民の生活水準との比較の上で決まる相対的なものであり、その意味では国の責任の範囲もその時代の社会経済関係と無縁ではない。

(3)　生存権の充実と法的性質

　憲法25条1項は「すべて国民は、健康で文化的な最低限度の生活を営む権利を有する。」と定めており、この規定を根拠として直ちに国に対して制度施策の実現を要求することが可能かなどについて議論があり、生存権の法的性質論が従前より展開されてきた。

　この点、最高裁は**食糧管理法違反事件**（最判昭和23年9月29日）、**朝日訴訟**（最判昭和42年5月24日）、**堀木訴訟**（最判昭和57年7月7日）といった重要判例において一貫して**「プログラム規定説」**を採用している。すなわち、憲法25条は、すべての国民が健康で文化的な最低限度の生活を営み得るように国政を運営すべきことを国の責務として宣言したに過ぎず、直接個々の国民に対して具体的権利を付与したものではなく、具体的権利は個別法

の立法やそれにもとづく施策により初めて実現するとする解釈である。

これに対しては生存権の権利性を認めた上で，国民は健康で文化的な最低限度の生活を営むべく立法その他の必要な措置を講ずることを求める抽象的権利を有しており，25条を具体化する法律の存在を前提として同条違反を主張できると解する**「抽象的権利説」**と，さらに踏み込んで生存権を具体的権利と捉え，これを実現する方法が存在しない場合には国に対し不作為の違憲確認訴訟を提起できると解する**「具体的権利説」**とがある。

学説は当初プログラム規定説が有力であったが，朝日訴訟を契機に抽象的権利説が有力となり，今日の通説となっている。具体的権利説は少数有力説と言えようが，この説によっても25条1項により直接に具体的給付を請求できるわけではなく，訴訟手続上の問題を除けば抽象的権利説と実質的に大きな差異はない。なお，判例が朝日訴訟において立法府の広範な裁量権を認めつつも，その逸脱・濫用ある場合の司法審査を認め，堀木訴訟ではこれを（傍論でなく）判決理由中で確認したことにより，生存権の裁判規範性は明確に肯定されており，学説において今日なおプログラム規定説を純粋に固持する立場は殆ど見当たらない。

(4) 生存権具体化のための施策形成過程

現代福祉国家が期待されている積極国家性と生存権のプログラム規定性のなかで，どのように生存権規定の理念を具体化し施策化していくか，その形成過程について述べたい。

(a) 行政責任所在の明確化——行政組織の形成

生存権の具体化としての社会保障・社会福祉施策を実施するために，行政は，その膨大な行政責任を分担と協業により効率的に実施するとともに，事務事業についてこれを所管する部署を定め，行政における権限と責任の帰属を明確にする。行政組織の形成である。

行政は内閣に属し（憲法66条1項），国の行政組織は，内閣総理大臣を頂点に，各省大臣により組織される（国行組法5条1項）。そして国の行政機関たる省，委員会，庁の組織および事務分掌は，個別的な行政機関設置法による（国家行政組織法5条2項）。**「厚生労働省設置法」**（昭和24年5月31日法律第151号）はその例である。この法律により厚生省の所掌事務の範囲と権限が明確にされ，さらに**「厚生労働省組織令」**（昭和27年8月30日政令第388号）や**「厚生労働省組織規程」**（昭和59年6月27日厚生省令第30号）により，細部にわたる組織とその所掌事務およびそれに対応する権限と責任が明確にされる。

また，地方公共団体はその公共事務や国からの委任事務等を実施するため，普通地方公共団体の長を頂点に，所掌事務を実施するための責任と権限の帰属を明確にした執行機関が構成される（地自法138条の3第1項）。

　社会保障・社会福祉の主要な事務事業を所管する省は，**厚生労働省**であり，その所掌事務は，①国民の保健　②薬事ならびに麻薬，大麻の取締　③社会福祉事業，災害救助その他国民生活の保護指導　④児童および母性の福祉増進　⑤社会保障に関する事務事業　⑥国民年金に関する事務事業　⑦人口問題に関する行政事務その他戦争犠牲者援護に関する行政事務とされている（厚生省設置法4条）。

(b)　施策の具体化・明確化

　社会保障・社会福祉関係のニーズは，何らかの形で全国民の全生涯に関わる広範で，漠然としたものを含む。このため行政的対応では，目的，範囲，対象，程度，期間等を中心にそのサービスを支える財政的見通し等をも考慮しながら施策を明確にしていく必要がある。

　国の財政，関連政策間の均衡，国民の受容度等との関連も軽視できない政治的要素である。一般に，無定量に近い福祉の需要から重要性，緊急性，普遍性，国民的合意可能性，国際的バランス，政党や関係諸団体からの要請状況等多様な政策決定要因に配慮しながら，行政として対処すべき福祉需要の特定を図っていく。ニーズの行政需要化である。

　社会保障・社会福祉のニーズから，行政が対応すべき福祉行政需要への収斂（しゅうれん）の過程は，ニーズについての調査，関係団体等からの陳情・請願の状況，地方公共団体からの意見，各種委員会への諮問に対する答申の状況等を考慮し，また国内関連施策とのバランスや国際的水準さらには条約・国連議決等国際的状況の判断，後年度における財政負担の推計等を検討項目としつつ，行政として関わる場合の年次計画と年次財政需要等についての検討や関連部局との折衝・協議さらには政党等との意見調整等を経て施策の枠組みが固められる。

　すべての行政について共通することであるが，社会保障・社会福祉行政の場合も法の制定ですべてが完結するのではなく，立法の次にこれを行政のルートに乗せることが必要となる。当該法を所管する省庁は，法制定後，当該法律の実施上必要な政令・省令・要綱・通達等を定め，事務事業を所管する国の事務部門や地方公共団体の担当部局に通知し，国の事務事業が国の機関により直接実施され，あるいは地方公共団体を通じて具体化・実践化されることになるのである。都道府県や市町村の場合でも，条例制定後はこれに準じたプロセスが展開される。

このようにして，膨大で抽象的な福祉のニーズは，具体的で行政の責任において実施が確約され，対象，基準，内容，実施権限と実施責任の所在，行政の違法ないし不適切に対する法的救済ないし争訟制度等が明らかにされることにより，制度・政策の創設・充実・発展・修正・消滅等が展開される。生存権はこのようなプロセスを経て，段階的に具体化されているのが一般的状況である。

ただ，**判例**のように，「**プログラム規定説**」を採るとすれば，すべての施策について，国民が国に対して直接法の定立や修正を求める権利が保障されないことになり，国民は，国の消極性に対して法的な抵抗が封ぜられることになる。生存権が憲法上の保障とされながら，**実現にむけた法的担保がない点で，「プログラム規定説」に対して根強い異論がある**。

(5) 社会保障・社会福祉施策執行における国と地方公共団体の関係

憲法94条は「地方公共団体は，その財産を管理し，事務を処理し，及び行政を執行する権能を有し，法律の範囲内で条例を制定することができる」と定めており，地方公共団体の権能の1つとして事務の処理が認められているが，事務の内容については地方自治法において規定されている。

事務執行における国と地方公共団体の関係では，国が専管的に実施すべき事務（外交，防衛，通貨，皇室等）は国において完結的に処理するが，国が本来実施することが望ましい事務でありながら，法律の規定により地方公共団体が実施することとされている事務（**法定受託事務**）や，地方公共団体がその行財政能力の範囲で，地域住民のために当該地方公共団体の裁量と責任にもとづいて実施する事務（**自治事務**）がある。

このうち，法定受託事務では，全国一律性等の視点から，国の方針や地方公共団体間の調整を図る必要等から，地方公共団体に対する国の助言制度や，国と地方公共団体との間に生ずる係争等を調整するための「**国地方係争処理委員会**」が制度化されている（地自法250条の7）。

地方公共団体に対する国または都道府県の関与については地方自治法において，普通地方公共団体の事務に関しての「助言または勧告」，「資料の提出要求」，「是正要求」，「同意」，「許可，認可または承認」，「指示」，「代執行」，「普通地方公共団体との協議」および「一定の行政目的を実現するため普通地方公共団体に対して具体的かつ個別的に関わる行為」と定められている（地自法245条）。地方自治法はこれらの関与のあり方について「普通地方公共団体は，その事務の処理に関し，法律又はこれに基づく政令によらなければ，普通地方公共団体に対する国または都道府県の関与を

受け，または関与を要することとされることはない」（地自法245条の２）と定めて法定主義を採用する。また，関与の基本原則として，関与の目的達成のために必要最小限度のものとすることや普通地方公共団体の自主性および自立性に配慮することとしている（地自法245条の３）。

(a) 自治事務

自治事務とは，地方公共団体が処理する事務のうち，法定受託事務以外のものをいう（地自法２条８項）。より積極的な定義でなく「法定受託事務以外」という控除的な定義をおく理由は，むしろ自治事務が地方公共団体の基本的で，より広範な事務であることを示すものである。

自治事務には，地方税の賦課徴収，長や議員の選挙，ゴミ処理，上下水道など公共事業の実施，道路・学校・病院など公共施設の設置管理，国民健康保険事業の実施，交通規制，営業規制などがあり，従来の機関委任事務から移行したもの（都市計画決定，飲食店の営業許可，病院・薬局等の開設許可）も含まれる。

ところで，自治事務の範囲は，包括的な地方公共団体の事務から法定受託事務を控除したもののすべてを含む。その意味では，例示・列挙をすることが困難なほどに多様で広範な領域に関わるものと解される。地方公共団体が，当該地域住民のニーズ，地域の特性にもとづいて，独自に展開することのできる事務領域であるから，地方分権後の社会福祉行政の知恵比べは，この自治事務領域での競争となっていくものと考えられる。

(b) 法定受託事務

法定受託事務は，本来は国の事務でありながら法律の規定により地方公共団体が実施するとされているものである（地自法２条９項）。地方自治法ではさらに第一号法定受託事務および第二号法定受託事務に分類している。

① **第一号法定受託事務**は，法律またはこれにもとづく政令により，都道府県，市町村または特別区が処理することとされている事務のうち，国が本来果たすべき役割にかかるものであって，国においてその適正な処理を特に確保する必要があるものとして法律やこれにもとづく政令に特に定めるものであり（地自法２条９項１号），個々具体的な事務については，地方自治法に定める場合は同法320条に規定し，同法以外の個別法に規定のあるものについてはすべて地方自治法別表第一に列挙されている。

② **第二号法定受託事務**は，法律またはこれにもとづく政令により，市町村または特別区が処理することとされている事務のうち，都道府県が本来果たすべき役割にかかるものであって，都道府県においてその適正な処理を特に確保する必要があるものとして法律やこれにもとづく政令に特に

定めるものである（地自法2条9項2号）。個々具体的な事務については，自治法に定める場合は同法321条に規定し，同法以外の個別法に規定のあるものについてはすべて地方自治法別表第二に列挙されている。

　法定受託事務のなかで，社会保障・社会福祉に関するもの，特に都道府県が行うこととされている事務は多く，その一部を挙げれば，「社会福祉法による社会福祉法人の設立認可および監督」，「生活保護法による事務監査，資料提出要求，必要な指示，保護施設の設置，保護施設の運営指導・報告徴収・立入検査・改善命令，医療機関の指定・指導，指定取消し」，「児童福祉法による国立児童福祉施設措置児童の費用徴収に関する負担能力認定事務」，「児童手当法による手当の受給資格認定等の事務」，「児童扶養手当法による手当の受給資格認定等の事務」，「特別児童扶養手当法による受給資格及び額の認定等の事務」，「老人保健法による医療の実施に係る事務」，「精神保健福祉法による指定医が公務員として行う職務の指定等の事務」，「国民年金法による被保険者に係る届出の受理等の事務」，「国民健康保険法による保険医療機関等に関する指導等に係る事務」，「介護保険法による社会保険診療報酬支払基金等に対する報告徴収」，「災害救助法による災害救助に関する事務」，「食品衛生法による営業施設等への検査・収去等の事務」，「特別障害者給付金支給法による給付額の認定，届出の受理」などがその例である。

(6)　社会保障・社会福祉施策執行における権力行政と非権力行政

　社会保障・社会福祉の行政執行では，他の行政の執行の場合と同様，行政の執行主体が公権力の発動により，一方的に対象者を強制あるいは受忍させる作用と，基本的には対象者との平等な法的関係の下で実施される作用とがある。前者は権力的行政作用と呼ばれ，後者は非権力的行政作用と呼ばれている。

(a)　権力行為的行政

　社会保障や社会福祉の行政では，年金の裁定，法人・団体の設置や事業開始の許（認）可，病院や福祉施設等の開設に関する許（認）可等のほか入院・入所に関する行政権力による決定や強制，さらには立入検査，改善命令，解散命令，代執行など**権力による一方的な行政行為も少なくない**。権力行為的行政行為の特徴は，重大で明白な違法性がない場合は適法性の推定を受け（公定力），行政目的実現のためには司法的判断を経ることなく自力で相手方を拘束する効力を持ち（自力執行力），また一定期間の経過によって行政行為の効力を争うことができなくなる（不可争力）等の効

果や，争訟手続きにおいても基本的には民事手続が排され，行政不服審査法，行政事件訴訟法等が適用されるなど，特殊かつ行政の優越した特性が認められていることである。

(b) 非権力行為的行政

行政行為には，権力行為的行政とは別に相手方との平等な法的関係のなかで展開されるものがある。この領域は，行政側が公権力の行使の主体としてではなく，相手側の同意を前提とした一種の民事関係の一方として機能するものである。支払基金等との事務契約，物品の調達・購入，諸事業の委託契約等はその例である。非権力行為的行政では，行政契約と行政指導が多く見られる。

① **行 政 契 約**

行政契約は，行政庁が行政目的実現のために締結する契約である。かつて行政庁が締結する契約を公法上の契約として独自の法領域で把握したが，最近では民事関係の領域のものとしてこの概念が用いられている。行政契約は，基本的には契約自由の原則が支配するものであるが，公益目的の実現という視点から，ここではいくつかの点で一般の契約自由の原則が修正されているのが特徴である。これを社会福祉関係で見ると，例えば，第1に給付水準や処遇基準の事前の決定，補装具等における法定仕様等給付・サービス等に画一性ないし事前提示性が見られ，相手方はその内容の変更・修正を求めるのではなく，提示条件等を前提とした契約に対する諾否の自由が認められるに過ぎない場合が多く，保険契約に多く見られる「附従契約」性が認められる。ここでは関係法令や行政庁による基準は，一種の契約約款の機能を果たす。

行政契約の第2の特徴は，契約履行状況のチェックや契約受託の強制性等法令を根拠に契約の相手側に対して一方的な立入検査や法令による受託義務の設定等である。指定医療機関に対する立入検査，入所施設に対する報告の徴取や立入検査，さらには施設入所措置に対して，施設側が特別な事情のない限り受け入れの拒否ができないこととされる等はその例である。

② **行 政 指 導**

行政指導とは，「行政機関がその任務又はその所掌事務の範囲内において一定の行政目的を実現するため特定の者に一定の作為又は不作為を求める指導，勧告，助言その他の行為であって処分に該当しないもの」である（行政手続法2条6号）。

行政指導は，あくまでも相手側の自発的行為を促すもので，権力的行政行為のように一方的な権力の発動によるものではない。例えば，改善事項

についての行政側の要望を伝えるに過ぎないものであるから，法的には一切の拘束力を有しないが，衣の下に行政権力の鎧をちらつかせ，事実上の強要となっているとの指摘もある。社会福祉行政では，福祉事務所や児童相談所等での指導・助言，施設開設における手続き上の指導助言等日常的に多くの行政指導が行われているが，処分でないため，結果について争う方途がなく，すべて自己の任意な行為の発動結果とされることから，行政指導では十分な説明と利害等についての事前教示等が必要であるとされている。

Ⅱ 社会保障・社会福祉の財政

(1) 財政の意義

財政とは，一般に国または地方公共団体等が行政活動や公共施策を実施するために必要な資金の調達，管理，支出あるいは財産の管理運営等のために行う行政活動をいう。その中心となるのは租税の賦課・徴収のように国民に対する財政権力作用と，取得した財貨の管理・支出を目的とする財政管理作用である。社会保険における保険料の徴収や社会福祉施設の利用に際して負担する利用者負担金等の徴収は前者に属し，事業実施のための予算の支出や福祉施設等の維持管理に要する費用の支出等は後者に属する財政作用である。

社会保障・社会福祉の財政の規模や内容は，その事業内容を実質的に規制するものであり，その動向については常に注視しておく必要がある。生存権の具体化としての個別実定法の制定による給付・サービスの内容の明確化は，財政的担保によってさらに具体化され，その内容・程度・基準等が現実的に明確化されるのである。

社会保障・社会福祉の財政的枠組みを決定的にするのは**予算**である。予算は，歳入予算と歳出予算からなり，歳入予算は当該年度における収入の見積もりに過ぎないが，歳出予算は当該年度の施策内容を決定的にする。予算は，一般会計予算と特別会計予算から成り，一般会計は国または地方公共団体で，一般的な歳入歳出を目的とするものであり，特別会計は，特定目的のため歳出歳入の予算である。

(2) 社会保障関係予算・決算の動向

(a) 社会保障関係費の動向

図Ⅰ-2は平成18年度における国の一般会計予算について，一般会計歳

出総額および一般歳出（総額から国債費・地方交付税交付金等を除いたもの）の内容の内訳を示したものである。社会保障関係費は総額の25.8%，一般歳出予算の実に44.4%を占めており，公共事業，文教および科学振興，防衛予算の合計をも上回っている。その内訳は図Ⅰ-3にあるとおり，社会保険（年金保険，医療保険等の事務費や国庫負担金）が78.6%を占め，以下生活保護費（9.9%），社会福祉費（7.3%），失業対策費（2.1%），保健衛生対策費（2.0%）の順となっている。

　一般歳出予算に占める社会保障関係費の割合を昭和40年度以降についてみると，昭和40年度17.8%，同50年度24.8%，同60年度29.4%，平成10年度33.3%，同15年度39.9%，同18年度44.4%となっており，一貫して上昇傾向にあり，とりわけ最近数年間の上昇が顕著である（図Ⅰ-4）。

　増加の主な原因としては，たとえば昭和40年代後半の年金給付額引上げ

図Ⅰ-2　一般歳出に占める主な経費
（平成18年度予算，単位：億円）

図Ⅰ-3　社会保障関係費の内訳
（平成18年度予算，単位：億円）

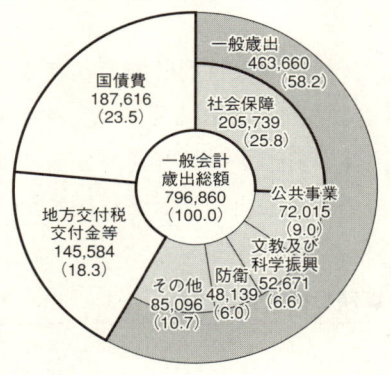

厚生労働白書（平成18年版）等より作成

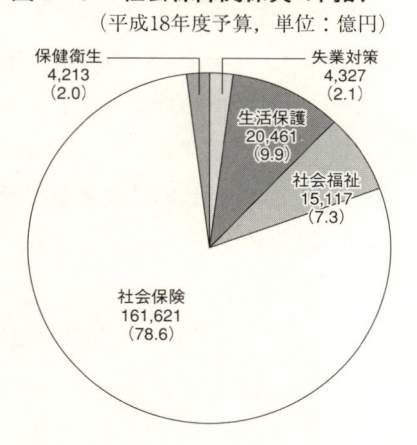

図Ⅰ-4　一般歳出の予算目的別経費比率の推移

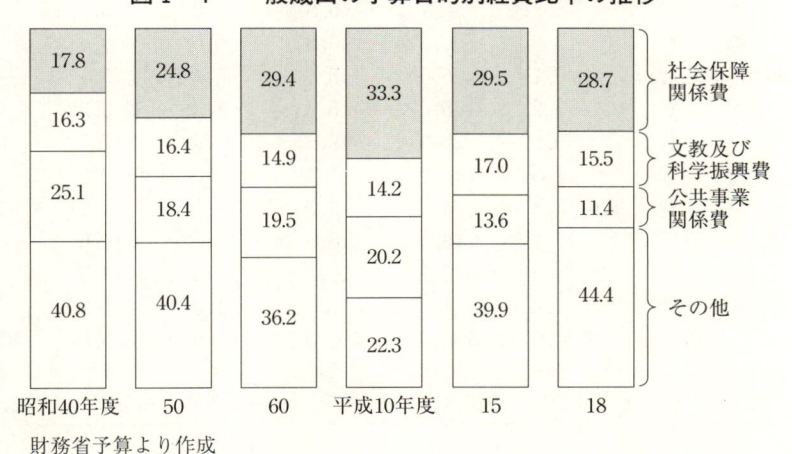

	昭和40年度	50	60	平成10年度	15	18	
社会保障関係費	17.8	24.8	29.4	33.3	29.5	28.7	
文教及び科学振興費	16.3	16.4	14.9	14.2	17.0	15.5	
公共事業関係費	25.1	18.4	19.5	20.2	13.6	11.4	
その他	40.8	40.4	36.2	22.3	39.9	44.4	

財務省予算より作成

や老人医療費無料化，同60年の基礎年金制度の創設，平成12年の介護保険制度導入などが考えられるが，全体的には高齢社会の急速な進展による年金，医療および介護保険給付の増加，長びいた不況による失業給付や生活保護費の増加等が考えられる。

(b) **地方公共団体における民生費の決算の動向**

社会福祉行政の多くは地方公共団体を通じて実施されている状況にあり，社会福祉事業に要する予算である民生費の動向は，わが国の社会福祉行政の動向そのものを示しているといっても過言ではない。

平成16年度の地方公共団体歳出決算額は約91兆円で，そのうち民生費は約15兆1千億円（16.6％）である。前年比では4％増であり，児童手当法改正による支給対象年齢の引上げや生活保護受給世帯の増加による扶助費の増加等により一貫して漸増していることがわかる（**表Ⅰ-1**）。さらに，民生費の内訳をみると，児童福祉費が最も多く30.3％を占め，以下，老人福祉費（26.0％），社会福祉費（25.3％），生活保護費（18.0％），災害救助費（0.3％）の順となっている（**図Ⅰ-5**）。

地方公共団体の社会福祉行政の財源は，一般財源と特別財源より成る。一般財源は，法律にもとづき地方公共団体の事務とされるもの（団体委任事務）や国庫支出金対象事業で地方公共団体が負担すべき経費，さらには地方公共団体がその地域の住民の福祉向上のため独自の判断と責任におい

表Ⅰ-1　目的別歳出純計決算額の構成比の推移

区　分	平成11年度	12	13	14	15	16
	％	％	％	％	％	％
総　務　費	9.0	9.4	9.2	9.0	9.8	9.8
民　生　費	14.8	13.7	14.4	15.1	15.7	16.6
衛　生　費	6.5	6.7	6.9	6.8	6.4	6.3
労　働　費	0.6	0.5	0.8	0.5	0.4	0.4
農林水産業費	6.1	6.0	5.7	5.4	5.1	4.7
商　工　費	5.9	5.6	5.5	5.3	5.2	5.4
土　木　費	20.6	20.0	19.1	18.6	17.8	16.7
消　防　費	1.8	1.9	1.9	2.0	2.0	2.0
警　察　費	3.4	3.5	3.5	3.6	3.6	3.7
教　育　費	17.9	18.5	18.5	18.6	18.6	18.5
公　債　費	11.6	12.7	13.2	13.8	14.2	14.4
そ の 他	1.8	1.5	1.3	1.3	1.2	1.5
合　計	100.0	100.0	100.0	100.0	100.0	100.0
	億円	億円	億円	億円	億円	億円
歳 出 合 計	1,016,291	976,164	974,317	948,394	925,818	912,479

（地方財政白書（平成18年）より）

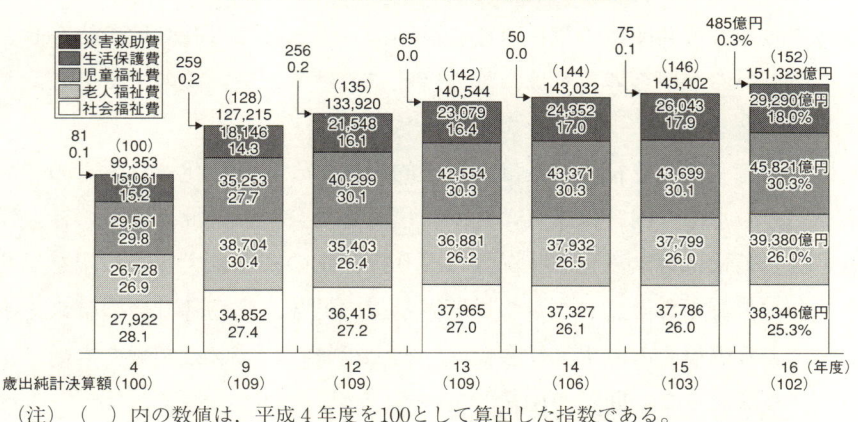

図I-5　民生費の目的別歳出の推移

年度	4	9	12	13	14	15	16
歳出純計決算額	(100)	(109)	(109)	(109)	(106)	(103)	(102)
合計	99,353 (100)	127,215 (128)	133,920 (135)	140,544 (142)	143,032 (144)	145,402 (146)	151,323億円 (152)
災害救助費	81 / 0.1	259 / 0.2	256 / 0.2	65 / 0.0	50 / 0.0	75 / 0.1	485億円 / 0.3%
生活保護費	15,061 / 15.2	18,146 / 14.3	21,548 / 16.1	23,079 / 16.4	24,352 / 17.0	26,043 / 17.9	29,290億円 / 18.0%
児童福祉費	29,561 / 29.8	35,253 / 27.7	40,299 / 30.1	42,554 / 30.3	43,371 / 30.3	43,699 / 30.1	45,821億円 / 30.3%
老人福祉費	26,728 / 26.9	38,704 / 30.4	35,403 / 26.4	36,881 / 26.2	37,932 / 26.5	37,799 / 26.0	39,380億円 / 26.0%
社会福祉費	27,922 / 28.1	34,852 / 27.4	36,415 / 27.2	37,965 / 27.0	37,327 / 26.1	37,786 / 26.0	38,346億円 / 25.3%

（注）（　）内の数値は，平成4年度を100として算出した指数である。

（地方財政白書　平成18年版）

て実施するもの（公共事務）の経費に充当するものであり，その内訳は地方税，地方譲与税，地方交付税交付金等である。地方税には都道府県では，事業税，都道府県民税，自動車税等があり，市町村税としては，区市町村民税，固定資産税，区市町村たばこ消費税等がある。地方譲与税は，国が徴収する地方道路税，石油ガス税の一部を地方公共団体に譲与するものであり，地方交付税交付金は，国税3税（所得税，法人税，酒税）の一部や消費税の一部を各地方公共団体の財政状況等に応じて配分・交付するものである。

　また，特定財源は，一定の事業を実施するための財源で，国庫支出金，地方債などがそれである。

(c)　地方分権と財源

　地方公共団体は，国庫支出金対象事業とは別にもっぱらその地域の住民の福祉向上を目的とする公共事務（固有事務）を自己の能力と責任により実施するが，この財源には，一般財源が充当される。近時社会福祉行政の実施権限と実施責任が地方に分権される傾向にあるが，責任の地方分権や公共事務の拡大による自治体行政の自主性が期待されるなかで，地方財政における歳入予算の状況では，地方公共団体の裁量に属する一般財源の伸びは平成元年以来低迷し，平成8年度において7年ぶりに微増に転じたものの，国庫補助事業に対する継ぎ足し施策を余儀なくされている状況のなかでは，地方分権が財政的に保障されているとは認めにくい状況にある。

　社会保障，社会福祉の法政策で，年金，医療，公的扶助等主として国が主体となって実施するものにおいても，その基準の低さや事業実施上必要とされる事項が国基準に含まれていないこと等から，実施段階で地方公共

団体による上乗せ施策が余儀なくされており，さらに団体委任事務や公共事務での地方公共団体の単独事業の財源は，主として一般財源に依存せざるを得ないことから考えれば，地方財政における一般財源のシェアの低さは問題がある。

　社会保障・社会福祉の施策は，**財政的担保**により具体化されるものであるが，その水準や内容は景気の動向や税収等社会経済状況，国民の社会保障・社会福祉に対する理解状況等により振り子のように大きな振幅を見せる場合が少なくない。バブルの崩壊，景気の低迷，超高齢社会の到来，少子化による担税者の減少等社会保障・社会福祉行政が財政領域でも受け止めなければならない問題が山積している。

(3) 社会保障・社会福祉財政の財源構造

　社会保障・社会福祉行政の財源は主として，社会保険における被保険者の拠出する保険料，医療保険や介護保険等にみられる給付時の被保険者負担金，社会福祉サービスにおける費用徴収基準等にもとづく利用者負担金，事業運営に要する法定国庫支出金および地方公共団体による支出金等である。

(a) 保険料

　退職，疾病，罹災，失職等法定の保険事故が発生した場合の法定給付の財源として，法定の保険料をあらかじめ拠出するが，いずれの社会保険にあっても，保険料だけで事業の運営は困難となっており，国庫支出金や地方公共団体による継ぎ足し施策等によって制度を支えている状況にある。わが国社会保険の内容には保険数理上必ずしも合理的でない給付を含むものもあり，このため税による制度の下支えや保険料計算における政治的配慮等もみられる。とりわけ保険数理的に妥当性を欠く拠出や，社会扶助的給付を含むため保険料の額の決定に政策的配慮が多い状況がみられる。社会保険における公費負担の漸増は，社会保険システムの様相の変容を来すおそれがあることから，理論的には検討の余地がある。

(b) 自己負担および費用徴収

　社会保険・社会福祉の給付に際しては，受益者が法の定める費用を負担することとされている場合が多い。医療保険の給付に際しての自己負担や社会福祉施設利用に際しての費用徴収等がそれである。受益者負担の論理からはある意味で公平で合理的であるが，生存権の平等な保障や負担の公平性からは問題がなくもない。例えば，医療保険における保険給付の際の被保険者負担は，改正のたびに医療を受ける権利の制限を来し，濫診濫療

防止の目的が，低所得者等に対しては必要な受診さえも阻む結果ともなっている実態がある。また，社会福祉サービス利用に際して徴収される利用者負担金の多くは，本人または扶養義務者等の所得や課税額等を基準として決定されているが，所得や税額の確定が国税や地方税での決定額を基準にするため，税の捕捉の不平等性がそのまま費用徴収に反映されており，費用負担の不公平の拡大再生産となっているとの非難も多い。農業所得，事業所得，給与所得間の税の捕捉の不平等を補正する必要がある。

また，自己負担や費用徴収等では，国基準に上乗せする形で各地方公共団体が対象者の範囲の拡大や負担額の減免等を行っている実態があり，実施段階でかなりの地域格差が生じている状況もみられる。

(c) 国庫支出金

国が法律の規定にもとづき支出をするものを一般に国庫支出金というが，これには国庫負担金，国庫補助金および委託金等がある。

① **国庫負担金は**，地方公共団体やその機関が行う事務のうち，法が定める一定のものについてその負担区分にもとづき国が法上の義務として負担するものである（地財法10条）。この点において奨励的，誘因的に支出する国庫補助金（同法16条）と異なる。また，国庫負担金は，国と地方公共団体がその執行について共同責任を有する事務に対する法定の負担義務にもとづくものであり，本来国が行うべき事務を地方公共団体に委託して実施する場合に国が全額支出する国庫委託金（同法10条の4）とも異なる。

社会保障では，例えば厚生年金保険法にもとづく基礎年金拠出金の額の一定比率に相当する額の国庫負担（同法80条）や生活保護法にもとづく市町村及び都道府県が支弁した保護費，保護施設事務費および委託事務費の国庫負担さらには市町村および都道府県が支弁した保護施設の設備費に対する国の負担（同法75条1項）等はその例である。社会福祉では一般に施設入所の措置や施設整備に伴う国庫負担等がこれに該当する（児福法52条・53条，身障法36条の2・37条の2，知福法26条，老福法26条等）。

② **国庫補助金は**，国が地方公共団体に対し，いわば援助的，誘因的，奨励的目的で交付するものであり，実務的には時に交付金，補給金等の名称が用いられる場合がある。国庫補助金には，事業費に対して定率補助のものと定額補助とのものとがあるが，国庫負担金と異なり「補助することができる。」等の文言規定により任意的に補助をすることができるのが特徴である（児福法56条の4，老福法26条2項・3項等）。しかし，国庫補助金のなかには，例えば政府管掌健康保険の給付に要する経費や日雇特例被保険者の給付に係る定率補助のように，これが法上の義務となっているも

のもあり（健保法70条の3），実定法上の用語と学問上の用語が必ずしも一致していないものも見受けられる。

③ **国庫委託金**は，本来国自ら実施すべき事務を便宜的に地方公共団体やその機関に委託して実施する場合に，国がその費用の全額を交付するものである（地財法10条の4）。

(4) 国庫支出金の問題点

国庫負担金や国庫補助金で共通的な問題点は，第1に負担や補助の基準が実態に合っていないため実際の行政運営では，地域により差はあるものの住民と直接接する地方行政の現場で，地方公共団体が基準額の増額や対象者の範囲の拡大さらには事業内容の継ぎ足し等を余儀なくされており，特に国庫補助事業では，補助金が任意性をもつため地方公共団体は一般財源に依存する比率が高くなっている。

Ⅲ 社会保障・社会福祉と行政救済

(1) 行政救済制度の意義

法治主義においては，行政の執行や運営は適法に行われ，さらに法の目的に反することのないような規制が必要であるが，違法もしくは不当な行政行為により国民が被害を受けた場合や，適法な行政行為であっても特定の国民に財産的損失を与えた場合には，これらに対する適切な法的救済手段が講じられなければならない。

このような観点から用意されている行政救済制度には，①国家補償制度，②行政争訟制度および③簡易な救済制度がある。

国家補償制度は，国または公共団体による違法な行政行為によって生じた損害に対し賠償請求することを認める「**国家賠償**」と，適法な行政行為の結果特定国民に生じた財産上の損失を，平等原則の見地から社会全体で負担する「**損失補償**」とから成っている。

行政争訟制度は，違法または不当な行政行為に対し国民がその違法性や不当性を主張することにより，処分庁やその監督庁に当該処分の取消しや是正を求めることを内容とする「**行政不服申立て**」と，違法な行政行為に対し，国民が司法裁判所にその取消しや是正の判決を求める「**行政事件訴訟**」とから成っている。

また，近年では行政に対する苦情の申出と，これに対する簡易迅速な対応の仕組みや第三者等による対応等を通じて苦情の解決を図る「**苦情処**

理」や「**行政オンブズマン**」といった仕組みも一般化しつつあり，これらを第3の行政救済制度と位置づけることもできよう。

以上のような観点から行政救済制度を分類すれば次のとおりとなる。

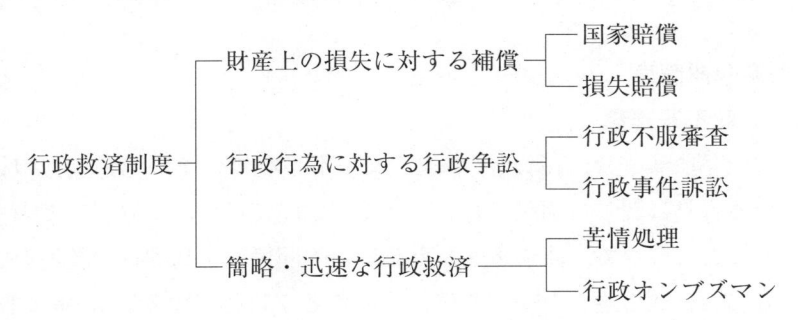

```
                    ┌─ 財産上の損失に対する補償 ─┬─ 国家賠償
                    │                          └─ 損失賠償
行政救済制度 ───────┼─ 行政行為に対する行政争訟 ─┬─ 行政不服審査
                    │                          └─ 行政事件訴訟
                    └─ 簡略・迅速な行政救済 ────┬─ 苦情処理
                                               └─ 行政オンブズマン
```

(2) 国家補償制度

(a) 国家賠償

憲法17条は「何人も公務員の不法行為により，損害を受けたときは，法律の定めるところにより，国又は公共団体に，その賠償を求めることができる。」と定めており，これを具現化するため国家賠償法（以下，国賠法とする）が制定されている。同法の中心は公務員の不法行為責任（1条）および公の営造物責任（2条）である。同法1条は，「公権力の行使に当たる」「公務員」が「その職務について」「故意・過失」により「他人に損害を与えた」場合に，国または公共団体に損害賠償責任を負わせるとしている。公立病院医師による医療過誤，福祉事務所職員による申請書類紛失，公立学校教員の過失による体育授業中の事故発生などがこれにあたるとされる。

同法2条は，「道路・河川その他の公の営造物」の「設置・管理に瑕疵」があり「損害が発生」した場合に，国または公共団体に損害賠償責任を負わせるとしている。1条は過失責任，2条は無過失責任を定めた規定と解されており，国や地方公共団体の運営する社会福祉施設での営造物の瑕疵責任は2条の無過失責任とされている。

(b) 損失補償

損失補償は，法にもとづく適法な行政処分の執行であっても，それにより特定の国民に財産的損害が生じた場合に，平等原則の見地から補償を行うことであり，空港や港湾建設による個人所有地の収容などがこれにあたる。損失補償に関する一般法はなく，土地収用法など個別法に収容規定が存在する。ただし，憲法29条3項は「私有財産は，正当な補償の下に，これを公共のために用ひることができる。」と定めており，個別法に規定を

欠く場合でも同条を根拠に直接補償を請求することが可能とされている。なお，補償の内容に関する学説では，「相当補償説」と「完全補償説」がある。

(3) 行政争訟制度
(a) 行政不服審査

行政不服審査は，「行政庁の違法又は不当な処分その他公権力の行使に当たる行為に関し，国民に対して広く行政庁に対する不服申立てのみちを開くことによつて，簡易迅速な手続による国民に権利利益の救済を図るとともに，行政の適正な運営を確保することを目的とする」（行服法1条）制度である。不服申立ての対象については，法に定める除外事項を除く総ての行政処分に対して広く不服申立てを認める，いわゆる「**一般概括主義**」を採用し（行服法4条）ている。また，不服申立ての種類は「審査請求」，「異議申立て」および「再審査請求」の3種類とされている（行服法3条）。

審査請求は，処分庁および不作為庁の直近上級行政庁等に対する申立てであり，**異議申立て**は，処分庁に上級行政庁がない場合等に，当の処分庁に対して行う申立てである。両者の使い分けは，まず行政処分については，処分庁の上級庁に審理および判断をゆだね，当該処分の適切性を確保する観点から，原則として審査請求中心主義を採用するものの，例えば課税処分に対する不服申立てのように同時かつ大量になされ，処分に関する事実認定等が中心となるような場合には，異議申立て前置主義が採られている（行服法20条）。一方，不作為についての申立ては，審査請求，異議申立てのいずれを選択してもよいとされている（行服法7条）。

再審査請求は審査請求に対してなされた裁決に不服がある場合で，かつ法が認めている場合に限り申し立てることが許される，いわば第二審の役割を有する不服申立てである。例えば，生活保護に関する処分における不服申立ては，まず都道府県知事に審査請求し，その裁決を争う場合には厚生労働大臣に対する再審査請求をすることとなる（生保法64条・66条）。

不服申立ては，原則として書面により行うこととされており，処分から一定期間を経た後は不可争力により申立てが封じられる。申立期間については，審査請求および異議申立ては60日，再審査請求は30日とされている（行服法14条・45条・53条）。また，不服申立ては，処分の効力，処分の執行または手続きの続行を妨げないとされる「執行不停止原則」により，行政執行の実現を担保している。

なお，行政庁には「教示義務」が課されており，処分の名宛人に対して

原則として，不服申立てできる旨，申立てすべき行政庁および申立てできる期間を書面で教示しなければならないと定められ，国民の権利救済の実効性を図っている。

申立てに対する判断は，異議申立てについては「決定」，審査請求および再審査請求については「裁決」として示される。その内容は，申立人の主張を認容する趣旨の「取消し」もしくは「変更」，否定する趣旨の「棄却」，申立要件を具備しない場合等のいわゆる門前払いである「却下」に分かれる。

(b) 行政事件訴訟

憲法32条は「何人も，裁判所において裁判を受ける権利を奪はれない。」として国民に裁判権を保障し，また76条1項が「すべて司法権は，最高裁判所及び法律の定めるところにより設置する下級裁判所に属する。」とし，同条2項後段が「行政機関は，終審として裁判を行ふことができない。」と定めていることから，違法な行政作用に対する国民の権利救済を図る最終手段は，司法機関による判断権の行使である訴訟ということになる。行政事件訴訟はそのための訴訟領域であり，また民事訴訟および刑事訴訟と並ぶ訴訟概念であって，行政事件訴訟法（昭和37年法律139号）を根拠法とする。同法では訴訟類型として，「**抗告訴訟**」，「**当事者訴訟**」，「**民衆訴訟**」および「**機関訴訟**」の4つを挙げている（行訴法2条）。

抗告訴訟は，行政庁の公権力の行使に関する不服の訴訟であり（行訴法3条），行政事件訴訟の中心的類型である。他の類型については，当事者訴訟が当事者間の法律関係の確認や法律関係を形成する処分に関する訴訟等であり（行訴法4条），民衆訴訟が国または公共団体の機関による法規不適合な行為の是正を求める訴訟等である（行訴法5条）。また，機関訴訟は国または公共団体の機関相互間における権限の存否やその行使に関する紛争を内容とした訴訟である（行訴法6条）。機関訴訟の例としては，摂津市長が厚生大臣を訴えた摂津訴訟（東京高判昭和55年7月28日）がある。

社会保障・社会福祉領域の行政事件訴訟では，違法な行政処分に対しその取消しや変更等を求め自らの権利の救済と確保を図る抗告訴訟，中でも「**処分取消し訴訟**」が最も重要であり，かつ実際の訴訟件数も多い。抗告訴訟の種類は，従来の「処分取消し訴訟」，「**裁決取消し訴訟**」，「**無効等確認訴訟**」および「**不作為の違法確認訴訟**」に，平成16年の法改正により追加された「**義務付け訴訟**」および「**差止め訴訟**」を加えた6つである。

処分取消訴訟は，行政庁の処分その他公権力の行使に当たる行為の取消

しを求める訴えであるが，従来，制度利用の阻害要因となっていた以下の諸点について平成16年に大規模な法改正が行われた。①提訴期間の３カ月から６カ月への延長，②原告適格の拡大により，訴えの利益が認められやすくなったこと，③管轄裁判所の拡大により，国を相手とする訴訟の提起において必ずしも東京地裁に提訴すること必要がなくなったこと，④訴訟提起に関する事項の教示規定が新設されたこと，等である。身体的，物理的あるいは経済的制約により提訴自体が困難性を伴う福祉制度の対象者にとって，行政事件訴訟が今後いかに有益かつ身近な利用可能制度となるか，その運用が期待される。

手続きとして，執行不停止原則が採られている点は行服法におけると同様であるが，行政事件訴訟においては「内閣総理大臣の異議」が定められており，行政処分の執行は絶対的に担保されるものの三権分立の観点から問題であるとの指摘もある。

判決は，請求認容である「取消し」および「変更」のほか，「棄却（事情判決を含む）」および「却下」となり，それぞれに訴訟上の一般法理に従い既判力および不可変更力が生じる。また，取消判決の効力は処分庁その他関係行政庁を拘束するほか，第三者に対しても効力を有する。これを対世効という。

(c) 両制度の関係

① 行政不服審査および行政事件訴訟について，その制度特性による異同は次のとおりである。

まず行政不服審査は，行政自身による当該処分の自己検証制度であることから，処分庁もしくは上級庁に申し立てる対行政の制度であり，手続きにおいても，簡易迅速を主旨とする制度的帰結として書面主義や職権主義が原則として妥当する。また，審査の対象として，当該処分の違法性のみならず不当性についても争うことができる。

これに対し行政事件訴訟は，行政庁による違法な処分の取消し等を裁判所の判断にゆだねる対司法の制度であり，正式な訴訟手続きであることから弁論主義や当事者主義が妥当する。また，裁判所が「法律上の争訟を裁判」する機関である（裁判所法３条）ことから，行政処分の違法性についてのみ争うことができる。

両制度それぞれの長所ないし短所としては，行政不服審査は簡易・迅速・低廉というセールスポイントについて明らかに行政事件訴訟を上回る反面，行政自身による自己検証制度であることの内在的限界として，示された裁決，決定についての公正中立性や客観性に対する信頼度の担保とい

う観点では行政事件訴訟に明確に劣る。行政事件訴訟については全く裏返しの特性が導かれる。

　②　両制度の選択性ないし優劣については，行訴法8条1項において，処分取消しの訴えでは，その処分について審査請求ができる場合であっても直ちに訴訟を提起できるとする「**自由選択主義**」を原則として定める一方，個々の法律の規定に，まず審査請求に対する裁決を経た後でなければ訴訟提起を認めないとされている場合には「**審査請求前置主義（不服申立前置主義ともいう）**」を例外として採用している。生活保護法69条，介護保険法196条，厚生年金保険法91条の3，国民健康保険法103条，児童手当法25条，児童扶養手当法20条をはじめ，社会保障・社会福祉の法領域においてこの審査請求前置主義を定めたものは多数ある。

(4) 簡易迅速な行政救済——苦情処理制度等

　近年，わが国における苦情処理制度による行政対応はそのケースを増しつつあるといわれているが，特定の基本法はなく，事実上行政窓口での対応に委ねられている実態がある。制度として定着しているもののなかには，例えば総務省行政監察局が所管する「行政苦情あっせん」や法務省人権擁護局が所管する人権侵犯に関する苦情処理システムがおもなものである。さらに，オンブズマンにいたっては，その必要性は容認されているものの，国レベルでの制度はなく，地方公共団体において，例えば川崎市や中野区，沖縄県等約30の自治体が条例および要綱にもとづきによって設置運営している。

　苦情処理の申し出については，要援護者等社会的弱者といわれる人たちにこそ，その方途を保障すべきであり，この制度こそは，社会保障・社会福祉の権利の内実のいわば担保制度ともいうべきものである。その他，社会福祉基礎構造改革を進めるなかで，成年後見制度を補完するものとして，自己決定能力の低下した者に対する福祉サービス利用支援制度として地域福祉権利擁護事業や，施設処遇等社会福祉サービスに対する利用者の苦情について，第三者を含む対応のシステム等を整備し，その充実を図っている。社会的立場が弱いことによる「泣き寝入り」や「無告の窮民」が生ずることのない行政救済制度が望まれる。

［宇山勝儀・森　長秀］

3 社会保障・社会福祉の歴史

1）西欧における発展

　社会福祉が対象とする生活問題は，資本主義社会の根本的矛盾から必然的に生まれたものであり，特に**社会福祉政策**という言葉は，資本主義社会の固有な政策として，内部の展開過程で出現したものと把握することは重要なことである。周知の通り資本主義経済を世界に先駆けて実現させ，典型的な形で発達してきたのはイギリスである。そのため**イギリスの社会福祉の歴史は資本主義諸国における社会福祉史の典型として位置づけることができる**。

　もちろん社会福祉制度は資本主義社会のみにみられるものではない。またイギリスを世界における理想的な社会福祉のモデル国と考えるには，多くの問題が存在することも事実である。しかしながら，イギリスの社会福祉のあゆんできた過程を検証することは，高度の発達段階に達した資本主義社会における社会福祉の限界を見極める意味で，またその段階における社会福祉の真にあるべき姿を求める意味で，未だに有益であり，西欧の社会福祉の流れを理解する上で最適な素材を提供してくれる。

（1）　救貧法の成立

　16世紀イギリスの封建社会の崩壊は，資本主義経済の発展とともに進行し，それまでの救済構造を解体させ，浮浪しながら物乞いをする貧困層を作り出した。その歴史的一例証が，「エンクロージャー」（enclosure）である。周知の通り，それは，領主や地主が牧羊・農業改良のために共同地を垣根や溝で囲み，農民の共同用益権を排除したことを指す。**トマス・モア**（Thomas More, 1478-1535）の『**ユートピア**』（*Utopia*, 1516）は，エンクロージャーによって浮浪化する農民の姿を生々しく描き出している。

　このように大量の貧困者が発生したことを背景として，世界で初めての救貧制度がイギリスで誕生する。**1601年に制定された「エリザベス救貧法（旧救貧法）」**（43 Elizabeth, c. 2）[1]である。同法は，労働力陶冶の一環として貧民管理の機能を果しつつ，就労促進に重点が置かれ，救済の対象も労働能力のない貧困者に限定したものであった。このように重商主義的保護干渉政策の一環として生起した救貧法は，その後自然法思想を標榜する哲学者・経済学者から批判され，その主張が近代社会事業思想の発展に大き

な影響を与えた。

　重商主義的保護干渉政策を批判した人物として，まず道徳哲学者で「古典派経済学の祖」と目されている**アダム・スミス**（Adam Smith, 1723-1790）を挙げることができる。彼は1776年『**国富論**（諸国民の富）』（*An Inquiry into the Nature and Causes of the Wealth of Nations*）を著し，富の源泉を自由競争にもとづく生産労働に求め，「神の見えざる手」（invisible hand）による価格と生産量の均衡理論を提示し，自由放任主義の理論的正当性を主張した。また，功利主義（Utilitarianism）の自然法にもとづく思想を有していた**ベンサム**（Jeremy Bentham, 1748-1832）は，私有財産の保全を前提に，いわゆる「自己優先の原理」から救貧法に代表される国家干渉的政策の廃止を説いた。さらに，古典派経済学者**マルサス**（Thomas Malthus, 1766-1834）は，**1798年『人口論』**（*An Essay on the Principle of Population*）』を著し，その中で「人口は幾何級数（等比数列）的に，食糧は算術級数（等差数列）的に増える」と唱え，社会制度の改革や国家干渉によって，貧困問題は解決されないとして救貧法に反対した。

　1815年対仏戦争が終結し，イギリスが戦時体制から平和体制に移行した時期に，貧困者が増大し，その対策としての救貧制度のあり方について関心が高まった。そこで1832年に王立委員会が組織され，2年後『救貧法の行政および実践活動に関して検討を行う王立委員からの報告書』（*Report from Majesty's Commissioners for Inquiring into the Administration and Practical Operation of the Poor Laws, 1834*）が公にされた。また，同じ年に「イングランドとウェールズにおける貧困者に関する法律の改正と運営のための法律」（An Act for the Amendment and Better Administration of the Laws Relating to the Poor in 1834）が制定された。同法は，新救貧法として知られている。新救貧法の原則は，①全国的統一の原則（Principle of National Uniformity）〈困窮者に対する取り扱いを全国的に統一する原則〉，②劣等処遇の原則（Principle of Less Eligibility）[2]。③ワークハウス・システム（Workhouse System）〈救済を基本的にワークハウス内に限るという原則〉であり，近代社会の確立期における自由主義的・道徳的貧困観を基調とし，求援抑制効果を働かせようとする内容のものであった。

　最後に新救貧法がもたらした効果を挙げるとすれば，次の2点に集約できる。第1には，旧救貧法以来続けられた重商主義的な救貧政策を排除した点であり，第2に，救貧行政を中央集権化した点である。

(2) 民間福祉部門の発展

(a) COSの形成と展開

　救貧法など公的政策の一方で，慈善事業や博愛事業など民間福祉部門も発展していたが，1869年4月，多様な各種慈善団体の活動が相互に独立していたことによる弊害を防止するために，**「慈善救済組織化および乞食抑制のための協会」**(Society for Organising Charitable Relief and Repressing Mendicity) がロンドンに創設され，それから1年後，同協会がCOS (Charity Organization Society, 慈善組織協会) と改名された。

　イギリスのCOS創設の背後に存在する先駆的活動としては，トーマス・チャルマーズ (Thomas Chalmers, 1780-1847) の隣友運動が挙げられる。

　この運動とCOSの内在的因果関係が今に至って十分解明されているわけではないが，教区を25地区に分け，地区担当の委員＝執事 (deacon) によって要援護者の調査と援助を行わせた**チャルマーズの宗教的実践活動**は，問題を地域で解決しようとした点で注目に値する。

　COSが発足した1870年頃のイギリスは，ヴィクトリア王朝の繁栄末期で，資本主義社会の構造的必然としての貧困者，浮浪者等が急増していた。これに対して上流階級や中産階級が行う慈善は，共通の原則がなく，慈善団体間の連絡も十分でなかったため，不統一な活動が繰り返されていた。このような状況の中で，個人の生活実態に対応した救済および救貧が社会的・組織的に行われる必要性が生じ，COSが誕生した。

　しかし一方でCOSは，貧困を個人の生活や習慣の問題として把握する自由主義的・道徳的貧困観にもとづき，貧困の発生の社会的基盤を軽視していた。そのため自助を基準として援助の対象を「救済に値する貧民」(the deserving poor) と「救済に値しない貧民」(the undeserving poor) とに分け，前者に限定する選別主義を採用し，後者に対しては，懲罰的な処遇を強化していた救貧法に委ねるべきであるとしていた。

　アメリカにおける最初のCOSは，1873年の不況時に創設された「ドイツ人街救済協会」(Germantown Relief Society) であるが，一般的には，1877年ロンドンのCOSを手本として地区委員会を設置し，貧困家庭の個別訪問，すなわち友愛訪問 (friendly visiting) を実施したバッファローのCOSがその起源とされている。COSはアメリカにおいて急速に発展し，ソーシャルワークの理論的体系化に大きな影響を与えた。

(b) セツルメント運動の形成と展開

　セツルメント (settlement) とは，知識と人格を備えた人が貧困地域に住み込み，貧困者との人格的接触を通じて，貧困の現実からその科学的な

理解と，その解決に不可欠な社会改良のあり方を探求した事業である。

1884年12月，世界初のセツルメントがイギリスのイースト・エンドで発足した。トインビー・ホール（Toynbee Hall）である。トインビー・ホールのセツルメント運動を整理すると，以下の5点に集約することができる。①幅広い教育事業，②住民の環境改善と生活向上のための諸活動，③協同組合や労働組合など労働者の自主的組織への支援・協力事業，④セツラーの地方行政への参加，⑤社会調査と社会改良の世論喚起。

このようにセツルメントは，伝道ではなく知識人と労働者が自然な交流を通じてお互い知り合い，社会改良をめざす拠点であり，その目的の中心は，資本家でも知識人でもなく貧困者や労働者階級であった。しばしばセツルメントは3つのR，すなわち residence（住み込み），research（調査），reform（改良）を柱として，活動を展開したといわれるが，近代の産業構造の矛盾としての貧困問題を改善する上で，その活動の果した功績は大きい。

(3) 貧困調査

19世紀末から20世紀初頭にかけて，その後の社会保障・社会福祉の歴史で重要な意味をもつ2つの貧困調査が行われた。1つは，汽船会社で取締役であったチャールズ・ブース（Charles Booth, 1840-1916）がロンドンで行った調査と，大手チョコレート会社社長を父にもつベンジャミン・シーボーム・ラウントリー（Benjamin Seebohm Rowntree, 1871-1954）がヨークで実施した調査である。

ブースのロンドン調査は，「貧困調査」（1886-1891），「産業調査」（1891-1897），「宗教的影響力の調査」（1897-1902）に大きく3つに分けられる。最終的な報告書は，1902年から1903年にかけて出版された全17巻の報告書『ロンドン市民の生活と労働』（*Life and Labour of the People in London*, 17 vols, 1902-1903）である。

その中で彼は，ロンドン市民の30.7％が貧困線以下の生活状態にあることを明らかにした。またその3割近くの人，つまり全体の1割近くの人たちは，今すぐにでも何らかの援助を受けなければ，生活が維持できないほどの貧窮状態にあることを示した。さらに，その人々について貧困原因を調べてみると，飲酒や浪費のような個人的な欠陥や怠惰による者よりは，不安定就労，低賃金などの社会経済的原因による者の方が圧倒的に多いことを明らかにした。

ラウントリーは地方都市であるヨークにおいて，3回の貧困調査を実施

している。1899年3月から9月にかけて行った第1回貧困調査，1936年の第2回貧困調査，1950年の第3回貧困調査である。第1回貧困調査の結果は，1901年に公にした『貧困―都会生活の研究』(Poverty—A Study of Town Life—) の中で明らかにされている。

その中でラウントリーは，ブースの提起した貧困線の概念をより明確なものにし，貧困線以下の部分を「第1次貧困」と「第2次貧困」に分けた。第1次貧困とは，「所得が生活を維持するのに必要な費用以下の水準」であり，第2次貧困とは，「所得が生活を維持するぎりぎりの費用しかなく，他のものを消費できない水準」のことであった。つまり第2次貧困は，もし家族に疾病者でも出て医療費が必要になれば，即座に第1次貧困の状態に陥る可能性のある水準である。このような水準にもとづくラウントリーの調査の結果は，第1次貧困線にある者9.91％，第2次貧困線にある者17.93％であった。またラウントリーは，労働者の生活が，その労働能力と家族の状態の変化に伴って，第1次貧困線を境に一生涯のうち少なくとも3回は，その線以下に生活水準が下がることがあるとする，いわゆるライフサイクル (life-circle) の概念を明らかにした。

このようにイギリスでたまたま同じ時期に行われた2つの貧困調査はともに，市民の約3割もの多くの人々が貧困の状態にあり，1割近くは非常に厳しい貧窮状態にあることを実証した。しかも彼らは，貧困は個人的要因によるものばかりではなく，多くの場合，社会的要因による結果であることを示した点で重要な意味をもつ。

(4) 救貧法の廃止
(a) 「救貧法および貧困救済に関する王立委員会」の意義

1905年12月4日に設置された「救貧法および貧困救済に関する王立委員会」(Royal Commission on the Poor Laws and Relief of Distress) は，地方自治庁が抱えていた救貧行政における課題と，エドワード7世王朝時代の歓楽と富貴の暗黒の側面を明るみに出した重要な委員会である。この委員会の結果は，1909年に『救貧法および貧困救済に関する王立委員会の報告書』(Report of the Royal Commission on the Poor Laws and Relief of Distress) と『分離報告書』(Separate Report) という2つの報告書の形で提出された。〈この2つの報告書の前者を『多数派報告』(Majority Report)，後者を『少数派報告』(Minority Report) と呼ぶ。〉

14名の署名入りで提出された『多数派報告』は，COSの強い影響を受けて，当時すでに体系化されつつあったソーシャル・ワークを採用し，民

間援助活動の強力な推進を勧告している。彼らの主張の中には，公的扶助と民間援助の統合化，専門ソーシャル・ワーカーの養成など注目すべき重要な示唆を多く含んでいたが，一方で調査結果を種々雑多に組み込んでしまったために，論理的に整合性が保たれていない部分も存在した。

『少数派報告』は，ナショナル・ミニマムを最初に明文化した『産業民主政論』(*Industrial Democracy*, 1897) の著者であるウェッブ夫妻 (Sidney Webb, 1859-1947 & Beatrice Webb, 1858-1943) が主に作成し，ビアトリス・ウェッブを含む4名の委員の署名入りで提出された。その内容は，高齢者，障害者，児童などの労働無能力者と失業者を中心とする労働能力者への処遇面の相違から，第1部「労働能力をもたない者の困窮」(The Destitution of the Non-Able-bodied) と第2部「労働能力をもつ者の困窮」(The Destitution of the Able-bodied) で構成されている。第1部の提案は，救貧法とその行政機関を解体し，それぞれの機能分化を推し進め，社会成員のすべてに健全な生活を保障するように社会福祉サービス体系を形成することを目的とし，第2部の提案は，労働能力者にとって困窮の最大の課題である失業問題に焦点を当て，「労働市場の公的組織化」という解決策を提示する形で展開された。

(b) 社会立法の成立

また，同じ時代背景の下で，労働者の立場を尊重する政策実施の必要性が浮上し，一連の**社会改良的社会立法**が制定された。その中でもとくに1911年5月16日に**ロイド・ジョージ** (David Lloyd George, 1863-1945) や**ウインストン・チャーチル** (Winston Leonard Spencer Churchill, 1874-1965) が中心となり制定した「国民保険法」(National Insurance Act-Health and Unemployment) は重要な意味をもっていた。

国民保険法は，第1部健康保険，第2部失業保険で構成されていた。ロイド・ジョージは，宰相オットー・フォン・ビスマルク (Otto Von Bismarck, 1815-1898) がドイツですでに実施していた社会保険法 (1883年「疾病保険法」，1884年「災害保険法」，1889年「廃疾・老齢保険法」) を参考にして第1部健康保険を作成した。失業保険に関する部分は，主にチャーチルとウイリアム・ベヴァリッジ (William Henry Beveridge, 1879-1963) が担当したが，当時他の諸国に強制失業保険は存在せず，イギリスの国民保険法第2部が世界で初めての強制失業保険であった。

ロイド・ジョージやチャーチルが**国民保険法の成立**に踏みきったのは，**疾病と失業の恐怖から市民を解放することが，貧困の防止に有効であると考えたからに他ならない**。彼ら自由党政治家は，救貧法の廃止を主張せず

に，その枠外で防貧的効果をもつ政策を実施した。これは社会主義勢力の脅威に対する自由党の敏感な反応であったと考えられる。

(c) 公的扶助の成立

1920年代に入り，イギリスは深刻な失業状態に陥る。1920年初頭2.6%であった失業率は，年末にはその3倍，翌年1月にはその4倍，4月には8倍に増加した。この数字には，短期失業者やすでに貧困救済を受けている失業者は含まれていないため，それらを考慮に入れると当時の失業率は20%ぐらいではないかと推察できる。全人口の約5分の1が失業状態にある社会において，不十分な失業保険だけでは対応できないのは当然のことであった。

この失業の深刻化は，従来の救貧行政および国民保険法による対応の限界を明らかにした。そこで1929年保健大臣のアーサー・チェンバレン (Arthur Neville Chamberlain, 1869-1940) は，地方自治体の行政範囲を拡大し，その効率を高めるとともに，財源の拡張を図ることを目的とする「地方自治法」(Local Government Act, 1929) を議会に提出した。この法律は，教区連合の救済委員会を廃止して，その機能をカウンティ (county) およびカウンティ・バラ (county borough) の議会に移すことから始められ，643教区連合は，145の地方議会に再編成された。また，救済並びにその関連サービスは，地方議会の下に設置された公的扶助委員会 (Public Assistance Committee) によって実施されることとなった。これは，16世紀初頭から1834年の改正を経て維持されてきた救貧法の実質的な廃止であり，1909年に提出された『少数派報告』の勧告の実現を意味した。

(5) 福祉国家体制の確立とその後の展開

資本家と労働者の利害が最も対立した第2次世界大戦下で，ベヴァリッジが個人名で重要な報告書を公表した。それが**『社会保険および関連サービス』**(*Social Insurance and Allied Services*) いわゆる**『ベヴァリッジ報告』**である。『ベヴァリッジ報告』が公にされる背景には，過酷な戦争を戦いぬくための士気の向上と同時に，イギリスの社会保険および公的扶助の改革を求める労働者の主張があったが，報告書で打ち出された「揺りかごから墓場まで」は，社会保障の思想と体系の原点となり，「勧告の3つの指導原則」[3]は，イギリスのみならず多くの資本主義諸国の指針となった。

ベヴァリッジの提案が具体的に法制化されたのは，戦後のクレメント・アトリー (Clement Richard Attlee) 労働党内閣の時である。家族手当法

（1945年6月成立，1946年8月実施），国民保険（業務災害）法（1946年7月成立，1948年7月実施），国民保険法（1946年8月成立，1948年7月実施），国民保健サービス法（1946年11月成立，1948年7月実施），国民扶助法（1948年5月成立，1948年7月実施）などが制定された。

　これによって**戦後の社会保障は一応確立された**と考えられ，そこでは，対象者に均一給付・均一拠出を適用する均一主義，ナショナル・ミニマムの保障，全国民を対象とする包括主義が貫かれた。

　このように戦後のイギリスの福祉国家体制は，『ベヴァリッジ報告』を基底として，政治的なコンセンサス・ポリティックスと，経済的なケインズ主義的混合経済とを2つの柱とする体制として成立したが，1970年代に入ると少しずつ「ゆらぎ」が生じ始める。すなわち，成長期の福祉国家を支えたケインズ主義的＝社会民主主義的思想は，一連の新自由主義または新保守主義の思想や，急進的左派の攻撃にさらされ，反福祉国家論が展開されるようになった。

　とくに，1979年5月から1990年11月まで保守党の党首として政権を握ったマーガレット・サッチャー（Margaret Thatcher, 1925-）元首相は，「小さな効率的な政府」を実現するため，「公費削減」と「民間活力の推進」を柱とする政策を展開した。これは戦後中道的政策によって座標軸の中心で揺れ動いていた振り子が，大きく右に傾いたことを意味する。

　しかし，その後イギリスは，サッチャー元首相およびジョン・メイジャー（John Major, 1943-）前首相の一連の政策に対する揺り返しを体験した。公的部門で行われるべき社会福祉サービスを市場（民間）経済の活力に依存した結果，そこに競争原理は働いたが，負担能力による格差が生まれ，サービスの平等は著しく妨げられた。全国民を対象に国家の責任で包括的なサービスを供給する国民保健サービスの中に，供給者（provider）・購買者（purchaser）の市場概念を取り込んだ法律改正に対する批判は各自治体で高まり，民営化政策として開始した公営住宅の売却促進も計画通りには進まなかった。

　そしてその結果として，自治体社会主義や共同組合の新しい動きが活発化し，1997年5月に**トニー・ブレア**（Tony Blair, 1953-）を党首とする労働党が世論の圧倒的支持を受けて政権を獲得した。就任当初，柔軟な中道路線を提示していたブレア首相も，1998年3月には，今後10～20年間の社会保障改革の方向性を示した『社会保障制度改革の素案』を発表し，年金改革，福祉改革──「働くための福祉プログラム」，NHS改革など精力的に取り組んだ。労働党はイラク戦争以降国民の支持が低迷状態にあったが，

2005年5月の総選挙で3期目の政権を保っている。しかしブレア政権はこの3期で政権を退くことを宣言している。

―――――――――――

注）

(1) 1572年法と1576年法を経て提示された1597年法（39 Elizabeth, c. 3）は，1601年の「エリザベス救貧法」の内容とほぼ同一のものである。1601年法は，一連の法律を体系的に整備し，親族の扶養責任範囲を祖父母まで拡大した新規定を加えて成立したものである。

(2) 劣等処遇原則←レスエリジビリティ原則（the principle of less-eligibility）の eligibility は，eligible（「望ましい」，「好適な」）の名詞形で，less eligibility は，「望ましさ」，「好適さ」のより少ない状態を意味する。この原則は，救済を受ける貧困者の生活水準が，独立自活している最底辺の労働者より「好適さ」の少ないものでなければならないという見解に基づいている。すなわちこれは，低所得労働者の勤労意欲の維持を掲げ，故意に公的救済の適用を制限したものであったが，当時から最底辺の労働者の生活水準は貧困線上に位置し，それより劣るものにするということは，事実上救済の否定を意味するものであった。

(3) 「勧告の3つの指導原則」とは，以下の3点である。① 保険と扶助に関する全システムを抜本的に改革すること。② 社会保険は包括的な政策の一部であり，その攻撃対象は5つの巨人〈貧窮（Want），疾病（Disease），無知（Ignorance），不潔（Squalor），怠惰（Idleness）〉であること。③ 国家は国民の自発的な行動を阻害しない範囲で，ナショナル・ミニマムを確保すること。

[金子光一]

2）わが国における発展

病気，失業，罹災や心身の障害，老齢，幼少などによって生活が困難になった場合，かつては，共同体の相互扶助，宗教心にもとづく施与や慈善によって救済された。近代社会形成の過程で，人びとは，身分制の拘束から解き放たれ，生活の自由を獲得した。しかし，「自由の女神は不安の悪魔の化身」（田子一民『社会事業』帝国地方行政学会，1922年）という言葉に象徴されるように，失業，疾病，傷害等の生活不安が待ちうけ，従来までの共同体内における生活保障方式では対応できなくなってきた。そこで，これらの生活不安に対処する新たな社会的協同の仕組み＝社会福祉を，人びとはつくり出さなければならなくなった。日本の社会福祉形成前史から社会福祉の形成・展開過程についてたどってみよう。

(1) 社会事業前史

(a) 古代・中世・近世社会の慈善救済

　　古代社会においては，旱魃（かんばつ），風水害，疫病などによる生活困窮者に対して，米，塩，衣類などを支給する「賑給（しんごう）」が天皇の慈恵として行われた。養老律令の戸令（718（養老2）年）では，生活困窮者は，まず親族・地域社会の相互扶助によって救済し，それが期待できない時は，賑給などにより救済するとしている。賑給は，窮民の必要に応じたものというよりも，救済を行う側の都合による恣意的な救済だった。また，6世紀日本へ導入された仏教の慈悲思想を背景に，慈悲の実践としての救済も行われた。奈良時代末期，僧侶行基（ぎょうき）は諸国をめぐり，行き倒れ人の収容救済を行う布施屋（ふせや）などを設けている。

　　中世社会においては，飢饉や戦乱に巻き込まれ，生活に困窮する人びともあった。君子（為政者）に与えられた天命は人民の生活の安定だとする儒教の教えに基づいて，封建領主たちは困窮者の救済を行った。仏教的慈善としては，鎌倉初期の浄土宗の僧重源（ちょうげん）による囚人保護，架橋，律宗の僧叡尊（えいそん）による非人救済，鎌倉後期の真言律宗の僧忍性（にんしょう）による鎌倉極楽寺での施薬院・悲田院・療病院（りょう），薬湯室および癩宿（らい）の設置などが行われている。

　　近世社会においては，農村の疲弊により困窮する農民が数多くみられた。また，江戸，大坂，京都の3都市へ人口が集中し，生活に困窮する者もあった。飢饉などの際，臨時収容ないし施粥施設として救小屋（せがゆ）（すくいごや），出身地への送還困難な浮浪者の恒常的な収容施設としての非人小屋，無宿人や刑余者を使役するために収容する**人足寄場（にんそくよせば）**（1790年設立），江戸市中貧窮病者のための施療機関として，**小石川養生所**（1722年設立）などの収容施設も設立された。江戸では寛政改革（かんせいのかいかく）によってうまれた七分積金制度（しちぶつみきん）（江戸の町入用費倹約金の7割を窮民救済と低利金融にあてる制度）によって町会所（まちかいしょ）（1791年発足）救済が行われた。

(b) 明治維新と恤救規則の制定

　　明治維新という政治的変革に伴う窮民，江戸時代からの継承貧民をかかえて，1868（慶応4）年新政府は，五榜（ごぼう）の掲示定第一札をもって「鰥寡孤独（かんかこどく）（61歳以上で妻のない者，50歳以上で夫のない者，16歳以下で父をなくした者，61歳以上で子のない者）廃疾の者を憫（あわれ）むべきこと」を令し，相互扶助精神を発揮するよう国民に求めた。

　　しかし，近代国家としての様相を整えるためには，全国的視野の窮民救済策が必要となり，1874（明治7）年，**「恤救規則（じゅっきゅう）」**が制定された。本規則は親族・共同体による相互扶助が期待できない場合，国家が窮民を救済

するというものであり，制限的で救済者数も少なく，国家による公的救済義務主義をとらなかった。こうした一般窮民救済策のほか，71年には「棄児養育米給与方」などの消極的な救済策が出された。また，1872年，ロシアの皇太子来朝に伴い窮民収容施設「養育院」（現東京都養育院）が設立されたが，これは先進諸国に対する外交的対面をとりつくろう意味もあった。

(c) 窮民救助法案の提出

　1883（明治16）年現在で国民の6割は下等（年間1人あたり米2石分の生活水準）の生活状態（『生活古典叢書1　興業意見他前田正名関係資料』光生館，1971）にあり，本格的救貧策が必要とされ，1890（明治23）年，第1回帝国議会に「窮民救助法案」が提出された。本法案は災厄のため自活不能となった労働能力ある窮民をも対象とし，市町村の救助義務を認めたものであった。貧民に救助を受ける権利を与えはしないか，濫救や救助義務容認のおそれはないかなどが争点となり廃案となった。本法案提出の背景には，社会政策は労働者に対する恩恵ではなく，国家有機体の一部に起る疾患の対策であるとする賛成論と堕民観や自由放任論などに立った反対論があった。

　一般窮民救済策と並んで，引取人のない行き倒れ人の埋葬等については，1882年9月「行旅死亡人取扱規則」，病気である貧困者の救療については，1881年に伝染病救療について太政官達30号などが制定された。風水害，冷害等の罹災窮民救済のため，1880（明治13）年「備荒儲蓄法」が制定された（1883年の救済額は69万5,946円と恤救規則による救済の約16倍（『帝国統計年鑑』））。

　一般窮民救済策の改正が失敗したのを補うかのごとく，1987（明治20）年前後には貧窮児童を対象とする石井十次設立の岡山孤児院（1887年），留岡幸助による家庭学校（1899年，現北海道家庭学校，児童自立支援施設），野口幽香らによる二葉幼稚園（1900年，現二葉保育園），石井亮一による弧女学院（1891年，現滝乃川学園，知的障害者施設）などの児童保護事業を中心として，民間人によって数多くの施設が設立された。明治30年代前後には養老事業も開始された。

(d) 社会問題としての貧困問題の発生

　日清・日露戦争後の日本経済は飛躍的に発展したが，反面，戦争犠牲者の発生や，97～98年恐慌による紡績の不振や米価高のなかで，生活困窮者が多数生み出された。また，不良少年，犯罪少年の増加も社会問題化し，1900（明治33）年「感化法」が制定された。明治30年代には，細民，窮民調査が数多く実施され貧困問題が注目された。このような窮民増大に対し，

1897年1月には恤救規則運用上の拡大が図られたが，1908年には，救助制限が加えられ，救助引き締めが行われた。同年，第1回感化救済事業講習会が開催された。この講習会は，感化救済事業の促進を掲げたが，その底流には国民一般の感化が課題としてあり，救済対象をして人の人たる道を歩ましめるという精神的教化，感化が本題としてあった。同年，民間慈善事業団体の連絡調整機関として中央慈善協会が設立された。

(e) 3つの救済法案

明治30年代に入ると，社会問題，労働問題への関心がたかまり，恤救規則改正案が登場した。1897年第10回帝国議会には，「恤救法案」，「救貧税法案」が提出されたが，会期切迫のため廃案となった。さらに1898年には，窮民救済の総合的一般法ともいうべき「窮民救済法案」が，内務大臣板垣退助により起草されたが国会へは提出されなかった。1902年第16回帝国議会に提出された救貧法案は，内容的には前述の1898年窮民救済法案を踏襲したものであった。本法案も審議の過程で義務救助主義は堕民を養成すると反対され成立しなかった。

このように恤救規則改正は失敗に終った。貧民救済とかかわりの深い法律が，1897年前後には「伝染病予防法」(1897年)をはじめとしていくつか制定されている。さらに，1904（明治37）年には，日露戦争の開始を契機として軍事扶助立法が議題に上り，同年4月「下士兵卒家族扶助令」が公布された。隣保相扶を強調して公的救済は引き締め，労働運動，社会運動には苛酷な弾圧をというのがこの期の特徴であった。

(2) 社会事業の成立
(a) 窮乏層の拡大と社会事業の成立

第1次世界大戦はわが国に未曾有の好景気をもたらしたが，反面，米価を中心とする急激な物価騰貴を引き起こし，1918（大正7）年，**富山県から米騒動が起こり全国に波及した**。20年以降の戦後恐慌は多くの社会問題を生み，一向に緩和されない生活難，労働強化の中で社会運動は復活し，労働争議が頻発した。さらに，1923年には**関東大震災**が発生し，窮乏層の輪がいっそう拡大された。

このような社会情勢のもと，日本社会事業は大正中期から後期にかけて成立したといわれている。

その成立の基礎として第1に，1917年，救済行政の中央事務の担当課である救護課が内務省に設置され，1919年には，その名称も社会課と改称し，翌1920年には社会局に昇格し，社会局は「社会事業に関する事項」も扱う

ことになり、「慈恵」にかわって「社会事業」が国の法令上に明記された。第2に、社会政策立法等の諸手段の調査を目的として救済事業調査会が1918年6月設立された。第3に、方面委員制度（小学校通学区域を一方面とし、その方面単位に方面委員を任命。委員は、担当方面居住者の生活状態を調査し、生活困窮者の適切な救済を実施。民生委員制度の前身）が1918年に大阪で創設された。本制度は全国に波及し、わが国の救貧行政において無視できない名誉職委員制として以後定着していった。第4に、科学的専門知識を有する有給社会事業家が必要とされたので、1918年、宗教大学社会事業研究室（現、大正大学）、1919年、東洋大学感化救済科、1921年日本女子大学校社会事業学部の開設をはじめとして、**社会事業専門家養成機関が設立された**。これらは前時代の社会救済のあり方とは異なり、貧困問題を社会問題として認識するものであった。

　日本社会事業の成立の背景には、一部の苦痛＝貧困をとりのぞくのに、その当事者だけではなく、他のすべての人々の共同責任として取り組むのだという「社会連帯責任」の思想があった。

　日露戦争で弟を失った鐘紡社長武藤山治の働きかけにより戦死者遺族を救済する「軍事救護法」も1917年公布された。武藤は、戦死者は国家のために身をささげたのであるから、その遺族は当然国家の救護を要求する権利があると述べたが、救護請求権については法のなかには規定されなかった。しかし、各種の権利保護条項がみられるなどこれまでの救済立法とはその趣を異にしていた。

　1920年、第1次大戦後最初の反動恐慌によって国民の大半が生活困難となる中で、**職業紹介法**（1922年）などの経済保護立法が制定された。しかし、これらは失業保険の形をとらなかったので積極的に失業者の生活を保障するものとはならなかった。

(b) 昭和恐慌と救護法の成立

　第1次世界大戦はわが国に未曾有の好景気をもたらした。しかし、戦後恐慌による株式相場の急激な下落に伴い倒産会社が続出、失業者が増大し社会不安がたかまった。親子心中、被虐待児童、東北を中心とする欠食児童など多くの社会問題が発生し、恤救規則では対応しきれない現実が示された。

　このような社会状況のなかで、米騒動前後より恤救規則改正の要望が高まり、1929（昭和4）年第56帝国議会に「国民生活の不安と思想の動揺を防止するに努めんとする」として「救護法案」が提出され可決、同年4月**「救護法」**として公布された。

同法は，わが国救貧法史上はじめて公的扶助義務主義をとるとともに，恤救規則では不分明であった，救護機関（市町村長），救護内容（生活，医療，助産，生業，埋葬），救護方法（居宅保護原則），救護費負担（国2分の1以内，道府県4分の1，市町村4分の1以上）等について明らかにした。しかし，救護対象を制限し，要救護者による保護請求権は認めなかった。

昭和期に入り慢性的恐慌のうち続くなかで，救護法の実施は急務であったが，財政上の都合を理由になかなか実施されなかった。そこで，方面委員等を中心とする救護法実施期成同盟会が1930（昭和5）年設立され，精力的に運動を展開，競馬法を改正し，その益金の一部を財源として，ようやく1932年1月より実施された。救護法実施に伴い民間施設も救護施設として国庫補助を受けることとなり，財政的には幾分安定したが，国の施策に対して補充的役割をもたされることになった。

(c) 戦時厚生事業

日本は，昭和恐慌以降の危機的状況のなかで満州事変という大陸侵略に活路を見出し，さらには日中戦争へと突入した。社会事業はその過程で，戦争遂行のための健民健兵確保政策の一環として，人的資源の保護育成をその対象とする「戦時厚生事業」へと変質し，1937（昭和12）年母子保護法と軍事扶助法（軍事救護法の改正改題），1941年医療保護法の制定をみた。1938年には国民体力の向上と国民福祉の増進を図るために厚生省が新設され，さらに民間社会事業の指導，監督を目的として社会事業法も制定された。また，**「国民健康保険法」**も同年4月に公布された。日本の植民地においては，その地固有の文化や伝統を無視した政策が実施された。

(3) 社会事業から社会福祉へ
(a) 戦後処理としての社会事業

第2次世界大戦敗戦後，日本の町中には戦災孤児や浮浪者，引揚者等があふれ，戦時中でさえどうにか維持された主食配給は，1945（昭和20）年後半以後次第に悪化した。焼け野原と化した都市では壕舎で生活する人も多かった。敗戦直後には，厚生省によると要援護人員800万人と推算されている。

このような国民生活状況下では，戦災者，引揚者等の生活困窮者，戦災孤児・浮浪児・引揚孤児，戦争によって障害者となった人びとの生活を援護し保護していくことは戦後処理的な課題として急務であった。さらに，戦後社会の退廃的状況の縮図ともいえる売春・犯罪もはびこっていた。なかでも公的扶助の実施は最優先のことであった。1945年12月15日には「生

活困窮者緊急生活援護要綱」が閣議決定されている。一方，連合軍総司令部（GHQ）は，日本の社会事業の非軍事化，民主化を考えて，12月8日付「救済ならびに福祉計画の件」において無差別平等，最低生活維持の原則を示し，日本政府に対し生活困窮者救済の具体的計画案の提出を求めた。そこで日本政府は，前記「要綱」を過渡的実施策として含む「救済福祉に関する件」を提出，国民援護に関しての総合的法令として生活保護法の制定をめざした。

(b) 福祉3法の確立

　GHQはこれに対し1946（昭和21）年覚書「社会救済」を日本政府に示し，無差別平等，国家責任による生活保障，公私分離の3原則の上に，実施にあたっては全国的単一機関を樹立すること，必要な保護費に制限を加えないという条件をつけて承認した。かくして1946年9月**「(旧)生活保護法」**は成立した。同法は労働能力の有無を問わず困窮していれば保護することとする一般扶助主義をとり，保護費の国庫負担率8割とした点においては画期的なものであった。しかしながら，怠惰・素行不良な者の排除，扶養義務者による扶養の優先，保護請求権の不明記，争訟権の否定など，多くの問題を残した。

　困窮者の生活援護，保護とともに解決をせまられた問題は，戦災孤児・浮浪児問題，戦傷病者問題があったが，**1947**（昭和22）**年「児童福祉法」，1949年「身体障害者福祉法」**が制定されている。前者は，日本国憲法25条の生存権規定に基礎をおき，理念的には児童の権利の承認，児童養育に対する公的責任の承認，対象の全児童への拡大を前提として，積極的に児童の福祉を図ろうとしたものであった。

(c) 社会保障審議会勧告と新生活保護法

　非軍事化，民主化政策から「経済九原則」指令等の経済自立化政策へと占領政策の転換が図られていったが，同時に1948年6月以来，失業者は急増した。1949年5月に活動を開始した社会保障制度審議会は，同年9月，吉田内閣総理大臣宛に社会不安除去のため生活保護制度の改善をもって対処すべきであると勧告した。この勧告にもとづき，憲法第25条の定める理念「健康で文化的な最低限度の生活の保障」をめざし，旧法を全面改正した現行の「生活保護法」が1950年5月に成立した。同法は，①憲法25条との関係で生存権保障の目的を明確にし，②保護請求権，③不服申立の規定，④欠格条項の廃止，⑤実施主体に訓練された有給専門職員（社会福祉主事）を置き民生委員はこれに協力するものとするなど，これまでより大きく前進した。しかし，保護内容を規定する保護基準はきわめて低く，被保護者

の資産や能力の活用を求める補足性の原理の適用はきびしく，さらに世帯単位原則の名のもとに親族扶養が求めるなど問題点を多く残した。

　1951年3月，社会福祉の組織および運営管理に関わる規定をその内容とする「社会福祉事業法」が制定された。第5条には，民間社会福祉の自主性の尊重とそれに対する公的責任転嫁の禁止が規定され，ここに公私分離の原則が具体化された。1951年1月，**中央社会福祉協議会**が設立された。これは1949年の**GHQ「六原則」指令**によって日本社会事業協会，同胞援護会，全日本民生委員連盟が統合したものであった。

(d)　高度経済成長と社会福祉の拡大──3法から6法へ

　1955年頃からはじまった日本経済の拡大は，日米安全保障条約改定後，1960年池田内閣によってうちだされた**「国民所得倍増計画」**により，高度経済成長へと急速に傾斜し，表面的には国民生活の内容をたかめたが，農村を初めとする国民の生活基盤を破壊し，人口の都市への過度の集中による過疎・過密の問題，家族形態と機能の変化，生活環境の激変等々の問題を生み出していった。

　これに対し，1960年「精神薄弱者福祉法」（「精神薄弱の用語の整理のための関係法律の一部を改正する法律」（1998年）にもとづき1999年4月1日より関係32法で使用されている「精神薄弱」という用語は「知的障害」に改められた），63年「老人福祉法」，64年「母子福祉法」（1981年改正により「母子及び寡婦福祉法」）が成立，社会福祉関係の主要な立法は3法から6法へと拡大し形の上では一応整備された。この間に1958年12月の「新国民健康保険法」，翌年4月の「国民年金法」の成立によって，皆保険・皆年金体制も整備された。また，経済成長のひずみに伴う少年非行の激増やその低年齢化に伴い，一般児童の健全育成対策が重視されはじめた。敗戦以後，なかなか法の制定にいたらなかった売春問題への対応も，1930年代に入ってようやく実施にふみきられ，1958年，「売春防止法」が制定された。

　しかし，生活問題のたかまりに，これらの社会福祉政策では対応しきれず，社会福祉の要求運動が盛り上がり各種の運動団体が設立された。「これでは生きていけない」として，保護基準の引き上げを求めて闘った**朝日訴訟**（療養生活を送っていた生活保護患者朝日茂によって起こされた行政訴訟）の，1960（昭和35）年10月の第1審の原告団勝利は，生活保護基準の改善をうながし，「**権利としての社会福祉**」に対する認識を広げる役割を果たした。

　産業優先の高度経済成長政策によってひきおこされた国民生活破壊の修復は，地方自治体にも期待され，1967年，革新都政が誕生し他県にも波及

した。以後，東京都を中心に「福祉の先取り」行政が行われ，国の施策の補足，老人医療無料化など新制度設置促進の役割も果たした。政府の各白書にも「福祉優先」の4文字がみられた。

こうした中で1970年以降，社会福祉費用は大幅に増額され，なかでも心身障害者福祉，老人福祉の分野および保育所行政は大きく発展した。社会福祉施設等数も1956年12,086施設が1975年には33,096施設へと増加した（『厚生の指標臨時増刊国民の福祉の動向』第45巻第12号，1998年財団法人厚生統計協会）。70年には「心身障害者対策基本法」（1993年改正により「障害者基本法」）も制定された。

(4) 社会福祉の展開

(a) 「福祉見直し論」の登場

1973（昭和48）年，老人福祉法の一部改正により老人医療費支給制度が実現，医療保険，年金制度も改革され，物価スライド制も導入された。1973年度社会保障関係費は飛躍的に増大，この年は経済成長優先から福祉優先への転換を図るとして「福祉元年」と呼ばれ，一層の社会福祉発展が期待されたが，同年秋の第1次オイルショックにより税収減となり「福祉見直し論」が登場した。

1975年に入り赤字財政長期化に対し財政支出抑制の動きが登場した。1982（昭和57）年**老人保健法**成立により，老人医療費の一部自己負担が実施され，1987年，国庫補助率の引き下げが行われた。1985年に入るとシルバーサービスを中心とする民間福祉サービスの伸展に対し，民間部門の創意工夫をいかして活用すべきだとの意見も出された。1986年には，地方の自主性を尊重するという観点から社会福祉施設入所措置などが地方自治体に移管された。

1971年から中央社会福祉審議会答申「社会福祉緊急整備5か年計画」が実施され，社会福祉施設入所定員数も増大し，あわせて施設内処遇の専門性向上と施設の社会化が要請され，1987年には「社会福祉士及び介護福祉士法」が制定された。

(b) 地域福祉中心型の社会福祉

1989（平成元）年には，福祉関係3審議会合同企画分科会意見具申「今後の社会福祉のあり方について」によって，①住民に最も身近な行政主体である市町村の役割の重視，②公的在宅福祉サービス等についてその供給主体を積極的に拡充を図る観点からの社会福祉事業の範囲の見直し，③民間事業者，ボランティア団体等の多様な福祉サービス供給主体の育成，④

地域において福祉，保健，医療の各種サービスの有機的連携による提供体制の整備等が指摘され，今後の改革の方向が示された。

これを受けて，**「高齢者保健福祉10か年戦略」（ゴールド・プラン）**が策定され，1999（平成11）年度にいたるまでの10か年に行う在宅福祉政策の緊急整備を施設の緊急整備とあわせて具体的に提示した。1990年には前述の意見具申，ゴールドプラン，さらに1990年の中央社会福祉審議会・地方福祉専門分科会の中間報告「地域における民間活動の推進について」をうけて，「社会福祉事業法，老人福祉法等社会福祉関係8法の改正法」が公布された。この改正により，在宅福祉サービスの積極的推進，在宅福祉サービスと施設福祉サービスの市町村への一元化，市町村及び都道府県老人福祉計画の策定，障害者関係施設の範囲の拡大等がなされることになった。

また，1990年には21世紀の高齢化に対応したマンパワーの確保策についても検討され，1992年の**「福祉人材確保法」**によって基本方針が定められ，**都道府県福祉人材センター等**が設立され，活動を開始した。

(c) 少子高齢化社会と社会福祉

さらに1994年3月には，高齢社会福祉ビジョン懇談会による**「21世紀福祉ビジョン」**の提案をうけて，同年「新ゴールドプラン」，「今後の子育て支援のための施策の基本的方向について」（**通称エンゼルプラン**）が策定された。1997年，合計特殊出生率が1.39を記録し，さらに少子化が進行するとみなされている中で，少子化をめぐる議論が活発に行われ，児童家庭福祉制度の見直しが必要であると考えられるようになった。また，児童福祉法は，第2次世界大戦後まもなくつくられた法律であるので，今日の状況に十分対応できないとして，1997年改正され，1998年（平成10）年4月から施行された。子育ての社会支援を強化し，児童の自立を支援するという基本理念にもとづき，児童福祉施設の名称を変更するなどの改正が図られた。

障害者問題への対応としては，1993年の「障害者対策に対する新長期計画」の具体化を図るための重点施策実施計画として，1995年12月**「障害者プラン―ノーマライゼーション7か年戦略」**が策定された。1993年には心身障害者対策基本法も改正され，**「障害者基本法」**と名称を変更，障害の範囲の明定，国及び地方公共団体における障害者施策に関する計画の策定，障害者の日設定などの規定がなされた。

さらに，1994年，厚生省は高齢者介護の新システムについての検討を開始した。そして，高齢者の自立支援のために，高齢者自身によるサービス

の選択,介護サービスの一元化,ケアマネージメントの確立,社会保険方式導入を打ち出し,**「介護保険法」**を制定,2000年4月から施行された。

このように1980年代以降,**戦後第2の社会福祉改革**が行われる中で,社会福祉の基礎構造改革も具体的な展開をみ,**日本の社会福祉は大きな変化を遂げることとなる。**

[宇都榮子]

☆参考文献☆
1) 日本社会事業大学救貧制度研究会編『日本の救貧制度』勁草書房,1960(昭和30)
2) 遠藤興一『史料でつづる社会福祉のあゆみ』不昧堂出版,1991(平成4)
3) 吉田久一『全訂版 日本社会事業の歴史』勁草書房,1994(平成6)
4) 池田敬正『日本における社会福祉のあゆみ』法律文化社,1994(平成6)
5) 古川孝順『社会福祉改革』誠信書房,1995(平成7)
6) 佐藤進・社会保障と社会福祉の法と法政策(第5版)(1998年・誠信書房)
7) ILO・社会保障への道(社会保障研究所編)(1972年・東大出版会)
8) 佐藤進・児島美都子編・社会福祉の法律入門(第3版)(1998年・有斐閣)
9) 久塚純一=古橋エツ子=本沢巳代子・社会保障法(1998年・日本評論社)
10) 堀勝洋・社会保障法総論(1994年・大学出版会)

Part II

健康の確保と医療の保障

―〈このパートで学ぶ目標〉――

　国民1人ひとりが，現代社会のなかで生活し活動するためには，まず，健康でなくてはならない。それは単に病気にならないだけでなく，積極的に健康を増進することが重要である。万が一，病気になったら，身近で経済的にも安心して必要な医療を受けられる制度があらかじめ整備されていなければならない。

　憲法25条は，「すべての国民」が「健康で文化的な生活を営む権利」を保障している。**健康権の保障とこれを実現するための制度**は，近代国家にひろく受け入れられている公共的政策である。

　Part IIでは，**疾病予防対策**や病気になった場合に備えて，**医療の提供体制**，**医療保障制度**を理解し，**憲法の保障する健康権の保障の制度の仕組みとその現状**，さらにその問題点を学ぶ。

A　疾病予防・健康維持増進体制

1　地　域　保　健

1）地域保健の意義と沿革

(1)　地域保健の意義

　　地域保健は，地域社会の医療・保健・衛生の水準の維持・増進をはかるとともに，地域住民の健康の維持・増進をはかることを目的とする行政活動をいう。

　　地域保健行政の内容には，下水道の整備，廃棄物の処理，清掃に関する

ことなどの生活環境の整備に関することや住民の健康診査や相談などの保健サービスが含まれ，その範囲は広範である。

住民に対する疾病予防，健康増進を目的とする保健サービスには，母子保健，精神保健対策に関するものをはじめとして，感染症対策，難病対策，成人病対策，歯科保健対策に関するものなどがある。

地域保健サービスを行政分野別に分類すると，①家庭や地域社会を対象とする**地域保健行政**，②学校における児童・生徒・職員の健康問題を対象とする**学校保健行政**，③職場での労働条件に関連して生ずる健康問題を扱う**産業保健行政**，④公害や環境保全にかかわる諸問題を取り扱う**環境保健行政**がある。

地域保健行政は，サービスの受け手である生活者の立場を重視し地域住民の疾病を予防し，健康を維持，増進をはかることを目的とする総合的施策である。

これらを実施する主体となる官庁は，①の地域保健については厚生労働省—都道府県（厚生・衛生主管部局）—保健所—市町村という一貫した行政大系が確立されている。②は文部科学省，③は厚生労働省，④は環境省である。

しかし，国民の健康と問題を全体的に総括する主務官庁は，厚生労働省である。

(2) 地域保健の沿革

わが国では，明治維新後の近代国家への改革が進められる中で，保健医療の制度も整備された。

1874（明治7）年には，総合的な保健医療制度を定める**「医制」**が公布され，保健医療行政組織，医学校における医師養成，医師開業免許，薬舗

主などの規定を内容とするものであるが、これらにより保健医療制度の基本的な形ができた。

この時期の最大の課題は、コレラ・ペストなどの急性感染症対策であった。急性感染症に対する施策が徐々に成果をあげはじめると、結核や性病などの慢性感染症や精神障害などに対する各種の施策が必要とされるようになり、また、地域に密着した保健指導の必要が強調された。

こうしたなか、1937年（昭和12）に（旧）**保健所法**が制定された。衛生思想の普及、保健指導、健康相談事業を行うこととされ、全国に770カ所の保健所ができた。

戦後、保健所法が改正され（1947年）、保健所は公衆衛生の第一線機関として位置づけられ、感染症予防、結核対策、母子衛生に加えて環境衛生業務、統計業務等を担当することになった。

その後、保健所活動に関する改革案などが出され検討が重ねられてきたが、1988年（平成1）に「**地域保健将来構想報告書——保健所の在り方を中心に——**」が出され、2次医療圏ごとに原則として1カ所の保健所を指定し、地域保健医療計画の作成・推進にかかわる業務、保健所・市町村職員の教育・研修、試験・検査の集約的実施など特定の機能を付与する保健所構想が提示された。

現在、保健所は地域における広域的・専門的・技術的拠点とて機能を強化することとし、専門的かつ技術的業務の推進、情報の収集・整理・活用の推進、調査・研究の推進、企画調整機能の強化をはかることにしている。

2）地域保健行政の組織

（1）厚生労働省と都道府県

国の行政一般について最終責任を負う機関は内閣であるが、そのうちで保健医療行政を分担する最高の行政機関は、**厚生労働省**である。

厚生省の本省は、大臣官房、医政局、健康局、医薬食品局、労働基準局、社会・援護局、老健局、児童家庭局、保険局、年金局などがあり、それぞれの局のなかに各課（部）がそれぞれの所掌業務を分担している。

また、付属機関として人口問題研究所、検疫所、国立病院などがあり、外局として社会保険庁がある。

都道府県にあっては衛生部、厚生部、保健部などの名称で保健医療行政を主管する部局がおかれ、医務、薬務、保健予防、環境衛生、健康増進などの各課がそのなかに設けられている。

都道府県および政令都市は、後述のように保健所を設置し、所掌の地域

保健行政を担当している。

　市町村においても，厚生衛生部，保健課などの保健医療行政を担当する組織が設けられている。また，市町村には，市町村保健センターが設けられており，地域住民の保健サービスの拠点としての地位が与えられている。

(2) 保　健　所

　1994年（平成6）に，**保健所法**が**地域保健法**と改正され，その関連法律の規定により，**保健所は地域保健における広域的・技術的・専門的拠点**として機能を強化され，専門的かつ技術的業務の推進，情報の収集・活用の推進，調査・研究の推進，企画調整機能を持たせることとされている。また，平成12年から，地域における健康危機管理の拠点としての機能が追加された。都道府県の設置する保健所は，そのほかにも市町村に対する支援や市町村相互の連絡調整を行うこととされている。

　保健所の機能強化の一環として，保健所の所管区域は，2次医療圏および老人保健福祉圏を参酌することとされ，平成17年4月現在549カ所設置されている。

　保健所の通常業務は，以下にかかげる事項につき，企画・調整・指導およびこれらに必要な事業を行うことである。

① 地域保健に関する思想の普及および向上に関する事項
② 人口動態統計その他地域保健にかかる統計に関する事項
③ 栄養の改善および食品衛生に関する事項
④ 住宅，水道，下水道，廃棄物の処理，清掃その他の環境衛生に関する事項
⑤ 医事および薬事に関する事項
⑥ 保健師に関する事項
⑦ 公共医療事業の向上および増進に関する事項
⑧ 母性および乳幼児ならびに老人の保健に関する事項

⑨　歯科保健に関する事項
⑩　精神保健に関する事項
⑪　治療方法が確立していない疾病その他の特殊な疾病により長期に療養を必要とする者の保健に関する事項
⑫　エイズ，結核，性病，伝染病その他の疾病の予防に関する事項
⑬　衛生士の試験および検査に関する事項
⑭　その他地域住民の健康の保持および増進に関する事項

(3) 市町村保健センター

　従来，わが国では保健所が地域の保健医療行政の第一線機関として大きな役割を果たしてきた。しかし，地域住民の高齢化，疾病構造の変化，保健サービスの需要に対する多様化などから，きめ細かな対人保健サービスの実施体制が求められるようになった。

　地域住民に最も身近な市町村（市町村保健センター）が，こうした保健需要に対応する拠点である。つまり，**市町村保健センターは，地域住民に対し，対人保健サービスを総合的に提供する拠点**であり，保健所のような行政機関ではなく，市町村レベルにおける健康づくりの「場」として位置づけられている。

　地域保健法18条では，「市町村保健センターは，住民に対し健康相談，保健指導及び健康診査その他地域保健に関し，必要な事業を行うことを目的とする施設とする」と規定し，これに対し，国は予算の範囲内で市町村保健センターの設置に必要な費用を補助し（19条，20条），都道府県は，

2　主な疾病予防，健康増進対策

1) 健康増進・成人保健対策

(1) 健康日本21（仮称）総合戦略

　近年の国民の健康状態は，経済力の向上，医学や医療の進歩，公衆衛生活動の進展等により著しく改善されてきた。死亡率や乳児死亡率の低下はめざましく，平均寿命は世界一の水準に達している。

　平均寿命の延長という量的な問題だけではなく，人生80年をいかに質的に向上させるかという問題が重要な課題となってきた。

　厚生労働省では，1988年度から**第2次国民健康づくり対策**（第1次は1978年度）として「アクティブ80ヘルスプラン」を実施している。これは，

一人ひとりが80歳になっても身の廻りのことができ、社会参加もできるような生き生きとした生活を送ることにより、明るく生き生きした社会を形成しようとするものである。

その特色として、①病気の早期発見、早期治療（2次予防）から発生予防・健康増進へ（1次予防）、②食生活、運動、休養等健康的な生活習慣の確立の重視、③公的セクターに加えて民間活力による健康作り施策の推進があげられていた。

しかしいずれにしても、心身共に健康を維持・増進させるためには、栄養（食生活）、運動（スポーツ）、休養（レクリエーションなど）、疾病予防対策や後述の生活習慣病予防対策などの総合的な施策を通じて高度な健康の質の維持・増進をはかることが重要な課題である。

このため、国民の健康増進、疾病予防のための保健医療上重要な課題となる対象分野を設定し、保健医療水準の指標となる具体的数値目標を定め、これを達成するための具体的施策を策定すべきである。

厚生労働省は、関係官庁・部局の横断的な連携・協力を得て具体的な数値目標を設定し、生涯を通じた健康づくりを総合的に検討する計画（健康日本21〈仮称〉総合戦略）を推進することになっている。

(2) 成人保健対策

図Ⅱ-1　主要死因別にみた死亡率（人口10万対）の年次推移

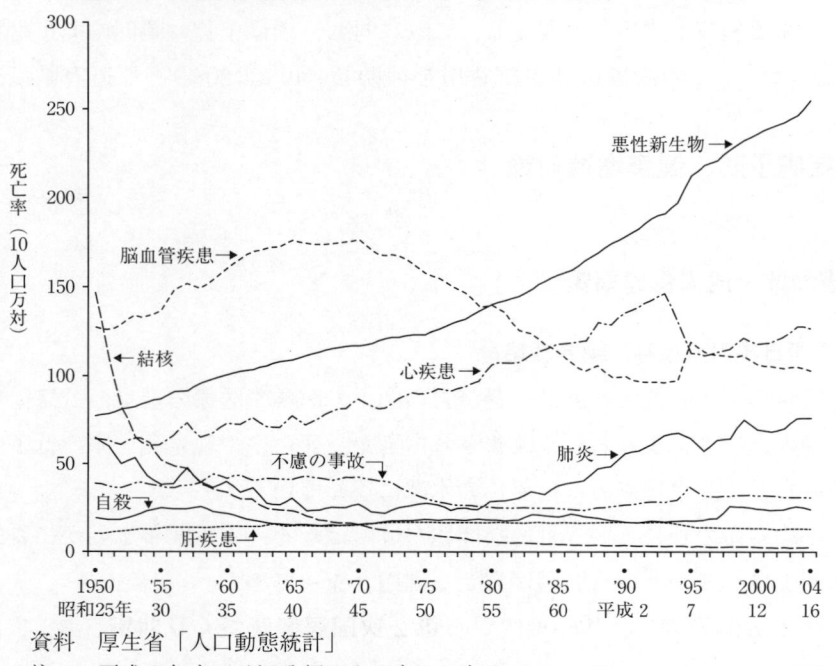

資料　厚生省「人口動態統計」
注　平成6年までは旧分類によるものである。

戦後わが国の疾病構造は，死亡率，受療率，有病率のいずれをとってみても結核，肺炎などの感染性疾患中心の構造から，がん（悪性新生物），心臓病（心疾患），脳卒中（脳血管疾患）などのいわゆる成人病（慢性疾患）中心に変化している。現在この3大成人病で国民の死亡の60％以上を占めており，この疾患の予防対策，医療対策，研究対策が重要な課題となっている（**図Ⅱ-1参照**）。

1982年（昭和57）の**老人保健法の施行**により，壮年期（原則として40歳）からの健康づくりのため，医療以外の保健事業（いわゆるヘルス事業）が行われることになった。この事業の主要な目的は，高血圧，脳卒中，心臓病等の循環器系疾患とがんの予防対策である。老人保健法によるヘルス事業として，健康相談，健康教育，健康診査，訪問指導等が市町村の事業として実施されてきた。

がんの予防対策としては，40歳以上の者を対象に胃がん，肺がん，大腸がん検診，30歳以上の者を対象に子宮がん，乳がんの検診が行われている。なお，平成18年には，がん対策基本法が制定された。

(3) 生活習慣病対策

2002年（平成14）の患者調査によると医療機関を受診している患者数は，高血圧性疾患699万人，糖尿病228万人，虚血性心疾患91万人，脳血管疾患137万人，悪性新生物128万人であり，合計すると1,300万人を超えている。

疾病の発症や予後に関与している要因として大きく「遺伝要因」，「外部環境要因」，「生活習慣要因」の3つをあげることができる。「生活習慣」としては，喫煙と肺がんや肺気腫，動物性脂肪の過剰摂取と大腸がん，食塩の過剰摂取と脳卒中，肥満と糖尿病，アルコール摂取量と肝硬変など，疾病の発症に深く関与している要因があることが明らかになってきた。

1996年の公衆衛生審議会は，これまでの成人病（加齢に伴って発症することが多い疾患）対策に加えて，新たに「**生活習慣病**」という概念を導入し，生活習慣を改善することによりこれら生活習慣を要因とする疾病の第1次的予防対策を提唱した。

公衆衛生審議会健康増進栄養部会・成人病難病対策部会合同部会は，「今後の生活習慣病対策について（中間報告）」をとりまとめている（平9・7・30）。

2）感染症対策

(1) 伝染病予防法の制定

　　感染症対策は，明治以降わが国の保健行政の大きな課題の1つであった。**伝染病予防法**（1989年，明治30年制定）では，法定伝染病，指定伝染病，届出伝染病を分類し，医師の届出，患者等の就業制限，入院措置制度などが定められていた。

　　現在，多くの感染症の予防・治療が可能になってきており，集団の感染症予防に重点をおいた従来の考え方から，個々の国民の予防と医療の積み重ねによる社会全体の感染症予防の推進という考え方に転換した。また，感染症が発生してから防疫措置を講じるといった事後対応型から，感染症の発生動向調査や感染症の予防の基本指針・予防計画の策定を軸とする事前対応型の行政がはかられることになった。

　　感染症予防法は，その感染力や罹患した場合の症状の重篤性などにもとづいて，1類感染症から5類感染症および指定感染症，新感染症に分類した（表Ⅱ-1参照）。

　① 医師は，1・2・3・4類感染症又は無症状病原体保有者及び新感染症にかかっていると疑われる者を診断したときは，直ちに，その者の年令，性別，住所など（規則4条）を保健所長を経由して都道府県知事に届け出なければならない。同様に，5類感染症の患者（および規則4条3項で定める無症状病原体保有者）を診断したときは，7日以内に届け出なければならない（12条1項）。

　② 都道府県知事は，1・2・3類感染症にかかっていると疑われる者（またはその保菌者）に対し，健康診断の受診を勧告することができる。その勧告に従わない者に対しては，健康診断受診の措置をとることができる（17条1・2項）。

　③ 都道府県知事は，1類感染症の患者（またはその保護者）に対し，指定医療機関に入院することを勧告することができる。患者が入院勧告に従わないときは，72時間をかぎり入院措置をとることができる（19条）。

(2) 感染症の動向と予防対策

　　わが国では国際交流の発達や，海外旅行の増加により輸入感染症が増加したり，ウィルス性の出血熱等が発見されたり，また**エイズ**や**MRSA**等の**院内感染事例**が発生したりして問題となっている。平成8年には**腸管出**

表Ⅱ-1　感染症の種類（感染症法にもとづく分類）

	感染症名等	性　格
感染症類型	[1類感染症] ・エボラ出血熱 ・クリミア・コンゴ出血熱 ・重症急性呼吸器症候群（病原体がSARSコロナウイルスであるものに限る） ・痘そう ・ペスト ・マールブルグ病 ・ラッサ熱	感染力，罹患した場合の重篤性等にもとづく総合的な観点からみた危険性が極めて高い感染症
	[2類感染症] ・急性灰白髄炎 ・コレラ ・細菌性赤痢 ・ジフテリア ・腸チフス ・パラチフス	感染力，罹患した場合の重篤性等にもとづく総合的な観点からみた危険性が高い感染症
	[3類感染症] ・腸管出血性大腸菌感染症	感染力，罹患した場合の重篤性等にもとづく総合的な観点からみた危険性が高くないが，特定の職業への就業によって感染症の集団発生を起こし得る感染症
	[4類感染症] ・E型肝炎 ・A型肝炎 ・黄熱 ・Q熱 ・狂犬病 ・高病原性鳥インフルエンザ ・マラリア ・その他の感染症（政令で規定）	動物，飲食物等の物件を介して人に感染し，国民の健康に影響を与えるおそれのある感染症（人から人への伝染はない）
	[5類感染症] ・インフルエンザ（高病原性鳥インフルエンザを除く） ・ウイルス性肝炎（E型肝炎およびA型肝炎を除く） ・クリプトスポリジウム症 ・後天性免疫不全症候群 ・性器クラミジア感染症 ・梅毒 ・麻しん ・メチシリン耐性黄色ブドウ球菌感染症 ・その他の感染症（省令で規定）	国が感染症発生動向調査を行い，その結果等に基づいて必要な情報を一般国民や医療関係者に提供・公開していくことによって，発生・拡大を防止すべき感染症
指定感染症	政令で1年間に限定して指定された感染症	既知の感染症の中で上記1～3類に分類されない感染症において1～3類に準じた対応の必要が生じた感染症
新感染症	[当初] 　都道府県知事が厚生労働大臣の技術的指導・助言を得て個別に応急対応する感染症 [要件指定後] 　政令で症状等の要件指定をした後に1類感染症と同様の扱いをする感染症	人から人に伝染すると認められる疾病であって，既知の感染症と症状等が明らかに異なり，その伝染力，罹患した場合の重篤度から判断した危険性がきわめて高い感染症

血性大腸菌感染症（O157など）患者が大量に発生した。

感染症対策としては，大きく分けて感染源対策，感染経路対策および感受性対策の3要素に分けられる。わが国では感染症の予防及び感染症の患者に対する医療に関する法律などにより感染源，感染経路対策を，予防接種法により感受性対策を，また衛生的な環境整備を目的とする各種法律により感染経路対策を行っている。

わが国に常在しない検疫感染症（一類感染症，コレラ，黄熱，政令で定めるもの）の病原体が船舶または航空機を介して国内に侵入することを防止するため検疫法により検疫所（空港25，海港81）を設けている。

結核対策は，**結核予防法**により健康診断，予防接種，患者管理（結核登録票により，相談保健指導），結核医療（医療費の公費負担）と総合的な施策が実施されているが，近年わが国の結核患者は漸増の傾向にあり，医療を必要とする患者は94,000人と推定されており，わが国最大の感染症である。

エイズ（後天性免疫不全症候群）は，HIV（ヒト免疫不全ウィルス）の感染によって起きる疾患である。HIV感染は，HIVに感染された血液，精液，膣分泌液等を介して起こる。したがって，HIV感染者との性行為，HIVに汚染された血液や血液製剤の受注，母親がHIV感染者である場合の母子感染が主な感染経路である。

1993年（平成5）にいわゆる**エイズ予防法**が施行されたが，感染症予防法（平10法114）の施行に伴い，これに統合され，エイズ予防法は，廃止された。

(3) 予防接種

予防接種は，感染症流行を防止するためのものであるが，これは個人が感染症に罹患しないようにするため，免疫力を高めることに主眼をおく。

予防接種法は，1948年（昭23）に制定されたが，その後の衛生水準の向上，生活環境の改善，医療技術の進歩によって疾病構造が変わるとともに重篤な疾患が少なくなった。しかし一方，予防接種の副反応と見られる健康被害が発生する事態が発生し，いくたびか大きな改正が行われてきた。

予防接種には，**予防接種法による接種**と，法によらず個人が任意に受ける**任意接種**がある。法による予防接種は，予防接種を「受けなければならない」とされていたが，予防接種を「受けるように努めなければならない」に改正された。

予防接種を受けたため健康被害が発生したときは，救済給付を受けることができるが，健康被害が発生しないように，予診制度が整備された。

表Ⅱ-2　定期の予防接種の疾病および対象者

疾病	定期の予防接種の対象者
ジフテリア	1. 生後3月から生後90月に至るまでの間にある者 2. 11歳以上13歳未満の者
百日せき	生後3月から生後90月に至るまでの間にある者
急性灰白髄炎	生後3月から生後90月に至るまでの間にある者
麻しん	生後12月から生後90月に至るまでの間にある者
風しん	生後12月から生後90月に至るまでの間にある者
日本脳炎	1. 生後6月から生後90月に至るまでの間にある者 2. 9歳以上13歳未満の者 3. 14歳以上16歳未満の者
破傷風	1. 生後3月から生後90月に至るまでの間にある者 2. 11歳以上13歳未満の者

＊ 破傷風については地域の発生状況を勘案して知事は予防接種を行わない区域を指定することができる。
＊ MMRワクチン（麻しん，風しん，おたふくかぜ）の3種混合接種は当分の間中止する。

　なお，定期の予防接種の疾病および対象者は，**表Ⅱ-2**のとおりである。

3）母子保健対策

（1）母子保健対策の沿革

　第2次世界大戦以前わが国では，主として農漁村地域での衛生水準が低く，乳児死亡率，妊産婦死亡率が高かった。

　戦後，厚生省に**児童局が新設**され，母子保健対策は児童が健全に育成されることを目的とする施策の中で実施された。1965年に，従来の母子保健対策を法律に盛り込んだ**母子保健法**が制定され，ほぼ現在の体系ができあがった。母子保健法は，母性ならびに乳児および幼児の健康の保持，増進をはかるため，保健指導，健康診査，医療等の措置を行い，母性が尊重・保護され，乳幼児が健やかに育成されることを目的としている。

　そして，妊産婦や乳幼児に対する保健指導，妊産婦・新生児の訪問指導，健康診査は，市町村が実施することになっている。

　母子保健の水準を示す代表的な指標である**乳児死亡率**（1年間の出生1,000対1歳未満の死亡率）は，明治・大正期には150～160であったが，1952年には50を割り，2004年には2.8となり世界最低国となっている。また**周産期死亡率**も，2004年に出生10万対5.0となっており，著しく改善されている。

　近年の少子化の進行や子どもをとりまく環境の変化に対応するため，エンゼルプラン（平6），新エンゼルプラン（平11）などが策定された。平

成16年には「少子化社会対策大綱」が閣議決定され，子ども・子育て応援・プランが定められ，母子保健関係では周産期，新生児等の死亡率の世界最高水準の維持，小児救急医療科制の確保などが定められた。

(2) 母子保健対策の現状

母子保健対策は，大きく分けると健康診査や保健指導等を行う**保健対策**と**母子医療対策**の2本柱で構成されている。

(a) 母子保健対策

わが国の母子保健対策は，妊娠の届出と母子健康手帳の交付を受けることから始まる。妊娠したものはすみやかに市町村へ妊娠の届出をすることになっており，これに対して母子健康手帳が交付される。

妊娠の届出は妊婦を行政的に把握し，妊婦から乳幼児へと一貫した母子保健対策を実施するための出発点である。

母子健康手帳は，妊娠，出産および育児に関する一貫した健康記録であり，健康診査や保健指導の基礎資料となる。

3歳児検診および1歳6カ月児の健康診査は，発育期の乳幼児の疾病，異常を早期に発見し，早期治療に資するため重要であり，市町村がこれを実施することが義務づけられている。その乳幼児及び妊産婦について健康診査を受けることを推奨することになっており，必要に応じて精密検査を行う。

保健指導は，母子保健の基本的政策の1つで，妊産婦及び乳幼児の保護者等に対して保健指導が行われる。保健指導は，母親学級や育児教室などの集団指導による方法と保健婦による1人ひとりのニーズに応じた訪問指導のような個別指導がある。

(b) 母子医療対策

妊娠中毒症，妊産婦糖尿病，産科出血等は，妊産婦死亡，周産期死亡の原因となったり，未熟児出産など新生児に影響を及ぼすこともある。このため，入院治療の必要があり，低所得世帯に属する妊産婦に対し，一定の医療費の援助が行われている。

未熟児とは，身体の発育が未熟なまま出生した乳児であって正常児が出生時に有する諸機能を有するに至るまでのものをいう。未熟児は，正常な新生児に比べて生理的に欠陥があり疾病にもかかりやすく死亡率も高い。また，心身障害を残す可能性もある。このため，生後すみやかに適切な処置をとる必要がある。低体重児（2,500g以下）は届出の必要があり，これはその発見の方法の1つである。**未熟児養育医療**は，未熟児であって医師

が入院養育の必要を認めたものについて指定医療機関で行われる。療養費は医療保険による自己負担分を原則として公費で負担する公費負担医療である。

その他の母子医療対策として，予算措置による「小児慢性特定疾患治療研究事業」がある。これは経過が慢性で治療が長期にわたる小児のいわゆる難病を対象に，その医療費を原則として，公費で負担するものである。

(3) 母子保健活動の基盤整備

(a) 母子健康センター

市町村の母子保健事業の拠点となるもので，妊産婦・乳幼児の保健指導，栄養指導等を行う。あわせて助産も行うことができる。

市町村の任意設置とされているが，医療機関の少ない地域では貴重な資源であり設置が望まれている。

(b) 母子保健医療推進事業

市町村における母子保健に関する情報を収集・解析・還元することにより，地域の保健医療対策の確立に資することを目的とする。

そのため，母子保健情報を収集し，解析するシステムを作り，同時にファイルを作成し，母子保健指標の把握を行う。評価委員において専門的立場から助言を行う。本事業は，市町村を単位として都道府県が行う（平8児発484）。

(c) 母子保健対策の今後の方向

中央児童福祉審議会母子保健対策部会の「新しい母子保健を考える研究会」の報告書（1989.12）では，今後の母子保健について，①思春期の悩みや育児不安等「こころ」の健康の重視，②父親の育児参加，職場における妊婦への支援等家庭や職場を含めた地域ぐるみの対応の重視，③育児グループ等住民の自主グループの支援，④相談事業や健康診査後指導の重視，⑤健康に関する諸科学の進歩に対応した母子保健の推進をあげている。

4）精神保健対策

(1) 精神保健対策の沿革

わが国の精神保健対策のスタートは，欧米諸国に比し遅れていた。1900年（明治33）に精神病者監護法，**1919年（大正8）に精神病院法が制定**されたが，精神保健行政が行政上位置づけられたのは，**1950年**（昭和25）の**精神衛生法が制定**されたことによる。

精神衛生法は，都道府県の精神病院の設置の義務づけ，私宅監置の廃止，

精神衛生鑑定医制度などを定め，精神医療の充実促進をはかった。これにより，精神病床の整備が進み，入院医療体制が量的に拡充された。

患者の人権擁護や適正な医療の確保をさらに推進するため，**1987年**（昭和62）には法を大幅に改正して**精神保健法**と法律名を変更し，任意入院制度，通信・面会などの権利の確保，精神保健指定医制度，応急入院制度，授産施設などが規定された。同時に5年ごとの見直し規定も付則に盛り込まれた。

1993年（平成5）の法の見直しでは，精神障害者の社会復帰対策の促進が強く求められ，同年制定の障害者基本法の中で，精神障害者は障害者として位置づけられることになり，福祉施策の枠組みに入れられた。

1995年（平成7）には，**精神保健福祉法が制定**され，さらに社会復帰，社会参加の促進が明記されることになった。

精神保健対策は，「入院中心の治療体制から，人権擁護の地域ケアの体制」へと大きく転換されつつある。

(2) 精神障害者の医療

厚生省の「患者調査」（1996年）によれば，精神障害（ICD-10における精神障害）の入院受療率は，人口10万対259で循環器系の疾患と並び最も高く，新生物134，消化器系の疾患73をはるかに上回っている。入院では精神分裂病が，外来では神経症が最も多いが，最近入院で老人性認知症が増加している。

(a) 入院医療

精神保健福祉法の規定による入院には，「任意入院」「措置入院」「緊急措置入院」「医療保護入院」「応急入院」の5種類の入院形態がある。

「**任意入院**」は，精神障害者本人の同意にもとづく入院で，最も原則的な入院形態である。「任意入院」以外の入院は，非自発的（強制的）入院である。

「**措置入院**」は，2人以上の精神保護指定医が診察した結果，その者が精神障害者であり，かつ入院させなければその精神障害のために自身を傷つけ，また他人に害を及ぼすおそれ（自傷他害のおそれ）があることに診断が一致した場合に，都道府県知事が国・都道府県立病院または指定病院に強制入院させる制度である。上記の場合で，急を要する場合，指定医1名の診察により72時間以内に上記病院に入院させることができる（緊急措置入院）。医療費は全額公費負担である。

「**医療保護入院**」は，精神保健指定医の診察の結果，精神障害者である

と診断され入院の必要があると認められた者でかつ，任意入院が行われる状態でないと判定された者について，保護者の同意がある場合，本人の同意がなくとも精神病院の管理者はその者をを入院させることができる制度である。保護者について家庭裁判所の選任を要する場合で，まだ選任がなされていないときは，扶養義務者の同意がある場合，4週間をかぎり入院させることができる。

「**応急入院**」は，医療および保護の依頼のあった者について，急を要し保護者などの同意が得られない場合，指定医の診察の結果ただちに入院させなければその者の医療および保護をはかるうえで著しく支障があると認めるときは，72時間をかぎり，指定された精神病院の管理者はその者を入院させることができる制度である。

それぞれの入院に伴う医師の義務については，精神保健福祉法に定められている。

入院形態別患者別については，現在（2002年），任意入院者212,015人（64.2％），措置入院者2,767人（0.8％），医療保護入院者112,661人（34.1％），その他2,607人（0.8％）で，本人の同意による入院が6割を超えている。

(b) 通院医療

精神科領域の薬物療法の進歩や精神科リハビリテーションの進歩により，通院医療の比重が増大し，精神障害者が通院治療を受けながら社会生活を営むケースが多くなっている。通院医療費は申請により公費負担とすることができる（$\frac{95}{100}$）。

(3) 社会復帰対策

社会復帰対策の目標は，精神障害者に対し必要な援助を行うことにより，社会に適応して生活を営むことができるようにすることである。

精神保健福祉法は，精神障害者社会復帰施設を4つの類型に分けて規定している。これには，精神障害者生活訓練施設（精神障害のため家庭において日常生活を営むのに支障がある精神障害者に日常生活に適応できるよう訓練，指導を行う施設），精神障害者授産施設（雇用されることができるように必要な訓練を行い，職業を与える施設），精神障害者福祉ホーム（住居を求めている精神障害者に対して居室その他の設備を利用させるとともに，日常生活に必要な便宜を供与する施設），精神障害者福祉工場（通常の事業所に雇用されることが困難な精神障害者を雇用するとともに，社会生活への適応を行うために必要な指導を行う施設）がある。

また，精神障害者の社会復帰の促進をはかるための訓練および指導等に関する研究開発・情報提供等を行うことを目的とした**精神障害者社会復帰促進センター**が設けられている。

(4) 精神保健対策の今後の課題

わが国の精神保健対策は，当初，統合失調症などの精神障害者の医療対策として進められた。精神保健対策は，医療や保護ばかりでなく，精神障害者の人権擁護をはかりながら，社会復帰をはかることが重要である。

1987年（昭和62）の**精神保健法の施行**により**「精神病院から社会復帰施設へ」**という流れが明確になったが，さらに**「社会復帰施設から地域社会へ」**という施策目標が課題となっている。そして，さらに今後はひろく国民の精神的健康の保持・増進を目的とした**「心の健康作り」対策が重要**となってきている。

校内暴力，いじめ，登校拒否，自殺，職場不適応などの精神的不健康に対する対策を講ずる必要がある。

もう1つの課題として，高齢社会となり老人性認知症の増加に伴う老人精神保健対策がある。これに関する施策については，老人保健の項を参照すること。

5) 歯科保健対策

(1) 歯科保健対策の沿革

わが国の歯科保健活動は，古くから行われていた。6月4日を「ムシ歯予防デー」と定められたのは，1928年（昭和3）のことである。

昭和30年代には，保健所を中心として，妊産婦，乳幼児に対する歯科保健指導が行われ，3歳児検診，1歳6カ月児検診の際には歯科健康診査が行われた。

こうした歯科保健対策は，**虫歯の予防に重点**をおくものであった。

成人歯科保健対策に関しては，1989年（平成1）に，成人歯科保健対策検討会（厚生省）が設置され，8020（ハチマル・ニイマル）運動を提唱し，この運動の推進支援事業が行われている。

8020運動は，80歳で20本以上の健康な歯を保つことを目的とする歯科保健の啓蒙活動である。

1995年（平成7）の地域保健法の全面施行に際し歯科保健医療の今後のあり方が検討され，「都道府県及び市町村における歯科保健業務指針」（1997年）が示されている。

(2) 歯科保健対策

(a) 歯科保健思想の普及

国民の歯科保健思想を向上させるため，前述の8020運動，さらに55歳で25本の歯を保つことを目指す5525運動も行われている。**歯の衛生週間の設定**（毎年6月4日から10日まで），全国歯科保健大会などが行われている。

(b) 母子歯科保健

3歳児歯科健康診査および乳幼児・妊産婦に対する口腔診査・保健指導が市町村で行われている。1歳6カ月児に対する歯科健康診査も行われている。

乳幼児期に乳歯が萌出し，虫歯が急増するため，3歳児期を中心に歯科保健指導が有効であることから，歯科保健の手引も作成されている。

(c) 成人・高齢者の歯科保健

老人保健法にもとづく老人保健事業の一環として，歯科疾患の予防に関し，健康教育・健康相談が実施されている。同じく老人保健事業で総合健康審査における歯周囲疾患検討が行われており，また，在宅寝たきり老人歯科保健対策推進事業として，1992年から歯科衛生士による寝たきり老人に対する訪問口腔衛生指導が行われている。

(d) 生涯を通じた歯科保健対策

乳幼児期や老齢期のみならず，生涯を通じて歯の健康を維持することの重要性は説明するまでもない。「かかりつけ歯科医」を定めて置くことも重要なことであろう（厚生労働省では，平成9年度から「かかりつけ歯科医機能推進支援事業」を行っている）。

6）難病対策

(1) 難病対策と疾病の範囲

1955年頃から原因不明のスモンという神経病が各地で散発して大きな社会問題となった（後にこれはキノホルム中毒であることが判明した）。このような原因不明の病気に対する研究治療体制が必要であるとの要請が高まり，**1972年に厚生労働省は「難病対策要綱」を定めた**。これによると，**「難病」とは**，①原因不明，治療法未確立でかつ後遺症を残す恐れが少なくない疾病，②経過が慢性にわたり，単に経済的な問題のみならず介護等に著しく人手を要するために家族の負担が重く，また精神的にも負担の重い疾病，とされている。

これらの難病対策として，現在①調査研究の推進　②医療施設等の整備　③医療費の自己負担の軽減　④地域における保健医療福祉の充実・連携

⑤QOLの向上を目指した福祉施策の推進　の5本柱を中心に対策が進められている。

　難病としては，種々の疾病が指定されている。特定疾患治療研究事業では，診断技術が一応確立し，かつ難治度，重症度が高く，患者数が比較的少ない疾患45疾患を対象としている（2005年5月現在，ベーチェット病，多発性硬化症，全身性エリトマトーデス等）。

(2) 医療費の自己負担の軽減

　難病には，種々の疾病が指定されており，これらに対する**医療費の補助制度**も多様である。

　特定疾患治療研究費・小児慢性特定疾患治療研究費・更生医療費・育成医療費・重症心身障害児（者）措置・進行性筋萎縮症児（者）措置費の制度により医療費の公費負担が行われる。

　特定疾患治療研究対象疾患については，従来は申請により社会保険各法の規定にもとづく医療費の自己負担分について全額公費負担とされてきたが，1998年5月からは定額（入院：1医療機関あたり月額14,000円を上限，外来：1医療機関あたり月額2,000円を上限）の一部負担となった。

7）がん対策

　わが国の死亡原因の30％以上を占め，がんで死亡する患者が30万人を超えていること，がんの治療が必ずしも十全でないことから，生活習慣病と併わせて，国をあげてがん対策の必要があるとして，平成18年に，**がん対策基本法**が制定された。

　基本理念として，がんに関する専門的研究の推進（予防，診断，治療等の技術の向上，普及など），がん治療等について地域格差をなくすること，患者本人の意向を十分に尊重することがあげられ，がん対策基本計画を策定（がん対策推進基本計画，都道府県がん対策推進計画）し，これにもとづき，国・地方公共団体は，喫煙，食生活，運動その他の生活習慣および生活環境が健康に及ぼす影響について，啓発，知識の普及，予防推進のための施策を講ずる。また，がん検診の質の向上，普及啓発等の施策を講ずる。この法律の制定の際の付帯決議（平18・6・15参院厚労委）では，「『がん対策推進基本計画』については，『健康フロンティア戦略』及び『がん対策推進アクションプラン2005』において，平成26年までの10年間に『5年生存率を20％に改善する』との目標が確認されていることを踏まえ，関係省庁との連携の下，速やかに策定すること」の要請がなされている。また，

国・地方公共団体は，手術，放射線療法，化学療法等専門的な知識・技能を有する医師の育成をはかる措置およびその医療機関の整備をはかる措置を講ずることが義務づけられている。

厚労省には，がん対策推進協議会を設け，がん対策の充実を期することになっている。

3 疾病予防・健康増進の今後の課題

地域保健法4条の規定により，「地域保健対策の推進に関する基本的な指針」（平6・12）が定められている。以下にこの規定によりながら，今後の地域保健対策のあり方を考える。

1）地域保健対策の基本的な考え方

(1) サービスの受け手の視点の重視

わが国戦後の保健医療行政においては，赤痢などの急性感染症対策，結核などの慢性感染症対策や食中毒の発生の防止などを主要な課題として，**社会防衛的な視点を重視した施策**が行われてきた。

社会防衛的な視点からの施策は，集団的・画一的，強制的な手法を用いることが多かった。こうした手法は，一定の成果をあげ，保健医療の水準の向上に貢献したといえよう。しかし今後は，社会防衛的な視点は部分的に必要と思われるが，サービスの受け手の視点を重視することが重要である。予防接種における集団接種から個別接種への動き，老人保健法によるヘルス事業における集団検診から個別検診への動きなど，保健サービスは**集団から個を重視する方向**に進んでいるが，さらにサービスの受け手である生活者個人の視点を重視した保健・医療・福祉サービスの提供が求められている。

個々の住民のニーズに的確に対応したサービスを実施するためにサービスの質的・量的な確保を行うこと，サービスを提供する拠点を整備すること，その人材を確保することなど体制の総合的な整備を行う必要がある。

地域住民の価値観やライフスタイル及びニーズは多様化しており，**画一的に提供されるサービスから，多様なニーズに応じたきめ細かいサービスへの転換**が求められている。例えば，サービスの種類や時間帯，実施場所等について工夫が求められると同時に，個人の選択を可能にする配慮が求められる。

また，福祉等の連携を視野に入れたサービスの提供が求められ，例えば

高齢の寝たきり者や障害者に対しては，保健サービスと福祉サービスの連携が取れており，サービスの受け手の満足しうる提供が求められる。

(2) 地域の特性を生かした生活環境の整備

地域住民にとって，最も身近で利用しやすい行政機関は市町村である。市町村は，地域住民の特性や住民の状況を手近に把握しうる立場にあるから，保健・福祉のサービスは市町村が一体的に提供しうる体制を整備する必要がある。

老人保健法および老人福祉法にもとづき市町村は老人保健福祉計画を作成し，高齢者の保健福祉サービスの提供にあたっているが，高齢者のみならず，一般住民を包括したきめの細かな保健・福祉サービスの提供が求められている。

(3) 健康危機管理の視点

以上のような保健サービスの受け手の視点からシステムの構築および地域の特性を生かした地域住民の生活環境の整備といった課題のほかに，平成8年に全国的に起こったO-157等の腸管出血性大腸菌感染症による食中毒や，平成10年に起きた飲食物に毒物を混入する無差別殺傷事件，平成14年の東南アジアを中心とした鳥インフルエンザのまん延など突発的に発生する事件に対し，迅速・適切に対応することができるような**危機管理体制の整備が求められている**。

健康危機管理の基本的指針は，迅速な情報の収集，施策の策定・実施である。1997年3月に，医薬品・食中毒・感染症・飲料水の4分野における健康危機管理について，それぞれ**「健康危機管理実施要領」**が定められた。

2）市町村と都道府県の役割分担と体制整備

(1) 市町村と都道府県の役割分担

地域保健対策は，戦後，保健所を中心に実施されてきたが，1994年（平成6）に保健所法が地域保健法に改正され，これに伴う関係法の改正として「地域保健対策強化のための関係法律の整備に関する法律」が制定された。これらの法律により，1997年（平成9）度から**保健サービスの市町村等への権限委譲及び保健所機能の強化**がはかられた。

福祉の分野では，すでに1990年の福祉8法の改正により住民に身近な市町村が，老人福祉計画にもとづき在宅サービスや施設サービスを行っており，また，保健所で実施されてきた3歳児健診などの母子保健サービスも

市町村で実施することになっているので，これらをあわせて，市町村において地域住民に身近で利用頻度の高い保健サービスが一元的に提供されることになった。

　住民に身近な保健・福祉サービスは市町村が実施主体となり，都道府県の役割として地域保健を担う人材の養成や市町村職員等の研修・教育，市町村に対する専門的技術的な援助・協力，地域保健に関する調査・研究，医療計画等を広域的に処理することなど必要な業務を担当することになっている。

(2)　市町村の体制整備

　市町村は，住民に身近で利用頻度の高い保健・福祉サービスを一元的に実施するため，**市町村保健センターを積極的に整備**することになっている。市町村保健センターは，保健，福祉サービスを提供するにあたって，保健・医療・福祉の連携を促進する観点から，在宅介護センターや母子健康センター，老人福祉センターなどの類似施設との連絡調整をはかり，保健・福祉の総合機能をもったセンターとして整備することが必要である。このような観点から，**「ケア・コーディネーション」の機能**をも持たせて，地域住民に対するキメの細かい保健・医療・福祉サービスの情報を提供することが望まれる。

　そのため，なによりもこれらを担当する人材の確保と財政基盤の充実が不可欠である。

(3)　都道府県保健所の機能強化

　都道府県保健所は，地域保健における広域的・専門的・技術的拠点として機能を発揮するべきものとして，医療保健計画，老人保健福祉計画策定への関与，精神保健，難病，エイズ等の専門的・技術的対人サービス，食品衛生，水道，廃棄物，環境衛生等の生活衛生関連業務，情報の収集・管理等の業務および市町村への技術的支援などを中心にその機能強化をはかることが求められている。

B 医療提供体制

1 医療提供の沿革と理念

1) 医療提供の沿革

(1) 沿　革

　　医療の提供など医療制度の基本的な事項について法的整備を定めたのは，1974年（明治7）の**「医制」**である。これは，医師開業免許制，西洋医学にもとづく医学教育の確立，薬剤師および薬事制度の確立，さらには衛生行政機構に及ぶ総合的な法典であった。

　　明治期には，医師免許規制に引き続き，医師法，歯科医師法，産婆規則，薬品営業並薬品取扱規則などが制定された。

　　医療施設に対する監督取締は都道府県知事に委ねられていたが，1933年（明治33）の医師法，歯科医師法の委任規定に基づいて**診療所取締規則および歯科診療所取締規則**が制定された。

　　わが国が戦時体制に入った1942年（昭和17），医療関係法律を一元化する**国民医療法が制定**された。この法律は，医療関係者に関する規定と医療施設に関する規定をも含み，医療関係者については，医師，歯科医師，助産婦および看護婦について定め，病院，診療所，産院は，日本医療団の所属とし，その開設についてはすべて主務大臣の許可を要するものとした。国民医療法は，戦時立法の一種であったため厳しい規則を設けたのである。

　　戦後，国民医療法は，各法に分離され，医療施設については，**医療法**（1973年〈昭23〉）に，また，医療関係者については，**医師法，歯科医師法，**保健婦助産婦看護婦法などの法律が制定された。

　　医療法は，わが国の医療の提供に関する基本法として，国民医療の確保のため，医療提供体制の充実をはかるなど大きな役割を果している。

　　また，医療関係者の身分と業務に関する法律は，各種の医療関係職が独自の領域をもつことから独立の法律が制定されることになった。歯科衛生士法をはじめ，次々とこれらの職種が免許を要する専門職と位置づけられることになった（図Ⅱ-2参照）。

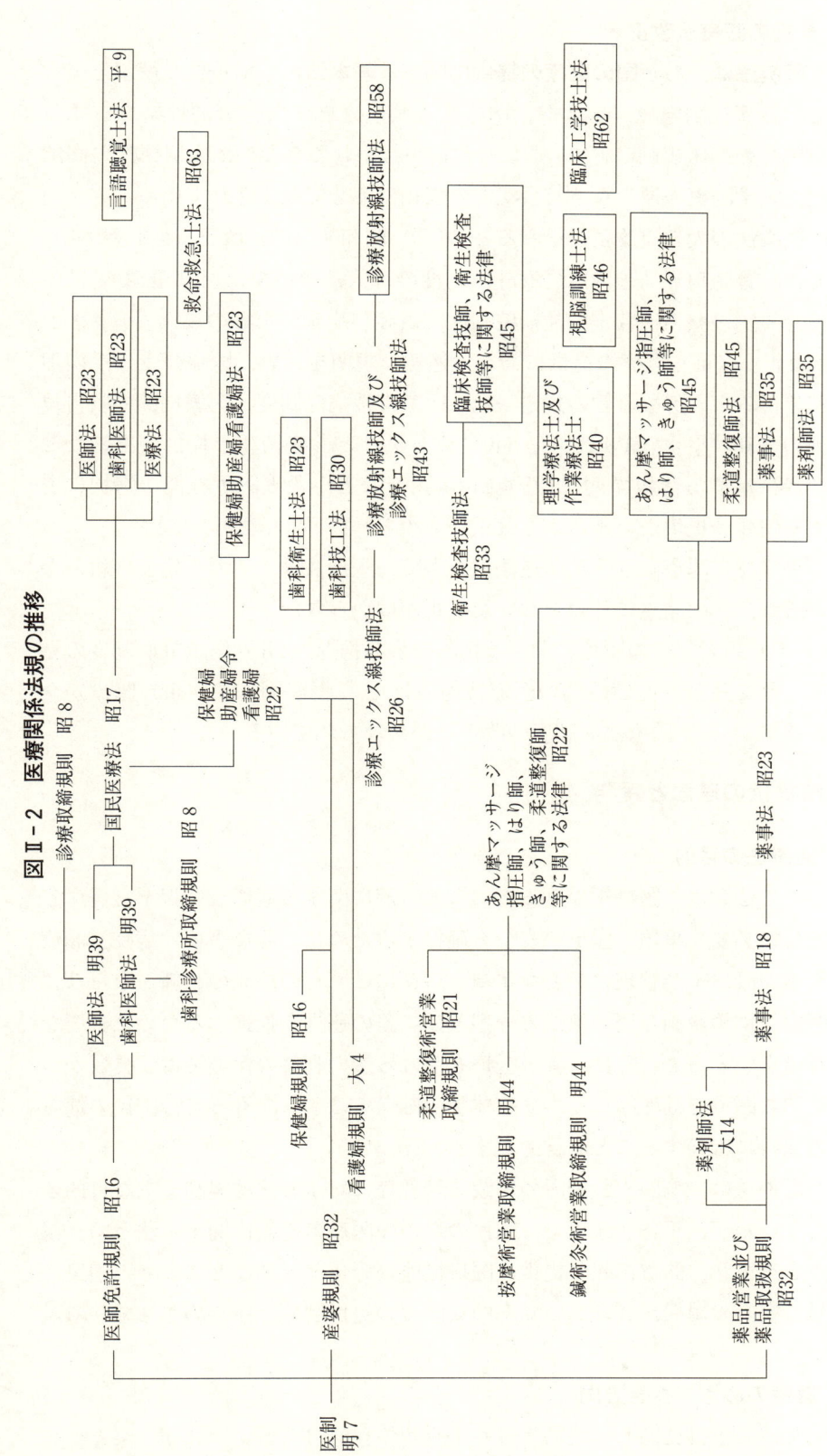

Part II
健康の確保と医療の保障

図 II-2 医療関係法規の推移

医制 明7
- 医師免許規則 昭16 ─ 診療取締規則 昭8
  - 医師法 明39 ─ 国民医療法 昭17 ─ [医師法 昭23]
  - 歯科医師法 明39 ─ [歯科医師法 昭23]
  - 歯科診療所取締規則 昭8 ─ [医療法 昭23]
- 産婆規則 昭32 ─ 保健婦規則 昭16 ─ 保健婦助産婦看護婦令 昭22 ─ [保健婦助産婦看護婦法 昭23]
- 看護婦規則 大4
  - 救命救急士法 昭63
  - 言語聴覚士法 平9
- 歯科衛生士法 昭23
- 歯科技工法 昭30
- 診療エックス線技師法 昭26 ─ 診療放射線技師及び診療エックス線技師法 昭43 ─ [診療放射線技師法 昭58]
- 衛生検査技師法 昭33 ─ 臨床検査技師,衛生検査技師等に関する法律 昭45
- 理学療法士及び作業療法士法 昭40
- 視能訓練士法 昭46
- 臨床工学技士法 昭62
- 柔道整復術営業取締規則 昭21 ─ あん摩マッサージ指圧師,はり師,きゅう師,柔道整復師等に関する法律 昭22 ─ あん摩マッサージ指圧師,はり師,きゅう師等に関する法律 昭45
  - 按摩術営業取締規則 明44
  - 鍼術灸術営業取締規則 明44
  - [柔道整復師法 昭45]
- 薬剤師法 大14 ─ 薬事法 昭18 ─ 薬事法 昭23 ─ [薬事法 昭35]
  - [薬剤師法 昭35]
- 薬品営業並び薬品取扱規則 昭32

(注) □内は,現行法

(2) 最近の医療法改正

医療法は，わが国の医療の提供に関する基本法として重要な役割を担っているが，制定後（昭23年），医療法人制度（昭25年），公的性格を有する病院等の病床規制（昭39年）など改正が行われてきたが，人口構造の高齢化，医学医療の進歩など社会状況の変化に応じて改正されている。

医療法の大きな改正点をみると，（ⅰ）昭和60年の法改正（第1次改正）では，都道府県（地域）医療計画制度の導入，次いで，（ⅱ）医療提供の理念規定の整備，特定機能病院制度，療養型病床群などの導入（平4第2次改正），（ⅲ）医療の提供にあたり適切な説明を行い，医療の受け手の理解を得るよう努める旨の規定，地域医療支援病院制度，医療機関の広告規制の緩和（平9第3次改正），（ⅳ）カルテなど診療情報の提供が出来など患者に対する情報提供（広告規制の緩和）など一段と医療機関の選択に資する情報の提供ができるよう改正が進められた（平13第4次改正）。

平成18年医療制度改革関連法のなかで，医療法は，その章建ても組みかえられ，次の諸点に重点をおいた改正がはかられた。

（ⅰ）患者等への医療に関する情報提供の推進　（ⅱ）医療計画制度の見直し等を通じた医療機関の医療機能の分化・連携の推進　（ⅲ）医療安全の確保　（ⅳ）医療法人制度の改革　があげられている。

2）医療提供の理念と責務

(1) 医療法の目的

この法律は，医療を受ける者による医療に関する適切な選択を支援するために必要な事項，医療の安全を確保するために必要な事項，病院，診療所の開設および管理に必要な事項ならびにこれらの施設の整備，ならびに医療提供施設相互間の機能の分担及び業務の連携を推進するために必要な事項を定めること等により，医療を受ける者の利益の保護および良質かつ適切な医療を効率的に提供する体制の確保をはかり，もって，国民の健康の保持に寄与することを目的とする。（法1条）。

医療法は，病院や診療所の開設・管理等に対する法的規制を主な目的としていたが，平18法改正で，国民のための医療の提供に関する法という視点を重視し，診療情報の提供，医療機能の分化と連携などにより，国民に対し安心の確保，質の高い効率的な医療の提供制の確保をめざしている。

(2) 医療のめざすべき方向

医療の提供に関し，次のような理念規定が設けられているが（医療法1

条の2），これは，今後の医療のめざすべき方向を示すものである。

　①　医療提供の基本は，生命の尊重と個人の尊厳を旨とすることおよび医療の担い手と医療を受ける者との信頼関係にもとづき提供されるべきものであること。

　医療は，医療の受け手である患者と医師など医療の担い手が当事者となり，その共同作業として行われるが，そこでは，何よりも生命の尊重（さらには Quality of life の向上），個人の人格の尊重，基本的人権の尊重が基礎になければならないし，患者は，生命・身体を医療の担い手に委ねるわけであるから，その間に信頼関係がなければならないのは当然のことといえる。

　②　医療提供の内容は，治療のみならず疾病の予防，アフター・ケア，リハビリテーションを含む包括的なものでなければならず，患者の病状に応じた良質かつ適切なものでなければならないこと。

　このことは，急性疾患患者であろうと慢性疾患患者であろうと変わりがない。患者の病状に応じた良質かつ適切な医療が効率的に提供されるべきことは，医療の基本理念である。

　③　医療提供の方法は，医療施設の機能に応じた効率的なものでなければならないこと。

　医療法では，病院・診療所，特定機能病院，長期療養病院（療養病床），地域医療支援病院など施設機能の分担と体系化を進めると同時に施設相互間の連携・協力および福祉施設など（老人保健施設や特別養護老人ホームなど）との連携が円滑に行われることを期待し，患者・利用者の病状・特性に応じた施設機能が効率的に発揮しうるよう配慮すべきである。

　④　医療提供の場所は，医療提供施設（診療所，病院，老人保健施設など）のほか，患者の居宅においても提供されるべきこと。

　従来は，医療の提供は，もっぱら医療施設のみで行われてきた。しかし，在宅医療や訪問看護の普及に伴い，また，患者の在宅療養の希望が多くなるにしたがって患者の居宅等において医療の提供が行われることが多くなってきた。

　患者の居宅等も医療提供施設と同様に一定の療養機能を持つものであるから，ここにおいても医療の提供が行われなければならないのは当然のことである。

(3) 関係者の責務

　①　国および地方公共団体は，前述の医療提供の理念にもとづき，良質

かつ適切な医療を効率的に提供する体制が確保されるよう努めなければならない。

都道府県は，その都道府県における医療計画を作成し，国はこの計画達成を推進する義務がある。

② 医師など医療の担い手は，良質かつ適切な医療を行うよう努めるとともに，医療を提供するにあたり，適切な説明を行い，医療を受ける者の理解を得るように努めなければならない。

このことが，医療を受ける者との信頼関係を確立するための必須の要件であり，インフォームド・コンセントを取得するための第一歩である。

また，医師，歯科医師は，医療提供施設相互間の機能分担や業務の連携に資するため，必要に応じ医療を受ける者を他の医療提供施設に紹介し，必要な限度において医療を受ける者の診療・調剤に関する情報を他の医療提供施設の医師・薬剤師などに提供するなど必要な措置をとるよう努めなければならない。

③ 医療提供施設の開設者・管理者は，自らの施設の建物，設備などを他の医師などの診療，研修のため相互利用しうるよう配慮することが要請されている。

2　医療提供に際し留意すべき事項

平成18年の一連の医療改革関連法のなかで，医療法も改正されたが，このなかで，国民のための良質で効率的な医療提供体制を確保するため，とくに次の3点が留意すべき事項としてあげられる。

1）患者への情報提供

(1)　入退院時の書面の作成及び交付

病院または診療所の管理者は，患者を入院させたときは，担当する医師により，次に掲げる事項を記載した書面の作成，文付，適切な説明が行われるようにしなければならない。ただし，短期間での退院が見込まれる場合その他省令で定める場合は，この限りでない。書面の作成に当っては，医師，薬剤師，看護師その他の医療従事者の知見を十分反映させるとともに，有機的連携の下で医療が適切に提供されるよう努めなければならない。

①患者の氏名，生年月日，性別，②主として担当する医師の氏名，③入院の原因となった傷病名，主要症状，④入院中に行われる検査，手術，投薬，その他の治療（入院中の看護・業務管理を含む）に関する計画，⑤その

他省令で定める事項

(2) 退院後の療養への連携

病院または診療所の管理者は、患者を退院させるときは、退院後の療養に必要な保健医療サービス、福祉サービスに関する事項を記載した書面の作成、交付、適切な説明が行われるよう努めなければならない。書面の作成に当っては、退院後の療養に必要な保健医療・福祉サービスの提供者との連携が図られるよう努めなければならない（法6条の4）※。

※ 平成19年4月1日施行。

(3) 病院・診療所の情報の提供

病院または診療所等は、次にかかげる事項について、広告をすることができる。これは広告を義務づけるものではないが、これ以外の事項の広告は、禁止されている（法6条の5）※。

①医師・歯科医師であること、②診療科名、③病院または診療所の名称、電話番号、所在地を表示する事項または病院管理者の氏名、④診療日、診療時間、または予約診療の実施の有無、⑤一定の医療を担うものとして指定を受けている病院・診療、医師・歯科医師であること、⑥入院設備の有無、病床の種別ごとの数、医師・歯科医師・薬剤師・看護師の数、その他病院・診療所における施設・設備または従業者に関する事項、⑦診療に従事する医師・歯科医師・薬剤師・看護師その他の従業者の氏名、年令、性別、役職、略歴その他のこれらの者に関する事項であって医療を受ける者による医療に関する適切な選択に資するものとして厚生労働大臣の定めるもの、⑧患者またはその家族からの相談に応ずるための措置、医療の安全を確保するための措置、個人情報の適正な取扱いを確保するための措置その他病院・診療所の管理・運営に関する事項、⑨紹介することができる他の病院・診療所またはその他の保健福祉サービス・福祉サービスを提供する者の名称、これらの者と病院・診療所との間における施設・設備・器具の共同利用の状況その他病院・診療所と保健医療サービス・福祉サービスを提供する者との連携に関する事項、⑩診療録その他の診療に関する諸記録に関する情報の提供、入退院時における書面の交付その他病院・診療所における医療の情報の提供に関する事項、⑪病院・診療所において提供される医療の内容に関する事項（検査、手術その他の治療の方法については、医療を受ける者による医療に関する適切な選択に資するものとして厚生労働大臣が定めるものにかぎる）。⑫病院・診療所における患者の平均的な入院日

数，平均的な外来患者または入院患者の数その他の医療の提供の結果に関する事項であって医療を受ける者による医療に関する適切な選択に資するものとして厚生労働大臣が定めるもの，⑬その他厚生労働大臣が定めるもの

(4) 医療安全支援センターの相談・助言
　　（ⅰ）医療安全支援センターは，都道府県，保健所を設置する市及び特別区は，これを設けるよう努めなければならない。
　　（ⅱ）医療安全支援センターの業務
　　① 患者・家族からの苦情，相談に応じ，患者，家族，病院等への助言
　　② 病院等の管理者，従業者，患者，家族，住民への必要な情報の提供
　　③ 病院等の管理者，従業者への研修
　　④ その他必要な支援

2）医療機能の分化と連携

(1) 医 療 計 画
　(a) 医療計画の目的
　　　わが国は，医療の提供に関し古くから医師の自由開業医制であったため，必ずしも医療提供施設は，地域的にみて適正に配置されているとはかぎらない。そのため，都道府県は，「医療計画」を策定し，医療提供施設の機能の分化や連携をはかることにより，効率的で質の高い医療の提供体制の確保をはかることが必要である。そのため，厚生労働大臣は，その「基本方針」を定め（法30条の3），これにより都道府県は，次に述べる医療計画を作成する。
　(b) 医療計画の内容
　　① 都道府県において達成すべき④，⑤の事業の目標に関する事項
　　② ④，⑤の事業に関する医療提供体制（医療提供施設相互間の機能の分担および業務の連携を確保するための体制をいう。以下同じ）
　　③ 医療連携体制における医療機能に関する情報の提供の推進に関する事項
　　④ 生活習慣病その他の国民の健康の保持をはかるために特に広範かつ継続的な医療の提供が必要と認められる疾病として厚生労働省令で定めるものの治療または予防に関する事項
　　⑤ 次にかかげる医療の確保に必要な事業（以下「救急医療等確保事業」という）に関する事項（ハにかかげる医療についてはその確保が必要な

場合にかぎる）
- イ 救急医療
- ロ 災害時における医療
- ハ へき地の医療
- ニ 周産期医療
- ホ 小児医療（小児救急医療を含む）
- ヘ イからホまでにかかげるもののほか，都道府県知事がその都道府県における疾病の発生の状況等に照らして特に必要と認める医療

⑥ 居宅等における医療の確保に関する事項

⑦ 医師，歯科医師，薬剤師，看護師その他の医療従事者の確保に関する事項

⑧ 医療の安全の確保に関する事項

⑨ 地域医療支援病院の整備の目標その他医療機能を考慮した医療提供施設の整備の目標に関する事項

⑩ 主として病院の病床（次号に規定する病床・精神病床・感染症病床・結核病床を除く）および診療所の病床の整備をはかるべき地域的単位として区分する区域の設定に関する事項

⑪ 2以上の前号に規定する区域をあわせた区域であって，主として厚生労働省令で定める特殊な医療を提供する病院の療養病床または一般病床であって当該医療にかかるものの整備をはかるべき地域的単位としての区域の設定に関する事項

⑫ 療養病床および一般病床にかかる基準病床数，精神病床にかかる基準病床数，感染症病床数にかかる基準病床数ならびに結核病床にかかる基準病床数に関する事項

⑬ 前各号にかかげるもののほか，医療提供体制の確保に関し必要な事項

(c) 医療計画において配慮すべき事項

① 医療連携体制の構築の具体的方策について，前項④の厚生労働省令で定める疾病または同項⑤イからヘまでにかかげる医療ごとに定めること

② 医療連携体制の構築の内容が，患者が退院後においても継続的に適切な医療を受けることを確保するものであること

③ 医療連携体制の構築の内容が，医療提供施設および居宅等において提供される保健医療サービスと福祉サービスとの連携を含むものであること

④ 医療連携体制が，医師，歯科医師，薬剤師，看護師その他の医療従事者，介護保険法に規定する介護サービス事業者，住民その他の地域の関係者による協議を経て構築されること（法30条の4）

(2) 医療提供施設外での医療

(a) 訪問看護

訪問看護制度は，当初ねたきり老人に対する医療サービスとして発足したが（昭58），その後，老人医療受給者ばかりでなく，在宅療養者にも拡大され，平成4年の老人保健法の一部改正で，在宅療養を行う老人などに対して老人訪問看護ステーションから，看護師を派遣して医療サービス（療養上の世話及び診療の補助）を行う老人訪問看護制度ができた。平成6年の健康保険法等の改正により，老人医療の対象者ばかりでなく，在宅で難病などにより療養している患者や障害者などを対象とした訪問看護制度が創設された。

医療法でも，医療を提供する場として「居宅」が入れられた。これらは，在宅で療養を望む患者の希望に応じて，制度化されたものである。

(b) 療養病床の再編

平成18年の法改正により，療養病床につき，医療の必要度の高い患者を受け入れることとし，医療保険を適用する。一方，医療の必要性の低い患者については病院ではなく，在宅，居宅系サービスまたは老健施設等で対応する。つまり，療養病床には，医療保険適用の病床と介護保険適用の病床があったのであるが，このたびの法改正で介護保険適用の療養病床を漸次廃止することとし（平成24年3月），その移行措置として，平成23年度末まで「経過型介護療養医療施設」を創設した。

そして，在宅医療を支援する目的で，医療法（16条の2）※に，次の規定を設けた。「地域医療支援病院の管理者は居宅等における医療を提供する医療施設，介護保険法第8条第4項に規定する訪問看護を行う同法第41条第1項に規定する指定居宅サービス事業者その他の居宅等における医療を提供する者（以下この項において「居宅等医療提供施設等」という。）における連携の緊密化のための支援，医療を受ける者または地域の医療提供施設に対する居宅等医療提供施設等に関する情報の提供その他の居宅等医療提供施設等による居宅等における医療の提供の推進に関し必要な支援を行わなければならない。」

Part II
健康の確保と医療の保障

3 医療提供体制の現況

1) 医療施設・病床

　医療法上，**医療提供施設**として規定されているのは病院，診療所，助産所，老人保健施設であるが，さらに医療を受ける者の居宅等が医療提供の場として認められている。医療提供施設として重要なのは，病院と診療所である。そして，病院はその保有する病床の種別により，精神病院，結核療養所および一般病院に区別される。また，病院は，その機能・資格など一定の要件を満たす場合は，特定機能病院，地域医療支援病院，救急病院（救急診療所）などの指定を受け，これらの名称を用いることができる。

　現在の医療施設数は，**表Ⅱ-3**のとおりである（老人保健施設等は省略されている）。

　平成9年**医療法改正**により，総合病院制度が廃止され，新たに地域医療支援病院制度が設けられることになった。診療所に療養病床を設置することができることとなったので，今後の高齢社会における地域医療の充実の観点からその増床が予想される。

表Ⅱ-3　開設者別にみた施設数・病床数

各年10月1日現在

	施　設　数						病　床　数			
	病　院		一般診療所		歯科診療所		病　院		一般診療所	
	平成15年('03)	14('02)	平成15年('03)	14('02)	平成15年('03)	14('02)	平成15年('03)	14('02)	平成15年('03)	14('02)
総　　　　数	9,122	9,187	96,050	94,819	65,828	65,073	1,632,141	1,642,593	187,894	196,596
国	323	336	594	586	1	1	130,754	136,381	2,331	2,331
公的医療機関	1,382	1,377	4,171	4,186	320	326	355,917	357,720	3,542	3,694
社会保険関係団体	129	130	813	828	12	12	37,856	38,410	45	47
医　療　法　人	5,588	5,533	28,330	27,108	7,891	7,499	819,697	811,961	97,993	98,166
個　　　　人	838	954	52,118	52,326	57,292	56,934	74,845	84,728	81,951	90,312
そ　の　他	862	857	10,024	9,785	312	301	213,072	213,393	2,032	2,046

資料　厚生労働省「医療施設調査」

　病床数の推移は，疾病構造の変化及び医療提供体制の水準を示す一つの指標といえる。例えば，結核病床は昭和30年代は総病床数の約1/2を占めていたが，平成8年には1.9％に減少している。また，慢性疾患患者の増加に伴ない，療養病床が大幅に増床となるであろう。また，病床数の現況は，病気の種類ごとの病床利用率や平均在院日数を総合的に把握すること

表Ⅱ-4 病院の病床種別ごとの主な基準一覧

平成17年('05)4月

	一般病床	療養病床	精神病床		感染症病床	結核病床
定義	精神病床，結核病床，感染症病床，療養病床以外の病床	主として長期にわたり療養を必要とする患者を入院させるための病床	精神疾患を有する者を入院させるための病床		感染症法に規定する一類感染症，二類感染症及び新感染症の患者を入院させるための病床	結核の患者を入院させるための病床
			内科，外科，産婦人科，眼科及び耳鼻咽喉科を有する100床以上の病院，並びに大学附属病院（特定特定機能病院を除く）	左以外の病院		
人員配置基準	医師　　16：1 看護職員　3：1 薬剤師　70：1	医師　　48：1 看護職員　6：1 看護補助者 6：1 薬剤師　150：1	医師　　16：1 看護職員　3：1 薬剤師　70：1	医師　　48：1 看護職員　4：1 薬剤師　150：1 （ただし当分の間，看護職員5：1，看護補助者を合わせて4：1とする）	医師　　16：1 看護職員　3：1 薬剤師　70：1	医師　　16：1 看護職員　4：1 薬剤師　70：1
経過措置	看護職員　4：1 （へき地の病院又は従前の「その他の病床」が200床未満の病院） 平成18年2月28日まで			看護職員　6：1 平成18年2月28日まで （旧医療法第21条第1項ただし書の許可を受けていた病院に限る）	看護職員　4：1 （へき地の病院又は従前の「その他の病床」が200床未満の病院） 平成18年2月28日まで	医師　　40：1 看護職員　6：1 薬剤師　150：1 平成18年2月28日まで （旧医療法第21条第1項ただし書の許可を受けている病院に限る）
構造設備基準　必置施設	・各科専門の診察室 ・手術室 ・処置室 ・<u>臨床検査施設</u> ・<u>エックス線装置</u> ・<u>調剤所</u> ・<u>給食施設</u> ・消毒施設 ・<u>洗濯施設</u> （下線の項目は外部委託の場合には一部緩和される）	一般病床において必要な施設のほか， ・機能訓練室 ・談話室 ・食堂 ・浴室	一般病床において必要な施設のほか， ・精神疾患の特性を踏まえた適切な医療の提供と患者の保護のために必要な施設		一般病床において必要な施設のほか， ・機械換気設備 ・感染予防のためのしゃ断 ・一般病床の消毒施設のほかに必要な消毒施設	一般病床において必要な施設のほか， ・機械換気設備 ・感染予防のためのしゃ断 ・一般病床の消毒施設のほかに必要な消毒施設
構造設備基準　病床面積	6.4㎡/床以上 既設：4.3㎡/床以上	6.4㎡/床以上	6.4㎡/床以上 既設：4.3㎡/床		6.4㎡/床以上 既設：4.3㎡/床	6.4㎡/床以上 既設：4.3㎡/床
構造設備基準　廊下幅	1.8m以上 （両側居室2.1m） 既設：1.2m以上 （両側居室1.6m）	1.8m以上 （両側居室2.7m） 既設：1.2m以上 （両側居室1.6m）	1.8m以上 （両側居室2.1m） 既設：1.2m以上 （両側居室1.6m）	1.8m以上 （両側居室2.7m） 既設：1.2m以上 （両側居室1.6m）	1.8m以上 （両側居室2.1m） 既設：1.2m以上 （両側居室1.6m）	1.8m以上 （両側居室2.1m） 既設：1.2m以上 （両側居室1.6m）

資料　厚生労働省医政局総務課調べ

Part II
健康の確保と医療の保障

表Ⅱ-5　病床の種類別にみた病床数の推移

各年10月1日現在

	平成8年 ('96)	11 ('99)	13 ('01)	14 ('02)	15 ('03)
総　　　　　数	1,911,595	1,872,518	1,856,494	1,839,376	1,820,212
病　　　　　院	1,664,629	1,648,217	1,646,797	1,642,593	1,632,141
精　神　病　床	360,896	358,449	357,385	355,966	354,448
感　染　症　病　床	9,716	3,321	2,033	1,854	1,773
結　核　病　床	31,179	24,773	20,847	17,558	14,507
その他の病床等	1,262,838	1,261,674	1,266,532	1,267,215	1,261,413
一般病床等	1,224,966	1,094,568	994,315	966,364	919,070
療養病床等	37,872	167,106	272,217	300,851	342,343
一般病院（再掲）	1,399,868	1,387,315	1,386,381	1,381,053	1,369,382
一　般　診　療　所	246,779	224,134	209,544	196,596	187,894
療養病床（再掲）	・	16,452	23,684	24,880	24,840
歯　科　診　療　所	187	167	153	187	177

資料　厚生労働省「医療施設調査」

注 1)　「感染症病床」は，平成11年4月1日に「伝染病床」から改められた。
  2)　平成13年3月に医療法等の一部を改正する法律が施行され，「その他の病床」が「療養病床」と「一般病床」に区分されたことに伴い，平成12年まで「一般病床」として表章していた「その他の病床」は，13年から「療養病床」「一般病床」「経過的旧その他の病床」に表章を分割した。また，一般診療所の「療養型病床群」は「療養病床」にみなすこととされたため，「療養病床」と表章している。
  3)　「その他の病床等」とは，療養病床，一般病床と経過的旧その他の病床（経過的旧療養型病床群を含む）である。
  4)　「一般病床等」とは，一般病床と経過的旧療養型病床群を除く経過的旧その他の病床である。
  5)　「療養病床等」とは，療養病床と経過的旧療養型病床群である。

によって，医療施設に対するより正確なニーズを測定することが可能となる（なお，病床の種別ごとの基準は，表Ⅱ-4および表Ⅱ-5を参照）。

　わが国は，人口あたりの病床数が欧米先進諸国より多い。その国の病院の定義が異なっているためどの範囲まで病院病床に算入するかにより多少異なるが，WHO（1980年）の統計では，人口1万人あたりの一般病床は，日本94.8，アメリカ47.5，フランス82.6などとなっている。アメリカやイギリスでは，ナーシング・ホームやデイ・ホスピタルなど中間施設，在宅サービスの充実が進められており，病院診療の重要な補完的機能を果たしている。

2）医療従事者

　広い意味で国民の医療に関与する医療従事者には，医師，歯科医師，薬剤師，保健師，助産師，看護師，理学療法士，作業療法士，診療放射線技師，衛生検査技師，臨床検査技師などがある。これら医療従事者のの任

表Ⅱ-6 医療従事者の資格・根拠法・任務

資格	根拠法	任務	免許等職務従事の要件
医師	医師法	医療および保健指導を掌ることによって，公衆衛生の向上・増進に寄与し，もって国民の健康な生活を確保すること	国家試験による厚生労働大臣の免許
歯科医師	歯科医師法	歯科医療および保健指導を掌ることによって，公衆衛生の向上・増進に寄与し，もって国民の健康な生活を確保すること	国家試験による厚生労働大臣の免許
薬剤師	薬剤師法	販売または授与の目的での調剤	国家試験による厚生労働大臣の免許
保健師	保健師助産師看護師法	業として行う，保健師の名称を用いての保健指導	国家試験による厚生労働大臣の免許
助産師	保健師助産師看護師法	業として行う，助産または妊婦，褥婦もしくは新生児の保健指導	国家試験による厚生労働大臣の免許
看護師	保健師助産師看護師法	業として行う，傷病者もしくは褥婦に対する療養上の世話または診療の補助	国家試験による厚生労働大臣の免許
准看護師	保健師助産師看護師法	業として行う，医師，歯科医師または看護師の指示を受けての，傷病者もしくは褥婦に対する療養上の世話または診療の補助	試験による知事の免許
診療放射線技師	診療放射線技師法	業として，医師，歯科医師の指示の下に，放射線を人体に照射すること	試験による厚生労働大臣の免許
臨床検査技師	臨床検査技師，衛生検査技師等に関する法律	業として，医師の指導監督の下で，微生物学的検査，血清学的検査，血液学的検査，病理学的検査，寄生虫学的検査，生化学的検査，政令所定の生理学的検査を実施すること	国家試験による厚生労働大臣の免許
歯科衛生士	歯科衛生士法	業として，歯科医師の直接の指導のもとに，歯牙・口腔の疾患の予防措置として所定の行為を行うこと	試験による厚生労働大臣の免許
歯科技工士	歯科技工士法	業として行う，特定人に対する歯科医療の用に供する補綴物，充填物または矯正装置の作成，修理加工	試験による厚生労働大臣の免許
理学療法士	理学療法士及び作業療法士	業として，理学療法士の名称を用いて，医師の指示の下に，身体に障害のある者に対して，主としてその基本的動作能力の回復を図るため，治療体操その他の運動を行わせ，および電気刺激，マッサージ，温熱等の理学療法を行う	国家試験による厚生労働大臣の免許
作業療法士	理学療法士及び作業療法士	業として，作業療法士の名称を用いて，医師の指示の下に，身体または精神に障害のある者に対して，主としてその応用的動作能力または社会的適応能力の回復を図るため，手芸，工作その他の作業を行わせる作業療法を行うこと	国家試験による厚生労働大臣の免許
視能訓練士	視能訓練士法	業として，視能訓練士の名称を用いて，医師の指示の下に，両眼機能に障害のある者に対するその両眼機能の回復のための矯正訓練およびこれに必要な検査を行うこと	国家試験による厚生労働大臣の免許
救急救命士	救急救命士法	医師の指示のもとに，症状が著しく悪化するおそれがあり，また生命が危険な状態にある傷病者が病院または診療所に搬送されるまでの間に，気道の確保，心拍の回復その他の救急救命処置を行う	国家試験による厚生労働大臣の免許
あんまマッサージ指圧師，はり師，きゅう師	あんまマッサージ指圧師，はり師，きゅう師等に関する法律	業として，あんま，マッサージ，指圧，はり，きゅうを行うこと	試験による厚生労働大臣の免許
柔道整復師	柔道整復師法	業として柔道整復を行うこと	試験による厚生労働大臣の免許
言語聴覚士	言語聴覚士法	音声機能等の維持向上のため訓練その他の援助を業として行うこと	国家試験による厚生労働大臣の免許
義肢装具士	義肢装具士法	業として医師の指示のもとに，義肢・装具の装着部位の採型ならびに義肢・装具の製作および身体への適合を行うこと	国家試験による厚生労働大臣の免許
臨床工学技士	臨床工学技士法	医師の指示のもとに，生命維持管理装置の操作および保守点検を行う	国家試験による厚生労働大臣の免許

表Ⅱ-7 施設・職種別にみた従事者数

	病院 平成15年('03)10月1日現在			一般診療所 平成14年('02)10月1日現在		歯科診療所 平成14年('02)10月1日現在	
	従事者数	100床当たり	1施設当たり	従事者数	1施設当たり	従事者数	1施設当たり
	常		勤	換		算	
総　　　　　　数	1,645,077.6	100.8	180.5	607,673.3	6.4	272,993.9	4.2
医　　　　　　師	175,897.3	10.8	19.3	115,872.8	1.2	152.0	0.0
常　　　　勤	142,278	8.7	15.6	99,853	1.1	101	0.0
非　　常　　勤	33,619.3	2.1	3.7	16,019.8	0.2	51.0	0.0
歯　科　医　師	9,649.6	0.6	1.1	1,706.0	0.0	89,454.7	1.4
常　　　　勤	7,928	0.5	0.9	1,088	0.0	81,950	1.3
非　　常　　勤	1,721.6	0.1	0.2	618.0	0.0	7,504.7	0.1
介　　　　　　輔	…	…	…	4.0	0.0	…	…
薬　　剤　　師	38,804.2	2.4	4.3	6,327.0	0.1	700.7	0.0
保　　健　　師	2,558.3	0.2	0.3	5,206.9	0.1	…	…
助　　産　　師	17,068.5	1.0	1.9	3,238.8	0.0	…	…
看　　護　　師	547,457.0	33.6	60.1	78,137.6	0.8	468.3	0.0
准　看　護　師	194,516.3	11.9	21.3	122,803.0	1.3	314.7	0.0
看護業務補助者	198,814.8	12.2	21.8	32,925.1	0.3	…	…
理学療法士（PT）	23,815.4	1.5	2.6	3,457.8	0.0	…	…
作業療法士（OT）	13,502.4	0.8	1.5	1,079.4	0.0	…	…
視　能　訓　練　士	2,307.3	0.1	0.3	1,246.3	0.0	…	…
言　語　聴　覚　士	3,893.5	0.2	0.4	394.8	0.0	…	…
義　肢　装　具　士	52.6	0.0	0.0	71.4	0.0	…	…
歯　科　衛　生　士	3,773.8	0.2	0.4	1,424.8	0.0	59,662.6	0.9
歯　科　技　工　士	865.9	0.1	0.1	621.3	0.0	11,783.3	0.2
歯科業務補助者	…	…	…	…	…	82,525.3	1.3
診療放射線技師	34,167.0	2.1	3.7	6,028.4	0.1	…	…
診療エックス線技師	489.5	0.0	0.1	1,328.1	0.0	…	…
臨　床　検　査　技　師	44,969.3	2.8	4.9	9,529.6	0.1	…	…
衛　生　検　査　技　師	297.2	0.0	0.0	377.4	0.0	…	…
臨　床　工　学　技　士	8,094.0	0.5	0.9	2,870.0	0.0	…	…
あん摩マッサージ指圧師	4,075.1	0.2	0.4	4,978.0	0.1	…	…
柔　道　整　復　師	716.2	0.0	0.1	1,670.6	0.0	…	…
管　理　栄　養　士	15,088.0	0.9	1.7	…	…	…	…
栄　　養　　士	7,241.8	0.4	0.8	6,498.6	0.1	…	…
精神保健福祉士	4,103.6	0.3	0.5	595.5	0.0	…	…
社　会　福　祉　士	1,956.2	0.1	0.2	1,009.9	0.0	…	…
介　護　福　祉　士	16,545.1	1.0	1.8	10,939.7	0.1	…	…
その他の技術員	17,127.1	1.0	1.9	9,936.8	0.1	…	…
医療社会事業従事者	8,416.7	0.5	0.9	2,005.3	0.0	…	…
事　　務　　職　　員	151,971.0	9.3	16.7	170,177.1	1.8	22,186.5	0.3
その他の職員	96,842.9	5.9	10.6	5,157.3	0.1	5,745.8	0.1
	実			入		員	
薬　　剤　　師	41,057	2.5	4.5	…	…	…	…
保　　健　　師	2,587	0.2	0.3	6,531	0.1	…	…
助　　産　　師	17,684	1.1	1.9	4,465	0.0	…	…
看　　護　　師	573,828	35.2	63.0	103,723	1.1	729	0.0
准　看　護　師	209,294	12.8	23.0	153,351	1.6	527	0.0

資料　厚生労働省「医療施設調査・病院報告」
注 1) 常勤換算したものである。
　 2) 一般診療所の「栄養士」には「管理栄養士」を含む。

務・資格等は，表Ⅱ-6に，その従事者数は，表Ⅱ-7に示した。

(1) 医師・歯科医師

医師・歯科医師は，年々増加しており，医師について当初の目標であった人口10万人あたり150人を1984年（昭和59）に既に達成している。

平成14年度における届出医師数は，26万2,687人（人口10万人比206.1人）であり，歯科医師数は，9万2,874人（人口10万人比72.9人）である。いずれも供給過剰であるとして，「将来の医師需要に関する検討委員会」等で削減計画が提案されている。

医師・歯科医師の殆どの者が医療施設に勤務しているが，地域の分布を見ると，人口10万人対では，東京242.8人が最も高く，千葉県129.5人が低く，約2倍の地域的格差が見られる。また，業務の種別で見ると，若い年齢層ほど医療施設の勤務者が多く，高年齢層では，医療施設の開設者が多い。

医師の中で，個人で診療所や病院を開設している開業医は全就業医師の約30％である。

開業医は，地域社会に定着し地域住民と生活基盤を共通にしており，高齢社会における地域医療の担い手となりうるものである。

在宅医療や訪問看護制度などが定着しつつある中で，「かかりつけ医」の役割が重要視されるようになってきている。

(2) 保健師，助産師，看護師

これらの届出従事者数は表Ⅱ-7の示すとおりである。保健師は，ほとんど保健所，市町村などの行政機関に勤務している。助産師の就業先は，近年の医療施設での分娩が多くなるのに伴い，病院，診療所に勤務する者が多く，助産所の開設者・従事者は就業助産師の4.8％にすぎない。

就業看護師は，平成11年末現在で，1,146,181人で，就業先別では，病院74.9％，診療所18.4％の者が就業している。なお，訪問看護事業の拡大，社会福祉施設への勤務者の増加など，看護師の働く場所が拡大されつつある。

(3) 薬剤師

平成14年末現在，届出薬剤師は229,744人（人口10万人比180.3人）である。

業務の種別では，薬局の勤務者が多く，37.6％，ついで病院，診療所の

調剤所で調剤業務に従事する者19.7％，行政機関勤務者2.8％となっている。

開局薬剤師及び病・医院に勤務する薬剤師は，医師の処方せんによる調剤のみならず，患者に対する服薬指導や複数疾患を持つ患者の薬暦管理などその業務の範囲が拡大している。

3）救急医療体制

救急医療は，**図Ⅱ-3**に示すように，救急診療所，救急病院，休日夜間急患センター，病院輪番制病院，救急救命センターなどによって担われている。

初期救急診療は，外来診療によって救急患者の医療を行うもので，救急

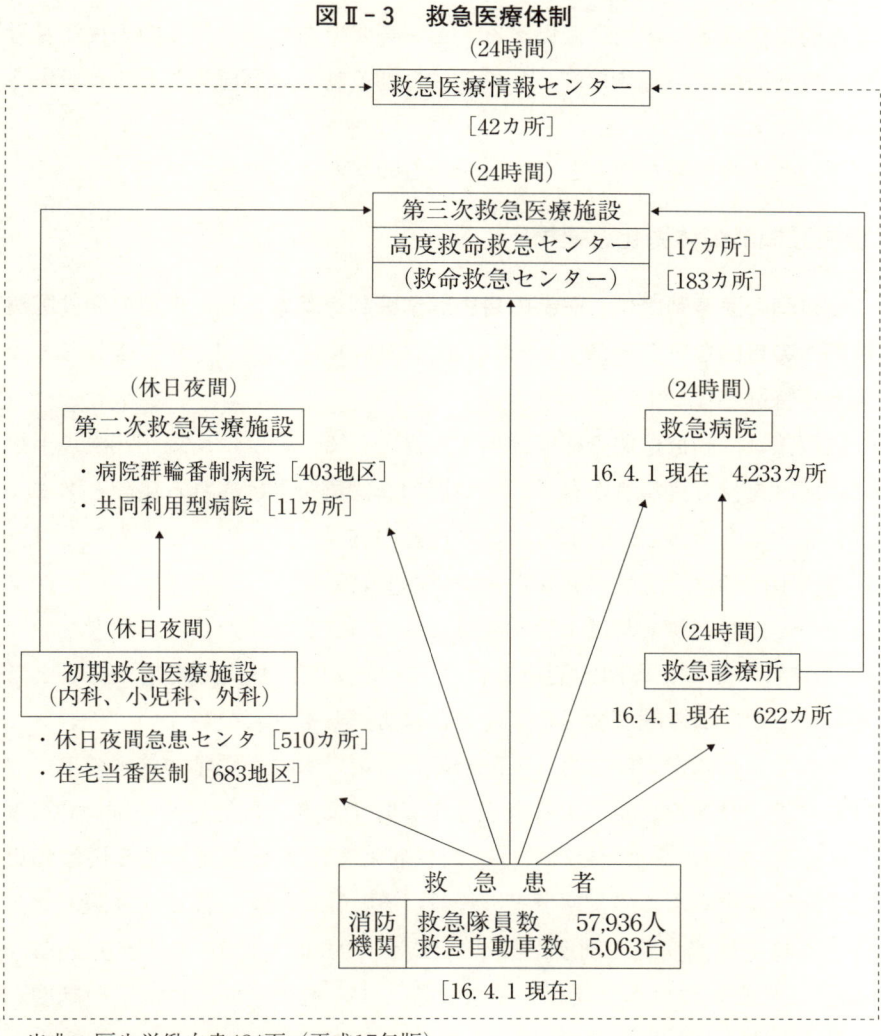

図Ⅱ-3　救急医療体制

```
                        （24時間）
        ┌───── 救急医療情報センター ─────┐
        │           ［42ヵ所］           │
        │                                │
        │          （24時間）            │
        │      第三次救急医療施設        │
        │      高度救命救急センター  ［17ヵ所］
        │      （救命救急センター）  ［183ヵ所］
        │                                │
   （休日夜間）                     （24時間）
 第二次救急医療施設                  救急病院
 ・病院群輪番制病院［403地区］    16.4.1現在 4,233ヵ所
 ・共同利用型病院［11ヵ所］
        ↑                                
   （休日夜間）                     （24時間）
   初期救急医療施設                 救急診療所
   （内科、小児科、外科）         16.4.1現在 622ヵ所
 ・休日夜間急患センタ［510ヵ所］
 ・在宅当番医制［683地区］
                    ↑
                救　急　患　者
        消防 │ 救急隊員数　57,936人
        機関 │ 救急自動車数　5,063台
                ［16.4.1現在］
```

出典：厚生労働白書424頁（平成17年版）

診療所，在宅当番医および休日夜間急患センターが担当する。

　2次救急医療は，入院治療を必要とする重病患者の医療を行うもので，救急病院，病院輪番制による病院（輪番制病院），共同利用型病院が担当する。24時間体制を整え，各医療機関の特色を生かす連携，輪番制を組む方式が進められている。

　3次救急医療は，2次救急医療機関では対応できない複数の診療科領域にわたる重篤な救急患者に対し，高度な医療を総合的に提供する。

4　医療提供体制の今後の課題

　今後の少子・高齢社会が進む中でしかも，国民所得など経済成長の伸びを期待することが困難な社会経済状況の下で，質の高い医療を効率的かつ安定的に提供する体制を確保することが必要であり，すべての国民が身近で良質な医療サービスを安心して受けられる制度を再構築することが大きな課題である。

　そのための重要な視点として，次のものがあげられる。

1）医療施設機能の体系化と連携

　わが国の医療制度は，医師の自由開業医制を基本とし，患者の側は医療機関への自由なアクセス（患者による医療機関の自由選択）**ができる**ことが大きな特徴となっている。

　医療法は，医療機関の機能分担を前提として，病院は，患者20人以上の収容施設を持ち傷病者が科学的かつ適切な治療を受けられる施設とスタッフを有するものとし，診療所はこれ以外の施設としている。このことは，診療所の医師は，患者の「かかりつけ医」として主にプライマリー・ケアを担当し，必要があれば十分な設備とスタッフを備えた病院に患者を紹介（転医）し，そこで専門的治療を行うことを念頭においた規定であると考えられるが，この医療機関の機能分化は必ずしも進んでいない。

　そこで，病状安定期にあり入院治療は必要でないが医学的管理の下における看護・介護を必要とする老人等を収容する老人保健施設の制度化（老人保健法，昭61法改正）を行い，長期にわたり療養を必要とする慢性疾患患者を収容するための長期療養型施設（療養型病床群），高度先進医療を提供する特定機能病院の制度が設けられた（1997年〈平成9〉医療法改正）。また，「かかりつけ医」支援を主な役割とする地域医療支援病院の制度が新設された。地域医療支援病院は，「かかりつけ医」などからの紹介患者

に対する医療の提供，施設・設備の共同利用・開放化，救急医療の実施，医療従事者の研修などを行うことを主な任務としている。

現在，以上のような施設機能の分化がはかられているが，一般病院，専門病院などを含め，全体としてその機能を明確化し，これを地域的にもバランスのとれた適正配置を考慮に入れながら，重層的な医療提供体制の構築ととも，施設機能を考慮に入れた連携が望まれる。

2）かかりつけ医機能の向上

近年の患者調査によると，患者の受療行動は，外来患者においても入院患者についても患者の病院志向が見られ，とくに**大病院への患者の集中現象**が見られる。

これは，大病院のいわゆる3時間待ちの3分診療といった表現でもあらわされている。

こうした現象の理由として，地域の開業医と患者との関係の希薄化とか，医学・医療の進歩に伴う患者の医療に対する高度化・専門化志向があげられている。

一方，若い医師の勤務医・専門医志向が顕著である。しかし，高齢者の在宅での受療を望む者の増加など高齢社会に向けて，地域で第一線の医療をになう医師，開業医の養成・確保がますます必要な状況となってきている。

そこで，厚生省（旧）の国民医療総合政策審議会は，21世紀初頭における医療提供体制に関し，次のように報告している。

医療施設の体系化，機能の明確化をはかり，重層的な医療提供体制を確立すること，そして，かかりつけ医の機能が広く国民に受け入れられ，地域に定着していくことが重要である。かかりつけ医がホームドクターの役割として，必要に応じて地域医療支援病院や特定機能病院へ患者を紹介するなど，かかりつけ医の機能の活性化，地域住民の信頼の確保が不可欠である。そのための具体的方策として，①かかりつけ医に対する生涯研修の充実　②専門医としての信頼の確保　③在宅医療に対する積極的取組み　④患者・家族の健康管理，疾病予防への取組み　⑤かかりつけ医機能支援システムの開発　⑥高度医療機器の共同利用の推進　⑦グループ医療の推進　をあげている。

3）情報提供の推進

医療は，高度の専門性を持つため，医療の受け手である患者は施設機能

の評価や医療の質を評価することはほとんど不可能である。

そのため，患者による医療機関の選択が必ずしも容易ではない。患者が自ら判断して医療機関を選択できるようにするため，そして，医療機関に対してある程度の競争原理・市場原理を取り入れるためにも，情報の開示・施設機能の評価が不可欠である。

病院機能を第三者的・客観的に評価するため「財団法人日本医療機能評価機構」が設立され（平成7年），その事業が行われているが，これは「病院自らが自己の位置づけを客観的に把握できるよう評価するもの」とされ，評価結果は，その病院に報告されるだけで患者や一般に公表されていなかったが，診療情報の提供の一環として，広告しうる事項となり患者の医療施設の選択に資するものとなった。カルテ等の診療情報についても，個別的にその提供を行うことができる旨の広告をすることができるようになった。

以上の事項は，平成18年の法改正にも含まれているが，医療施設の広告しうる事項（患者等に対する情報の提供）は，その医療施設が，広告しうる事項は，あくまでも，その医療施設の自主的判断により広告するのであって，広告しうる事項は，広告することを義務づけるものではない。

患者は，自らの身体にどのような医療が行われるかを自ら決める権利を持っている（患者の自己決定権）。そのため，**インフォームド・コンセントの原則の普及・推進**がはかられているが，**医療情報の開示のなお一層の充実**が望まれている。インフォームド・コンセントの原則は，医師の説明にもとづき患者が自ら判断し選択することによって医療が実施されるというものであり，医師の説明は，患者に対する判断資料の提供であり，必要かつ十分な情報の提供が求められる。

患者へのレセプトの開示は，保険者から行われることになっている。また，カルテなど診療情報の開示に関しては，今後進められることになっているが，流動的である。

C 医療保障制度

1 医療保障制度の沿革と方法

1) 医療保障の意義

　医療保障とは，国民の疾病を治療し，かつ，健康の維持増進をはかるため，国民のすべてに対して，予防・治療・リハビリテーションのサービスをいつでも（時間的に）**，どこでも**（場所的に）**無償または低額な費用で受けられることを保障する公共的施策**をいう。所得保障とならんで社会保障制度の根幹をなすものである。

　医療保障制度は，憲法第25条の生存権的基本権の規定にもとづく国民の健康権保障の基礎なす制度であり，近代福祉国家の重要政策目標として広くうけ入れられている。

　医療保障は，従来狭い意味で医療を受ける場合の医療費負担の問題を主たる内容としてきたが，それだけではなく病気を治療するということを中心に，事前の予防から事後のアフター・ケアさらにリハビリテーションに至るまでの一貫した包括的，体系的な内容を持つものでなければならない。

　わが国の医療保障制度は，医療保険が基本となっている。医療保険について，後述するが，業務上の負傷・疾病については別の制度である労働保険で補償されることになっており，一般疾病についても，70歳を越えれば高齢者医療として一本化された医療保険制度の対象となるが，サラリーマンなどを対象とする被用者保険，それ以外の地域住民を対象とする国民健康保険と制度が分立しており複雑な体系となっている。

　さて，国民のすべてがいつでも身近に，必要とする医療を受けられる制度を充実させることは医療保障の前提である。このため，**PART II. B** で述べた医療提供体制の充実が重要である。さらに，疾病を予防し健康を維持増進させるための対策は，**PART II. A** で述べた。国民のすべてが安心して低額または無料で必要とする医療を受けられる制度が狭い意味で医療保障であり本項のテーマである。

　以上A，B，Cの各々の制度が十分に機能を発揮することにより，国民の健康保障が制度的に満足しうるものになる。しかし，わが国ではこれらの制度が必ずしも十分なものになっているわけではなく，多くの問題点を

2）医療保障の沿革

近代的な医療保険は，1883年ドイツの当時の首相ビスマルクによって創設された**疾病保険法**に始まる。

わが国では，医療保険制度は資本主義社会の生成発展とともに次第に整備されてきた。

1922年（大正11）に，労働者の疾病・負傷等による生活不安を除き，産業の健全な発展に資するため，**健康保険法**が制定され，2年後に施行された。これは，ブルーカラーの労働者を対象とする職域保険としてスタートし，1939年（昭和14）にホワイトカラーも対象にくわえた。

被用者以外の国民，とくに農民・漁民を対象とする**国民健康保険法**は，1938年（昭和13）に制定され，翌1939年（昭和14）に**船員保険法**が制定された。

前者の国民健康保険は，当初任意加入であったが，経済不況のあおりを受け疾病による稼得能力を喪失したり医療費の支払による苦しい家計を救済することを目的としていたが，一方，戦時下の労働力と兵力の確保をねらったものともいわれている。

後者の船員保険法は，優秀な船員を確保するとともに海軍軍人の予備軍を養うという考え方にもとづき，業務上の事故・災害や年金保険も含む総合保険であった。

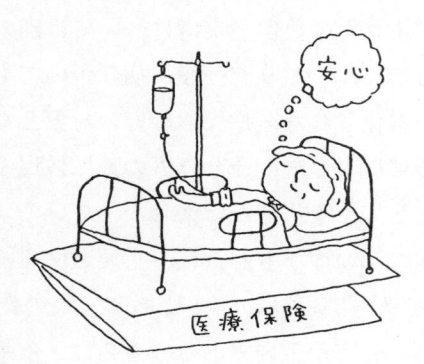

戦後の1946年（昭和21）に新憲法が公布され，その**第25条に生存権の規定が設けられるとともに，国の政策目標としての社会保障・社会福祉・公衆衛生の向上・増進をはかることが規定**された。

1950年（昭和25）に**社会保障制度審議会**は「社会保障制度に関する勧告」を発表し，わが国の社会保障制度の在り方についてその方策を示した。

1957年の国民皆保険計画に基づき，関係法律の改正・整備がなされ，

1961年（昭和36）に**わが国で国民皆保険体制が実現**した（図Ⅱ-4参照）。

その後，医療保険各法は，いくたびも改正され今日に至るのであるが，その主要な課題は，当初は給付率の引き上げによる国民負担の軽減に向けられ，また制度間の負担・給付の不公平を解消するための制度間調整であったが，後には高騰する医療費削減，医療費の財源確保に問題は集中しているようである。

それは例えば次のとおりである。

1968年（昭和43）に国民健康保険の給付率が5割から7割に引き上げられ，**高額療養費制度が創設**された。この時期，保険給付内容の拡充は国民の医療需要を呼び，医療費は急激に増大し，保険財政は悪化した。健康保険は「米」「国鉄」と並んで3K赤字と称された。

図Ⅱ-4 医療保険制度の成立過程

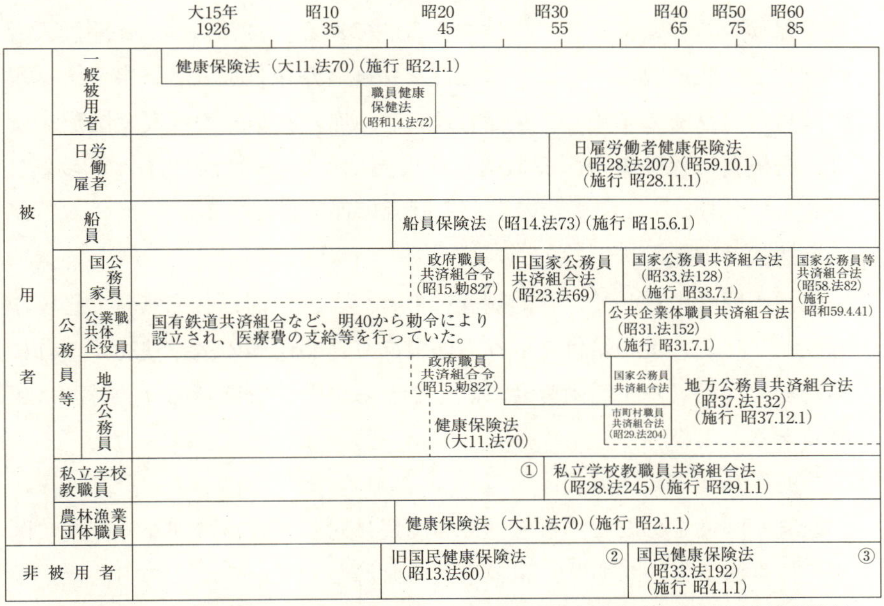

注 ① 教員については、健康保険は任意包括であった。昭和27年2月に保健、罹災、休業の短期給付を行う財団法人私学教職員共済組合が総説されたが、私立学校教職員共済組合法の制定により吸収された。市町村営方式が確立したのは昭和23年である。
② はじめは任意設立の市町村の区域を単位とする国民健康保険組合を保険者としていた。市町村公営方式が確立したのは昭和23年である。
③ 全国普及が達成されたのは、昭和36年4月である。
出典：厚生統計協会編国民福祉の動向（1997）、52頁

高度経済成長を背景に老人福祉の充実のため，1973年（昭和48）に**老人福祉法を改正して老人医療費の無料化**が行われ福祉元年といわれたが，老人医療費増大を理由に1983年（昭和58）**老人保健法により定額一部負担**が導入された。老人保健法は医療保険の抜本的改革を具体化するものであり，治療のみならず予防とリハビリテーションが保健事業の内容として取り入れられた。

1984年（昭和59）改正では，被用者保険本人定率負担（1割）が導入され，9割給付とされ，国会の承認を受ければ8割給付になると規定されていたが，1997年（平成9）の改正で，8割給付（2割自己負担）に加えて薬剤費の一部定額負担制度が取り入れられた。

厚生省は保険財政の改善ばかりでなく，医療保険制度全体について見直す必要があるとして，1997年8月に「医療保険制度および医療提供体制の抜本的改革の方向」の試案を公表し，2006年6月に，**医療制度改革関連法案**が可決された。

3）医療保障の方法

医療保障の方法は，次の3つに大別することができる。

(a) 社会保険方式

保険加入者（被保険者・患者）が医療を受ける場合，医療または医療費を保険システムによって提供する方法である。これには，保険加入者が支払った医療費の一部または全部を保険者が後日加入者に償還する現金給付の方法をとるもの（償還方式）と，加入者が医療機関で医療を受け，医療費は保険者が医療機関に直接支払う現物給付の方法（現物給付方式）とがある。この場合の主たる財源は保険料である。

(b) 公的扶助方式

生活困窮者に対して，資力調査にもとづき，原則として無料で必要な医療サービスの現物給付を行う方法であり，わが国の医療扶助がこれにあたる。受給者が生活困窮者に限定されることが特徴であり，財源は租税である。

(c) 公的保健サービス方式

政府が医療を必要とするすべての国民に対し，貧富の別なく直接に医療を提供する方法であり，租税をその財源としている。この方法は，受給者が生活困窮者だけでなく，すべての国民であるという点で公的扶助方式と異なっている。

各国の医療保障は，これらの方法のうち1つを取り入れたもの，2つ以上を併用するものなどそれぞれ独自の形態をとっている。

これらの方法の特徴をあげると次のようになる。

保健サービス方式では，国民を所得階級やその他のカテゴリーによって区分することなく，全国民に等しく医療を受ける機会を与え政府が直接に，または政府と契約した医療機関を通して医療サービスを受けることとされている。しかし，この方法をとると，政府による医療サービスの直接的な

いしこれに近い供給方法をとるため，医療施設や医師への公的コントロールが強く，これが医師側の診療の自由と対立する場合が少なくない。

　医療保険方式を取ると，医療供給側への直接的なコントロールが緩やかで，医師側の協力も得やすい利点がある。

　医療保険方式では，公的な規制の下で保険料を拠出してもらうことになるため，拠出能力のない生活困窮者は，医療保険から除外され医療扶助の適用者にされることがある。その場合，拠出能力のない者には医療扶助を適用するという形で所得階級に応じて制度が２元化されることがある。

　医療保険の場合，稼得所得をベースに一定料率の保険料を課しているが，この保険料収入は使用目的が特定されており，他の財源と区別されているため財源として安定性がある。公的保健のサービス方式の場合は，その財源が政府の一般財源に依存しているため，政府の財政事情によって影響を受けやすい。

　しかしまた，その保険料率は所得比例的になっている国が多い。保険方式が傷病という保険事故に対する損失補填機能を営むものであれば，傷病の発生率や重篤度と保険料率ないし保険料が比例しなければならないはずである。**現代の保険方式**は，それにもかかわらず所得比例的になっているのは，**危険分散という保険機能を果たしているばかりでなく，一種の所得配分機能を持っている**ということができる。

　なお，医療保障の型のなかには，全国民を対象とするまでに拡大せずに，特定のカテゴリーに属する人々に限定してこれを行っている例もある。高齢者などに対しては医療保険を，生活困窮者に対しては医療扶助を適用し，その他一般国民は私保険に加入するというもので，アメリカにその例を見ることができる。

2　医療保険制度の内容

1）医療保険の体系と概要

　現在，わが国のすべての国民は，いずれかの医療保険に加入しているが，雇用されているか否か，公務員であるか否か，70歳を越えているか否か，などによりその加入している制度が異なり複雑である。

　医療保険を大別すると，被用者保険と地域保険およびこれらを基礎とした共同事業である高齢者を対象とする高齢者医療の３つとなる。

　被用者保険は，職域ごとに加入するので職域保険ともいうが，事業所等

図Ⅱ-5　医療保険の体系

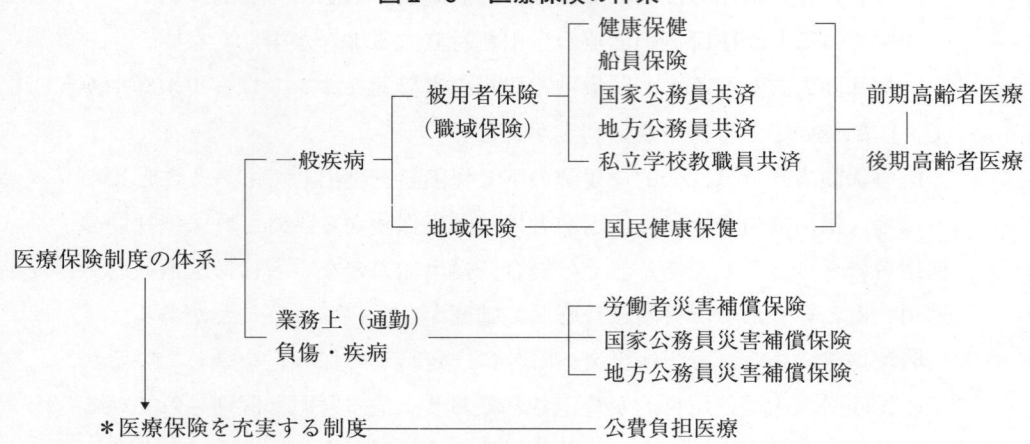

```
医療保険制度の体系 ─┬─ 一般疾病 ─┬─ 被用者保険 ─┬─ 健康保険
                    │            │  (職域保険)   ├─ 船員保険      ┬─ 前期高齢者医療
                    │            │              ├─ 国家公務員共済│
                    │            │              ├─ 地方公務員共済┤
                    │            │              └─ 私立学校教職員共済 ─ 後期高齢者医療
                    │            └─ 地域保険 ─── 国民健康保険
                    │
                    └─ 業務上（通勤）─┬─ 労働者災害補償保険
                       負傷・疾病      ├─ 国家公務員災害補償保険
                                       └─ 地方公務員災害補償保険

＊医療保険を充実する制度 ──────── 公費負担医療
```

に雇用されている者を被保険者とする健康保険，船員保険，各種共済組合（国家公務員共済，地方公務員共済，私立学校教職員共済）であり，**地域保険**は被用者保険に加入していない農・漁民，自営業者など地域住民が加入者であり，市町村が原則として保険者となって運営する国民健康保険である（**図Ⅱ-5参照**）。

また，高齢者医療は，前期高齢者医療（65歳～74歳）と後期高齢者医療（75歳以上）に区分されている。前期高齢者医療は，これまで加入していた被用者保険または国民健康保険に引き続き加入し，高齢者医療は，平成20年4月から施行される新制度で，75歳以上の者が対象者となる。

業務上の負傷・疾病（いわゆる職業病も含む），通勤災害（負傷・疾病）に対しては，労働者災害補償保険のほか，国家（地方）公務員災害補償保険の適用があり，一般疾病に対する医療保険とは別の制度となっている（労働保険については，**パートⅣ**を参照すること）。

さて，被用者保険のうちで最大の適用人員を持っているのは健康保険であり，地域保険の国民健康保険をあわせると全体の約9割を占めている。

健康保険は，他の被用者保険の基礎となっているので，以下には健康保険を中心に説明することとし，必要に応じ他の制度に及ぶこととする。

医療保険を補充するその制度として，公費負担医療がある。これは，主として医療保険の対象者（患者）の一部負担金を公費（国・地方公共団体）で負担し，患者の経済的負担を軽減または免除するものである。これは，社会保険の制度に組み入れられるものではないが，社会保険医療を補充し，医療保障の充実をはかる制度であるから，本パートで説明することとした。

2）保険者と被保険者・被扶養者

(1) 保険者

　　保険者は，健康保険事業の経営主体として加入者から保険料を徴収したり，保険給付を行うほか，保健事業などの事業を行う。

　　医療保険は，国家責任の下で行われる事業であり，本来，国の行政機関が行うべきであるが，国に代って事業を行う健康保険組合はどの公法人の設立を認め，この健康保険組合が保険者となることが認められている。

　　健康保険では，この健康保険組合（組合管掌健康保険と呼ぶ）と従来の「政府」に代って設立される全国健康保険協会（協会管掌健康保険と呼ぶ）が保険者である。

　　保険財政運営の規模の適正化，地域の医療費水準に見合った保険料率等の設定のため，保険者の統合，再編をし，保険者機能を強化するとともに，保険財政の安定化，医療費適正化に資することが求められ，平成20年10月から施行される。

　　保険者は，40歳以上の被保険者に対し，厚生労働大臣の定める特定健康診査基準等にもとづき，特定健康診査（糖尿病その他の政令で定める生活習慣病に関する健康診査をいう）および特定保健指導（特定健康診査の結果により健康の保持に努める必要がある者に対する保健指導という）の保健事業を行う（高齢者医療確保法18条～29条）。

(a) 健康保険組合

　　事業主とその事業に雇用されている従業員700人以上の者が単独または共同で都道府県知事の許可を得て設立することができる（健保11条令1条）。

　　大企業等では，ほとんどの企業で健康保険組合を設立し，健康保険事業を一定範囲内で自主的に運営することが認められている。すなわち，健康保険組合では，その意思決定機関として組合会を設け，一定範囲内での保険料の設定，保健事業として健康診査，健康相談その他福祉事業を行う（健保19条・16条）。

　　また，保険者機能を強化するため，合併することも認められ，同一都道府県内で企業・業種をこえて健康保険組合同士が合併して形成する地域型健康保険組合の設立も認められる（付則3条の2）。

(b) 全国健康保険協会

　　健康保険組合の組合員でない被保険者の健康保険事業を管掌するため，従来の「政府」に代って，全国健康保険協会がこれを行う（健保5条）。

　　これは，健康保険の保険者機能を強化するために，平成20年10月から施

行される。

　ただし，全国健康保険協会が管掌する健康保険の事業に関する業務のうち，被保険者の資格の得喪の確認，標準報酬月額等の決定及び保険料の徴収（任意継続被保険者にかかるものを除く）は，社会保険所長官が行う（健保5条2項）。

　全国健康保険協会（以下「協会」という）は，保険給付，保健事業等の業務を行うが（健保7条の2第2項），都道府県単位の支部を設ける（健保7条の4第1項）。「協会」は，その意思決定機関として，運営委員会を設け，毎年，事業計画（健康診査，健康相談のほか，福祉事業などを含む）や予算などを作成する。また，「協会」が管掌する健康保険の保険料率は，1,000分の30から1,000分の100までの範囲であるが，支部被保険者の療養の給付に要する費用，前期高齢者納付金，後期高齢者支援金，促進事業に要する費用等に照らし，毎事業年度において財政の均衡を保つよう都道府県単位保険料率を算定する（健保160条3項）。

(2) 被保険者

　強制適用被保険者と任意被保険者がある。

① 強制適用被保険者は，常時5人以上の従業員を使用するすべての事業所の従業員である。ただし，クリーニング業や旅館業等の強制適用事業所以外の従業員，臨時的事業所の従業員後期高齢者医療の被保険者などは除外されている（健保13条の2）。

② 任意包括被保険者

　強制適用事業所に該当しない事業所の従業員は，その半数以上の同意を得たうえで事業主が都道府県知事の認可を受けることにより，その事業所の全従業員が被保険者（任意包括被保険者）となることができる（健保31条）。

③ 任意継続被保険者

　被用者が事業所を退職などして健康保険の被保険者資格を喪失した場合，その前日まで継続して少なくとも2カ月以上強制適用被保険者であった者が資格喪失の日より20日以内に申請して，2年間健康保険の被保険者（任意継続被保険者）となることができる（健保37条・38条）。

(3) 被扶養者

　被保険者と一定の親族関係にある被扶養者は，健康保険により保険給付

（家族給付）を受けることができる。

被扶養者の範囲は，次のとおりである（健保3条7項）。

① 被保険者の直系尊属，配偶者（事実上婚姻関係と同様の事情にある者を含む），子，孫および弟妹であって主として被保険者により生計を維持している者

② 被保険者の3親等内の親族であって，被保険者と同一世帯に属し，主として被保険者により生計維持している者

③ 被保険者の配偶者であって，婚姻の届出をしていないが，事実上婚姻関係と同様の事情にある者の父母および子であって，被保険者の世帯に属し，主として被保険者により生計を維持している者

④ 被保険者の内縁配偶者の死亡後におけるその父母および子で，引続き被保険者と同一の世帯に属し，主として被保険者により生計を維持している者

3）保険給付の種類と範囲

健康保険は，被保険者および被扶養者の業務外の疾病・負傷・分娩・死亡に対し保険給付を行う。したがって，疾病でない疲労に対するビタミン注射や負傷などを前提としない健康診断に対しては給付は行われない。

保険給付は，医療そのものの給付（療養の給付という）と，傷病による所得喪失や特別の出費に対する金銭給付の2種がある。また，それぞれについて被保険者本人に対する給付と被扶養者に対する家族給付とがある。

(1) 療養の給付

次のような給付が現物給付で，主として都道府県知事の指定を受けた「保険医療機関」または「保険薬局」で行われる。

① 診察
② 薬剤または治療材料の支給
③ 処置，手術その他の治療
④ 居宅における療養上の管理およびその療養に伴う世話その他の看護
⑤ 病院または診療所への入院およびその療養に伴う世話その他の看護

なお，以上の給付には食事の提供たる療養（食事療養および生活療養費），被保険者が選定した高度医療や特別の病室の提供その他厚生大臣の定める療養（評価医療および選定医療）は除かれる（なお，一部負担金については，後述4）参照）。

図Ⅱ-6　医療保険制度の概要

(平成17年4月現在)

制度名		保険者 (平成16年 3月末)	加入者数 (平成16年 3月末) 本人 [家族] 千人	保険給付 医療給付 一部負担	保険給付 医療給付 高額療養費	保険給付 入院時食事療養費	現金給付	財源 保険料率	財源 国庫負担・補助	老人保健医療対象者の割合(%)(平成15年3月末)
健康保険	一般被用者 政管	国	35,522 [18,815 16,707]	3割 ただし，3歳未満 2割 70歳以上　1割 (一定以上所得者は2割)	自己負担限度額 (上位所得者) 139,800円+(医療費 -466,000円)×1％ (一般) 72,300円+(医療費 -241,000円)×1％ (低所得者) 35,400円 世帯合算基準額 同一月に21,000円以上の負担が複数の場合はこれを合算して支給 多数該当の負担軽減 12ヶ月間に3回以上該当の場合の4回目からの自己負担限度額	(標準負担額) ・一般 1日 780円 ・低所得者は90日まで 1日 650円 ・低所得者は91日目から 1日 500円	・傷病手当金 ・出産育児一時金等	8.2%	給付費の13.0% (老健拠出金分 16.4%)	5.0
健康保険	一般被用者 組合	健康保険組合 1,622	30,126 [14,648 15,478]				同上 (附加給付あり)	—	定額 (予算補助)	2.3
健康保険	健康保険法第3条第2項被保険者	国	31 [19 11]				・傷病手当金 ・出産育児一時金等	1級日額 130円 13級 2,640円	給付費の13.0% (老健拠出金分 16.4%)	5.6
船員保険		国	185 [69 116]				同上	9.1%	定額	7.3
各種共済	国家公務員	21共済組合	9,739 [4,431 5,308]		(上位所得者) 77,700円 (一般) 40,200円 (低所得者) 24,600円	70〜74歳 老人保健と同じ	—	—	なし	4.0
各種共済	地方公務員等	54共済組合					同上 (附加給付あり)	—		
各種共済	私学教職員	1事業団					—			
国民健康保険	農業者 自営業者等	市町村 3,144 国保組合 166	51,236 市町村 47,200 国保組合 4,036		長期高額疾病患者の負担軽減 血友病，人工透析を行う慢性腎不全の患者等の自己負担限度額 10,000円 70〜74歳 老人保健と同じ		・出産育児一時金 ・葬祭費等 (ただし任意給付)	世帯毎に応益割(定額)と応能割(負担能力に応じて)を賦課 保険者によって賦課算定方式は多少異なる	給付費等の45% 給付費等の32%〜52% なし	23.9
国民健康保険	被用者保険の退職者	市町村 3,144								
老人保健 (高齢者医療)		[実施主体] 市町村	(平成16年2月末) 15,179 被用者保険 2,901 国民健康保険 12,278	1割(一定以上所得者は2割)	自己負担限度額　外来(個人ごと) 72,300+(医療費-361,500円)×1％　40,200円 (多数該当の場合) 40,200円 (一般) 40,200円　12,000円 (低所得者) 24,600円　8,000円 (低所得者のうち特に所得の低い者) 15,000円　8,000円	同上。ただし，低所得者のうち特に所得の低い者 1日 300円	各医療保険保険者から支給	[費用負担] ・各制度の保険者 58% ・公費 42% (公費の内訳) 国：都道府県：市町村 4：1：1 (平成16年10月から平成17年9月末まで)		総人口に占める老人保健医療対象者の割合(%)(平成15年2月末) 11.9 [保険局調]

(注) 1. 老人保健制度の対象者は、各医療保険制度加入の75歳以上(ただし、平成14年9月30日までに70歳以上となった者を含む。)の者及び65歳以上75歳未満の寝たきり等の状態にある者。
2. 国保組合の定率国庫補助については、健保の適用除外承認を受けて、平成9年9月1日以降新規に加入する者及びその家族については政管健保並とする。
3. 低所得者：市町村民税非課税世帯に属する者等。
4. 組合、共済、国保と老人保健は速報値である。
5. 平成17年度版　厚生労働白書525頁

(2) **入院時食事療養費・入院時生活療養費**
　① 入院時食事療養費は，被保険者が上記(1)⑤の給付を受ける場合，それとあわせて食事療法に要した費用について支給される（ただし，療養病院に入院する70歳以上の者〈特定長期入院被保険者〉を除く）。その額は，その食事療法に要する平均的な費用の額を勘案して厚生労働大臣の定める基準によって算定した費用の額から，平均的な家計における食費の状況を勘案して厚生労働大臣が定める額を差し引いた額である（健保85条）。結局，平均的な食費は自己負担となる。
　② 入院時生活療養費は，療養病床に入院する70歳以上の者（〈特定長期入院被保険者〉という）の生活療養（食事療養ならびに温度，照明および給水に関する適切な療養環境の形成である療養をいう）に要した費用について保険給付として支給する（健保63条2項2号）。その額は，生活療養に要する平均的な費用の額を勘案して算定した額から，平均的な家計における食費および光熱水費の状況等を勘案して厚生労働大臣が定める額を差し引いた額である（健保85条の2第2項）。

(3) **保険外併用療養費（評価療養・選定療養）**
　① 評価療養とは，厚生労働大臣が定める高度の医療技術を用いた療法その他の療養であって，保険給付の対象とすべきものであるか否かについて，適正な医療の効率的な提供をはかる観点から評価を行うことが必要であるとして厚生労働大臣が定めるものをいう（健保63条2項3号）。
　② 選定療養とは，被保険者の選定した特別の病室の提供その他厚生労働大臣の定める療養をいう（健保63条2項4号）。
　①②につき，その費用の額等については，健保86条参照のこと。

(4) **訪問看護療養費**
　居宅において療養を受ける状態にある者に対し，訪問看護事業をなす者で都道府県知事の指定を受けたもの（指定訪問看護事業者）から訪問看護を受けたときに支給される給付。その額は，指定訪問看護に要する平均的な費用の額を勘案して厚生大臣が算定した額の100分の70（健保88条）。一部負担金につき，災害や特別の事業のあるときその減免や猶予が認められることがある（健保75条の2）。

(5) **移　送　費**
　療養の給付を受けるため，病院または診療所に移送された場合に支給さ

れる（額は政令で定められる）。

(6) 高額介護合算療養費

療養の給付にかかる一部負担金の額および介護保険の利用者負担額（それぞれ高額療養費または高額介護サービス費等が支給される場合には，当該支給額を控除して得た額）の合計額が著しく高額であるときは，高額介護合算療養費も支給する（健保115条の2）。従来は一カ月の療費が高額で一定の額を超えるときは，これを高額療養費として，被保険者に償還していたが，改正（平20・4から）により，介護保険の分もあわせて，高額介護合算療養費として保険者が直接支払うことになった。

(7) 傷病手当金

被保険者本人が傷病のため労働することができず，賃金を受けられなくなったとき，労働不能の第4日目から標準報酬の日額の3の2に相当する金額（健保99条1項），入院時には4割の傷病手当金が支給される。これは賃金収入を失ったことに対する所得保障給付である。

(8) 出産手当金

被保険者が出産のため分娩前42日間，分娩後56日以内に労働できず，そのため賃金を受けることができなかったときは，出産手当金として標準報酬日額の3分の2に相当する金額が支給される（健保102条）。傷病手当金と同じく所得保障である。被扶養者（家族）については，傷病手当金，出産手当金の支給はない。

(9) 分娩費，育児手当金

被保険者が分娩したときは，分娩費および育児手当金が支給される。この場合，配偶者に対しても，政令所定の給付額が支給される。

(10) 埋葬料費

死亡に対する給付として，被保険者については埋葬料として政令所定額に相当する金額をその家族に，家族が死亡したときは家族埋葬料として政令所定額が被保険者本人に支給される。

以上，(1)～(10)は，被用者保険ではほぼ共通である。しかし，国民健康保険では(7)～(10)の金銭給付は，任意給付とされており，条例により給付している市町村はほとんどない。

(11) 資格喪失後の継続給付

健康保険など被用者保険では，退職などにより被保険者資格を喪失すると保険給付は行われなくなるのが原則である。しかし，資格喪失の前日まで継続して1年以上強制適用被保険者または任意包括被保険者であった者が資格喪失の際に保険給付を受けていた場合は，とくにその給付を継続して受けることができる。給付期間は，療養費の給付，保険外併用療養費または家族療養費の場合は，その疾病または負傷についてはじめてその給付が行われてから5年である。傷病手当金または出産手当金は，支給されない。

4) 費用の負担 （平成20年4月施行）

(1) 一部負担金

保険医療機関又は保険薬局から療養の給付を受ける者は，次の区分により，一部負担金を支払わなければならない（健保74条）。ただし，保険者は，災害その他特別の事情のある者に対して，一部負担金を減免又は猶予することができる（健保75条の2）。

- (ⅰ) 70歳未満の場合　3割
- (ⅱ) 70歳以上の場合　2割　但し，70歳以上であっても一定以上の報酬のある者（現役並サラリーマン所得）　3割
- (ⅲ) 75歳以上の場合　1割　但し，75歳以上であっても一定以上の報酬のある者（現役並サラリーマン所得）　3割「高齢者の医療の確保に関する法律」
- (ⅳ) 6歳以下の乳幼児の場合　2割

(2) 保　険　料

保険者は，健康保険事業に要する費用（前期高齢者納付金，後期高齢者支援金，介護納付金等を含む）にあてるため，保険料を徴収する（健保155条）。保険料は，国庫負担（健保152条），国庫補助（健保153条）および一般保険料率によって定められる。一般保険料率は基本保険料率と特定保険料率を合算した額をいうが，健康保険組合が管掌する健康保険の一般保険料率は，$\frac{100}{1000}$範囲内（健保160条9項）※とされており，特定保険料率は，各年度において保険者が納付すべき前期高齢者納付金，後期高齢者支援金，退職者給付拠出金等の額を被保険者の標準報酬月額及び標準賞与の総額の合算の見込み額で除した額を基準として保険者が定める（健保166条11項）。

※　協会（政府）管掌保険では$\frac{82}{1000}$（160条1項）

そして，被保険者及び被保険者を使用する事業主は，それぞれ保険料額の2分の1を負担する（健保161条）。

5）国民健康保険と高齢者医療

(1) 国民健康保険

国民健康保険は，被用者（サラリーマンなど）以外の一般国民（農・漁民，自営業者など）を対象とする医療保険であるが，被用者保険の代表的な制度である健康保険とかなり異なった特色がある。

第1に保険制度を運営する財源であるが，被用者保険ではその保険料は事業主と折半するが，国民健康保険の被保険者には事業主（雇い主）はいない。被保険者の拠出する保険料だけでは制度運営をしようとすると高額の保険料にならざるを得ない。しかも，被保険者には無職者や低収入の者など保険料負担能力の乏しい者が含まれている。したがって，国庫負担・国庫補助が多く，その財源の占める割合がきわめて大きく国公費の割合が保険料収入を上回っている市町村もある。

第2に，国民健康保険の保険者は，市町村が原則である（同業者組合などが設立する国民健康保険組合があるが，その数は，少ない）。市町村合併によって若干その規模が大きくなったが，なお，財政基盤が安定せず，保険者機能も十分でない。保険財政運営の安定と保険料単準化を促進する観点から，保険者支援制度（低所得者の数に応じて保険者を財政的に支援する制度など）が継続して行われている。また，保険財政共同安定化事業も創設された。

第3に国民健康保険では，保険給付は医療給付のみで，傷病手当金などの所得保障給付(現金給付)は殆ど行われていない（現金給付などの所得保障給付は任意給付〈国保58条〉とされているが，実施している市町村は殆どない）。

自営業者や無職者は，傷病のため働くことができなくなっても，普通の勤労者と異なり必ずしも収入の喪失にはならないという理由付けがなされるが，それよりも所得保障給付がなされないのは，財政上の理由からである。

第4に国民健康保険で療養費の給付を受けるには，医療費の3割の一部負担金を医療機関に支払わなければならない。他の被用者保険と同様である。

療養の給付（医療給付）の内容も，被用者保険と同様である。また，高額療養費および高額介護合算療養費，入院時食事療養費，入院時生活療養費，保険外併用療養費（評価療養，選定療養）などの支給も被用者保険の

場合と同様である。

　最後に，保険料についてであるが，保険料は，市町村または保険組合が条例または規約で定める。保険料は地方税法の規定により国保保険税として徴収することが認められており，国保税による市町村が圧倒的に多い。保険料（税）は，均一割（応役），所得比例（応能），資産比例などを合算した額である。低所得の世帯については，保険料（税）は低く賦課されており，特別の事由のある者に対しては，減免の措置が講じられる。

(2) **前期高齢者医療**

　65歳から74歳までの前期高齢者医療の対象者は，企業等に就職しておれば，従来どおりその被用者保険の被保険者（任意継続被保険者となることもできる）として保険給付を受けることになる。退職などして被用者保険の被保険者資格を喪失すれば，国民健康保険に加入し，国保の被保険者として保険給付を受ける。

　前期高齢者の療養費の一部負担は，新たな後期高齢者医療制度の創設とあわせて，平成20（2008）年度より，2割の定率負担である。ただし，現役並の一定以上の所得を有する者は，3割負担となる。

(3) **後期高齢者医療**（平成20年4月施行）

　75歳以上の者を対象とする後期高齢者医療保険制度が創設された。根拠法は，老人保健法（昭57法80）を全面改正した「高齢者の医療の確保に関する法律」である。75歳以上の高齢者であっても，毎月の保険料を納め，療養の給付を受けたときは，1割の自己負担を求めるなどを内容とする新制度である。

(a) **保　険　者**

　市町村は，都道府県の区域ごとにその区域内のすべての市町村が加入する「後期高齢者医療連合」を設立し，この広域連合が後期高齢者医療保険の事務の処理にあたる（但し，保険料の徴収は市町村）（法48条）。

(b) **被 保 険 者**

　（ｉ）　後期高齢者広域連合の区域内に住所を有する75歳以上の者

　（ⅱ）　後期高齢者広域連合の区域内に住所を有する65歳以上75歳未満の者で，政令の定める程度の障害のある者（法50条，なお51条〜55条参照）。

(c) 医療給付

療養の給付，入院食事療養費，入院時生活療養費，保険外併用療養費，療養費，訪問看護療養費，特別療養費，移送費，高額療養費，高額介護合算療養費その他後期高齢者広域連合の条例で定めた給付（法56条）で，他の医療保険と同様である。

(d) 一部負担

1割。但し，一定以上の所得のある者は，3割（法67条）。なお，災害その他特別の事情のある者は，一部負担金を減額または免除の措置を受けることができる（法69条）。

(e) 保険料

後期高齢者医療広域連合が全区域にわたって均一の保険料率と条例で定める，但し，離島など地域的に特別の事情のある場合は，別の定めをすることができる（法104条）。

政府の試算によると，厚生年金の平均的受給者（厚生年金208万円）は，月平均6,200円となっている。

(f) 国庫負担金等

後期高齢者に対する療養の給付その他医療給付の財源として，被保険者の納入する保険料のみでは，その費用がまかなえないので，国庫負担金，都道府県負担金，市町村負担金などの財政支援を行う（法93条以下）。

国，地方自治体からは総費用の概略5割。国保などの保険者からの支援金4割，高齢者本人の保険料が1割の負担区分が示されている。

6) 公費負担医療

公費医療または公費負担医療とよばれる医療費の負担方式は，患者の負担する医療費の一部または全部を公費で負担するものである。国民の全てが医療保険に加入している国民皆保険制度の下では，医療保険を補完するものであり，医療保障をより充実させるものということができる。ところが，公費負担医療は，多種の法令の中にバラバラに規定されており統一された枠組みがなされていない。

これには，法律によるものと予算措置によるものとがあり，その公費負担の方法についても，患者が医療保険各法の被保険者等である場合に先に医療保険を適用しその自己負担分を公費で負担するものと，医療保険とは関係なしに公費負担を行うものがある。

いずれにしても，患者の自己負担分を公費（国，都道府県，市町村――その負担率は制度により異なる）で負担し，患者の医療費負担を免除または

軽減する。ただし，患者またはその扶養義務者に一定以上の負担能力がある場合は，その費用の一部または全部を徴収することができる場合がある。

　主な公費負担医療は，次のような類型と内容に分類するのが妥当である。

(1) 社会防衛医療：その疾病などから社会を護ろうとするもの
  (ⅰ) 感染症患者の入院治療（感染症予防19条・20条）。
  (ⅱ) 結核の入所命令患者の入院治療（結核予防35条・37条）。また，一般通院治療（同34条，37条）。
  (ⅲ) 精神障害者の措置入院および緊急措置入院（精保30条・30条の2）。また，一般通院医療（同32条・32条の4）。
  (ⅳ) 性病の治療命令患者の治療または入院治療（感染症予防，付則10条）。

(2) 社会福祉医療：福祉の観点から早期発見，早期治療をうながすもの
  (ⅰ) 未熟児の養育医療（母子保20条・21条の4）。
  (ⅱ) 身体障害児の育成医療（児福20条）。
  (ⅲ) 身体障害者の更生医療（身障19条）。
  (ⅳ) らい患者の入院治療（らい廃，付則3条）。

(3) 災害補償医療：災害被害者に対する救済的医療を行うもの
  (ⅰ) 公害による健康被害者に対する医療（公健被補3条以下）。
  (ⅱ) 予防接種による健康被害者(児)に対する医療（予防接種16条以下）。
  (ⅲ) 医薬品の副作用による健康被害者に対する医療（医薬品副作用28条）。
  (ⅳ) 原爆被爆者に対する医療（原爆被爆援護10条）。

(4) 難病対策・研究医療：治療法が必ずしも確立されていない，治療期間が長期にわたる難病患者の経済的・精神的負担の軽減をはかるとともに研究を促進するもの，予算措置による。
  (ⅰ) 特定疾患（いわゆる難病，45疾患）患者の治療（特定疾患治療研究事業）については平成10年5月から重症患者以外の患者につき定額（入院：月額14,000円，外来：月額2,000円）の患者負担が導入された。
  (ⅱ) 小児慢性特定疾患（小児のいわゆる難病11疾患）患者の治療（小児慢性特定疾患治療研究事業）

(5) 経済保障医療：他の類型に属しない純粋に医療費の負担軽減をはかるもの

（ⅰ） 生活保護法による医療扶助（生保24条など）。

（ⅱ） 高額療養費制度（健康保険法〈59条の4の2〉など医療保険各法による）。

7）保険診療の法律関係

(1) 保険医療機関の指定と保険医の登録

　医療保険による医療を行う場合，保険者は医療保険事業の経営主体として保険料を徴収したり，医療機関に対して診療報酬の支払（委託）を行い，自ら診療を実施しないのが原則である。（例外として保険者直営の医療機関がある〈健保43条3項3号〉）。そのため保険者に代わって保険医療給付を行う医療機関が必要となる。

　健康保険法では，保険診療を行う医療機関は，都道府県知事の指定を受けなければならないとされている（〈健保43条の3〉保険医療機関，国民健康保険でも同様である〈国保37条〉）。

　この知事による指定は，国の機関としての知事が被保険者のために被保険者に代わって療養の給付・診療方針・診療報酬など健保法などに規定されている条項を内容として，医療機関と締結する公法上の契約と解されている（大阪地判昭52・3・23判時998号20頁）。

　したがって，保険医療機関は健保法に定められている療養の給付（①診療，②薬剤または治療材料の支給，③処置，手術その他の治療，④居宅における療養上の管理およびその療養に伴う世話その他の看護，⑤病院または診療所への入院およびその療養に伴う世話その他の看護——健保43条）について，健保法および同法にもとづく保険医療機関及び保険医療養担当規則などにしたがって，療養の給付を行わなければならない（健保43条の3）。

　また，保険診療に従事する医師は，保険医として登録しなければならない（健保43条の5）。保険医も，保険医療機関と同様に，健保法および同法にもとづく療養担当規則等にしたがって，療養の給付を行わなければならない（健保43条の6）。

　保険医療機関および保険医が，健保法等の規定に違反したときは，保険医療機関の指定の取消（健保43条の12），保険医の登録の取消（健保43条の13）が行われる。

　国民健康保険法においても同様の規定がおかれている（国保37条—40条など）。

(2) 保険診療

　健康保険などにより保険診療を受けることのできる者は，その保険制度に加入している被保険者および被扶養者である（国民健康保険では，被扶養者の概念はなく，世帯主および世帯員とも被保険者である）。

　保険診療を受けるに際しては，被保険者証を保険医療機関に提出して受給者の資格の確認を受けなければならない。ただし，やむをえない事由がある場合には，後に確認を得ることができる（保険医療機関及び保険医療養担当規則3条）。

　保険診療においては，被保険者などの保険事故（業務外の負傷・疾病・分娩・死亡，健保1条など）に対して，原則として医療の現物支給を行う。したがって，保険事故とみなされないものは保険給付の対象とはならない。これには，単なる疲労に対するビタミン注射，美容のみを目的とする隆鼻術などの美容整形，健康診断およびそのための検査，予防接種，人工妊娠中絶などが該当する。

　健康保険では，自己の犯罪行為や故意による負傷，闘争，泥酔などによる負傷などに給付をしない，または一部制限するなどを定めている（健保60条以下）。

(3) 社会保険診療報酬支払基金

　社会保険医療において，その診療報酬は，保険者が直接に医療機関に支払うべきものであるが，診療報酬内容の複雑さや手続きの複雑さなどからみて，保険者に代わってその診療報酬を支払う機関を設置することが合理的である。

　社会保険診療報酬支払基金は，各種社会保険医療の診療報酬の迅速・適正な支払を目的とするが，あわせて診療報酬請求書（レセプト）の審査を行うことを目的として設立された公法人である（社会保険診療報酬支払基金1条）。支払基金は，健康保険による診療報酬の支払などのほか，生活保護法，身体障害者福祉法，児童福祉法などの社会福祉各法にもとづく診療報酬など広い範囲にわたる社会保障医療一般の診療報酬の支払・審査事務を担当している（基金13条2項）。しかし，国民健康保険診療報酬の支払事務も，法律上基金が取り扱うことになっているが，実際上は国民健康保険団体連合会が行っている。

　支払基金が保険者などから診療報酬の支払委託を受ける関係は，公法上の契約関係であり（基金13条4項参照），支払基金が支払委託を受けたときは，「診療担当者に対し，その請求にかかる診療報酬につき，自ら診査し

たところに従い，自己の名において支払をする法律上の義務を負う」(最判昭48・12・20民集27巻11号1594頁）と解されている。つまり，支払基金（国民健康保険団体連合会も同様）は，診療報酬債権について，単なる支払担当者ではなく，直接の支払債務者である。

社会保険診療報酬支払基金法13条1項は，診療担当者の提出する診療報酬請求書（レセプト）の審査を行うことを定め，審査委員会の要求があったのにもかかわらず，正当な理由なく出頭や説明することを拒み，診療録の提出などをしなかった場合に診療報酬の支払を一時停止することができることを定めている。しかし，実際は審査の結果，不当と見られる請求については，いわゆる減点査定を行っている。これに対して，診療担当者から支払基金に対して訴訟が提起される事例がある。

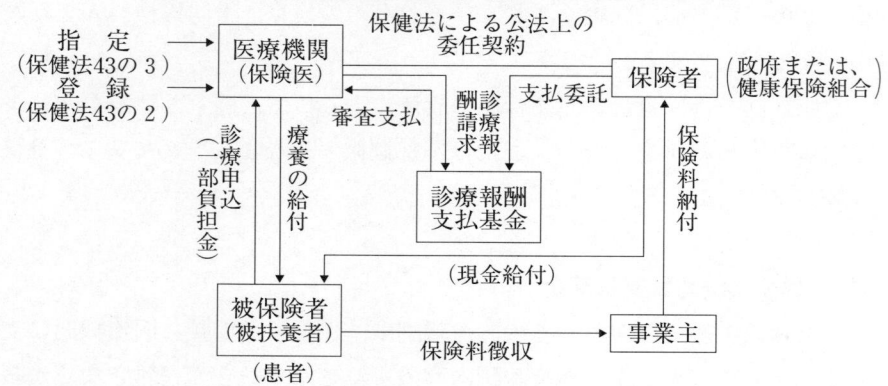

図Ⅱ-7 社会保険医療（健康保険）と支払基金の関係

8）保健事業

平成20年4月から，国民健康保険および被用者保険の各保険者は，40歳以上の被保険者および被扶養者を対象とする糖尿病等の生活習慣病に着目した健康診査および保健指導の事業を計画的に行うことになった。

これは，従来旧老人保健法の下で，市町村が40歳以上の者を対象として行っていた医療以外の保健事業（健康手帳の交付，健康教育，健康相談，健康診査，機能訓練，訪問指導）と同様の性格のものであるが，実施主体が市町村から各保険者に代ったこと，実施項目が，糖尿病等の生活習慣病を重点項目として実施することになり，これにもとづき，保健指導を行うというものである。各保険者が実施主体となることは，各保険者の保険者機能を強化するとともに，被保険者（加入者）の健康状況を把握し，保健指導を行うことにより病院等での入院日数を減少させるなど，医療費の縮減につなげたいとの目的がある。

この保健事業は，次のような手続きの下に行われる。すなわち，①厚生労働大臣は，**特定健康診査**（糖尿病その他政令で定める生活習慣病に関する健康診査をいう）および**特定保健指導**（特定健康診査の結果により健康の保持に努める必要がある者として厚生労働省令で定める者に対する保健指導をいう）の基本指針を定める（高齢者の医療の確保に関する法第18条）。その内容は，健康増進法第9条1項の健康診査の実施に関する指針と調和をはからなければならないが，特定健康診査および特定保健指導の実施方法およびその成果，目標に関する基本的事項であり，これに従い③各保険者は，5年毎に特定健康診査の実施計画（実施方法等およびその成果に関する具体的目標）を定め（法19条，20条）。④保険者は，特定健康診査の記録を保存するとともに本人に通知する。⑤保険者は，健診結果のデータを有効に活用し，保険指導を受くべき者を効率的に選定するとともに，事業成果の評価を行う。⑥支払基金は，年度毎に保険者から後期高齢者支援金等を徴収するが，特定健康診査等の実施およびその成果にかかる目標の達成状況を勘案して$\frac{90}{100}\sim\frac{110}{100}$の範囲内で政令で定める後期高齢者支援金調整率を算定する（法120条2項）。新しく導入された，特定健康診査および特定保健指導は，旧老人保健法の下における保健事業に対し，その内容が，糖尿病をはじめとする生活習慣病（もちろん，がん，高血圧，高脂血症などを含まれているが）に重点をおいていること，そしてその特定健康診査の結果とその保健指導が制度上，結びつけられていること，さらにその評価として，保険者がこうした事業の実続評価として，被保険者全体の有病者，罹患率などをどの程度減少させることに寄与しているかを測定しうること，それがひいては，医療費全体を押し下げることにつなげているかを評価しうるシステムとなっている。その成果を期待しうると考えられる。

9）財 政 状 況

人口の高齢化による疾病構造の変化，医療供給体制の整備，医療技術の高度化による診療内容の変化等が要因となって，国民医療費は年々増加しつづけている。

平成14年度では，国民医療費は，31兆1,000億円に達し，そのうち，老人医療費は，国民医療費の37.7％の11兆7,000億円になっている。

年間1人当たりの医療費は，昭和29年度は2,400円であったが，40年度には1万円台，55年度には，10万円台となり，平成14年には，24万4,200円となっている。

ところが，わが国の国民所得の伸びは，平成4年度頃から毎年1％前後

の成長にとどまり，国民の医療費の負担水準を示す医療費の国民所得比は，急速に上昇を続け，平成7年度には7％台となり，平成14年度は，8.58％となっている。

医療費が高い水準で，年々伸びているのに対し，保険料収入は，近年の低成長経済の状況の下で低迷を続け，現在医療保険財政は収支のバランスがとれなくなってきた。

政府管掌健康保険は，平成5年度以降赤字が続き，1996年（平成8）度収支は，実質約4000億円の赤字となってたが，平成15年度には，わずかに黒字となった。組合管掌健康保険も，平成15年度は，わずかに黒字となっている。

図Ⅱ-8　国民医療費の推移

○わが国の国民医療医は国民所得を上回る伸びを示しており、近年、制度改正等がなければ、毎年約1兆円ずつ伸びている。
○特に老人医療費の伸びが著しい。

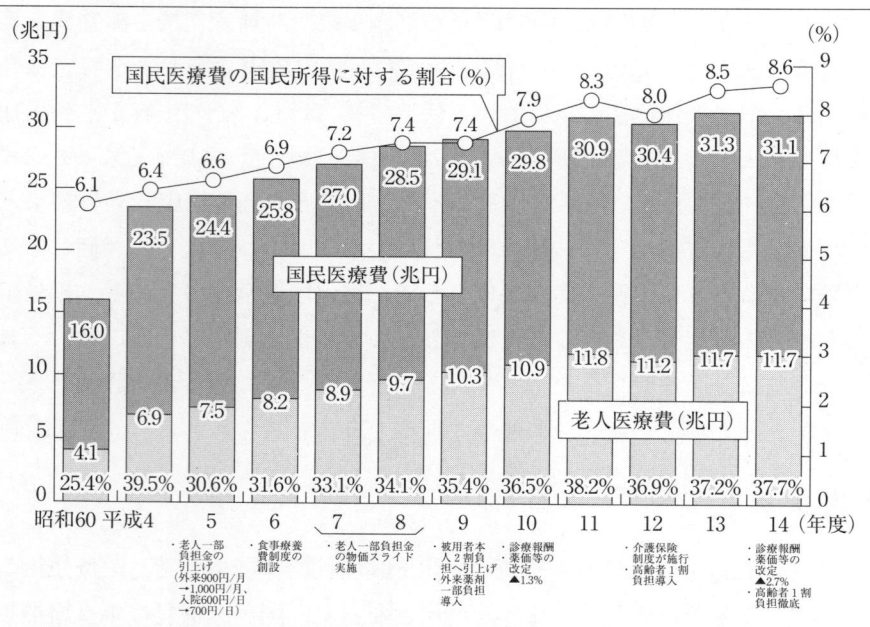

（注）　国民所得は，内閣府発表の国民経済計算（2003年12月発表）による

国民医療費等の対前年度伸び率

(％)

	昭和60	平成4	5	6	7	8	9	10	11	12	13	14
国民医療費	6.1	7.6	3.8	5.9	4.5	5.8	1.9	2.6	3.7	▲1.9	3.2	▲0.6
老人医療費	12.7	8.2	7.4	9.5	9.3	9.1	5.7	6.0	8.4	▲5.1	4.1	0.6
国民所得	7.4	▲0.5	▲0.1	1.4	0.0	3.3	0.9	▲3.0	▲1.5	1.5	▲2.8	▲1.3

平成17年版　厚生労働白書303頁による。

また，国民健康保険でも，低所得者が多くかつ被保険者の高齢化が進むなど，保険者である市町村の財政は厳しく，赤字年度が続き，平成15年度も**表Ⅱ-8**の示すように，赤字となっている（表Ⅱ-8参照）。

このような医療保険財政の悪化は，一時的現象ではなく，医療費の伸び率と保険料収入など国民負担との間の不均衡による構造的なものであって，①医療費の伸び率を押さえる，②国民負担率を上げる，③医療保険制度そのものを抜本的に再構築するなど種々の方向から検討しなければならない大きな問題である。

表Ⅱ-8　医療保険制度の財政状況（2003（平成15）年度決算）

（単位：億円）

		政府管掌健康保険	組合管掌健康保険	国民健康保険（見込み）（市町村一般被保険者分）	船員保険
常入	保険料（税）収入	60,167	58,613	26,647	443
	国庫負担金	8,321	48	35,995	30
	その他	206	1,393	15,443	2
	合　計	68,695	60,054	78,043	475
常出	保険給付費	38,534	29,121	45,507	268
	老人保健拠出金等	21,579	16,846	25,263	118
	退職者拠出金等	6,693	6,734	—	32
	その他	1,185	5,955	5,817	0
	合　計	67,991	58,656	76,587	418
	経常収支差引額	704	1,397	▲3,521	57

3　今後の改革に向けて

1）改革案といくつかの論点

急速な人口高齢化に伴う疾病構造の変化や医療技術の高度化などにより，医療費は増大の一途をたどっており，このまま放置すれば21世紀初頭には医療保険制度は破綻する危険がある。今後の少子高齢社会においても，すべての国民が安心して良質な医療サービスを受ける事ができる医療保障制度を構築することが緊急の国民的課題であるとして，さまざまな改革案が示されている。

平成14年厚生労働省の医療制度改革推進本部では，①保険者の再編・統合を含む医療保険制度大系のあり方，②新しい高齢者医療制度の創設，③診療報酬の大系の見直し，が中心課題として検討されたが，これらの議論を踏まえたうえで，平成15年には，「医療保険制度大系及び診療報酬大系

に関する基本方針」が閣議決定された。ここにおいて，医療保険制度改革を進めるに際し，基本的な考え方として，①医療の地域特性を踏まえた医療費適正化の取組みの推進，②地域の医療費水準に見合った保険料の設定，③保険財政運営の安定化（保険者の再編・統合を含む）があげられた。

ここでは，①医療費の適正化，②診療報酬のあり方，③高齢者医療制度について，その問題点を探ることとする。

2）医療費適正化計画

医療保険制度改革の中心課題は，伸び続ける国民医療費をいかにその伸び率を縮減させるか，国民所得（GNP）の伸び率より医療費の伸び率が大きい国民医療費の総額を縮減させるべきだ，などの議論が行われてきた。

このたびの医療費適正化については，図Ⅱ-9のように，医療費増加の要因分析，そしてその取組みの方法を明確にして，医療費の適正化をはかろうとしている。

平成18年の医療改革関連性では，「医療費適正化の推進」ということで法改正が行われた。根拠法は，「高齢者の医療の確保に関する法」（以下，単に「法」として引用する）であるが，この医療費適正化の問題は，高齢者医療に限られたものでなく，医療保険全体にかかわるものである。

この医療費適正化推進は，次のような手続きにより実施される。

①　厚生労働大臣は，医療費適正化の政策目標として，その基本的な指針「医療費適正化基本指針」を策定するとともに，これを推進するための「医療費適正化推進計画」と策定する。これには，その医療費適正化計画において達成すべき目標，目標を達成するべき施策，計画達成状況の評価に関すること，目標を達成するための保険者，医療機関，その他の関係者の連携および協力に関することなどを定める（法8条）。

②　都道府県は，上記の基本方針に即して，5年ごとに5年を一期とする「都道府県医療費適正化計画」を定める。これには，（ⅰ）住民の健康の保持の推進に関し，達成すべき目標，例えば，平成27（2015）年には，糖尿病患者・予備軍を25％減少させる。（ⅱ）医療の効率的な提供に関し達成すべき目標，例えば，平均在院日数（全国平均36日）を最短の長野県（27日）との差を半分に縮小する。（ⅲ）（ⅰ）（ⅱ）の目標を達成するため取り組むべき施策，例えば，（ⅰ）については，糖尿病等の予防に着目した健診及び保健指導の実施率，（ⅱ）に関しては，在宅等での看取り率，地域連携クリティカルパス実施率，病床転換数などについてその数値目標を定める（法9条）。

Part II
健康の確保と医療の保障

図Ⅱ-9 医療費適正化の構図

構造的な医療費適正化の取組みを進める上では，生活習慣病対策の推進や医療機能の分化・連携の推進，平均在院日数の短縮，地域における高齢者の生活機能の重視がポイント

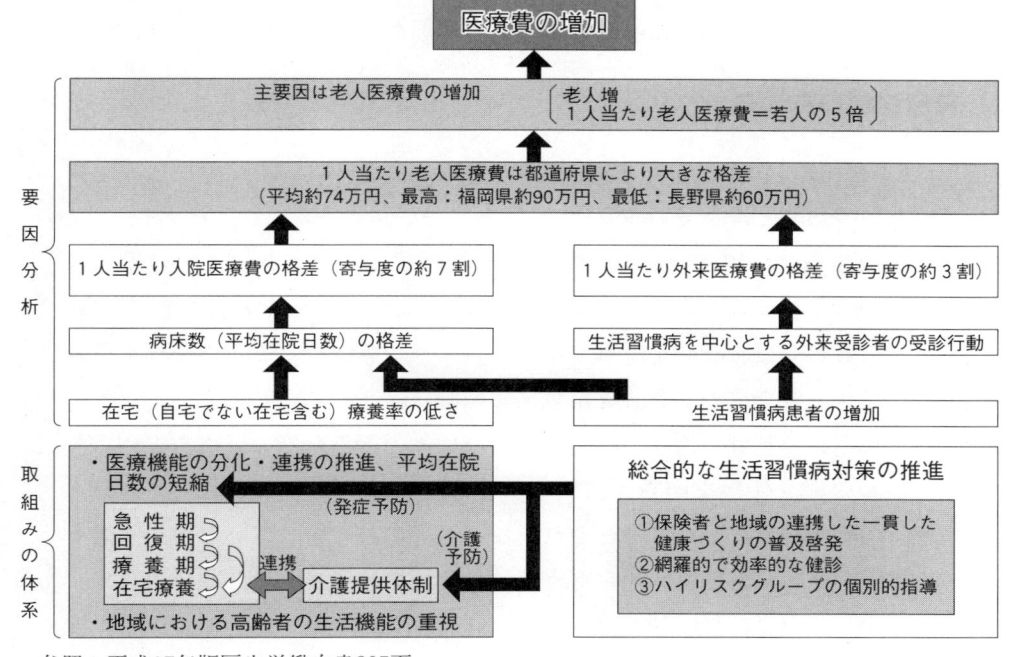

医療費の増加

要因分析：
- 主要因は老人医療費の増加　〔老人増　1人当たり老人医療費＝若人の5倍〕
- 1人当たり老人医療費は都道府県により大きな格差（平均約74万円，最高：福岡県約90万円，最低：長野県約60万円）
- 1人当たり入院医療費の格差（寄与度の約7割）／1人当たり外来医療費の格差（寄与度の約3割）
- 病床数（平均在院日数）の格差／生活習慣病を中心とする外来受診者の受診行動
- 在宅（自宅でない在宅含む）療養率の低さ／生活習慣病患者の増加

取組みの体系：
- 医療機能の分化・連携の推進，平均在院日数の短縮
  - 急性期／回復期／療養期／在宅療養（連携）
  - 介護提供体制
  - （発症予防）（介護予防）
- 地域における高齢者の生活機能の重視
- 総合的な生活習慣病対策の推進
  ①保険者と地域の連携した一貫した健康づくりの普及啓発
  ②網羅的で効率的な健診
  ③ハイリスクグループの個別的指導

参照：平成17年版厚生労働白書305頁

③（ⅰ）都道府県は，計画策定から3年目の平成22（2010）年度において，計画の進捗状況について，要因分析を含めた検証を行い，その時点で政策目標の達成が危ぶまれ，実際の医療費の動向が医療費見通しを上回ると予測される場合には，「計画」の見通しを含め，関係者がそれぞれに果すべき役割にもとづいた取組みの強化を行う（法11条1項2項）。この際，必要があれば，都道府県は，厚生労働大臣に対し，診療報酬大系に関する意見具申を行うことができ，厚生労働大臣は，この意見に配慮して診療報酬を定めるよう努める（法13条1項2項）。

（ⅱ）第1期計画の終了年度（平成24〈2012〉年度）における政策目標の実施状況を踏まえ，次の実続評価措置を講ずる。

(ア)　厚生労働大臣は，上記計画の実続評価，都道府県医療計画にかかげる目標の達成状況などから，当該都道府県のみに適用される特例的な診療報酬を設定することができる（法14条）。

(イ)　後期高齢者医療制度および国民健康保険において，各都道府県の平均在院日数にかかる政策目標の実施状況を踏まえ，費用負担の特例を設けることが予定されている。以上の施策は平成20年4月を第1期として実施

される。

　国民医療費全体を縮減させるという方向でなく，国民全員の健康の維持をはかり，生活の質（QOL）の確保・向上，医療の効率的給付などを通じて，国民医療費の適正化をはかることは必要なことであると思われる。

3）診療報酬のあり方

　医療保険の保険者から医師（保険医・保険医療機関）に支払われる医療費を診療報酬と呼んでいる。

　診療報酬は，個々の診療報酬を点数評価することとし，1人の患者に行った診療行為ごとの点数を合計し，1点単価（1点＝10円）を乗じて1カ月ごとの診療報酬額を計算する。このような診療行為ごとの報酬を積み重ねて医療費を決める方式を出来高払い制（fee for service）という。

　出来高払い制は，保険の給付内容及び個々の診療行為の価格を定め，総医療費の配分係数を明らかにする機能を持っている。また，医師の行う個々の医療行為についてそれぞれ異なった評価がなされているため，個々の患者の病状に応じた医療を行うという医療の特質に合致している。

　しかし，出来高払い制では，より高い所得を得るため不必要な検査を行い過剰な薬剤を処方するという傾向があることも否定できない。また，実際に治療行為を行った後に診療報酬が発生するため，疾病を予防し抑制するという疾病の予防措置等に意を払うことが少なくなることも指摘される。

　そこで，慢性疾患や定型的な疾患について定額の診療報酬を支払うという方法が考えられている。定額制を採用すれば，慢性疾患の治療等に対して費用を無視した過剰な医療行為を行うことが少なくなるであろうが，一方，必要な医療行為を行わないという質の低い医療が提供される懸念もないわけではない。

　前述の1997年8月に発表された厚生省案では，新しい診療報酬体系の構築の基本的な考え方を次のように示している。［1］「もの」，「技術」，「ホスピタルフィー（医療機関の維持管理費用の評価）」を明確に分離し，それぞれを適正な評価，［2］医療機関の機能に応じた評価，［3］疾患の特性に着目した評価，などをあげている。そのうち，［2］の医療機関の特性に応じた評価については，①大病院は入院機能を重視した評価体系とし，その外来については基本的に専門的分野に限定した評価とする。②中小病院および診療所は，外来はプライマリー・ケア機能を重視した評価とし，入院は病院の特性や診療科の専門性に応じた評価をする。

　［4］の疾患の特性に応じた評価については，急性期疾患と慢性期疾患

に分け，①急性疾患は，患者のさまざまな病状に応じた医療サービスを実施する必要から，出来高払いを原則とし，容態の安定などを考慮して一定期間経過後は1日定額払いとする。②慢性疾患は，入院当初は出来高払いとする。治療期間中に急性疾患を併発した場合等には，患者の病態に応じて出来高払いに方式を組み合わせる。以上の原則に立ち，具体的な診療報酬の支払方法について，出来高払いと定額払いの最善の組み合わせを構築する，としている。

平成15年の「医療保険制度体系及び診療報酬体系に関する基本方針について」の閣議決定は，次のような基本方針を示している。

「医療保険制度体系及び診療報酬体系に関する基本方針について」から抜粋

第3　診療報酬体系
1　基本的な考え方
　診療報酬体系については，少子高齢化の進展や疾病構造の変化，医療技術の進歩等を踏まえ，社会保障として必要かつ十分な医療を確保しつつ，患者の視点から質が高く最適の医療が効率的に提供されるよう，必要な見直しを進める。
　その際，診療報酬の評価に係る基準・尺度の明確化を図り，国民に分かりやすい体系とする。

2　基本的な方向
　診療報酬体系については，(1)医療技術の適正な評価（ドクターフィー的要素），(2)医療機関のコストや機能等を適切に反映した総合的な評価（ホスピタルフィー的要素），(3)患者の視点の重視等の基本的な考え方に立って見直しを進める。

3　具体的な方向
(1)　医療技術の適正な評価
　医療技術については，出来高払いを基本とし，医療従事者の専門性やチーム医療にも配慮しつつ，難易度，時間，技術力等を踏まえた評価を進める。そのために必要な調査・分析を進める。
　高脂血症，高血圧，糖尿病等の生活習慣病等の重症化予防を重視する観点から，栄養・生活指導，重症化予防等の評価を進める。
　医療技術の進歩や治療結果等を踏まえ，新規技術の適切な導入等が図られるよう，医療技術の評価，再評価を進める。

(2)　医療機関のコスト等の適切な反映
　入院医療について必要な人員配置を確保しつつ，医療機関の運営や施設に関するコスト等に関する調査・分析を進め，疾病の特性や重症度，看護の必要度等を反映した評価を進めるとともに，医療機関等の機能の適正な評価を進める。

(1)　疾病の特性等に応じた評価
　急性期入院医療については，平成15年度より特定機能病院について包括評価を実施する。また，その影響を検証しつつ，出来高払いとの適切な組合せの下に，疾病の特性及び重症度を反映した包括評価の実施に向けて検討を進める。
　慢性期入院医療については，病態，日常生活動作能力（ADL），看護の必要度等に応じた包括評価を進めるとともに，介護保険との役割分担の明確化を図る。
　回復期リハビリテーション，救急医療，小児医療，精神医療，在宅医療，終末期医療等について，医療の特性，患者の心身の特性，生活の質の重視等を踏まえた適切な評価を進める。

(2)　医療機関等の機能に応じた評価
　入院医療については，臨床研修機能，専門的医療，地域医療支援機構等の医療機関の機能及び入院期間等に着目した評価を進める。
　外来医療については，大病院における専門的な診療機能や紹介・逆紹介機能等を重視した評価を行うとともに，診療所及び中小病院等における初期診療，かかりつけ医・かかりつけ歯科医・かかりつけ薬剤師の機能，訪問看護，在宅医療等のプライマリケア機能等を重視した見直しを進める。

(3)　患者の視点の重視
(1)　情報提供の推進
　医療機関の施設基準や機能等に関する情報，診療・看護計画等の情報の提供を進める。
(2)　患者による選択の重視
　患者ニーズの多様化や医療技術の高度化を踏まえ，特定療養費制度の見直しを行う等患者の選択によるサービスの拡充を図る。

「基本方針」は，わかりやすいのであるが，実際にこれを適用・運用するには，利害が錯綜することが予想され，関係者の十分な協議が求められる。

4）被保険者・被扶養者の自己負担

　　健康保険，国民健康保険の被保険者や被扶養者が療養の給付を受けた場合，入院，外来とも，3割の自己負担をしなければならない。ただし，6歳以下の乳幼児の場合は，2割，70歳以上の高齢者でも，現役並の所得のある者は，3割の自己負担である。

　　また，高額療養費制度により，被保険者等の1カ月の自己負担が一定額を超える場合，これ以上の自己負担はない，ことになっている。

　　さて，医療保険財政が問題になるとき，しばしば論点としてとり上げられるのは，この被保険者等（患者）の一部負担の問題である。例えば1997年（平成9）9月からは健康保険など被用者保険の被保険者は，従来1割だった一部負担が2割に改正され，薬剤費の一部定額負担が導入された。平成14年からは，医療各保険は原則として，3割の自己負担に統一された。

　　患者の一部負担は，受診の際の直接経費であるから，患者の受診行動に影響を及ぼすことを考慮する必要がある。受診の抑制が必要な治療の手遅れを招く結果となることを避けなければならない。しかし一方，一部負担を課すことは，不必要な受診を抑制し，医療の無駄を省くという効果を期待できるとの議論もある。

　　また，定率負担の場合，その医療に要した医療費総額を簡単に計算することができ（1割自己負担ならばその医療給付の費用は10倍であり，2割であればその5倍である），患者のコスト意識を喚起することができるという効果が指摘されている。

　　1997年に発表された厚生省案では，保険給付の見直しとして，A案，B案の2案が示されている。A案は，3割程度の定率負担とし，あわせて「負担能力のある人には負担を，負担能力のない人には配慮を」との考え方に立って，患者の所得に応じた一部負担の償還制度を設ける，また，大病院の外来は5割程度の定率負担とする，としている。B案は，医療費のうち一定額までは自己負担とし，これを上廻る部分について定率の一部負担を適用する，高齢者については，1割または2割程度の定率負担とし，一定以上の所得のある者については，一般の被保険者と同一の負担とする（償還制度についてはA案と同じ），という改革案を提示している。

5）高齢者医療保障制度

　　高齢者の医療費が，国民医療費の約35％を越えていること，70歳以上の高齢者の1人当たりの医療費が，それ以外の者の医療費の約5倍であるこ

と，高齢者の病気のリスク構造がそれ以外の者と異なることなどから，高齢者医療制度について，抜本的な改革案が提示されている。

　1997年の厚生省改革案では，高齢者医療制度の基本的な考え方について，①少子高齢化の急速な進展の中で，高齢者医療の効率化，適正化が強く求められるとともに，今日の高齢者の社会的経済的状況等を踏まえ，世代間および世代内の公平な観点に立った老人保健制度の見直しが必要となっている。②高齢者の医療については，心身の特性等を踏まえ，給付率や公費負担などについて若年者とは別途の取扱いを行うこととし，各医療保険制度を通じ公平に医療費を分担する別建ての制度とする。③高齢者は実所得に応じた適正な負担を行うことにするが，それだけで高齢者医療費すべてを賄うことは困難であり，公費負担および世代間連帯の考え方に立った若年世代の負担を求める必要がある。また，高齢者医療制度は，若年者の医療保険制度とは別建ての制度とするが，具体的には独立の保険制度とするA案と市町村が各保険者の共同事業として高齢者の医療を給付するB案（高齢者は国保または被用者保険に加入するが，その保険料は若年者の保険料と区分する）の2案が提案されている。B案では高齢者からも保険料を徴収するが，それを全額高齢者医療に充てるとされていた。結局，平成18年法改正により，高齢者医療は，本文に述べたように，前期高齢者，後期高齢者を区分し，後期高齢者について，前述のように独立の新制度を設定したのである。

〔金川琢雄〕

Part III

高齢社会と保健・医療・福祉への対応

― <このパートで学ぶ目標> ―

　今日わが国は急速な高齢化の進展により諸外国に例をみない「超高齢社会」の到来を迎えようとしている。それに伴い，寝たきりや痴呆性高齢者等の要援護高齢者も急増し，従来からの保健・医療・福祉施策に加えて，それらの改正とともに**新たな高齢者介護システム**が導入・実施されている。

　そこで，このパートにおいては，**「少子・高齢社会」の現状**とそれに対応するための高齢者保健・福祉制度の創設と今日にいたる展開，ならびに現行制度の内容を把握するとともに，高齢者保健・福祉施策の中心である**介護保険制度**の具体的内容を理解することによって，高齢者保健・福祉施策の全体像を学習する。

1　高齢者の保健・医療・福祉施策の沿革と理念

1）高齢者の保健・医療・福祉施策の沿革

(1) 老人福祉法の制定とその前提

　老人福祉法は，1963（昭和38）年7月に公布され翌8月より施行されたものであるが，同法の趣旨説明を厚生省は次のように行っている。

　「戦後における老人の生活は，社会環境の著しい変動，私的扶養の減退等により不安定なものとなり，さらに老齢人口の増加の傾向と相まって一般国民の老人問題への関心はとみに高まり，老人福祉のための政策の強化が強く要請されている現状である。

　このような状況に対応して，老後における所得保障の態勢を整えるため，既に昭和34年には国民年金法が制定されたのであるが，さらに進んで児童

福祉法，身体障害者福祉法等に対応すべき老人福祉法を制定し，老人福祉に対する社会的責任の存在を明らかにすることが多方面から要望されてきたのである。

一方，老人福祉施策は，その関連するところが極めて広範囲にわたる関係もあって，法制上区々にわたり，かつ，必ずしも十分でない現状にあるので，この際，単一の法律を制定し，可能な限りこれを総合的に体系化し，その強化拡充を図ることが老人福祉の向上のために極めて緊要であることに鑑み，本法の制定を見るに至ったものである」

この趣旨説明においても明らかな通り，老人福祉法は，高齢化社会の進展とそれに伴う高齢者問題への制度的対応の一環として制定されたものであり，その前提には高齢化社会の進展と高齢者を取り巻く環境の変化があげられる。

第1に，高齢化率は1960年の5.7％から70年には7.1％，そして2010年には22.5％に達するものと予測されている（図Ⅲ-1）。こうした高齢化率の上昇は，平均寿命の伸長と出生率の低下を要因とするが，1947年に男女ともに初めて50歳を越えた平均寿命は，60年には男性65.32歳，女性70.19歳，70年69.31歳と74.66歳，そして2004年には78.64歳と85.59歳へと伸びている。一方，合計特殊出生率（その年の年齢各歳ごとの生み方で生んだとした場合に，1人の女性が一生の間に生むこととなる子どもの数を示す値）は，1949年の4.32をピークに低下傾向を示し，第2次ベビーブーム期に若干横ばいとなったものの，その後は低下の一途をたどり，2004年には1.29と国際的にも低い水準となっている（図Ⅲ-2）。

第2に，こうした高齢化の急速な進展の中で，家族構成にも変化がみられた。すなわち，核家族化の進行で平均世帯人員は減少してきており，1965年の平均世帯人員は3.75人であったものが，2004年には2.72人にまで低下し，さらに2020年には2.49人になるものと推計されている。とりわけ，今後は高齢者世帯の中でも高齢者夫婦世帯と高齢者単独世帯の増加が予測されており，一段と社会的（公的）扶養の必要性が拡大しているのである。

いずれにしても，老人福祉法は，高齢化社会（現在は高齢社会）に向けた急速な高齢化の進展と，核家族化の進展に伴う家族構成の変化（世帯人員の低下）による私的扶養体制の減退という状況などを背景に制定・施行され，その後，高齢者福祉を取り巻く状況の変化に対応して，老人医療費支給制度の創設（1972年），老人保健法の制定に伴う健康診査，老人医療費支給に関する規定の削除（1982年），老人ホームへの入所措置等の団体事務化と在宅福祉サービスの法定化（1986年），さらにいわゆる「福祉八

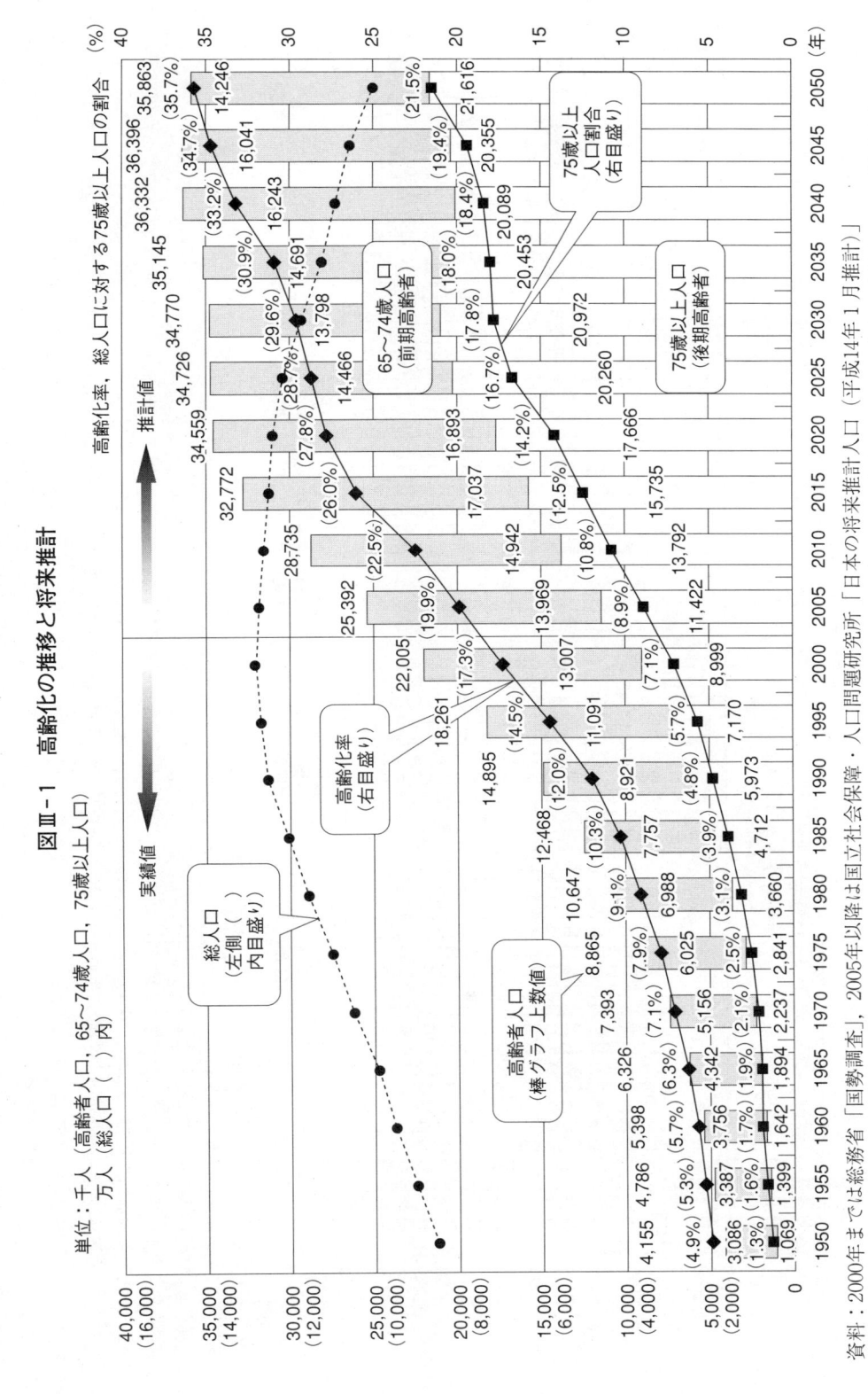

Part III
高齢社会と保健・医療・福祉への対応

図Ⅲ-1 高齢化の推移と将来推計

単位：千人（高齢者人口、65～74歳人口、75歳以上人口）
　　　万人（総人口）

年	総人口	高齢者人口	65～74歳	75歳以上	高齢化率	75歳以上割合
1950	8,411	1,069			4.9%	1.3%
1955	8,928	1,399			5.3%	1.6%
1960	9,342	1,642			5.7%	1.7%
1965	9,828	1,894			6.3%	1.9%
1970	10,372	2,237			7.1%	2.1%
1975	11,194	2,841			7.9%	2.5%
1980	11,706	3,660			9.1%	3.1%
1985	12,105	4,712			10.3%	3.9%
1990	12,361	5,973			12.0%	4.8%
1995	12,557	7,170			14.5%	5.7%
2000	12,693	8,999			17.3%	7.1%
2005	12,774	11,422	13,969		19.9%	8.9%
2010	12,747	13,792	14,942		22.5%	10.8%
2015	12,590	15,735	17,037		26.0%	12.5%
2020	12,411	17,666	16,893		27.8%	14.2%
2025	12,114	20,260	14,466		28.7%	16.7%
2030	11,758	20,972	13,798		29.6%	17.8%
2035	11,312	20,453	14,691		30.9%	18.0%
2040	10,802	20,089	16,243		33.2%	18.4%
2045	10,286	20,355	16,041		34.7%	19.4%
2050	9,706	21,616	14,246		35.7%	21.5%

総人口（左側内目盛り）
高齢者人口（棒グラフ上数値）
高齢化率（右目盛り）
75歳以上人口割合（右目盛り）
65～74歳人口（前期高齢者）
75歳以上人口（後期高齢者）

実績値 ← → 推計値

資料：2000年までは総務省「国勢調査」、2005年以降は国立社会保障・人口問題研究所「日本の将来推計人口（平成14年1月推計）」
（注）1995年の沖縄は70歳以上人口23,328人を前後の年次の70歳以上人口に占める75歳以上人口の割合を元に70～74歳と75歳以上人口に按分した。

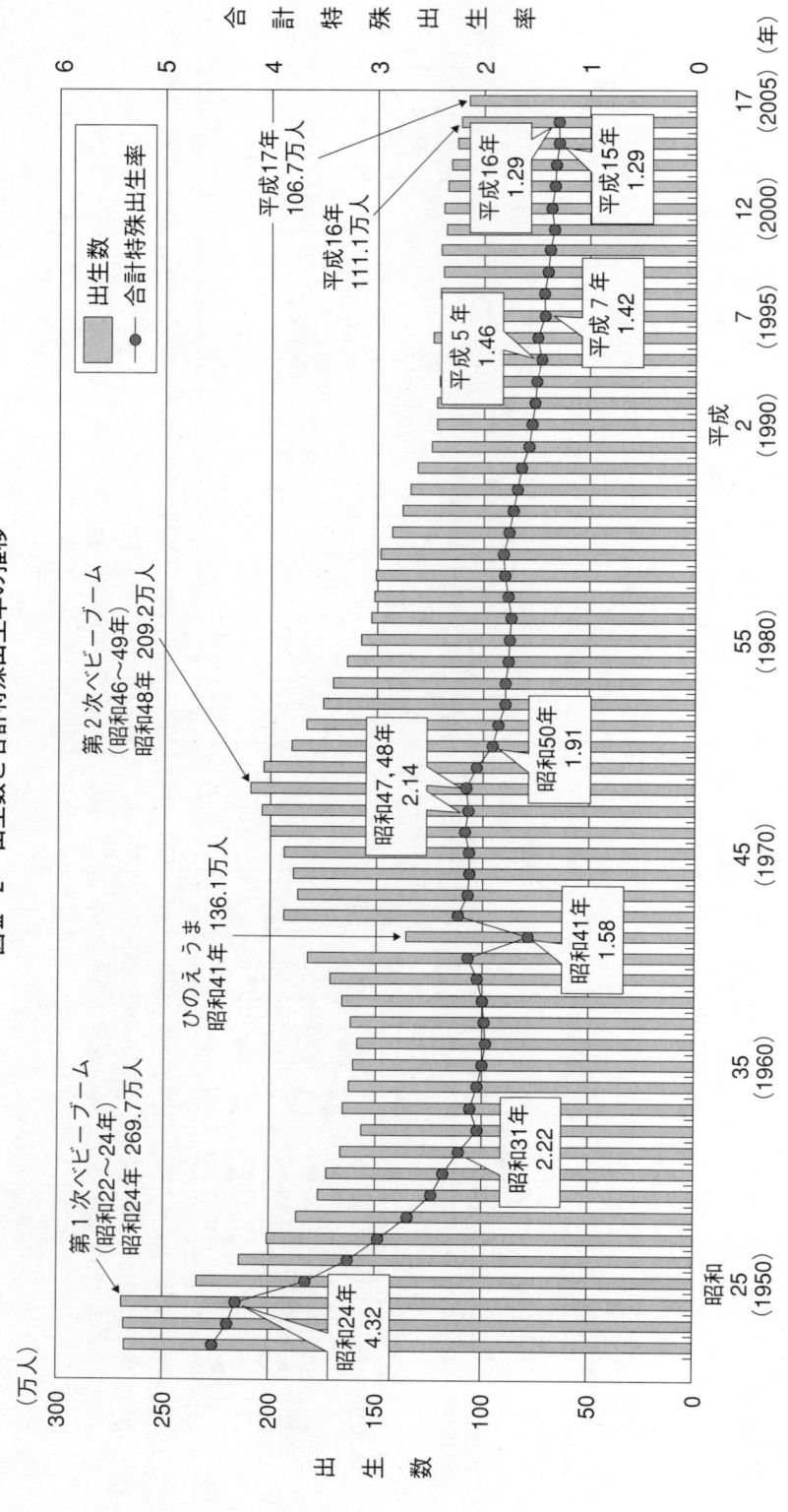

図Ⅲ-2　出生数と合計特殊出生率の推移

資料：厚生労働省「人口動態統計」
(注1) 平成17年の出生数は推計値
(注2) 昭和47年以前は沖縄県を含まない。
(注3) 合計特殊出生率（期間合計特殊出生率）とは、その年次の15歳から49歳までの女子の年齢別出生率を合計したもので、1人の女子が仮にその年次の年齢別出生率で一生の間に生むとしたときの子どもの数に相当する。
（実際に1人の女子が一生の間に生む子ども数はコーホート合計特殊出生率である。）

法」改正に伴う最大規模の改正が行われるなど，数次にわたる改正が重ねられ今日にいたっている。

(2) 老人保健法の制定

わが国の高齢者保健・医療施策は，1963年に前述の老人福祉法が制定され，65歳以上の人に対する老人健康診査制度が開始され，1973年1月からは自己負担分を公費で負担する老人医療費支給制度が開始された。しかし，老人医療費は急激な膨張を続け，その結果，高齢者保健医療施策は医療偏重となり，疾病の予防から機能訓練までの保健事業の一貫性の欠如，および，高齢者の加入率のばらつきにより各医療保険制度間の老人医療費の負担の不均衡が生じていることなどが問題となった。

こうした背景において，健康に対する自覚と適正な受診，老人医療費の公平な負担などを図ることを主な目的として，1983年2月，患者の一部負担制度を導入し，疾病予防や健康づくりを含む老人保健法が施行された。

この老人保健制度は，医療以外の保健事業と老人医療の2本立てとなっており，その後，老人保健施設（1988年），老人訪問看護制度（1992年）の創設，数回にわたる自己負担額の改正が行われ今日にいたっている。

次に，現在の老人保健制度の内容を概観すると，まず，健康な老後生活を送るためには壮年期からの健康管理が重要であるとの観点から保健事業（医療等以外の保健事業）が位置づけられ，原則40歳以上の人を対象に，1）健康手帳の交付，2）健康教育，3）健康相談，4）健康診査，5）機能訓練，6）訪問指導の6事業が実施されている。保健事業は市町村が実施主体となり，その費用は国，都道府県，市町村が各3分の1を負担することになっている。

医療給付は，医療保険加入者のうち，原則75歳以上の人および65歳以上

75歳未満の寝たきり等の状態にある人が対象となる。医療を受けるには，以前は定額負担であったが，現在は原則として1割負担（現役並み所得者は2006年10月より3割負担）が必要である。こうした一部負担以外に入院時食事療養費の一部負担金として1日当たり原則780円が徴収される。

一部負担以外の医療費については，医療保険者の拠出金と公費（国：都道府県：市町村で4：1：1）で賄われ，その負担割合は公費負担分が段階的に引き上げられ，拠出金50％：公費50％である（2006年10月から）。

1988年の改正で設けられた老人保健施設は，病状安定期にあり，入院治療する必要はないが，リハビリテーション，看護・介護を必要とする寝たきり高齢者等に対して，療養機能と家庭復帰機能を併せ持つ施設で，医療法人，社会福祉法人，市町村等によって開設されたが，介護保険法施行後は，介護老人保健施設として，要介護者に対し，施設サービス計画に基づいて，看護，医学的管理の下における介護および機能訓練その他必要な医療や日常生活上の世話を行うことを目的としている。

なお，2006年6月，医療保険制度の改正が行われ，新たに「後期高齢者医療制度」が設けられた。詳細は後述されるが，その概要は以下のとおりである。1）制度は都道府県ごとに広域連合を設立して運営し，75歳以上の人・65歳から74歳の寝たきり等の人が加入する。2）保険給付として現物給付（医療サービスの提供等），現金給付（高額療養費の支給等）を行う。3）患者の自己負担は1割（現役並み所得者は3割）とし，療養病床に入院する高齢者については食費・居住費負担の見直しを図る。4）費用負担は，患者負担を除き，公費（約5割），現役世代からの支援（約4割），高齢者からの保険料（約1割）で構成する。同時に，「前期高齢者医療制度」も創設され，これらの施行期日は2008年度からとされた（一部は06年10月）。これにあわせて，老人保健法は全部改正され，「高齢者の医療の確保に関する法律」となる。

(3) ゴールド・プランからゴールド・プラン21へ

わが国の諸外国に例を見ない急速な高齢化は，2000年までの間にヨーロッパ諸国の水準に達するとの予測から，今後の高齢社会に対応する高齢者保健福祉制度・施策を実現し，老後を安心して暮らすことができるよう，1989年12月，大蔵・厚生・自治の3大臣合意により「高齢者保健福祉推進10か年戦略」，いわゆる「ゴールド・プラン」が策定された。

これは，ホームヘルプサービスや特別養護老人ホーム等，高齢者の在宅・施設サービスを1999年度末において実現を図るべき具体的な整備目標

として設定されたものである。そこでは，例えば，ホームヘルパー10万人，特別養護老人ホーム24万床等が目標値として揚げられている。

このゴールドプランを強力かつ円滑に推進するために，1990年6月，老人福祉法をはじめとした「老人福祉法等の一部を改正する法律」，いわゆる「福祉8法改正」が実施された。福祉8法改正は，在宅サービスと施設サービスの両者を住民に最も身近な市町村で一元的に提供するするシステムを確立するために，市町村を福祉サービスの実施主体とし，在宅サービスの法定化と特別養護老人ホームの入所措置権を都道府県から町村へ移行する（1993年施行）等の改正を実施したのである。

また，福祉サービスの実施主体が市町村に一元化されたことに伴って，地域における老人保健福祉サービスを総合的かつ計画的に実施するため，すべての市町村および都道府県において，市町村老人保健福祉計画，都道府県老人保健福祉計画をそれぞれ作成することが義務づけられた（1993年4月施行）（詳細は後述）。

1990年以降ゴールド・プランに基づいて高齢者保健福祉施策が展開されてきたが，高齢化の急速な進展，出生率の一層の低下，女性の社会進出等の社会状況を反映して，少子・高齢社会に対応した福祉システムの確立が急務となってきた。こうした状況において，1994年3月には，新ゴールド・プランの策定や21世紀に向けた介護システムの構築の必要性等を盛り込んだ「21世紀福祉ビジョン」（高齢社会福祉ビジョン懇談会）が厚生省より発表された。また，前述の老人保健福祉計画の策定が各地方自治体で1994年8月までに完了し，これらの計画で明らかになったサービス需要に応え，既存の在宅サービス・施設サービスの整備目標を引き上げるとともに，新たな施策の実施等を盛り込んだ「高齢者保健福祉推進十か年戦略」の見直し，いわゆる「新ゴールド・プラン」が，1994年12月，1995年度予算編成にあたって，大蔵・厚生・自治3大臣合意によりスタートすることが決定されたのである。

1995年度よりスタートした新ゴールド・プランは，「当面緊急に行うべき高齢者介護サービス基盤の整備目標の引き上げ等」と「今後取り組むべき高齢者介護サービス基盤に関する施策の基本的枠組み」の2部構成となっており，前者では，老人保健福祉計画の集計結果を基礎とし，ホームヘルプサービスや特別養護老人ホーム等の整備目標の引き上げを行うとともに，新規に老人訪問看護ステーションやマンパワーの整備目標を定めている。また，後者では，今後の高齢者介護対策の方向として，1）利用者本位・自立支援，2）普遍主義，3）総合的サービスの提供，4）地域主

義，を基本理念とし，これにもとづいた高齢者介護サービス基盤の総合的整備の推進，介護基盤整備のための支援施策の総合的実施を図ることを施策の目標として掲げ，具体的には，在宅サービスでは24時間対応ヘルパー（巡回型）の普及，在宅医療の推進等，施設サービスでは特別養護老人ホームの基準面積の拡大（個室化の推進）等の推進が位置づけられた。

1990年代後半の高齢者保健福祉はこの新ゴールドプランによって展開されたが，21世紀に入ると，新たな介護システムとして構築された介護保険制度によって介護サービスの実現が図られることになる。介護保険制度は1997年12月9日，第114回臨時国会において可決成立し，同月17日に公布された介護保険法にもとづいて2000年度からスタートした。これにあわせて，21世紀初頭の高齢者保健福祉施策を体系的に示したのが「ゴールドプラン21」である。

新ゴールドプランの計画期間が1999年度で終了することから，2000年度以降の新たなプランの策定が必要となり，99年11月に策定方針の政府決定がなされた。また，介護保険法において，地方自治体が「介護保険事業計画」を策定することとされており，全国の地方自治体における介護サービスの見込み量について1999年11月に集計が行われた。そうした中，同年12月に，大蔵，厚生，自治の3大臣の合意により，「今後5か年間の高齢者保健福祉施策の方向」（ゴールドプラン21）が策定され，2000年度から実施された。

ゴールドプラン21は，新ゴールドプランの終了と介護保険制度の導入という新たな状況を踏まえ，住民に最も身近な地域において，介護サービス基盤の整備，介護予防，生活支援などを推進することにより，高齢者の尊厳の確保と自立支援を図り，高齢者が健康で生きがいをもって社会参加できる社会をつくっていこうとするものである。具体的施策として，1）介護サービス基盤の整備，2）認知症高齢者支援対策の推進，3）元気高齢者づくり対策の推進，4）地域生活支援体制の整備，5）利用者保護と信頼できる介護サービスの育成，6）高齢者の保健福祉を支える社会的基礎の確立の適切な実施などに向けて努力し，また，地方自治体の自主事業を支援していくことである。この完成年度である2004年度末における具体的目標値として，例えば，ホームヘルパー225百万時間（35万人），介護老人福祉施設（特別養護老人ホーム）36万人分などが揚げられた。

なお，介護保険制度は，介護保険法附則第2条にもとづき，制度の持続可能性の確保，明るく活力ある超高齢社会の構築，社会保障の統合化を基本的視点とし，制度全般の見直しを基本とした「介護保険法等の一部を改

正する法律」により2005年6月に改正されている（詳細は後述）。

2）高齢者の保健・医療・福祉施策の構造と理念

(1) 日常生活の自立支援

わが国の諸外国に例をみない急速な高齢化の進展と高齢社会の到来，それに伴う75歳以上のいわゆる後期高齢者の増加から寝たきりや認知症高齢者等の要介護高齢者が急増し，1993年に約200万人と推計されていた要援護高齢者は，高齢化のピークとなる2025年には520万人に達するものと見込まれている。

こうした中で，わが国にふさわしい高齢者福祉制度を実現し，高齢社会を健康で生きがいを持ち安心して暮らすことのできる社会をいかに築き上げていくかが重要な課題となっている。これについては，高齢者が可能な限り住み慣れた家庭や地域の中で安心して暮らし続けることができるようホームヘルパー等の在宅サービスを大幅に拡充していくとともに，在宅での生活が困難な場合には，適切な施設が利用できるよう，特別養護老人ホーム等の整備を進める等高齢者の福祉サービスの一層の充実を図ることが重要となる。

このため，前述した通り，1990年度にゴールド・プランが，95年度には新ゴールド・プランが，そして2000年度からはゴールドプラン21がスタートした。新ゴールド・プランでは，施設福祉サービスに比べて立ち遅れていた在宅福祉サービスの質的・量的拡大を図ること，施設の緊急整備を進めることを内容とした1999年度末までの整備目標が掲げられ，この両施策の一元的な実施のための市町村への権限委譲が行われたのである。また，ゴールドプラン21では，住民にもっとも身近な地域において，介護サービス基盤の整備に加え，介護予防，生活支援などを車の両輪として推進することにより，高齢者の尊厳の確保と自立支援を図り，できる限り多くの高齢者が，健康で生きがいを持って社会参加できる社会をつくっていこうとするものであった。具体的には，①介護サービス基盤の整備，②認知症高齢者支援対策の推進，③元気高齢者づくり対策の推進，④地域生活支援体制の整備，⑤利用者保護と信頼できる介護サービスの育成，⑥高齢者の保健福祉を支える社会的基礎の確立の適切な実施などに向けて努力し，また，地方公共団体の自主事業を支援するというものであり，2004年に終了している。

こうした重点的取り組み以外の高齢者福祉施策についても重要な施策が存在しており，そのいくつかを概観しておきたい。

表Ⅲ-1 平成16年度における介護サービス提供量

各地方公共団体が作成する介護保険事業計画における介護サービス見込量の集計等を踏まえ，平成16年度における介護サービス提供の見込量は下記のとおりである。

(訪問系サービス)

区　　分	(新 GP 目標) 平成11年度	平成16年度
訪問介護 (ホームヘルプサービス)	― 17万人	225百万時間 (35万人)注1
訪問看護 訪問看護ステーション	― 5,000ヵ所	44百万時間 (9,900ヵ所)注2

注1：訪問介護員（ホームヘルパー）の人数については，一定の前提条件の下で試算した参考値である。
注2：訪問看護ステーション数については，一定の前提条件の下で試算した参考値である。

(通所系サービス)

通所介護（デイサービス）／ 通所リハビリテーション (デイ・ケア)	― 1.7万ヵ所	105百万回 (2.6万ヵ所)

注：デイサービス／デイ・ケアのか所数については，一定の前提条件の下で試算した参考値である。

(短期入所（ショートステイ）系サービス)

短期入所生活介護／ 短期入所療養介護	― 6万人分 (ショートステイ専用床)	4,785千週 9.6万人分 (短期入所生活介護専用床)

注：短期入所療養介護については，介護老人保健施設及び介護療養型医療施設の空床により提供される。

(施設系サービス)

介護老人福祉施設 (特別養護老人ホーム)	29万人分	36万人分
介護老人保健施設	28万人分	29.7万人分

注：介護療養型医療施設については，
　・療養型病床群（H11.1.1現在158,401床）
　・老人性痴呆疾患療養病棟（H10.7.1現在5,360床）
　・介護力強化病院（H10.7.1現在134,417床）
の中から申請を受けて都道府県知事が指定を行うこととなる。

(生活支援系サービス)

痴呆対応型共同生活介護 (痴呆性老人グループホーム)	―	3,200ヵ所
介護利用型軽費老人ホーム (ケアハウス)	10万人分	10.5万人分
高齢者生活福祉センター	400ヵ所	1,800ヵ所

第1に、認知症高齢者への対応である。わが国における認知症高齢者はおよそ170万人と見込まれ（2005年），今後さらに急増して2015年には250万人，ピーク時には400万人程度と推測されている。こうした認知症対策は今後の高齢者介護における中心的課題であり，身体的ケアのみならず，高齢者の尊厳の保持を基本に，生活そのものをケアとして組み立てる認知症高齢者に対応したケアを標準として位置づけていく必要があることが指摘されている（社会保障審議会介護保険部会報告2004年7月）。

そうした中で，具体的施策としては，高齢者総合相談センターや在宅介護支援センター，老人性認知症センターなどの連携の下に，保健・医療・福祉にわたる相談体制・緊急耐性の整備が進められている。また，在宅対策として，「認知症老人向け毎日通所型デイサービスセンター（E型）」，「認知症対応型老人共同生活援助（認知症高齢者グループホーム）事業」が創設された。施設対策としては，老人性認知症疾患治療病棟や老人性認知症疾患デイ・ケア施設の整備が進められ，また，ユニット型特別養護老人ホームの整備も推進されている。

第2に，高齢者の生活の質の確保という観点から，高齢者の自立生活の支援を行う必要があり，できる限り住まいの中で自立した生活ができるような住環境の整備が課題となっている。そのためには，高齢者に配慮した住宅の整備や改修とともに，福祉施策と住宅施策の一層の連携が必要となる。介護保険制度では，手すりの取り付けや床段差の解消などの住宅改修が保険給付対象となっている。それ以外にも，従来から介護利用型軽費老人ホーム（ケアハウス）や高齢者世話付住宅（シルバーハウジング），高齢者生活福祉センターの整備が図られてきたが，2006年度から実施されている地域支援事業の包括的支援事業において，住宅改修に関する相談・助言を実施する「住宅改修支援事業」，高齢者居住法にもとづく高齢者向け優良賃貸住宅などへの生活援助員の派遣などが実施されている。

(2) 高齢者の尊厳の保持と権利擁護

日本国憲法第13条は個人の尊厳と幸福追求に関して規定し，また，老人福祉法第2条は基本的理念として，高齢者が豊富な知識と経験を有する者として敬愛されるとともに，生きがいを持てる健全で安らかな生活を保障されるとしている。こうした法規定の存在にもかかわらず，高齢者に対する権利侵害が従来から行われていたことも事実であり，法理念の具体化としてその権利擁護の確立は重要な課題となる。

そうした中で，登場した介護保険制度は，介護サービス契約の当事者と

なった利用者に対する権利擁護・消費者保護制度の確立をもたらす契機となったのである。介護保険制度施行の前後においては，成年後見制度（2000年4月施行），地域福祉権利擁護事業（1999年10月スタート），消費者契約法（2001年4月施行）が，また，高齢者の関連制度として高齢者虐待防止法（2006年4月施行）がスタートしている。

　成年後見制度は，認知症高齢者・知的障害者・精神障害者の増加，および，自己決定の尊重，残存能力の活用，ノーマライゼーションの理念の浸透などを背景として，従来の民法で規定されていた禁治産などの無能力者制度を改め，後見・保佐・補助の3類型による成年後見制度を規定し制限能力者制度に変えたのである。同時に，当事者間の契約により後見人を選任できる任意後見契約法も成立している。こうした成年後見制度の利用は，財産管理処分を中心に順調に増加しており，それとともに，市町村長による申し立ての増加，親族以外の成年後見人などの増加が指摘されている。今後も，「悪質住宅リフォーム」などにおける身寄りのない高齢者の増加に対応するため，市町村長による申し立ては重要な制度であり，その申し立てに際して従来4親等内の親族の確認が必要であったが，2005年から2親等内の親族の確認へと迅速な対応に向けた改善が図られている。また，身上監護に関する法律行為に対する支援の重要性から，ソーシャルワーカーの役割の重要性も指摘されており，個人・法人を含め後見事務の目的に対応する後見人の選任が重要となるとともに，親族でない第三者後見人の養成（市民後見人を含む）も課題となる。

　消費者契約法は，事業者と消費者間の情報力・交渉力の格差に対して，高齢者を含めた消費者保護を図る制度としてスタートした。主な内容は，第1に，事業者の一定の行為により消費者が誤認または困惑した場合に，契約の申し込み，承諾の意思表示を取り消すことができること，第2に，事業者の損害賠償を免責する条項などを無効とするものである。同法は，事業者の行為として，「不実の告知」，「断定的判断の提供」，「不利益事実の不告知」，「不退去型勧誘」，「監禁型勧誘」をあげ，消費者の取消権を認めている。

　こうした制度以外にも，地域福祉権利擁護事業が，判断能力の低下した認知症高齢者などとの契約により，福祉サービスの利用援助，日常的な金銭管理サービス，書類預かりサービスなど，社会福祉協議会が利用者との契約にもとづき，生活支援員を派遣して支援を行っている。また，高齢者虐待防止法がスタートし，高齢者虐待の早期発見に向けて市町村への通報義務を課し，高齢者の虐待防止と家族などに対する支援を規定して，高齢

者の尊厳と権利擁護を図ることが期待されている。

(3) 保健・医療・福祉の連携と介護保険制度

　急速な高齢化の進展と高齢社会の到来に当たり，従来の保健，医療，福祉といった個別的対応にとどまることなく，柔軟性に富んだ形での連携の必要性が指摘されてきたが，地方自治体・地域レベルにおける保健・医療・福祉の連携が先行した後，今日では，連携の阻害要因となっていた縦割り行政も組織の改編によって変化を示した結果，全国的に連携に向けた動きがみられている。

　保健・医療・福祉の連携とは，保健・医療・福祉に関連する専門職および施設機関が従来の自己完結的な支援にとどまらず，より一貫性の高い，総合的な支援を実施する目的で協力体制を築くこととされている。この目的は，ライフコースの各段階における身体的，精神的，社会的な健康増進，家族関係の健康化をトータルに支援するための保健福祉システムの確立と，それを支える人的資源の確立であるとされている。

　ところで，急速な高齢化の進展に伴う寝たきりや認知症高齢者の急増，家族の介護機能の変化などから，高齢者介護問題は老後の最大の不安要因である。しかし，高齢者介護サービスは，従来，老人福祉と老人保健という2つの異なる制度にもとづいて提供されていることから，利用手続きや利用者負担の面で不均衡があり，総合的，効率的なサービス利用ができなくなっているとの問題点が指摘されてきた。

　また，1）老人福祉制度については，行政がサービスの種類，提供機関を決めるため，利用者がサービスを自由に選択できないこと，2）老人保健制度については，介護を主たる目的とする一般病院への長期入院（いわゆる社会的入院）が生じている等，医療サービスが非効率に提供されている面があること，等の問題点も指摘されてきた。

　そこで介護保険制度は，これらの両制度を再編成し，国民の共同連帯の理念にもとづき，給付と負担の関係が明確な社会保険方式により社会全体で介護を支える新たな仕組みを創設し，利用者の選択により保健・医療・福祉にわたる介護サービスが総合的に利用できるようにしようとする制度であった。また，介護保険制度の創設は，介護を医療保険から切り離すとともに，医療については医療提供体制を含む総合的かつ抜本的な医療制度の改革を実施し，治療という目的にふさわしい制度とすることを図ったのである。さらに，2005年の介護保険法改正において，高齢者のニーズに対応し継続的にサービスが提供される地域の中核機関として，地域包括支援

センターが設置された。ここでは，保健師，主任ケアマネージャー，社会福祉士などのチームにより介護，医療，健康などの総合的マネジメントが行なわれ，新たな保健・医療・福祉の連携が注目される。

(4) 高齢者の生きがい・生活支援

平均寿命，健康寿命の長期化にともない，高齢者が長い老後をどう過ごすか。また，高齢者が生きがいを持って安心して暮らせるよう，生きがいや健康づくり，生活支援対策が重要な課題となっている。今日，83％の高齢者は介護保険サービスを利用しておらず（2006年2月末），こうした高齢者に対する生きがい対策，寝たきり予防対策は重要であり，こうした施策を含めて介護保険の関連施策をどのように実施していくかが課題となっている。これに対し，1999年度に創設された「在宅高齢者保健福祉推進支援事業」は，健康づくりや保健予防施策の観点を含めた保健福祉施策を市町村が地域の実情に応じ総合的に実施するものであった。2000年度には，介護予防や生活支援の重要性から上記事業を拡充・強化し「介護・生活支援事業」を創設した（2005年度から「介護予防・地域支え合い事業」に名称変更）。

2006年度からは，要介護高齢者等になるおそれのある高齢者を対象とした効果的な介護予防事業として，介護保険の中に地域支援事業が創設された（市町村実施）。この目的は，「要支援・要介護になる前からの介護予防の推進」，「地域における包括的・継続的なマネジメント機能の強化」である。これにより，介護予防・地域支え合い事業は地域支援事業に移行している。

(5) 老人保健福祉計画と介護保険事業計画

1990年のいわゆる「8法改正」は老人福祉法の大改正を伴い，在宅福祉サービスの推進，措置権移譲と並んで老人保健福祉計画の策定が明らかにされ，高齢者の保健サービスと福祉サービスの一体的供給を図る観点から，市町村および都道府県はこれらのサービスの実施目標等に関する計画を定めることとされた。また，老人保健法も改正され，老人福祉法同様に，市町村老人保健福祉計画，都道府県老人保健福祉計画から国の技術的支援まで規定された。市町村計画は，市町村が将来必要な老人保健福祉サービスの量を明らかにし，その提供体制を計画的に整備することを内容とした計画であり，都道府県計画は，都道府県が広域的な観点から市町村を支援するため，広域調整を旨とする計画である。

この老人保健福祉計画の意義は，1）家族介護力の低下，高齢者介護のニーズの急速な高まりが予想されることから体制整備を緊急に図るため，計画的に推進する必要があること，2）サービス整備にあたっては，「いつでも，どこでも，だれでも」が必要とするサービスを利用できることをめざし，住民に最も身近な行政主体である市町村が，必要なサービス量を明らかにして計画的に整備する必要があること，にあった。

　また，2000年度からスタートした介護保険制度は，市町村は市町村介護保険事業計画，都道府県は都道府県介護保険事業支援計画を作成することとし，これに基づいて介護サービスの供給体制の整備を図ることとしている。

　まず，市町村介護保険事業計画について，市町村は，地域における要介護者などの現状や個別需要の把握を行い，1）各年度における介護サービス量の種類ごとの見込み，2）介護サービス見込み量の確保のための方策，3）事業者間の連携の確保など，介護サービスの円滑な提供を図るための事業，4）その他保険給付の円滑な実施のための必要な事項を内容とする介護保険事業計画を作成することとされている。

　都道府県介護保険事業支援計画について，都道府県は，老人保健福祉圏域などと調和のとれた圏域を定め，市町村間の介護サービス基盤整備の広域的調整を行いながら，1）圏域ごとの介護保険施設の種類ごとの必要入所定員総数などの介護サービス量の見込み，2）施設整備，介護支援専門員など人材確保のための措置，施設間の連携の確保など，介護サービスの円滑な提供を図るための事業，3）その他保険給付の円滑な実施の支援のための必要な事項を内容とする介護保険事業支援計画を作成することとされている。

　そして，老人保健福祉計画と介護保険事業計画との関係については，両者はその整合性を図る観点から，必要な見直しを行い，調和のとれたものとすることが求められている。老人保健福祉計画は，地域における老人保健福祉事業全般にわたる計画であり，介護保険事業計画を内包するものであるから，老人保健福祉計画の作成・見直しに当たっては，介護保険事業計画の内容とともに，介護保険の給付対象外の高齢者施策の推進や地域におけるケアの提供体制の整備，高齢者の積極的な社会参加などにも配慮することが必要とされている。

(6) 今後の課題

　急速な「少子・高齢社会」の進展，「人口減少社会」の到来におけるわ

が国の高齢者施策は，21世紀に入って「社会福祉基礎構造改革」に示された措置精度から契約制度への転換，および，契約制度を前提とした社会保険方式による介護保険制度の創設・展開を中心に今後も動いていくことになる。この詳細は後述する「介護保険」に譲るが，ここでは今後の高齢者福祉施策の主な課題を若干指摘しておきたい。

　第1に，介護保険については，住民が地域において継続的に生活していくことが可能となるために，介護予防や地域における介護サービスの推進が指摘できる。介護予防の利用がさらに広く進められるとともに，住民にとって利用しやすい，参加しやすいプログラムが策定されることが望まれる。また，地域密着型サービスや在宅サービスのいっそうの整備が必要であるし，地域包括支援センターを中心とした地域包括ケアシステムの確立が望まれる。

　第2に，今後の高齢者福祉施策は，他の社会福祉施策も同様であるが，「国民の合意を得つつ，短期的な状況に左右されない一貫した議論のもとで」策定されていく必要がある。「社会保障のあり方に関する懇談会」報告書（2006年5月）はそれについて指摘しており，人口構造・家族構成，就業形態・企業福利，財政，税制などを検討しながら，社会保障は一体的に見直していくことが必要としている。本報告書においては，社会保障の基本的考え方として，「自助」を基本として，「共助」が補完し，自助，共助で対応できない場合に社会福祉など「公助」で対応するとしている。本来的には妥当な考え方であるが，これが前提となって「自立」の強制が行われる状況は回避しなければならない。

　第3に，介護保険制度以外の高齢者施策が総合的・継続的に関連しながら展開されなければならない。「高齢社会対策基本法」（1995年）および「高齢社会対策大綱」（2001年閣議決定）に規定された基本的施策などにより，高齢者が安心して地域において生活し，かつ社会参加しながら，自らの尊厳を保持できる施策が今後とも展開されねばならない。

[金子和夫]

☆**主要文献**☆　1）『国民の福祉の動向（2006年版）』（厚生統計協会，2006年）
　　　　　　　2）『社会保障入門（2006年版）』（中央法規，2006年）
　　　　　　　3）『厚生労働白書（平成18年版）』（ぎょうせい，2006年）

2　介護保険

1）介護保険制度創設の背景

　新たな介護システムの構築を目的とする介護保険法が制定された背景は，主として次の2点があげられている。
　①　人口の高齢化の進展による要介護高齢者の増大や介護リスクの一般化，家族連帯の変化等，介護問題をとりまく状況の変化
　②　老人福祉制度や老人保健制度等の現行制度による対応の限界
　①については，「少子・高齢社会」の進展にともない，高齢化率は2000年には17％を超え，2020年頃にはそれが約27％という「超高齢社会」の到来が予測されている。また，それにつれて要介護高齢者数は200万人（1993年）から520万人（2025年）に増加していくことも予測されている。
　②については，現行制度では，老人福祉法にもとづく高齢者福祉制度と，老人保健制度にもとづく高齢者医療分野の双方で，高齢者の介護問題に対応してきた。また，介護サービス基盤の整備は1990年から「ゴールドプラン」（1995年からは「新ゴールドプラン」，2000年から「ゴールドプラン21」）によって整備が進められてきた。しかし，「措置制度」や「社会的入院」等の問題点が以前から指摘されていた。
　こうした中で，1994年に厚生省に高齢者介護対策本部が設置されてから新たな高齢者介護システムの本格的論議がはじまり，同年末には高齢者介護・自立支援システム研究会から現行制度の再編成を提言した報告書が発表された。次いで，1996年の老人保健福祉審議会による「高齢者介護保険の創設について」という報告を受け調整が行われた後，国会で3会期にわたって審議された結果，介護保険法は1997年12月9日に衆議院で可決成立し17日に公布，2000年4月実施となった。

2）サービス提供システムの変化

　従来の高齢者福祉制度は，基本的に財源を租税に依存している公費負担方式（措置制度）であり，措置制度の場合，ニーズや所得調査等を踏まえたサービスの要否判定にもとづき，行政機関が行政処分（措置）としてサービスの種類，内容等を決定するシステムとなっていた。
　こうした公費負担方式（措置制度）については，サービスの利用は権利ではなく，行政機関に措置義務があることから派生する「反射的利益」に

すぎず，サービス利用にあたっての権利姓が乏しいといった問題が指摘されており，1994年の高齢者介護・自立支援システム研究会報告書，1995年の老人保健福祉審議会中間報告の中で社会保険方式の導入が提言され，さらに，同年，社会保障制度審議会が「社会保障体制の再構築に関する勧告」(95年勧告) の中で公的介護保険制度の必要性を指摘したのである。これらが公費負担方式（措置制度）から社会保険方式（契約制度）への移行を提起した理由として以下の利点が指摘された。

① 「介護リスクの一般化」と呼ばれる状況から，介護サービスの給付は，社会連帯を基礎とした相互扶助による社会保険のシステムになじむこと
② 社会保険方式（契約制度）では，サービス利用は利用者とサービス提供機関との間の契約となり，利用者がサービス提供機関を選択し，対等の関係でサービスの利用ができること，また，社会保険料負担の見返りとして被保険者が権利としてサービスを受給できること
③ 給付と負担の関係が明確であることから，ニーズの増大に対しサービスの量的拡大や質的向上を図ることに国民のコンセンサスを得やすいこと
④ 民間事業者等をはじめとした多様なサービス供給主体の参入が容易になり，サービスの量的拡大や供給者間の競争による質的向上が期待できること

さらに，1998年の「社会福祉基礎構造改革」（中間まとめ）でもこうした方向性が示された。すなわち，「社会福祉基礎構造改革」は，社会福祉サービスの利用者と提供者の対等な関係の確立を改革の柱とし，従来の行政処分としての措置制度を廃止する一方，個人が自ら選択し，提供者との契約によって利用する制度への転換を求め，これ以降，この「社会福祉基礎構造改革」を具体化する施策が展開することになる（図Ⅲ-3）。

3）介護保険法の概要

介護保険法は，加齢にともなって生ずる疾病等により介護が必要になった人に対して，その人が持つ能力に応じて自立した日常生活を営むことができるように，必要な保健医療サービスおよび福祉サービスの提供を行い，保健医療の向上および増進を図ることを目的としている（介護保険1条）。この目的規定の下に，保険者，被保険者の範囲，保険給付の内容，給付手続き，サービス提供機関，保険給付の審査支払機関等，社会保険システムにもとづく制度が構築されている。以下，その概要を紹介する（図Ⅲ-4）。

図Ⅲ-3　措置制度と介護保険制度におけるサービス利用方法の相違
（特別養護老人ホームに入所する場合）

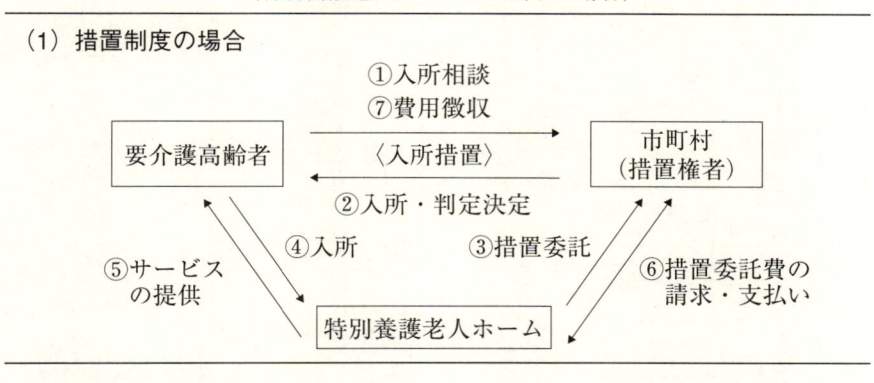

(1) 措置制度の場合

```
                     ①入所相談
                     ⑦費用徴収
  要介護高齢者 ─────────────────→ 市町村
              ←───────────────── （措置権者）
                     〈入所措置〉
                     ②入所・判定決定
    ↑    ↓④入所    ③措置委託    ↗
 ⑤サービス            ⑥措置委託費の
  の提供              請求・支払い
              特別養護老人ホーム
```

(2) 介護保険制度の場合

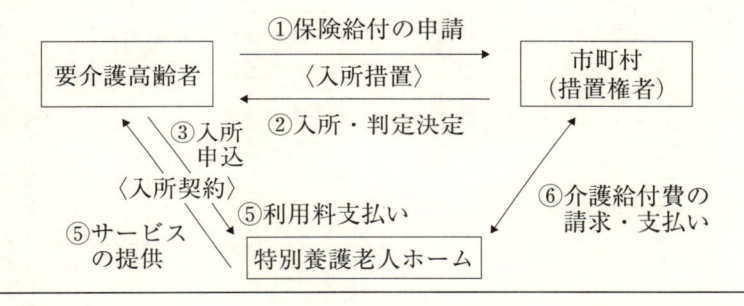

```
                     ①保険給付の申請
  要介護高齢者 ─────────────────→ 市町村
              ←───────────────── （措置権者）
                     〈入所措置〉
                     ②入所・判定決定
    ↑    ↓③入所申込              ↗
        〈入所契約〉     ⑥介護給付費の
 ⑤サービス  ⑤利用料支払い  請求・支払い
  の提供
              特別養護老人ホーム
```

① 介護保険者は，市町村および特別区である。保険者の事務実施や費用負担の軽減が図られるよう，国および都道府県が，医療保険者，年金保険者等が重層的に支える仕組みとなっている。

② 介護被保険者およびサービスの受給者は，原則として40歳以上の人全員である。ただし，受給権（保険給付の要件）の範囲や保険料設定・徴収方法の相違から，65歳以上の第1号被保険者と40歳以上65歳未満の第2号被保険者に区別される。

③ 介護保険料は，第1号被保険者の場合，公的年金から特別徴収（天引き）されるほか，一定額以下の年金受給者等については市町村が普通徴収を行う。また，第2号被保険者については，医療保険者が医療保険料に介護保険料を上乗せして徴収することになる。なお，第2号被保険者のうち健康保険法等の規定による被扶養者（たとえば専業主婦）は保険料負担が不要となる。

④ 介護保険給付の要件は，要介護状態または要介護状態になるおそれがある状態にあることが必要である。前者の状態にある人を「要介護者」といい，後者の状態にある人を「要支援者」という。

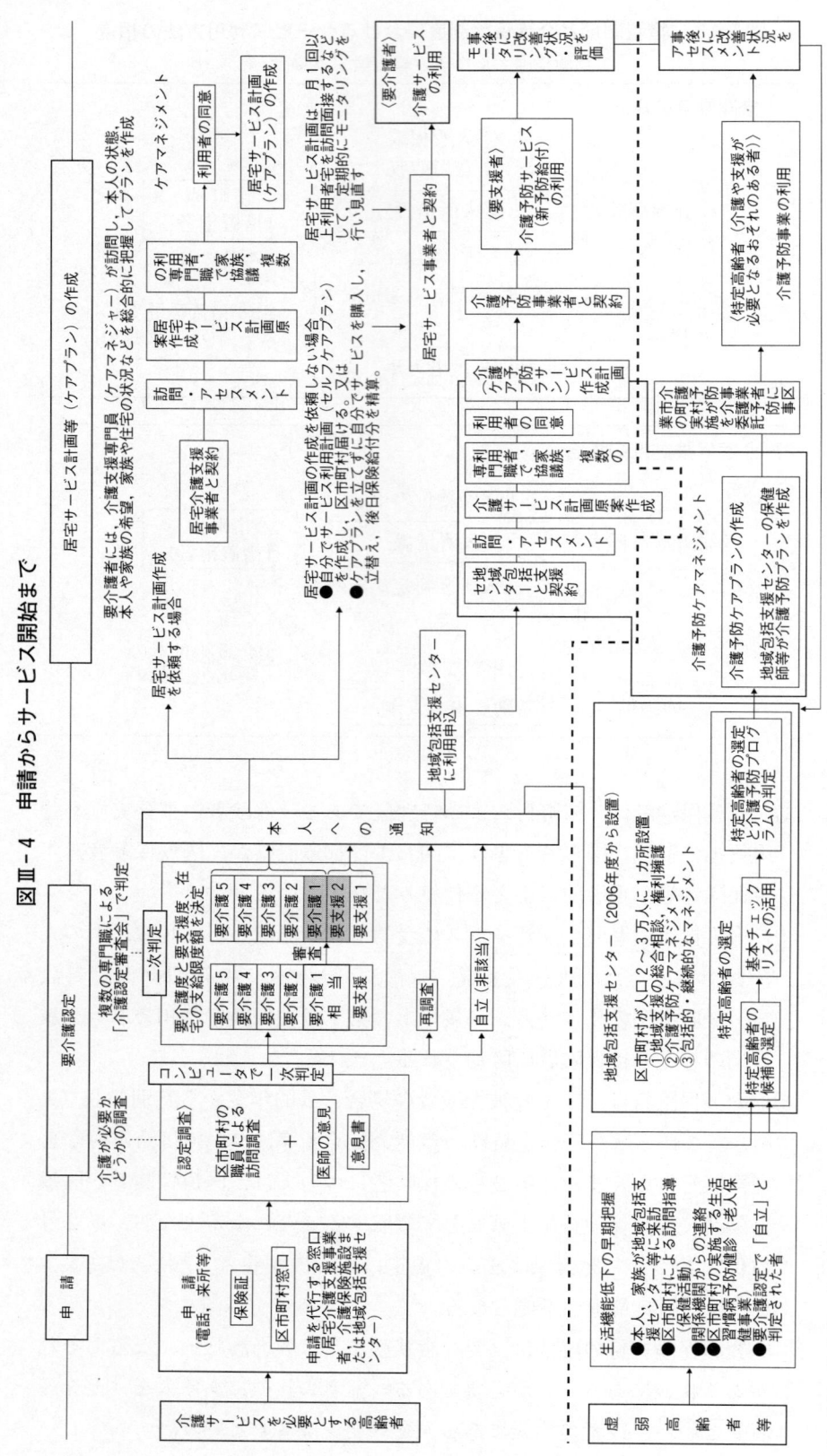

図Ⅲ-4 申請からサービス開始まで

(出典) 藤井賢一郎監修『介護保険制度とは…』(東京都社会福祉協議会, 2006年) 6～7ページ。

⑤ 介護保険給付の手続きは，給付申請を行った被保険者に対して，保険給付の対象となる要介護状態または要支援状態に該当するかどうかの保険者による確認（要介護認定）が行われた上で，原則として介護サービス計画にもとづきサービス（保険給付）を利用する。

⑥ 介護保険給付の内容は，訪問介護（ホームヘルプ），訪問入浴，訪問看護等の在宅サービスおよび特別養護老人ホームや老人保健施設等の施設サービスであり，従来の老人福祉制度に基づく福祉サービスや老人保健制度に基づく医療分野における介護サービスが中心となっている。

⑦ 介護利用者の負担については，保険給付の対象費用の1割を負担することになっている。施設においては，これに加えて居住費・食費も利用者負担となる。また，保険給付の対象外の日常生活費は利用者負担となる。

⑧ 介護サービス提供機関は，職員配置や施設設備等の基準を満たすことにより，都道府県知事の指定または許可を受けた機関が中心となる。在宅サービスの場合には，「指定居宅サービス事業者」，施設サービスの場合には「介護保険施設」という。

⑨ 審査支払機関は，各都道府県の国民健康保険団体連合会がこれにあたる。

⑩ 費用負担は，保険給付に要する費用の5割は保険料（事業主負担および国庫負担を含む），残りの5割は公費負担で，その内訳は，国が2分の1，都道府県と市町村がそれぞれ4分の1ずつとなっている。

4）2005年制度改正の概要

　介護保険制度は，高齢者介護を社会全体で支えるシステムとして2000年度の制度スタート以来，急速な高齢社会の進展に伴い，第1号被保険者数，要介護認定者数，サービス利用者数の増加とともに費用の増大傾向も顕著となってきた。制度スタート当初と比べ2004年度末には要介護認定者数は218万人から387万人（78％増），サービス利用者数は149万人から307万人（約2倍）となり，特に軽度者（120％増）や在宅サービス利用者（138％増）が増加してきた。これに対し，介護保険の総費用は2000年度の3.2兆円から05年度に6.0兆円へ，その後さらに10.6兆円（2012年度以降）へと増大することが予測されている。また，介護保険料も，制度スタート時の2,911円から2003年に3,293円，そして2012年には6,000円に達するとの予測がなされている。

このように，制度スタート当初と比べて，介護保険費用の増大，要介護認定者の急増，在宅サービス利用者の増加と在宅・施設費用のアンバランス，赤字基調保険者の存在，保険料単独減免保険者の増加などを背景として，介護保険法は法附則第2条に伴う制度施行から5年後の見直しが行われ，2005年6月に改正法が成立した。その一部は同年10月から，2006年度から全面的に施行されたのである。以下，改正法の主な内容を指摘する。

① 予防重視型システムへの転換

軽度の対象者に対する新たな予防給付を創設するとともに，要介護Ⅰの一部と要支援が新たな区分として「要支援Ⅰ」と「要支援Ⅱ」とされた。

② 施設給付の見直し（2005年10月から施行）

介護保険施設における居住費，食費，通所系サービスの食費を保険給付の対象外とするが，低所得者については負担上限額を設定する。

③ 新たなサービス体系の確立

地域密着型サービス（市町村に事業者の指定，指導監督権限）および地域包括支援センター（介護予防マネジメント，総合相談，権利擁護などを実施）を創設する。

④ サービスの質の向上・確保

介護サービス情報の公表を義務付けるとともに，事業者に対する6年ごとの指定更新制，ケアマネージャーに対する5年ごとの資格更新制，研修の義務化を導入する。

⑤ 負担のあり方・制度運営の見直し

保険料の設定方法の見直し（第2段階の細分化），特別徴収の天引きされる年金の拡大（遺族年金・障害年金にも拡大）を実施する。

⑥ 被保険者・受給者の範囲

2009年度を目途として所要の措置を講ずる。

5）保険給付の種類と内容

介護保険制度における保険給付は，介護給付，予防給付および市町村特別給付の3種類である。

介護給付は，要介護者に対して行う法定の保険給付で，これには，①居宅介護サービス費，②特例居宅介護サービス費，③地域密着型介護サービス費，④特例地域密着型介護サービス費，⑤居宅介護福祉用具購入費，⑥居宅介護住宅改修費，⑦居宅介護サービス計画費，⑧特例居宅介護サービス計画費，⑨施設介護サービス費，⑩特例施設介護サービス費，⑪高額介

護サービス費，⑫特定入所者介護サービス費，⑬特例特定入所者介護サービス費の13種類がある。

　予防給付は，要支援者（虚弱者）に対して行う法定の保険給付で，これには，①介護予防サービス費，②特例介護予防サービス費，③地域密着型介護予防サービス費，④特例地域密着型介護予防サービス費，⑤介護予防福祉用具購入費，⑥介護予防住宅改修費，⑦介護予防サービス計画費，⑧特例介護予防サービス計画費，⑨高額介護予防サービス費，⑩特定入所者介護予防サービス費，⑪特例特定入所者介護予防サービス費の11種類がある。これらの給付の内容は介護給付に準じている。ただし，予防給付には施設給付がない。

　市町村特別給付は，要介護者または要支援者に対して，介護給付および予防給付以外に，介護保険制度の趣旨に沿って市町村が条例で定めるところにより行う，当該市町村独自の保険給付である。例えば，給食サービスや移送サービス等がある。なお，市町村特別給付は，基本的には第1号保険料を財源として実施することとされている。

　保険給付は，大きく在宅サービスと施設サービスの2つに区分される。このうち要介護者の場合にはそのいずれかを選択できるが，要支援者の場合には，要介護状態の発生の予防という観点からの給付のため，前述した通り，施設サービスは対象となっていない。

　在宅サービスでは，在宅介護サービスを対象とするほか，サービス利用等に関する計画（居宅サービス計画，ケアプラン）を作成するとともに，サービス全体の利用調整を行うサービスとして，介護支援サービス（ケアマネジメント）が保険給付として認められている。また，福祉用具の購入

表Ⅲ-2 介護サービスの種類

	予防給付におけるサービス	介護給付におけるサービス
都道府県が指定・監督を行うサービス	◎介護予防サービス 【訪問サービス】 ・介護予防訪問介護 ・介護予防訪問入浴介護 ・介護予防訪問看護 ・介護予防訪問リハビリテーション ・介護予防居宅療養管理指導 【通所サービス】 ・介護予防通所介護 ・介護予防通所リハビリテーション 【短期入所サービス】 ・介護予防短期入所生活介護 ・介護予防短期入所療養介護 ・介護予防特定施設入居者生活介護 ・特定介護予防福祉用具販売 ・介護予防福祉用具貸与	◎居宅サービス 【訪問サービス】 ・訪問介護 ・訪問入浴介護 ・訪問看護 ・訪問リハビリテーション ・居宅療養管理指導 【通所サービス】 ・通所介護 ・通所リハビリテーション 【短期入所サービス】 ・短期入所生活介護 ・短期入所療養介護 ・特定施設入居者生活介護 ・特定福祉用具販売 ・福祉用具貸与 ◎居宅介護支援 ◎施設サービス ・介護老人福祉施設 ・介護老人保健施設 ・介護療養型医療施設（2011年度末までに廃止予定）
市町村が指定・監督を行うサービス	◎介護予防支援 ◎地域密着型介護予防サービス ・介護予防認知症対応型通所介護 ・介護予防小規模多機能型居宅介護 ・介護予防認知症対応型共同生活介護	◎地域密着型介護サービス ・小規模多機能型居宅介護 ・夜間対応型訪問介護 ・認知症対応型通所介護 ・認知症対応型共同生活介護 ・地域密着型特定施設入居者生活介護 ・地域密着型介護老人福祉施設入所者生活介護
その他	○住宅改修	○住宅改修

（資料）厚生労働省老健局
（出典）『社会保障入門（2006年版）』（中央法規，2006年）53ページ。

費や住宅改修費も保険給付の対象となっている。なお，介護保険制度の保険給付上「在宅（居宅）」のなかには有料老人ホーム等における居室も含まれている。

　一方，施設サービスでは，特別養護老人ホームや老人保健施設等に入所して，食事，入浴等の介護その他の日常生活上の世話を受けたり，機能訓練や医療等のサービスを受けることになる。

　なお，保険給付は，法律上は「償還払い」の仕組みがとられているが，知事の指定を受けた事業者や介護保険施設（老人保健施設は許可）の場合には「現物給付」の方式でサービスを利用することができる。したがって，現物給付での利用が通例となる。ちなみに，居宅介護サービス費，居宅介護サービス計画費，施設介護サービス費，居宅支援サービス費，居宅支援サービス計画費は一般的に現物給付となり，それ以外は償還払いとなる。

6）要介護者の認定

　介護保険法は，「要介護状態」を「身体上又は精神上の障害があるために，入浴，排泄，食事等の日常生活における基本的な動作の全部又は一部について，厚生労働省令で定める期間にわたり継続して，常時介護を要すると見込まれる状態であって，その介護の必要の程度に応じて厚生省令で定める区分（要介護状態区分）のいずれかに該当するもの」と定義している。ここでいう「一定の期間」とは原則6カ月である。また，「要介護状態区分」は，5段階，「要支援状態区分」は2段階となっている（表Ⅲ-3）。

　次に，「要介護者」については，1）要介護状態にある65歳以上の者，2）要介護状態にある40歳以上65歳未満の者であって，その要介護状態の原因である身体上または精神上の障害が，加齢に伴って生ずる心身の変化に起因する疾病であって政令で定めるもの（特定疾病）によって生じたものであるもの，と規定している。すなわち，被保険者が65歳以上であれば，要介護状態の原因のいかんを問わず給付対象となるが，40歳以上65歳未満の者は，その原因により給付対象となるかどうかが異なることに注意を要する。特定疾病については，初老期の認知症，脳血管疾患，一部の難病等16種類が規定されている。

　要介護認定を受けようとする被保険者から申請を受けた市町村は，職員を申請被保険者と面接させ，心身状況や環境その他厚生省令で定める事項について調査を実施する。市町村は，当該調査を指定居宅介護支援事業者または介護保険施設に委託することができる（新規の場合は市町村職員）。

表Ⅲ-3　要支援，要介護度区分ごとの高齢者の状態像と「新予防給付」，「介護給付」の支給限度額

給付種類	要支援度要介護度	高齢者の状態像	支給限度基準額		
			居宅サービス費※1	住宅改修費	福祉用具購入費
予防給付	要支援1（社会的支援を要する状態）	掃除などの身の回りの世話の一部に見守りや手助けが必要。立ち上がりや片足での立位保持などの複雑な動作に何らかの支えを必要とすることがある。排泄や食事はほとんど自分でできる。	月4万9,700円利用者負担月4,900円	20万円※2	10万円／年
予防給付	要支援2（社会的支援を要する状態）	＊要介護1相当の方のうち，以下の状態像に該当しない方が対象となります。 ①疾病や外傷等により，心身の状態が安定していない状態 ②認知機能や思考・感情等の障害により，十分な説明を行ってもなお，予防給付の利用に係る適切な理解が困難である状態 ③その他，心身の状態は安定しているが，予防給付の利用が困難な身体の状況にある状態	月10万4,000円利用者負担月10,400円		
介護給付	要介護1（部分的な介護を要する状態）	みだしなみや掃除などの身の回りの世話に見守りや手助けが必要。立ち上がりや片足などの複雑な動作に何らかの支えを必要。歩行や両足での立位保持等の移動の動作に何らかの支えを必要とすることがある。排泄や食事はほとんど自分でできる。問題行動や理解の低下がみられることがある。	月16万5,800円利用者負担月16,580円		
介護給付	要介護2（軽度の介護を要する状態）	みだしなみや掃除等の身の回りの世話の全般に見守りや手助けが必要。立ち上がり等の複雑な動作に何らかの支えが必要。歩行や両足での立位保持等の移動の動作に何らかの支えが必要。排泄や食事に見守りや手助けを必要とすることがある。問題行動や理解の低下がみられることがある。	月19万4,800円利用者負担月19,480円		
介護給付	要介護3（中等度の介護を要する状態）	みだしなみや掃除等の身の回りの世話，立ち上がりなどの複雑な動作が自分ひとりでできない。歩行や両足での立位保持などの移動の動作が自分ひとりでできないことがある。排泄が自分でできない。いくつかの問題行動や理解の低下がみられることがある。	月26万7,500円利用者負担月26,750円		
介護給付	要介護4（重度の介護を要する状態）	みだしなみや掃除などの身の回りの世話，立ち上がりなどの複雑な動作がほとんどできない。歩行や両足での立位保持などの移動の動作が自分ひとりではできない。排泄がほとんどできない。多くの問題行動や全般的な理解の低下がみられることがある。	月30万6,000円利用者負担月30,600円		
介護給付	要介護5（最重度の介護を要する状態）	みだしなみや掃除等の身の回りの世話，立ち上がり等の複雑な動作，歩行や両足での立位保持等の移動の動作，排泄や食事がほとんどできない。多くの問題行動や全般的な理解の低下がみられることがある。	月35万8,300円利用者負担月35,830円		

※1　「居宅サービス費」の金額は標準的な地域の例です。大都市では表の金額より最大7.2％加算されます。
※2　「住宅改修」は同一の住居で原則として20万円が限度です。介護状態が著しく変化したり，転居したときは，再度利用が可能です。
（出典）　藤井賢一郎監修『介護保険制度とは…』（東京都社会福祉協議会，2006年）9ページ。

次に，申請を受けた市町村は申請被保険者の主治医（かかりつけ医）に対し，その被保険者の身体上または精神上の障害の原因である疾病・負傷の状況等につき意見を求めなければならない。ただし，主治医がない等の場合，市町村は申請被保険者に対して，その指定する医師等の診断を受けるよう命ずることができる。

　市町村は，上記の結果を介護認定審査会に通知し審査・判定を求め，審査会は厚生大臣の定める基準に従って審査・判定を行いその結果を市町村に通知する。

　市町村は，介護認定審査会の審査・判定の結果にもとづき，要介護の認定または不認定の決定を行い，その結果を申請被保険者に通知する。この要介護認定の効力は申請日にさかのぼって生ずるが，その間介護サービスを利用した場合には保険給付の部分について後日保険者から償還される。なお，不認定の決定をした場合，市町村は理由を付してその旨を申請被保険者に通知しなければならない。

　要介護認定は，6カ月を基本とする有効期間内に限ってその効力を有する。したがって，有効期間終了後も要介護状態に該当すると見込まれるときは，要介護認定を受けた被保険者は市町村に更新の申請を行うことができる。更新手続きは基本的には認定手続きと同様である。

7）ケアプランの作成

　介護サービス計画（ケアプラン）とは，要介護者等が介護サービスを適切に利用できるよう，心身の状況，生活環境等を勘案し，サービスの種類，内容，提供スケジュール，実施者等を定めた計画である。在宅サービスの場合には「居宅サービス計画」，施設サービスの場合には「施設サービス計画」という。また，要支援者に対する介護サービス計画は「介護予防サービス計画」という。

　介護保険制度においては，要介護者・要支援者が介護サービスを利用するときには，基本的に介護サービス計画（ケアプラン）を作成することになっており，とりわけ施設サービスの場合には，必ずケアプランを作成することが施設に義務づけられている。在宅サービスの場合は，ケアプランを作成しなくても介護サービスを利用できるが，この場合保険給付は償還払いとなる。在宅サービスを現物給付として利用するには，あらかじめ介護サービスを受ける旨を市町村に届け出るか，自らケアプランを作成して市町村に届け出る必要がある。

　ケアプランは，要介護者等からの依頼にもとづき，アセスメントを行っ

て把握した利用者の心身の状況，家族状態，住宅等の環境，利用者のニーズおよび専門家の意見等を踏まえ介護支援専門員（ケアマネージャー）が作成する。介護予防サービス計画は，地域包括支援センターの職員のうち厚生労働省令で定める者が作成する。介護支援専門員は，ケアプランの作成にあたっては，介護サービス担当者等から構成されるサービス担当者会議（ケアカンファレンス）を開催して，その内容を専門的な見地から総合的に検討し，最終的には，作成されたケアプランについて要介護者の承諾を得ることが必要となる。なお，介護認定審査会から要介護認定にあたって留意すべき意見が付されている場合には，この意見を尊重しつつケアプランを作成しなければならない。

　このように，介護サービスの利用にあたってはケアプランが重要な位置づけにあり，ケアプランにもとづくサービス利用を促す観点から，居宅サービス計画の作成費用は全額保険給付の対象となり利用者負担はない。

8）介護サービス提供体制

　介護保険制度におけるサービス提供事業者としては，指定居宅サービス事業者，指定居宅介護支援事業者，介護保険施設の3種類がある。介護サービス提供機関の事業主体については，在宅サービスの分野については，営利法人やNPO法人も含め，できるかぎり多様な主体が参入できることとされ，一方，施設サービスの分野については，当面は，医療的色彩の強いサービス分野への営利法人の参入制限を含め，現行の事業主体を維持することとされている。

　指定居宅サービス事業者とは，居宅サービス事業を行う者として都道府県知事に申請を行い，その指定を受けた者をいう。都道府県知事は，①申請者が法人でないとき（例外あり），②従業者の知識・技能・人員が厚生労働省令でさだめる基準・員数を満たしていないとき，③申請者が厚生労働大臣が定める設備・運営基準に従って適正な事業運営をすることができないと認められるとき，は指定してはならない。また，都道府県知事による指導・監督，および，指定の取り消しについても規定されている。

　指定居宅介護支援事業者とは，居宅介護支援事業（ケアマネジメント事業）を行う者として都道府県知事に申請を行い，その指定を受けた者をいう。指定居宅介護支援事業者には，一定の数の介護支援専門員（利用者35人ごとに介護支援専門員1人配置）が配置されている必要があり，この基準を満たさない場合等には指定されない。その他，都道府県知事による指導・監督，指定の取消し等については，基本的に指定居宅サービス事業者

の場合と同様である。

介護保険施設には，指定介護老人福祉施設（特別養護老人ホーム），介護老人保健施設（老人保健施設），指定介護療養型医療施設（療養型病床群等。2011年度末までに廃止予定）の3種類があるが，指定（介護老人保健施設については許可）の性質や運営主体等は異なっている。なお，介護保険施設においても，都道府県知事による指導・監督，指定（許可）の取消し等については，大まかには前述の場合と同様である。また，介護保険施設においても，指定居宅介護支援事業者同様，介護支援専門員を必ず配置する必要がある。

なお，居宅サービスを提供する事業者は，法人格を有し，一定の基準を満たす必要があるが，例えばＮＰＯが提供するホームヘルプサービス等，上記要件を完全に満たしていない場合でも，市町村がそのサービスが一定の水準を満たしていると認めた場合には，「基準該当サービス」として被保険者に対し特例居宅介護サービス費等が支給（償還払い）される場合があることに注意を要する。

9）費用負担

介護保険の財源は，保険料，公費および利用者負担で賄われる。

保険料のうち第1号被保険者の保険料（第1号保険料）の保険料率は，政令で定める算定基準に従い，保険者である市町村が条例で3年に1度設定することになっている。そして，市町村は，毎年度，各第1号被保険者について，それぞれの所得を把握し，当該市町村の保険料率の基準に当てはめ，個別の保険料を算定し賦課する。第1号保険料は，原則として年金保険者が第1号被保険者に年金を支払う際に徴収（天引き）し，市町村に納入する方法（特別徴収）により徴収することになっている。一方，年金からの特別徴収ができない低年金者等については，市町村は直接納入通知書を送付し納入を求めることになる（普通徴収）。なお，保険料の滞納に対しては，償還払いへの変更や保険給付の一時差し止め等の措置が講じられる。

第2号被保険者に係わる第2号保険料は，各医療保険者がそれぞれ賦課・徴収する。

次に，利用者負担は，サービス利用者とそうでない者との負担の公平を図り，また，サービス利用についてのコスト意識を喚起する等の観点から実施され，居宅サービス，施設サービスとも定率1割負担となっている。なお，居宅介護サービス計画費等居宅介護支援に要する費用については，

前述した通り，10割給付とされ利用者負担はない。食費については，居宅サービスの場合は全額自己負担となるが，施設入所者の場合も，2006年改正により居住費とともに利用者負担となっている（負担限度額あり）。

なお，医療保険の高額療養費制度同様，介護保険制度においても，1割の利用者負担が著しく困難となり，一定額を超えるような場合には，その超えた額について，市町村が高額介護サービス費を支給することとなっている。

10）権利保護

介護保険制度では，保険者である市町村が行った行政処分に対して不服がある場合，被保険者は都道府県に設置される介護保険審査会に審査請求することができる。介護保険制度においては，保険関係の当事者双方の権利義務の範囲を迅速に確定させる必要のあることや，審査の中立性・公平性の確保の必要等から，専門の第三者機関である介護保険審査会を都道府県に設置し，これに審査させることとしている。

審査請求の対象となる処分は，介護保険における各種の処分のうち，①保険給付に関する処分，②保険料その他介護保険法の規定による徴収金に関する処分とされている。

審査請求の裁決の方法は，行政不服審査法に規定されており，理由を付して書面で行う。裁決の内容は，却下，棄却または認容（処分の取消し）に分かれている。

なお，審査請求の対象となる処分の取消しを求める訴訟は，当該処分についての審査請求に対する裁決を経た後でなければ提起することができない。これを審査請求前置制という。ただし，審査請求があった日から3カ月を経過しても裁決がない等，一定の事由に該当するときは，裁決を経ないで取消訴訟を提起できることが行政事件訴訟法で規定されている。

こうした審査請求の他に，サービス内容や事業者・施設等に関する利用者からの苦情・相談に応じ，必要な処理を行う「オンブズマン的業務」については，業務の中立性・広域性等の観点から，各都道府県の国民健康保険団体連合会（国保連）が行うことになっている。国保連で行う苦情処理業務の対象としては，サービス事業者に係る指定基準等の違反には至らない程度の事項に関する苦情であり，指定基準の違反等の場合における指定の取消し等は，前述の通り，都道府県知事が行うことになる。

11）介護保険制度の課題

　最後に，介護保険制度の課題をいくつか指摘したい。

　まず第1に，介護予防の実効性が確保されなければならない。そのためには，介護予防事業に対するスキルを持った人材の教育・育成が図られなければならない。さらに，利用者本位の安心感ある介護予防サービスの提供が行われなければならないし，地域包括支援センターにおける社会福祉士などの専門職の連携が重要な課題となる。

　第2に，サービスの質の向上と情報開示の重要性である。その前提として，住み慣れた地域において生活・居住環境の変化をできる限り抑えたサービスが提供されなければならない。そして，利用者に必要な情報の開示とその活用が図られると同時に，情報は高齢者にわかりやすいものでなければならない。

　第3に，介護職員の質の向上が図られることが重要である。今日，介護職員不足が慢性化している。それは，労働密度の高さとともに，有期雇用・短時間勤務など不安定雇用における労働条件の問題が指摘されている。一方，フィリピンとの間の経済連携協定（EPA）で，看護師・介護福祉士の受け入れが決定された。また，ホームヘルパーの介護福祉士化への動きなど，介護職員をめぐる動きが活発化しているが，その質的・量的向上は急務である。

　最後に，今回の改正にあたっては，介護保険の被保険者と保険給付を受けられる者の範囲について検討を行い，2009年度までに所定の措置を講ずることになった。これに向けた動きとして，介護保険制度と障害者自立支援制度との統合が指摘されている。その一方で，こうした動きに対する慎重論も出されており，今後に注目したい。

　いずれにしても，介護保険制度は，今後も「いつでも，どこでも，誰にでも」の理念に基づくサービスが提供され，高齢者を地域で支え，地域で看取っていくシステムの構築が重要といえる。

［金子和夫］

☆**主要文献**☆
1） 藤井賢一郎監修『介護保険制度とは…』（東京都社会福祉協議会，2006年）
2） 和田勝・唐澤剛『介護保険の手引―平成18年版―』（ぎょうせい，2006年）
3） 厚生統計協会『国民の福祉の動向（2006年版）』（厚生統計

協会，2006年）

● Part IV

労働生活の安全・衛生と補償

―〈このパートで学ぶ目標〉―

　近代市民社会においては，労働者は，市民として私的生活を営むとともに，労働者として企業組織に組み込まれ，労働生活を営んでいる。そのため，後者の生活領域においては，労働者は，前者の生活領域と異なる労働関係に規定された労働者の生活に特有な生活危険に曝されることを余儀なくされる。すなわち，労働に起因する負傷，疾病または失業によってもたらされる労働能力の喪失，減退，稼得機会の喪失などである。このパートでは，このような**労働者の生活危険にかかわる保護の法制度**が取扱われる。その主な内容は，**労働災害・職業病及び失業の予防ないし対策とこれらの危険の現実化に対する救済**である。

1　労働生活の安全・衛生と補償の確保

　今日，労働災害，職業病の予防法制の中核をなしているのは，民間労働者の場合は，労働安全衛生法（昭和47年6月6日法律57号，以下，安衛法と略称）であり，被災労働者の事後的な救済の中核をなしているのは，労働者災害補償保険法（昭和22年4月7日法律50号，労災保険法と略称）である。また，労働基準法（昭和22年4月7日法律49号，以下，労基法と略称）も，人たるに値する労働条件の保障の見地から，最低基準を設定することをとおして労働者の安全と衛生の確保にたいしても重要な機能を担っている。

1）労働基準法のあらまし

（1）労基法の目的と理念

　労基法は，労働者の就労にたいし，人間の尊厳に値する労働条件を保障することを目的として最低基準を定めた法律である。同法は，この旨を明

らかにして「労働条件は、人たるに値する生活を営むための必要を充たすべきものでなければならない」（労基1条1項）とし、かつ、その「基準は最低のものであるから、労働関係の当事者は、この基準を理由として労働条件を低下させてはならない」（同条2項）と定めている。この基準は、使用者が一人でも労働者を雇い入れる場合には、守らなければならない最低の労働条件基準であり、生存権保障（憲法25条）を指導理念する労働条件の制度的保障の具体化という意味をもつものである（同法27条2項）。

　この見地から、労基法は、まず第1章「総則」において、法の下における平等の原則（憲法14条）を労使関係に具体化した均等待遇、男女同一賃金の原則（労基3条・4条）定め、ついで、強制労働の禁止（労基5条）を謳う。それは、もちろん、奴隷的拘束、意に反する苦役からの自由（憲法18条）の法意を受け継ぐものである。そのほか、法律上、許容される場合を別として、他人の就業に介入して、即ち他人の労働関係の成立・存続になんらかの因果関係のある関与をすることによって、利益を得ることを禁止する中間搾取の排除の定め（労基6条）や選挙権・被選挙権など公民権行使等の時間の保障（同7条）を定めている。これらの定めは、その内容の性質上、業種のいかんを問わず、すべての事業の労働者に保障されるものであって、一般に憲章規定と称されている。

(2) 労働契約と労働者保護

　取引上の力量に格差のある使用者と労働者の間では、契約の自由が形骸化し、労働者は市民的自由さえ奪われがちである。とりわけ、個の尊厳の思想が未定着なわが国の労使関係のもとでは、その弊害は大きい。そこで、まず、第2章「労働契約」において、使用者の恣意的な労働契約の自由に規制をくわえて、近代的な労働契約関係の確立に配慮している。たとえば、労働契約を締結する場合、契約期間は、原則として、3年を超えることは許されない（労基14条〈平15法104号改正、施行平16年1月1日〉）。ただし、有期の事業は別である。また、契約期間についても、法改正により平成16年1月1日以降、厚生労働大臣の定める基準を充す高度の専門的知識を有する労働者を専門職に就かせる場合と満60歳以上の労働者との契約の場合には、5年とすることができるように緩和された（平15法104号改正14条1項1号・2号）。

　つぎに、零細企業の労働者や、パート労働者の場合には、労働契約が書面化されず、その労働条件が定かでない場合がすくなくない。そこで、労基法は、労働契約の締結に際し、労働条件の明示を義務づけ、とくに、そ

のうち重要な契約期間，賃金・労働時間解雇・退職に関する事項については書面を労働者に交付することを義務づけている（同改正15条，改正労基則5条1項・2項）。このほか，違約金の定めや損害賠償の予定の禁止（労基16条），前借金その他前貸の債権と賃金との相殺禁止（同17条），労働契約の締結・存続の条件として貯蓄契約をさせ，また貯蓄金の管理契約をすることを禁止し（同18条），劣悪な労働条件の下に拘束する弊の排除に留意している。

とくに，労働者の解雇は，その生存の基礎を脅かすものであるため，有効と認められるためには，社会通念上相当な事由が必要とされ，これを欠く場合，解雇権の濫用として無効されている（同18条の2，判例法理の確認規定）。労基法上，解雇手続として，すくなくとも30日前に予告するか，30日分の平均賃金の支払が必要とされる（同20条）。さらに，平成15年の労基法改正において，「解雇をめぐる紛争も未然に防止する観点から」解雇事由を含めて「退職に関する事項」が就業規則の絶対的必要記載事項とされた（平15・10・22施行通達）。また，業務災害のため療養中とその後30日間および産前産後の休業中とその後30日間の解雇は禁止される（同19条）。

(3) 賃金保護

第3章「賃金」では，それが，労働者の生計維持にとって欠くことのできないものであるため，三種の規制を設けている。第1は，賃金の支払方法の4原則である。すなわち，賃金は，①強制通用力のある通貨で，②直接，労働者にたいし，③その全額を支払わなければならない（労基24条1項）。直接払いの原則については，例外は認められないが，通貨払いの原則の場合は，法令または労働協約に定めがあれば認められるほか，法令所定の条件のもとで，銀行振込も許容される。全額払いの原則についても，法令の定め又は労使協定があれば，認められる。

さらに，④賃金は，すくなくとも毎月1回以上一定の期日に支払われることが必要である（同条2項）。毎月1回以上・一定期日払いの原則は，歴月に少なくとも1回以上の賃金支払日をもうけることを要求するものである。給与支払日が定められると，それまで労働した賃金部分も，支払日までは請求することはできない。ただし，労働者とその収入によって生計を維持する者の出産，疾病，災害など非常の場合には支払日前でも，すでに労働した賃金部分を請求することができる（同25条，同則9条）。

第2は，賃金額の最低保障の規制である。出来高払制のもとで労働時間に応じた一定額の賃金保障を義務づける定め（同27条）や最低賃金制の定

め（同28条，最賃11条・16条）がある。

第3に，使用者の故意，過失を問題とせずに，「使用者の責に帰すべき事由」すなわちその支配圏内の事情のため労務を提供できなかった労働者にたいし，最低，賃金の6割の支給を定めた休業手当の制度（同26条）がある。

(4) 労働時間制と労働者保護

第4章「労働時間，休憩，休日及び年次有給休暇」の定めは，労働条件のなかでも，労働者の安全と衛生に密接なかかわりをもつ規定である。

(a) 労働時間の原則と弾力化

まず，法定労働時間は，1週間40時間，1日8時間である（同32条）。いわゆる週40時間労働制の原則の採用である。使用者は，原則として，これを超えて労働者を働かせてはならない。さらに，1日8時間の定めは，後述のフレックスタイム制（同32条の3）を別とすれば，始業・終業の時刻を明示する形で定めなければならない（同89条1号）。それは，国家の労働力保全政策の一環として，労働時間の上限を定めて労働者に心身の疲労回復のために必要な休息の時間を与えるとともに，あわせて，過労による注意力の減退に起因する労働災害の予防をも意図したものである。わが国において，今日，社会問題となっている過労死の要因のひとつが，業務の過重性にあることを考えれば，労働時間の適正化は，その予防の点からも看過できないことである。

週40時間労働制は，1980年代に入って国際経済摩擦の解消，産業構造の変化，女性の社会進出の増大などに対応する必要から，企業規模業種による時短の困難さの相違に配慮して段階的な実現を企図して1987年の労働時間法の抜本改正に際して導入されたものである。その労働時間法制改正の特色は，規制緩和の動向に即応した労働時間の弾力化，すなわち1年間，週を超える一定期間，または一定週の労働時間が法定総枠時間内であること（$40 \times \frac{365}{7}$ <または$\frac{一定週の週日数}{7}$>，1カ月単位の変形労働時間制の場合は$40 \times \frac{30日又は31日}{7} =$法定総枠時間となる）を条件に，1日あるいは1週間の労働時間を法定労働時間を超えて設定することに道を開いたことにある。たとえば，1カ月単位の変形労働時間制（同32条の2），1年単位の変形労働時間制（同32条の4）である。制度の導入に際しては，法所定事項を定める必要があるが，その方法は，前者の場合，労使協定（平10法112号改正，平11・4・1施行）のほか，就業規則等でもよい。だが，後者の場合には，労使協定に限られる。また，経済のサービス化に伴い，日によって業務の

繁閑に差がある小売業，旅館，料理店，飲食店については，従業員が30人未満であることを条件として，1週間単位の非定型的変形労働時間制が許容されている（同32条の5，労基則12条の5）。

さらに，始業・就業時刻の決定を労働者の自由意志に委ねることを眼目とし，1カ月以内の清算期間を定め，その期間の総労働時間が法定総枠時間内であれば，日，週の法定時間とかかわりなく，労働することを許容するフレックスタイム制（同32条の3）が設けられている。ただし，年少者，すなわち18歳未満の者については，以上の弾力化規定は，適用が排除される（同60条1項）。もっとも，週48時間，1日8時間を超えない限定された変形制が認められている（同60条3項2号）。また，女性労働者については，母性保護の見地から，妊産婦の請求があれば，フレックスタイム制の場合を除いて，1日および1週間の法定労働時間を超えて労働させることは許されない（同66条1項）。このような労働時間の弾力化によって，1日8時間・1週40時間労働の原則は，かなり，崩されている。しかも，変形労働時間制は，なお，法定労働時間の原則の枠内にあるものとして扱われるため，割増賃金の支払いの義務もない（同36条・37条）。

(b)　**時間外・休日労働と保護**

労基法は，さらに上記の労働時間（休日労働も同様）の延長を2つの場合に認めている。1つは災害など非常臨時の必要がある場合（同33条）である。この場合，原則として，事前に行政官庁の許可を受けることが必要である。2つは，業務上臨時の必要があるときに，労使協定によって行われる場合（36条）である。この場合，協定において時間外労働を必要とする具体的事由，業務の種類，労働者の数，延長の限度時間を定めることが必要である（労基則16条）。延長の限度については，法文上，従来，制限はなく，行政指導の指針が告示（昭57・6・30労告69号）として出されてきたが，平成11年4月1日以降は，労働大臣の定める基準として法律上明文の根拠が与えられ，協定当事者に対する法的拘束力も明示された（平10法112号改正36条2項・3項）。

時間外・休日労働は，年少者については許されない（同60条1項）。深夜労働も同様である（同61条1項，なお，同条但書参照）。女性労働者の時間外・休日労働は，従来，女性保護の観点から制限されていたが，男女平等規制の観点から，平成9年法92号により改正され，平成11年4月1日からは，母性保護の規定だけを残し，廃止された。

(c)　**休憩・休日・年次休暇**

使用者は，労働時間が6時間を超える場合には最低45分，8時間を超え

る場合には，最低1時間の休憩時間（＝労働から解放された自由な時間）を，その途中で，原則として一斉に与えなければならない（同34条）。週休制の原則は，毎週，1回，暦日24時間の休息日の保障を意味する（同35条1項）。もっとも，その原則は，4週4休日の原則に転化する虞（おそれ）なしとしない（同条2項参照）。2004年「就労条件総合調査結果の概況（旧賃金労働時間制度総合調査）」によれば，不況のなかで，従前に比べて，数値の低下が認められるが，それでも，なんらかの週休2日制度適用労働者の割合は89.8％であり，うち56.7％が完全週休2日制の適用者であるとされる。週休制の原則は，すでに時代遅れの規定といってよい。立法論としては，週休日の特定を義務づけるべきであろう。

　年次有給休暇制度は，労働日における労働からの解放とその間の経済的保障（＝休暇手当）を不可分一体とする権利である。その権利は，6カ月以上継続勤務し，全労働日の8割以上を出勤した場合に発生し，その日数は初年度は，最低10労働日である（同39条1項）。その後，1年を経過するごとに1労働日ずつ逓増することとされていたが，平成11年4月1日からは，入社6カ月経過後2年の継続勤務までは，1年につき1労働日の逓増，その後，6年の継続勤務までは1年の継続勤務期間につき2労働日の逓増した年休が与えられるように改正された（平11法112号改正39条2項）。年次有給休暇は，労働者が請求した時季に与えるのが原則である。なお，年次有給休暇の完全消化を促進するために，一定の限度で年次休暇の時季協定による休暇時期の特定も認められている（39条5項）。しかし，その取得率は低く，前掲調査によれば，企業平均付与日数は18.0日で，取得日数は8.5日（取得率47.4％）である。平成11年は取得率は，かろうじて50％を超えたが平成13年には49.5％となり，その後，50％を下まわっている。

　ともあれ労基法は，以上の最低基準を個々の企業の事情に即して具体化するために，常時，10人以上の労働者を雇用する使用者に対し就業規則の作成を義務づけている（同89条以下）。そのため，労基法所定の労働条件とほぼ同一の条件に関する事項が就業規則の記載事項とされている（同89条）。

(5) 最低基準の確保措置

　なお，労基法の基準は，最低基準であるから，この基準を下回る労働条件を定める労働契約は無効であり，無効とされた部分は，この基準によって規律される（同13条）。また，実効性を確保するために，労働基準監督制度が設けられており（同97条-105条），さらに，法違反は処罰される（同

117条-121条)。

2) 労働安全衛生法

(1) 安衛法の目的

　　安衛法は，高度経済成長期における産業の技術革新と合理化によって生み出された新たな労働災害の発生増大の動向に対処するため，1972年，労基法第5章「安全及び衛生」の規定を分離独立し，単独立法化する形で制定をみた法律（昭47・6・8法57号）である。

　　60年代以降の労働災害は，このような背景のもとで行われた作業工程の変化や合理化に起因する新たな職業病の発生と重層的請負混在関係を背景とする中小零細企業や下請企業の労働災害の増大を特色とする。その後，高度経済成長が終わり低経済成長期に入ってからは，安全政策の進展もあって，労災の減少にくわえて，職業病も，年々，減少傾向を示したが，災害発生の構造的性格に基本的な変化はみられない。このような労災発生状況を考慮した場合，就労関係の実体と災害の危険の特性に即した危害防止基準の充実と労災予防対策の具体化が必要不可欠である。

　　そこで，安衛法も，たんに労働関係の存在を前提とする最低防災基準の設定という範囲を超えて，ひろく就労と労災発生の実態に即した「危害防止基準」を設定するとともに，事業主の防災管理「責任体制の明確化」と「自主的活動の促進」の措置などを含む「総合的計画的な対策の推進」を手段的目的として，究極的には「職場における労働者の安全と健康を確保」するとともに「快適な作業環境の形成を促進すること」を目的として明定している（安衛1条）（その内容については，このパートの2節を参照）。

(2) 安衛法の性格

　　安衛法を含めて，労働保護法は，当初，公法的な，取締法規として生み出されたものであって，使用者は，たんに国家にたいして当該法規を遵守する義務を負うにすぎないと考えられていた。そのような立場は，かって，ドイツにおいて支配的な見解であった。だが，今日では，ドイツでも安全衛生法規は保護法規と解されるかぎり，使用者が，労働者にたいし労働契約上負担する信義則上の付随義務であると解されている。

　　とくに，わが国の場合，安衛法は，前述のように，労働条件基準の一環として労基法で定められていた安全衛生に関する規定を分離・拡充する形で単独立法化されたという経緯が存すること，さらに，同法は，第1条において，その目的を明らかにするに際し，「労働基準法……と相まって」，

労働災害の危害防止基準の確立等の総合対策の推進を謳っており，安衛法の危害防止基準は，労基法と一体として労働条件基準の一環を構成する，と理解するのが妥当である。したがって，その基準に反する就業規則等の定め無効であり，違反行為には，法所定の刑事罰（安衛116条-122条）が科されるほか，民事責任も生じると考えられる（民法415条，416条，709条）。

3）男女雇用機会均等法

男女雇用機会均等法（以下，均等法と略称）は，昭和60年6月1日，「勤労婦人福祉法」（昭47法113号）の改正法（「雇用の分野における男女の均等な機会及び待遇の確保等女性労働者の福祉の増進に関する法律」〈昭60法45号〉）として制定されたが，平成9年6月の改正により，名称も「雇用の分野における男女の均等な機会及び待遇の確保等に関する法律」（平9法92号）と改められた。これは，前述した男女平等化の促進という名の下に推進された労基法の女性保護規定の廃止にあわせて，同法の目的が，第1に雇用における均等な機会と待遇の確保を図る措置を推進すること，第2に，女性労働者の就業に関して妊娠中及び出産後の健康を図る等の措置を推進すること（均等法1条参照）に整理され，従来の女性労働者の職業指導（旧22条），職業能力の開発・向上（同旧23条）の支援措置も雇用対策法や職業能力開発促進法等に譲り，男性労働者と一元的に規律されることになったためである。そこでは，なお，女性労働者の「性別」による差別の是正を理念としていた（同2条）が，平成18年の法改正（法82号，平成19年4月1日施行）によって「労働者が性別により差別されることの禁止」へと男女労働者の一元的規制が徹底された（改正法2条）。それは，諸外国における男女統一規制の動向に従ったものである。ただし，そのことは，女性に対する不利益取扱い是正を目的とするポジティブアクションを排除するものではないと解される（新法8条参照）。

(1) 均等機会等の確保

(a) 差別行為の規制と法改正

平成9年改正法の特色は，使用者の女性差別行為の規制についてみれば，第1に，規制条項を全面的に禁止規定としたことにある。制定当初から，女性労働者の平等な雇用機会と待遇の確保のために，募集・採用，配置・昇進，教育訓練，福利厚生，定年・退職・解雇について，使用者の行為を規制してきたが，これまで，募集・採用，配置・昇進は，たんに使用者の努力義務とされるにとどまっていた（同旧7条・8条）。だが，前述の法改

正により，平成11年4月1日からは，上記の努力義務規定を含め，差別的取扱の排除条項は，すべて禁止義務規定とされたからである（同新5条-8条）。この点は，男女労働者の統一的規制という側面が徹底した点を別とすれば，平成18年改正法においても異ならない（新法5条-8条）。

第2に，改正法においては女性差別の禁止を労働条件の男女統一規制の観点から定めており，原則として「女性だけを対象」とし，「男性と比較して女性を有利に取扱う措置」も，「固定的な男女の役割分担意識に根差す……事実上の格差」の改善を目的とするものでない限り（平10・6・11女発168号），禁止される（同新9条）。なお，新改正法においては，男性労働者を性別を理由として差別することも違反となる（新法2条・5条・6条）。さらに，間接差別の格差が明文化された点も注目に価する。結婚，妊娠，出産等を理由とする解雇の禁止が不利益取扱いの禁止へ拡大されたこと等の改正がみられた。

(b) 差別紛争の処理

差別禁止規定は，強行規定であるから，違反が法律行為であれば無効であり，通常の紛争と同様に，裁判所に対し救済を求めることもできる。このほか，均等法が定める紛争処理方法としては，① 事業主の自主的解決の努力（新法15条），② 当該紛争について当事者の双方または一方から解決に関し援助を求められた場合における都道府県労働局長の紛争解決に対する助言，指導，勧告（同17条1項），③ 当事者の双方または一方の申請にもとづく紛争調整委員会の調停（同18-25条）の3つの方法がある。①と③の場合には，募集・採用は処理事項の対象外である（同11条・14条）。③については，従来，調停開始に際して当事者双方の同意が条件とされていたため，その開始が困難であったが，平成9年改正以降，関係当事者の一方の申請があるにすぎない場合でも，都道府県労働局長は，必要と認める限り，当該紛争調整委員会に調停を行わせることができることとなった（同18条1項）。

(2) セクハラ防止の配慮

セクシャルハラスメントは，対価型と環境型に分けられるが，いずれも，人間の尊厳と相容れない人格権ないし名誉感情を毀損する行為である。したがって，民法，刑法の規定に基づく責任を追及することも可能である。改正均等法は，この点にかかわって，事業主に対し，セクシャルハラスメントを防止するため雇用管理上必要な配慮義務を謳い，配慮すべき事項について「指針」（平18年厚労告614号；平18年厚労告615号）が定められてい

る（同21条）。それは，セクシャルハラスメントの責任追及に際し，労働契約上の配慮義務違反という債務不履行責任を問う方法を容易にするという意味でも注目される。

(3) 妊産婦の健康管理

　事業主は，女性労働者が，母子保健法（昭40法141号最終改正平17年法〈23号改正同18年4月1日施行〈1部未施行〉10条，22条）の規定にもとづき保健指導または健康診査を受けるため，妊婦については，妊娠23週までは4週間に1回，妊娠24週から35週までは2週間に1回，妊娠36週から出産までは1週間に1回必要な時間を与えなければならない（均等法22条，同則14条1号）。ただし，医師，助産師がこれと異なる指示をしたときは，その指示に従うことが必要である。また産後1年間は，医師助産師の指示があれば，保健指導または健康診査を受けるために必要な時間を与えなければならない（同則14条）。さらに，健康診査や保健指導にもとづく指導事項を守るため必要があれば，勤務時間の変更，勤務の軽減等必要な措置を講じなければならない（同23条）。

　　　　　　　　　　　　　　　　　　　　　　　　　　　　　［水野　勝］

2　労働環境の安全と衛生

1）労働衛生行政の仕組み

　　労働衛生行政は，労働者の生命の安全を守り，心身の健康を維持増進するために，直接的には労働者の生命・健康の安全，予防対策，間接的には労働条件改善の両者が相俟ってその実効を得られるよう労働基準行政機構の一環として機能している。しかし，その適用範囲は，およそ，労働者を使用するすべての業種にわたり，労働態様の多様性から，労働安全衛生法（以下安衛）は関係政省令を合わせると何千条にも及ぶ膨大なものである。

　　これらを主管するために，本省内部部局として労働基準局，地方支分部局として都道府県労働基準局が置かれ，第一線機関として労働基準監督署および支署が設置されている。これらの機関は地方自治体の中ではなく，中央直轄機関である。また，労働基準監督官は労基法，安衛法などの違反の罪について刑事訴訟法の規定による司法警察職員としての権限（労基102条，安衛92条等）と労働者の安全衛生の確保のために行政上の強制権を与えられ，法の実効を促す重要な役割を果たしている（労基96条の3・103条，安衛25条・25条の2・98条）。

2）労働安全衛生対策とその管理体制

(1)　労災職業病の増大と法の対応

　　わが国の労働災害による被災者数は，昭和36年をピークとして長期的には減少傾向にあるが，平成17年現在，なお120,354人を数えている。死亡者数は過去最低になったとはいえ，1,514人で最近は横ばい状態である。また，中小企業の労働災害の発生率が大企業に比し高いこと，建設業をはじめ屋外型産業に，一時に多数の死傷者を伴う重大災害の多いことなどが問題となっている（厚生労働省死亡災害報告平成17年）。他方，技術革新の急速な進展に伴う労働環境，作業態様の変化は労働者の疲労，ストレスをもたらしいわゆる過労死，過労自殺の労災認定は年々増加しており，また，じん肺，アスベストによる肺癌，中皮腫の認定も増えつづけ新たな職業病の発生を見ている。すでに述べたように，そうした状況に対処する総合的対策の必要から労働安全衛生法の制定もなされたわけである。その後，中小企業の労働災害の増大傾向の続くなかで昭和63年中小企業における安全衛生管理体制の確立，労働者の健康の保持増進を措置するため法改正が行

われた。さらに平成4年，建設業における総合的な労働災害防止対策の確立，快適な職場環境の形成促進や充実のための法改正がなされた。

(2) 安全衛生管理体制

政令で定める規模に応じて，また業種によって安全衛生に係る責任者及び専門職をおき，組織的に安全衛生管理を運営しなければならない。そのため各事業場において安全衛生管理体制を確立することが定められ，大きくは『一般事業を対象とした制度（安全衛生組織）』（図Ⅳ-1）と『請負関係にある数事業者の労働者の作業が同一の場所で行われることによって生ずる労働災害を防止するための制度』の2つの類型に分けられている。

前者には，事業場における防災対策の統轄管理者として，総括安全衛生管理者（安衛10条），その補佐機関としての安全管理者（安衛11条），衛生管理者（安衛12条），調査審議機関として，安全・衛生委員会（安衛17～19条）がある。このほか後述のように，一定の条件のもとに安全衛生推進者（安衛12条の2），産業医（安衛13条），作業主任者（安衛14条）を選任しなければならない。後者は，建設業及び造船業において，防災対策統轄管理者として統括安全衛生責任者（安衛15条），その補佐機関としての元方安全衛生管理者（安衛15条の2），統轄安全衛生管理者を選任した事業以外の下請事業者が選任する安全衛生責任者（安衛16条）からなる。このほか，小規模建設業で統轄安全衛生責任者の選任義務のない事業では，元方安全衛生管理者の業務を行うため，店社安全衛生管理者を選任しなければならない（安衛15条の3）。

また，元方事業者は，協議組織の設置運営，作業間の連絡調整等，混在作業における危険を防止するために必要な措置を講じなければならない。そのために協議組織（安衛30条）がある。

図Ⅳ-1　安全衛生管理体制（一般事業）

管理体制		選任	職務	備考
産業医（法13） 医師 単に医師であるのみでなく労働者の健康管理に必要な医学知識についての一定の要件を備えた 属 *常時五〇人以上の労働者を使用するすべての事業場（専属） *常時一〇〇〇人以上の労働者を使用する事業場（令5） 又は安衛則一三-二列挙の業務に常時五〇〇人以上労働者を従事させる事業場（則一三-一二）（専	事業者	（法3）事業を行うもので労働者を使用するもの	労働者の安全と健康を確保する ＊労働災害の防止 ＊快適な職場環境の実現 ＊労働条件の改善	
	総括安全衛生管理者	（法10）当該事業場においてその事業の実施を統括管理する者 政令で定める規模は令2の1項業種100人，2項業種300人，その他の業種1000人以上	危害防止対策統括管理 ＊労働者の危険又は健康障害の防止措置 ＊安全又は衛生教育の実施 ＊健康診断の実施・健康の保持増進のための措置 ＊労働災害の原因調査及び再発防止対策 ＊その他労災防止のために必要な業務	
	補佐機関	安全管理者（法11） （令2-1，2項）の業種の事業場で ＊常時50人以上の労働者を使用するもの	＊安全に係る技術的事項	
		衛生管理者（法12） ＊常時50人以上の労働者を使用するすべての事業場	＊衛生に係る技術的事項	
	（その他の安全衛生担当者）	安全衛生推進者・衛生推進者（法12-2） ＊法11，12の事業場以外の事業場 ＊10人上50人未満の労働者を使用する者	＊安全衛生に係る業務	**安全衛生推進者** 安全管理者の選任を要する業務で小規模事業場 **衛生推進者** 上記以外の小規模事業場 危険有害な作業・危険有害な機械を使用する作業で労働災害を防止するための管理を必要とする31種類（令6条）の作業
		作業主任者（法14） ＊高圧室内作業その他の労働災害を防止するための管理を必要とする作業で令6で定めるもの（x線，r線照射，撮影，ボイラー取扱等） ＊都道府県労働基準局長，免許又は技能講習修了者	＊当該作業に従事する労働者の指揮	
	審議機関 労働者	安全委員会（法17） ＊令8-1項 屋外鉱業，建設業，製造業等50名以上 ＊令8-2項 1項の業種を除く100名以上	＊労働者の危険防止の基本的事項 ＊労災の原因及び再発防止対策で安全に係るもの ＊労働者の危険の防止に関する重要事項	**構成員（法17）** ①総括安全衛生管理者又は当該事業の実施を統括管理するもの 　次のうち事業者の指名したもの ②衛生管理者 ③産業医 ④衛生に関し経験のあるもの ⑤作業環境測定士も指名可 委員の半数は労働組合または労働者の過半数代表
		衛生委員会（法18） ＊令9 常時50人以上の労働者を使用する事業場すべて	＊労働者の健康障害防止の基本対策 ＊労働者の健康の保持増進を図る基本対策 ＊労災の原因及び再発防止対策で衛生に係るもの ＊前3号のほか労働者の健康障害の防止及び健康の保持増進に関する重要事項	**構成員（法18）** ①総括安全衛生管理者又は当該事業の実施を統括管理するもの次のうち事業者の指名したもの ②安全管理者及び衛生管理者 ③産業医 ④安全に関し経験有る者 ⑤衛生に関し経験のあるもの ⑥作業環境測定士も指名可 委員の半数は労働組合または労働者の過半数代表

(a) 総括安全衛生管理者

　労働災害の防止のためには，日常的な安全管理が企業の生産ラインと一体的に運用されなければならず，企業責任を全うするために何よりも経営のトップが率先して安全衛生に取り組むことが重要である。安衛法ではその事業の実施を統括管理する者を総括安全衛生管理者に選任し，安全管理者，衛生管理者等の指揮をさせるとともに，労災を防止するため必要な業務（安衛10条）を統括管理させなければならない。

　総括安全衛生管理者を選任しなければならない事業場は，業種に応じて，また労働者の数に応じて定められている（図Ⅳ-1，安衛10条）。医療の事業場（職場）は，その他の業種に当たり，常時労働者1000人以上を使用する事業場（病院等）の事業者は，当該事業場の事業を統括管理するものを総括安全衛生管理者に選任しなければならない。

(b) 衛生管理者（安衛12条，安衛則7条・10条）

(i) 選任事業場

　常時50人以上の労働者を使用する事業場すべてに選任が義務付けられ，事業場の規模に応じて一定の数以上を選任しなければならない。また，原則として当該事業場に専属の者を選任しなければならない。

(ii) 選任資格

　その資格は教育職員免許法による保健体育，保健，養護教諭免許を有する者で，学校教育法1条校に在職する者（衛生管理者規程1条），医師，歯科医師，薬剤師，保健師（同規程2条）等第1種衛生管理者免許（都道府県労働基準局長），第2種衛生管理者免許試験に合格した者，労働衛生コンサルタントその他労働大臣が定める免許を所有する者のうちから当該事業場に応じた者を選任しなければならない。

(iii) 職　務

　衛生管理者の職務は，『①健康異常の発見と処置　②作業環境の衛生上の調査　③作業条件，施設等の衛生上の改善　④労働衛生保護具，救急用品等の点検及び整備　⑤衛生教育，健康相談その他労働者の健康保持増進に必要な事項　⑥労働者の負傷及び疾病，死亡，欠勤及び移動に関する統計の作成　⑦その他衛生日誌の記載等職務上の記録の整備（昭47・9・18・基発第601号の1）』に関することであり，医学的知識の必要な時は産業医との連携を密にして対策を講ずる。さらに，少なくとも毎週1回以上作業場等を巡視し，設備，作業方法又は衛生状態に有害の恐れのある時はただちに措置を講じなければならない（安衛則11条）。事業者は衛生管理者に対し，衛生に関する措置をなし得る権限を与えなければならない（安

衛則11条の2)。

(c) 安全管理者（安衛11条，安衛令3条，安衛則4条～6条）

(i) 選任事業場

　安全管理者は，総括安全衛生管理者の選任に係る「その他の業種」以外の業種に属する事業場であって，常時50人以上の労働者を使用するところで選任しなければならない。

(ii) 選任資格・職務

　安全管理者は，総括安全衛生管理者を補佐し，その職務のうち，安全に係る技術的事項を管理する者であり，大学で理科系統の正規の授業を修めて卒業後3年以上産業安全の実務経験を有する者など，一定の資格要件が必要である。建設業等においては，一定規模以上（300人）の事業場では少なくとも1人以上は専任の安全管理者をおかなければならない。

(d) 安全衛生推進者（安衛12条の2，安衛則12条の2～12条の4）

　安全管理者及び衛生管理者の選任を義務付けられていない小規模事業場においては，常時10人以上50人未満の労働者を使用する場合に，安全管理者の選任を必要とされる業種については「安全衛生推進者」を，それ以外の業種については，「衛生推進者」の選任が義務付けられた。

(e) 作業主任者（安衛14条，安衛令6条，安衛則16条～18条）

　労働災害を防止するため管理を必要とする一定の危険又は有害な作業について作業主任者を選任し，労働者の指揮その他を行わせなければならない。

(f) 安全・衛生委員会

(i) 設置事業場

　業種，規模に応じて安全委員会または衛生委員会設置を義務付けられている（安衛17条・18条）。両者を設けなければならないときは安全衛生委員会で代えられる（安衛19条）。

(ii) 構成

　その構成員は，総括安全衛生管理者又は当該事業場においてその事業の実施を統括管理するものもしくはこれに準ずる者，安全管理者，衛生管理者，産業医，当該事業場労働者のうち安全あるいは衛生に関して経験のあるもので，事業者が指名した者である。作業環境測定士を加えることができる。構成員の半数は，その事業に労働者の過半数を組織する労働組合があればその組合，なければその事業場の労働者の過半数を代表する者の推薦にもとづいて指名しなければならないとされ（安衛17条4項・18条4項），選任について労働者の意見の反映が配慮されている。

(iii) 職　務

　安全委員会・衛生委員会は毎月1回以上（安衛則23条）開催しなければならず，労働者の危険防止，健康障害防止，健康の保持増進の基本対策や労働災害の原因および，再発防止対策，有害性調査，作業環境測定，健康診断結果の対策，命令，指示，勧告，指導を受けた事項のうち危険防止，健康障害防止に関するもの等について，労働者が事業者と話し合う機会となる。このことは労働災害防止について有益であるといえる。

3）安衛法と危害防止基準

(1) 危害防止基準の類型

　労働安全衛生対策を確実にするために重要な点の1つは，労働災害防止のための危害防止基準の確立である。以下のように大別できる。

　第1は，使用従属関係に内在する危険有害原因に着目した職場内関係の危害防止基準の類型である。これには，① 事業者の提供する施設，設備，機械器具等に内在する危険有害因子に起因する労働者の危険又は健康障害を防止するために客観的に効果の期待できる具体的な措置（安衛20条〜23条），② 労働者の作業行動による危害防止措置（安衛24条〜25条の2），③ 労働者雇い入れ時，作業内容変更時，危険有害業務につかせる時，一定の安全衛生教育を行うことが含まれる（安衛25条の2・59条）。さらに建設業，ガス業，電気業など政令で定める危険性の高い業種で，新たに就くことになった職長等に対する作業の指導・管理に係る安全衛生教育についても規定されている（安衛60条）。

　労働者も事業者の講ずる措置に応じて必要な事項を遵守する義務を負う（安衛26条）。その他具体的事項は省令に委任され，技術上の指針も公表されている。

　第2は，請負混在関係に内在する危害防止基準である。1つの場所で複数の事業者の労働者が混在して作業を行う場所での危険性に着目した措置で，元方事業者による措置基準（安衛29条・30条），注文者の措置基準（安衛31），請負人の措置基準（安衛32条）等である。

　第3は，流通関係に媒介される危険・有害因子にに対する措置である。

　物じたいの危険有害性に着目して，建築物，機械等の貸与，重量表示，機械の製造段階における許可，検査，設置時の検査，再使用時の検査，検査証の交付，特定機械の使用等の制限，その他譲渡制限，検定制度などである（安衛33条〜58条）。

(2) 職業性疾病の予防

いわゆる労災認定の対象としての『業務上の疾病』者数は1997年度8,557人とはじめて9,000人を切った（その後横這い状態であるが，2005年度は8,226人である。厚生労働省「業務上疾病調」平成17年度）。しかし，新たな職業性疾病が出現し，その予防は目下の課題である。

(a) 職業病概念の変化

職業病とはある職業に従事する場合に，業務に内在する有害因子に相当期間ばく露された結果生ずる疾病で，業務との因果関係が明らかにされているものをいう。労基法では職業病を例示的に列挙し，かつ例示外疾病をも補償の対象とするため補完規定をおいて業務上疾病の範囲を定めている（労基75条2項，安衛則35条，別表第1の2）。

近年産業構造，労働者の高齢化等社会の変化に伴い，特定の有害因子ではなく，作業環境に対して一定しない不明瞭な関係を持つ多因子（身体的，精神的作業負荷，有害な心理社会的要因，労働者の習慣とライフスタイル，個人の感受性）の関連が複合要因となって労働者を冒す現代的な職業病が増加しており，作業関連疾患と呼ばれている。作業環境と作業遂行は多因子的疾患を引き起こすのに有意に寄与するが，それは多くの要因の1つであってその程度はさまざまである。

WHO（Technical Report 714 1985）によれば，「業務と疾病の発症との間に直接の因果関係はないが，数多くの要因の1つとして，作業条件等が疾病の増悪や進展に影響をもち得ると考えられる疾患群について，Work-Related Diseases と定義し，多くの場合，潜在期にある疾病の発症の防止や疾病の重篤化の回避のために，予防医学的な対策が有効であると指摘されている。」

(b) 職業病の予防対策

疫学的調査，医学的原因調査によって職業病予防への方策を明らかとし，事業者も労働者もその努力をすることが，これらの疾病を防止し，予防ないし制御させることになる。すなわち，労働条件の改善，作業環境，作業姿勢，職場の安全・衛生，健康教育，健康管理活動，休憩設備，精神的悩み・ストレスへの対処など予防措置の徹底により，職業病は激減すると思われる。

4）職場環境改善の推進

厚生労働省は，仕事による疲労やストレスを感じることが少ない，働きやすい職場を実現していくため，平成4年に安衛法を改正し，快適な職場

環境の形成に関する規定を事業者の努力義務として新たに設けるとともに，「事業者が講ずべき快適な職場環境の形成のための措置に関する指針」（快適職場指針）（平4労告59号，改正平9労告104号）を公表した。その目標は次の4点である。

①作業環境の管理　空気の汚れ，暑さ，寒さ，不十分な照度は労働者の疲労やストレスを高めるので，作業に従事する労働者に適した状態に維持管理すること。②作業方法の改善　不自然な姿勢での作業や大きな筋力を要する作業は心身の負担が大きい。このような作業方法の改善を図ること。③労働者の心身の疲労のすみやかな回復を図るために，休憩室等の施設設備の設置，整備を図ること。④洗面所，トイレ等労働者の職場生活に必要な施設設備は清潔で使いやすいように維持管理されること。

上記指針に照らした場合に，とりわけ医療の場では以下のような問題がある。

① 照　度　　夜勤労働のある看護師勤務室の照度は定期的に測定されていない。1 ml のアンプルの小さな字を読むために十分な照度がないと，ストレスや疲労のもとになるであろう。

② 助産師の分娩介助による腰痛，意識障害患者の体位変換や移送時の腰痛など身体の一部又は全身に対し，不自然な作業姿勢が多い。事業者の責任において分娩台の改善，体位変換用具の導入等積極的に検討すべきである。

③ 休憩室の設備について指針は，「疲労やストレスを効果的に癒すことができるように，臥床できる設備を備えた休憩室を確保すること」としている。昼の45分間の休憩時間に足を伸ばすことができる設備はほとんど見当たらない。また，運動施設を設け，緑地を設けるなどリラックスできる環境整備についても事業者は留意すべきである。

快適な職場環境の形成のために事業者に必要な措置の実施に関し，「①継続的かつ計画的な取り組み　②労働者の意見の反映　③個人差への考慮　④潤いへの配慮」が肝要である。このように具体的かつ労働者の心身の健康に配慮された指針に対し，事業者ばかりでなく労働者も自助努力していかなければならない。

5）産業医制度

(1) 意義と特性

産業医は法律上の制度であり，単に医師であるのみでなく，労働者の健康管理に必要な医学知識について一定の要件を備えた医師，すなわち①厚

生労働大臣の定める健康管理に必要な医学知識についての研修修了者　②労働衛生コンサルタント試験（保健衛生）合格者　③大学の労働衛生担当常勤講師以上の職経験者　④その他厚生労働大臣が定める者，さらに経過措置として　⑤改正法施行日（平8・10・1）前に日本医師会または産業医科大学の産業医学基本（基礎）講座を受講し，修了した者　⑥平成10年9月30日において産業医経験年数3年以上ある者のうちから産業医を選任しなければならない。これは疾病構造の変化，高齢化社会，ストレスの多い労働環境による作業関連疾患の増加等，労働衛生に関する高度の知識技術の必要に対応したものである。

(2) 選任義務事業

常時50人以上の労働者を使用するすべての事業者は，産業医を選任しなければならない（平成8年10月改正安衛13条2項，安衛則14条2項）。その選任義務に違反した事業者は50万円以下の罰金に処せられる（安衛120条1号）。

(a) 産業医の専属

常時1000人以上の労働者を使用する事業場又は安衛則第13条第2項列挙の業務に常時500人以上の労働者を従事させる事業場にあっては，専属の産業医を選任しなければならない（安衛則13条2項）。列挙業務の中で医療に関係があるのは，『ラジウム放射線，エックス線その他の有害放射線にさらされる業務，深夜業を含む業務，病原体によって汚染のおそれが著しい業務』であり，多くの病院に専属の産業医を必要とすると思われる。

(b) 職　　務

産業医の職務（安衛則14条）は，健康診断とその事後処置，健康管理，作業及び作業環境の管理，衛生教育，労働者の健康障害の原因の調査及び再発防止のための措置などである。これらの事項について事業者又は総括安全衛生管理者に対して必要な勧告ができ（勧告権の法制化），事業者はこれに必要な措置を講じなければならない（安衛則14）。また，省令により，産業医のなした勧告を理由とする解雇その他，産業医に対する不利益取り扱い禁止の規定が設けられた。

産業医は，少なくとも毎月1回作業場を巡視し，作業方法又は衛生状態に有害のおそれがあるときは，直ちに労働者の健康障害を防止するため必要な措置を講じなければならず，事業者はこれをなし得る権限を産業医に与えなければならない（安衛則15条）。

［宮崎　和子］

3　労災補償制度

　　労災，職業病は，予防のために法定された危害防止基準をすべて遵守しても，完全に防止できるわけではない。しかも，ひとたび発生すればその影響は，個人では，対応が不可能なほど深刻である。そのため，使用者の過失の有無を問題とすることなしに発生した災害を事後的に救済する法制度が必要不可欠となる。今日，その中心をなしている法制度は，1947年に制定された労災保険法（平17年法108号改正，平18年4月1日施行）である。同法は，沿革的に，使用者が労基法上負担する災害補償義務の確保のために制定されたものである（労災旧1条）。したがって，両者の補償内容は，当初，完全に一致していた。

　　だが，高度経済成長政策を推進していくなかで労災が増大し，労働者の安全と健康を守る運動を高揚させるとともに，法定補償が低いこともあって，生存権の保障に値する補償の要求を生み，しだいに，労災保険は社会保険化の傾向を強めるに至った。その動きは，1950年代後半からみられるが，1965年の労災保険法の抜本改正は，これを決定的なものにした。すなわち，①障害年金制度の7級までの拡充，②遺族年金制度の導入，③打切補償の分解引延しとしての長期傷病者補償に代えて療養補償と年金給付としての長期傷病者補償の制度化，④一人親方や中小企業主の特別加入などに道を開いたことが，それである。

1）労災保険の仕組み

　　労災保険法は，業務災害，通勤災害に対して「迅速かつ公正な保護をするため，必要な保険給付」を行うとともに，被災した「労働者の社会復帰の促進，当該労働者及びその遺族の援護，適正な労働条件の確保等を図り，もって労働者の福祉の増進に寄与することを目的とする」法律である（労災1条）。すなわち，労災保険法は，保険給付と労働福祉事業とを手段目的として，究極的には，労働者の福祉の増進を目的としているわけである。

　　労災保険は，政府が管掌し（同2条），強制保険であって，国の直営事業，非現業の官公署，船員保険の被保険者を除いて，労働者を1人でも使用している限り，原則としてすべての事業に適用される（労災3条1項）。労災保険関係は，事業の開始された日に成立し（徴収3条），使用者は，所定の保険料を徴収される（10条以下）。ただし，使用者が保険料を滞納中の災害であっても，労働者は，保険給付を受けることができる（労災31

条1項2号)。

2) 業務上災害・負傷・疾病

　労災補償は,「業務上」の傷病(労基75条～80条・81条・85条)ないし「業務上の事由による」傷病(労災1条・7条)を対象とする点で,「業務外」の傷病を対象とする一般の疾病保険(健保1条)と区別される。しかも,同じ傷病にかかわる給付でありながら,前者の給付率は後者のそれよりも,かなり高いうえ,その費用も,国庫負担を別とすれば,もっぱら使用者側の負担である(労災30条・31条,労保徴15条・19条)。したがって,「業務上」の傷病＝災害いかんは,労働者にとってだけでなく,使用者にとっても,重大な関心事である。しかし,労災保険法上,業務上災害の定義規定はなく(なお,安衛2条1号参照),もっぱら,理論的解決に委ねられている。

(1) 認定の一般基準

　業務上外の認定の一般基準に関しては,労災に対する接近視角の差異を反映して見解の対立がみられるが,認定実務および判例上,業務上災害とは,業務と災害との間に,その災害が業務に内在もしくは通常随伴する災害の現実化と認められるという意味での密接な関係の存在が必要であるとする相当因果関係説が支配的である。

　その立場の典型とみられる労働基準局の見解によれば,労災補償は,歴史的に無過失損害賠償責任として形成されてきたものであって,災害補償も,「損失填補の一形態」にほかならないとし,その本質を損失填補にもとめ,民事責任の帰責構造の類推から,業務上災害とは業務と傷病による損害との間に「一定の因果関係」が存在することが必要であるとする。その場合,「業務」とは,通常の意味の業務よりもひろく,本務のほかこれに付随する必要・合理的行為が含まれ,労働者が労働契約にもとづき事業主の支配下にある状態を意味する(＝業務遂行性)。また,「一定の因果関係」とは傷病の原因となる一定の明確な事実ないし事象(＝災害の危険)に媒介された因果関係(＝業務起因性)を指し,単なる条件関係や機会原因では足りず,傷病の発生に不可欠の条件となった一切の事情を基礎とする事後的判断によって,業務と傷病等の間に経験則上相当な因果関係があると認められることを意味する。

　このような考え方は,今日の判例の支配的立場でもある(熊本地八代支事件・最判昭51・11・12判時837号34頁その他)。もっとも,判例の態度は,相当因果関係説といっても行政の認定実務のそれと比べると,かなり弾力

的である。とりわけ，1960年代半ば以降の自覚的な労災闘争の高揚と生存権理念の補償法理への浸透を反映して，業務上外の認定に弾力的に対処し，労働省当局の認定基準を超える判断を下したものがみられるに至っている。とはいえ，業務遂行性と業務起因性の2つの条件のとらえ方は，かなり限定的である。その見解の基礎には，第1に，労災補償責任が労働関係に規定された危険にもとづく災害として，私生活領域の危険と区別するメルクマールを必要とすること，第2に，労災補償責任は労基法，労災保険法を通じて，使用者側だけの負担とされていることからみて，補償責任の範囲を限定せざるを得ないという考え方が存在するためである。

　だが，補償責任が実損額と遮断された定率・定額補償，迅速な行政救済，譲渡差押の禁止等の生活保障の特性を有すること，とりわけ，60年代中葉の労災保険法の抜本改正を契機として年金給付の拡大導入など個別使用者の責任の論理を超えていることなど補償責任の性格に変化が生じたことを考慮に容れる場合，相当因果関係説が労災補償法の制度目的に即した認定基準とみることに疑問なしとしない。この点，近年，学説上労災補償の生活保障目的に即して補償と賠償の性格の差異をふまえて，保険制度でカバーすべき補償の範囲を画するという観点から，業務と災害との間に合理的関連があれば足りるとする見解（保護法的因果関係説）も有力である。この系譜に属する判例として，「『業務上』の解釈としては，個々の労使間の労働関係に基礎をおく損失填補の法理に厳格にとらわれることはなく，労働関係に関連して発生した災害を労働者と使用者側（労災保険の実質的負担者）のいずれに負担させることがより合理的かの比較考量の上に立って『業務上』の概念を合理的に拡大するのが妥当であって，このことにより労災保険の給付対象の拡大を求める動向にも副い，また生活権保障の理念にも合致する」としたもの（橋本労基署長事件・大阪高判昭53・11・30労判309号26頁）がある。

(2) 主要な労働災害の認定

　業務上の災害は，認定実務上，使用者の支配下における状態において，これに通常伴う危険が現実化した災害を意味する。

(a) 業務および業務付随行為中の災害

　労働者が，所定労働時間中，本来の業務に従事している状態は，典型的な労働者としての行動であり，したがって，使用者の支配圏内にあると認められるから，そこに作用した災害の危険の現実化は，当該業務に従事していなかったとしても近い将来に遭遇したであろうとみられる場合を別と

すれば（機会原因の排除），業務上の災害である。

　業務ないし個別企業の労働者としての行動性は，補償の範囲を画するため，従属労働関係に規定された行動性格を問題にするものだから，「契約および法令の規定に従ってこれを狭く厳密に解すべきでなく」，労働者がおかれた「労務環境の中で使用者の労務遂行のため日頃行っている現実の状態において」把握される（中野労基署長事件・長野地判昭39・10・6労民集15巻5号1098頁）。また，業務性ないし業務遂行性は，本来の業務のほか，これに伴う必要行為，合理的行為，準備・後始末行為等が含まれる。

(b)　休憩中の災害

　休憩時間は使用者の支配から解放された自由な時間であり，事業施設内にとどまる場合も施設の管理を介した間接的支配を受けているにすぎない。そのため，休憩時間中の災害は，業務遂行性が肯定されるにしても，施設の瑕疵に起因するなど特段の事情が証明されない限り私的行為に起因するものと推定され，業務外と認定されないというのが行政実務の態度である（同旨，西宮労基署長事件・神戸地判昭58・12・19判タ525号248頁）。ただし，私的行為でも，就業中であれば業務に含まれたであろう飲水の摂取等の生理的行為に関する災害は施設の瑕疵を問題とするまでもなく，業務起因性も推定される扱いである。

　だが，そのような特別な事情の有無を問題にするまでもなく，休憩時間中の労働者の状態は，企業施設内にとどまる場合，その管理や規律に服するとともに，午後の業務再開のための作業待機としての行動性格をも併有すると考えられる。したがって，特段の私的逸脱行為が原因と認められない限り，業務起因性も推定されると考える。とりわけ，1973年の通勤災害保護制度の施行後の動きとして，出退勤行為に直結した企業施設内の通行中の災害について施設の瑕疵の有無を問題とすることなく業務上と認める扱いとなったこととの均衡を考えるとき，その感がつよい。

(c)　出張中の災害

　出張は，包括的または個別的な命令により，特定の用務を通常の勤務地ないし場所を離れて行うものであるため，労働者の支配は用務地への場所の移動とそこでの滞在の全般におよぶことになり，出張過程が，全体として使用者の支配＝個別企業の労働者としての状態にあると考えられる。

　（ⅰ）　まず出張の基点について，行政当局は，出張命令の内容，出張用務の性質，事業場の慣行等からみて自宅を基点とすることが是認できる場合は自宅までの途上を含むという。しかし，出張は，特定の用務のため通常の勤務地と異なる場所への移動を必然的にともない，通常の生活リズム

を乱すため，出張途上にまで支配がおよぶと考えられるのだとすれば，事業場に出勤後，出張命令が出だされるなど事業場を基点と認めるべき特段の事情がないかぎり，自宅が主張の基点だと考えるのが相当である。

（ⅱ）出張の途上は，全体として使用者の支配下にあると考えられるから，通常の合理的な順路・方法によるものである限り，その際の災害は，出張に通常ともなう私的行為の際の災害を含めて，業務上の災害と認められる。そのかぎりで，従属関係に規定された個別企業の労働者としての行動性格が認められるからである。例えば，出張用務の時間的・場所的事情から，自宅を出て自宅に帰ることが是認されていた労働者が用務地に赴く途中の踏切事故（昭34・7・1基収2980号），出張の順路で便乗したトラックからの転落事故（昭23・8・28基収3097号，昭27・1・29基収33号）も業務上である。もっとも，近年，相当因果関係説にたつ行政実務上の扱いとしては，業務起因性の面から出張に通常伴う危険に限定される傾向がつよい。

(d) 懇親会等への参加と災害

懇親会，レクリエーション等への参加は，それ自体としてみれば業務としての性質を持たないため，認定実務上，参加が業務と認められる特段の事情がある場合を別とすれば，一般的には①参加が事業の運営に社会通念上必要とみられること，②参加が事業主の積極的特命にもとづくこと，の2点を充たすことが必要とされている。この立場から，郵便局の郵便貯金と簡易保険の募集・集金業務に従事する職員が簡保旅行会へ局長要請で，事実上，世話役的立場で参加し，急性心臓病死した事案に関して，「旅行への随行は保険募集業務に付随」し，「保険募集業務を円滑に実行するために直接的，具体的に関連する行為」であり，しかも，「特別の業務命令に基づく」として業務遂行性を肯定した判例（島根八雲郵便局長事件・松江地判昭55・9・10労判350号16頁）がみられる反面，親会社の係長以上の有志と関連協力会社の有志で組織する親睦会主催の恒例ゴルフ・コンペに参加のため走行中，会社専務が対向車と衝突事故死した事案では，参加が代表取締役の命令にもとづき，その費用も出張旅費あるいは交際費として支払われていた場合でも，参加は会社の「事業の運営に必要」でなく，かつ代表取締役の「積極的特命」による行為とまではみとめられないから，業務外とした判例（高崎労基署長事件・前橋地判昭50・6・24労判230号26頁）がみられる。

以上の認定の手法は企業内外の運動競技会参加に関する災害の労災認定の場合も基本的に同一である。ただ，近年，運動競技をすることを業務と

する労働者が増加するなど実状の変化も生じている。そのため，競技会参加行為の業務行為性の判断という視点から労災認定基準が整理され，平成12年5月18日基発366号として出されている。それによれば，懇親会参加に関する労災認定の①の要件に対応して，参加の事業運営上の必要の側面は，対外的な競技会の場合には，参加が「出張又は出勤として取り扱われるものであること」とされ，事業場内の競技会の場合には，同一事業場に所属する労働者全員の参加を意図して行われるものであることが，必要である。また，②の事業主の特命行為の側面側面は，対外的な競技会の場合には競技会参加のため必要な旅費等が事業主により負担され，事業場内の競技の場合には競技会当日が出勤を要する日とされ，参加しない場合には欠勤したものとして取り扱われることが必要とされている。しかし，以上の要件は形式的に満すにすぎない場合は，不十分であり，「便宜供与があったものと解される」（平12年基発366号）という。結局，個別的な実状に即して，参加の業務行為性や義務性の指標にもとづく判断が求められるおそれが大きい。疑問といわざるをえない。

(3) 職業病の認定
(a) 職業病の範囲

ここで，職業病とは，業務上の疾病，すなわち業務ないし業務活動が原因となった疾病を意味し，非災害性の疾病のほか災害性の疾病も含む広義の概念である。職業病の認定も，業務関連性の存否の判断であるから，業務上の負傷の場合と異なる判断に服するわけではない。しかし，職業病とくに非災害性の疾病は，突発的事故に起因する労働災害に対し，緩慢な継続的有害原因の作用を特色とするため，業務関連性の判断に困難をともなう。そこで各国の労災補償立法は，補償すべき疾病の範囲を定め，認定の困難に対処するのが通例である。

(i) 労基則35条と疾病の範囲

職業病の定め方は，国により必ずしも同一ではない。わが国の場合，医学上，明らかになっている職業病をその原因とされる業務と対応させて例示的に列挙し，かつ列挙外の疾病をも補償の対象とするため補完規定を置くという例示列挙主義ないし混合主義を採用し，業務上の疾病の範囲を定めている（労基75条2項，労基則35条，別表第1の2）。労基法35条別表第1の2の疾病リストは，1978年3月職業病の増大と見直しの要望の高まりを受けて改正され，同年4月1日から新疾病リストとして施行されたものである（昭53省令11号）が，同リストは，職業病の範囲について，旧規定

と同様に混合方式を踏襲し，一般条項として，「その他業務に起因することの明らかな疾病」(別表9号) を置くとともに，まず疾病を主としてその発生原因となる有害因子にもとづいて大分類し，業務上の負傷に起因する疾病 (別表1号)，物理的因子による疾病 (同2号)，身体に過度の負担のかかる作業態様に起因する疾病 (同3号)，化学物質等による疾病 (同4号)，粉じんを飛散する場所における業務によるじん肺およびその合併症 (同5号)，細菌性病原体による疾病 (同6号)，がん原性物質等による疾病 (同7号) とした。ついで，当該項目の例示疾病 (同2号-7号) については，原則として，さらに，業務の内包する危険の特殊性にそくして細分化し，かつ例示としての趣旨を明確にするため，5号を除く各号の末尾に補完規定が付加されたほか，旧法の追加指定 (8号) と補完条項 (9号) も維持されている。

  (ii) 職業病の認定と推定

以上の職業病のうち，例示疾病は業務との因果関係が確立したものを定型化して掲げたものであり，当該業務に従事し，有害因子に暴露した労働者に当該疾病が発症した場合には，特段の反証がないかぎり，業務関連性が推定される。もっとも，別表上，例示疾病の業務関連性の認定ないし推定の条件は必ずしも明らかではない。この点，行政当局は，その条件として，①労働者が当該有害因子を含む業務に従事したこと，②発症原因として十分な有害因子の暴露 (＝暴露の期間・強度等) を受けていること，③発症の時期，経過，病態が暴露条件と医学的に矛盾しないことが必要だとしている。

だが，この条件を充足してはじめて業務関連性が肯定されるというのであれば，かりに，相当因果関係説を受け容れたとしても，例示列挙により認定を緩和しようとした趣旨にそぐわないであろう (同旨，高岡労基署長事件・富山地判昭54・5・25判時939号29頁)。労働者保護の観点からは，一層の認定ないし推定の緩和が望まれる。この点，ILO121号勧告が①従業員が一定期間有害因子に暴露したこと，②その暴露した業務の離脱後一定期間内に当該疾病の症状を発現させた場合には，反証のない限り，業務起因性が推定される (同勧告第6項2) としていることが注目される。

なお，判例上，補完規定 (旧35条38号＝現別表9号) は，「他の各号の場合に比して業務上の疾病か否かを認定するうえで要件を加重しているものと考えられない」とする立場 (札幌労基署長事件・札幌地判昭47・3・31労判178号71頁，京都府職佐原労災事件・京都地判昭48・9・21労旬847号54頁，同控訴事件・大阪高判昭51・4・2労判253号76頁) が有力である。

(b) 現代の職業病

(i) 過労死と業務上認定

過労死とは，過重労働など職業性のストレス（＝刺激に対する生体反応）が誘因となって発症した循環器疾患による死亡をいう。かつて，行政の認定基準は，高血圧症，動脈硬化症等の基礎疾病がある場合には安静時においても脳出血死や急性心臓疾患を発症させるおそれがあるとの見地から，①発症直前ないし発症当日に，②過激な業務による精神的，肉体的な強度の緊張等の負担（＝災害）が認められる場合に限って業務災害とし，「災害のない単なる疲労の蓄積」では「業務上の発病又は増悪とは認められない」（昭36・2・13基発116号）としていた。

しかし，このような災害的出来事を認定要件とする態度（＝アクシデント主義）は，現に長期間の過重労働と疲労の蓄積のもとで発症・増悪する循環器疾患の増加とその疾病の発症・悪化の業務関連性を指摘する医学的研究が進展していくなかで修正を避け難い。事実，60年代後半以降，ダンプ運転手の急性循環器不全による死亡を業務上とした判断にみられるように，疲労の蓄積を重視する裁決（昭40労31号昭40・9・10裁決，同旨，昭46労113号昭48・3・31裁決〈生コンオペレーターの急性心不全死〉等）がみられるに至る。判例においても，慢性的疲労状態を重視し，冠状動脈硬化症の基礎疾病のある医師が深更まで出張公務に従事し，就寝直後に急性心臓病死した場合を業務上としたもの（国立京都病院事件・東京地判昭45・10・15労判113号46頁）や冠状動脈硬化症の基礎疾病を有する艀船長の艀作業中の心筋梗塞の発症につき，「事故当日における業務の内容自体が日常のそれに比べて質的に著しく異なるとか量的に著しく過重でなければならないと解する合理的根拠はない」とし，業務上としたもの（三田労基署長〈艀船長〉事件・東京高判昭51・9・30判時843号39頁）があらわれた。さらに，業務自体が基礎疾病に悪影響を及ぼす性質の場合にはアクシデントの存在は必要とされないとし（名古屋市下水道局事件・名古屋地判昭54・6・8労旬980号49頁），アクシデントの存在は因果関係の認定に不可欠のものではなく，その存否の判断の際の1つの要素にすぎないとするもの（泉大津労基署長事件・大阪地判昭61・2・28労判470号34頁）がみられるに至る。

このような状況を反映して，1987年，旧通達を廃止し，第2次通達（昭62・10・26基発620号）が出された。その結果，業務の過重（負荷）の判断について，発症の直前から前日までの業務に限定する態度は改められ，発症前1週間以内の過重業務の継続にまで拡大された。その場合，過重負荷は異常な出来事への遭遇のほか，日常業務に比較して特に過重な業務への

就労でよい、とされた。

　だが、業務の過重を発症前1週間に限定することには、医学の立場からも批判が存し、当局の認定基準にたいし批判的判例も近年すくなくない。そのため、当局も、その後の医学的知見を踏まえて認定基準に検討をくわえ、1995年、あらたに、第3次通達（平7・2・1基発38号「脳血管疾患及び虚血性心疾患等（負傷に起因するものを除く）の認定基準について」）を発令した。それによれば、主な改正点は、①業務過重性の判断の対象期間は、発症1週間前以内の業務が日常業務を相当程度超える場合には、それ以前の期間を含めて総合的に判断されること、②業務の過重性判断の比較対象労働者が、より具体化され、当該労働者と同程度の年齢、経験等を有し、日常業務を支障なく遂行できる健康状態にある者とされたこと、③1週間の過重な業務の継続とは、その期間内に過重業務に従事した連続する日が含まれていれば足りるとされたこと、（平7・2・1基発38号、平8・1・22基発30号）などである。その後、最高裁も、業務に内在ないし随伴する危険の現実化という判断枠組みを弾力的に運用し、その認定問題に対処しようとする動き（地公災基金東京支部長〈町田高校〉事件最判平8・1・23労判687号16頁、同旨地公災基金愛知支部長〈瑞鳳小学校〉事件最判平8・3・5労判689号16頁など）がみられるに至っている。

　(ii)　精神障害と業務上認定

　業務上のストレスによる精神障害や自殺が経済的繁栄の反面として社会の関心をあつめている。

　精神障害が、外傷性痴呆などによる器質性精神障害であれば、負傷等外因の業務関連性の判断を媒介として認定されていくから、それほどの問題は生じない。これにたいし、神経症、反応性鬱病などの心因性精神障害については、内心の機能にかかわるため業務関連性の判断は困難である。この点、行政当局は、①心因性精神障害を発病させるに十分な強度の精神的負担が存在したこと、②業務以外に発病原因となる精神的負担がないこと、③有力な発病原因となる個体側要因がないことを条件として業務上災害となる（昭59・2・14基収330号の2）としていた。しかし、保護の対象を心因性精神障害を限度とし、精神分裂病（現疾病名統合失調症）を除外することに対しては、精神病理学者からも批判がくわえられていた。心因性精神障害と内因性精神障害は、ボーダーラインではオーバーラップするからである。また、当時の行政上の認定実務が、業務上の過重負荷のためうつ状態に陥り自殺を図った場合に安易に自傷行為として業務との因果関係を否定する傾向がみられたことも問題であった。そうした点をふまえて、従

来の認定基準を改め，新指針を打ち出したのが，「心理的負荷による精神障害等に係る業務上外の判断指針について」（平11・9・14基発544号）である。

新通達によれば，つぎの3要件を充足する場合に，当該精神障害は，労基法施行規則別表第1の2第9号の疾病とされる。

① 保護される対象疾病は，従来，通説とされていた三分類方式（外因性精神障害，心因性精神障害，内因性精神障害の3類型に精神病を区分する方式）は放棄され，国際疾病分類第10回修正（以下ICD-10と略称）第5章「精神および行動の障害」に分類される精神障害とされた。したがって，当該疾病リストに記載されている疾病を発症すれば，統合失調症を含めて保護の対象とされる。もっとも，通達によれば，業務と関連して発病する可能性がある精神障害は，そのリスト（10類型）のうちF_0〜F_4に分類される疾病であるという。

② 対象疾病の発症前おおむね6カ月間に客観的に当該精神障害を発症させるおそれのある強い業務上の心理的負荷が認められること。

③ 業務以外の心理的負荷及び個体側要因により当該精神障害を発症したとは認められないこと。

②の心理的負荷の評価は，同通達に添付されている表1（職場における心理的負荷評価表）と表2（職場以外の心理的負荷評価表）にもとづいて行われる。職場における負荷評価表では，負荷原因である出来事が類型的に大分類され，その類型ごとに具体的出来事が配分され，その平均的負荷の強度が，Ⅰは日常的に経験する一般的には問題とならない程度の負荷，Ⅲは，人生でまれに経験することもある強い心理的負荷，Ⅱはその中間に位置する負荷とされる。以上の負荷評価は平均的抽象的評価である。ついで，具体的な負荷の内容や程度によって，強度が修正される（EX. Ⅰ→Ⅱ）。ただし，強度がⅢと位置づけられる心理的負荷であっても，その程度では，一般的に精神病発症の有力な原因となるものではない，とされている。さらに，出来事の発生後の対処による心理的負荷の変化を検討し，その負荷の程度を「相等程度過重」，「特に過重」等と評価される。その上で，負荷の強度（Ⅰ，Ⅱ，Ⅲの判定）と負荷の程度（過重度）を総合評価し，弱，中，強の判断がされる。たとえば，具体的な出来事の負荷の強度がⅢで，負荷の程度が相当程度過重を評価された場合は，心理的負荷の総合評価は強とされ，業務外の強い心理的負荷や著しい個体的要因が認められない限り，当該精神障害は業務起因性が肯定される。当該出来事の心理的負荷の強度がⅡと判定され，出来事の発生後の負荷の程度が「特に過重」と評価され

た場合も同様である。しかし，PTSDの業務外認定基準であれば格別あまりに負荷過重性が重視され，精神障害の発症におけるストレスの相対性が軽視されているとの感を否定できない。その点で，T自動車第1車輌設計課係長が業務上の負担が強まるなかでうつ状態となりビルから飛び降自殺した事案の業務上外認定にかかわって，現在の医学的知見によれば，「ストレス――脆弱性」理論が合理的であるが，「業務とうつ病の発症・憎悪との間の相当因果関係の存否を判断するに当っては，うつ病に関する医学的知見を踏まえて，発症前の業務内容及び生活状況並びにこれらが労働者に与える心身的負荷の有無や程度，さらには当該労働者の基礎疾患等の身体的要因や，うつ病に親和的な性格等の個体側の要因等を具体的かつ総合的に検討し，社会通念に照らして判断するのが相当である」とし，その見地から，弾力的に業務起因性を帰結した判例（〈豊田労基署長トヨタ自動車〉事件・名古屋高判平15・7・8労判856号14頁）が注目される。

　なお，出来事の類型としては，対人関係のトラブルに属するセクシャルハラスメントのストレスにより精神障害に陥った場合も，上述の手法によって判断される。その際，事案の性質上「『心理的負荷が極度のもの』，と判断される場合にはその出来事自体を評価し，業務上外を決定」，それ以外の場合には，「出来事及び出来事に伴う変化等について綜合的に評価するという認定手法は前述の精神障害の場合と同一である（平17・12・1基労補発1201001号）。その場合，出来事の発生後の変化等の検討視点としては，セクシャルハラスメント指針で示された事業主の雇用管理上の配慮義務事項について検討されることになる。この通達後，2年間にわたり上司から言葉などによるセクシャルハラスメントを受け，不眠や食欲不振となり，退職し，心的外傷後ストレス障害と診断（PTSD）された認定事例（平18・1・13函館労働基準監督署）が出されている。

3）通勤災害

(1) 業務上通勤災害

　　通勤途上の災害は，住居設置場所の自由，交通機関選択の自由等が労働者に留保されているため，その途上は使用者の支配圏外にあり，業務遂行性を欠き，原則として，業務外とされ，例外的に，特殊の事情の故に使用者の支配圏内にあるとみられる場合にかぎって，業務遂行性の要件を充たし，業務上災害となると考えるのが通説・判例の立場（川崎南労基署長事件・最判昭52・8・9労判カード282号11頁，橋本労基署長事件・最判昭54・12・7判タ407号76頁）である。

ここで，特殊事情とは，通常，「事業主が専用交通機関を労働者の通勤の用に供している場合，出勤又は退勤の途上で用務を行うことについて使用者の特命があった場合，突発事故が発生した場合に使用者の呼出しにより又は休日でも予め出勤を命ぜられているような場合等」をいう（昭44労63号・昭46・8・12裁決〈取消〉，昭44労143号・昭46・8・12裁決〈取消〉，昭45労147号・昭46・10・30裁決〈棄却〉）とされている。

(2) 保護通勤災害
(a) 沿革

保護通勤災害制度を生みだした事情として，つぎの点を指摘することができる。まず，前述のように，従来，実務上，通勤災害は例外的に，特殊事情が存在し，使用者の支配圏内の災害とみとめられた場合にかぎって，業務上とする取扱いであり，原則として，業務外の災害として法の保護の外におかれていた。

しかし，かりに通勤途上を使用者の支配圏外にあると認めるにしても，それが業務遂行と密着した必要不可欠な行為であり，通勤時刻の決定権限を介して，事実上，労働者の行動，状態を拘束していることは否めない。そのため，労使間においても，純然たる私的行為と区別し，企業内福利制度として通勤途上災害に関する特別補償制度が，すでに20年代からみられたといわれる。くわえて，60年代後半以降の企業の都市集中と，モータリゼーションを背景とする通勤災害の増大と，それに対応した補償を求める労働運動の高揚がみられた。

さらに，国際的動向に即応する必要である。すでに，ドイツでは1925年以降，フランスでも1946年以降，通勤災害が業務上災害として取扱われていたが，ILOも，1944年，所得保障勧告（67号）で業務上災害としての補償の方向を打出していた。その後，1964年，業務災害給付条約（121号）において，一定の留保をつけながらも，通勤途上の災害を業務上とみなす条件をふくめて，労働災害の定義をおくことを要求し（同条約7条），同勧告（121号）は，作業場と被用者の主たるまたは従たる住居，通常報酬を受け取る場所との間の直接の途上災害を労働災害として取り扱うべき旨（5項c）を明記するに至った。

こうした内外の情況を考慮し，わが国でも，1970年2月労働大臣の諮問機関として「通勤途上災害調査会」が設置され，通勤災害の補償制度の法制化が検討されてきた。その答申（1972年8月25日）にもとづき，1978年，業務上災害に準じた保護を与える制度を創設する労災保険法の改正が行わ

れ，同年12月1日から施行されたのが「保護通勤災害の制度」である。

(b) 性　　格

保護通勤災害制度は，業務上災害の補償制度と比べた場合，次のような特性が認められる。

第1に，給付内容は，全くといってよいほど同一であるが，給付の名称から「補償」の文言が削られ，療養給付，休業給付，障害給付，葬祭給付，傷病年金と称され，給付の性格の差異が明らかにされていることである（労災21条）。第2に，療養給付を受ける労働者に200円を超えない範囲で省令で定める一部負担金（現在200円，日雇労働者は100円）が課せられることである（同31条2項，則44条の2第2項）。ただし，第三者行為による災害の場合，療養開始後3日以内に死亡した場合，休業給付を受けない場合は負担を免除される（同則44条の2第1項）。第3に，休業給付には，休業補償給付と同様に，3日間の待期があるが（同22条の2第2項・14条1項・14条の2），この間の休業については，後者の給付と異なって，労基法の休業補償の適用がないため，カバーされない。第4に，もっとも重要な相違点であるが，保護通勤災害は，業務外の災害とされるため，労基法の解雇制限の規定（同19条）が不適用となることである。

さらに，以上の法上の取扱いの差異のほか，労使間の特別補償協定上，補償額に較差がみられる現状では，その較差の固定化要因として機能する側面も看過できない。

(c) 保護通勤災害の認定

この認定要件として，第1に「通勤による」災害であること，第2に，当該の通勤が法の定める「通勤」と認められることが必要である（労災7条1項2号・2項・3項）。

(i) 通勤の概念

① 通勤の起点と終点

法所定の通勤は，まず，「住居と就業の場所」との往復行為でなければならない。「住居」とは，行政解釈上，「労働者が居住して日常生活の用に供している家屋等の場所」であって，「本人の就業のための拠点となるところ」をいう（前掲・昭48・11・22基発644号）とされる。その要件を充たすかぎり，「住居」は必ずしも1つに限られない。例えば，通常は家族の住む場所から通勤しているが，別にアパートを借りていて早出・長時間残業の際に宿泊し通勤している場合には，当該家族の住居とアパート等の双方が住居であり，また早出・長時間残業等の勤務上の事情や交通スト，台風等の交通事情その他不可抗力により「就業のために一時的に居住の場所

を移していると認められる場合」，その場所も住居である。だが，住居の要件として，就業の拠点性を必要とすることは，不当な限定である。住居が通勤の起点となるのは，それが私生活の中心をなしているからであって，就業の拠点だからではないからである。問題は，転勤のため，単身赴任し社宅等に住む家族と別居し，勤務地の独身寮に居住するサラリーマンが，週末帰宅型し，月曜日，家族のもとから出勤する途上で災害に遭う場合である。この点，認定実務の取扱いは，数次にわたって改定され，今日では，単に「当該往復行為に反復・継続性が認められ」れば足りる（平成7年2月1日基発39号）こととなっている。

なお，単身赴任者が，赴任先の住居と家族の住居が相当隔たっているため金曜日に帰省し，月曜日の勤務に備えて日曜日に赴任先の宿舎へ戻る金帰日来型の通勤災害の場合には，①住居と住居の往復行為であること，②月曜日の出勤までに相当長時間にわたる就寝時間が介在することから，「通勤」の要件をみたすかが問題となる。この点で，就業関連性の意義を弾力的に解釈し，通勤の要件を充すとした注目すべき判例（高山労基署長〈千代田生命〉事件・岐阜地判平17・4・21労旬1605号59頁〈判批拙稿・労旬1605号46頁以下，同控訴事件・名古屋高判平18・3・15労判914号5頁，同旨能代労基署長〈日動建設〉事件・秋田地判平13・11・10労判800号49頁）がみられた。通勤の意義にかかわる就業関連性は，住居と就業の場所との往復行為が私的動機からも行われるため，私的な往復行為を保護の対象から排除するための要件である。したがって，行為が労働関係に規定された個別企業の労働者としての行動であるという行動性格の問題であり，制度趣旨にそくした弾力的な解釈が要請されているといってよい。住居と住居の往復行為の点についても，同様の見地から，家族の住居と就業の場所との就業関連性は，前日の就寝の介在によって失われないと解する余地があるが，平成17年11月の労災保険法改正により（平17・11・7法123号），住居と就業の場所との往復行為に「先行し又は後続する住居間の移動」が通勤に包摂され，立法的に解決された（7条2項3号）。

次に「就業の場所」とは，事業主の支配管理権の及んでいる場所をいい，その外延は企業施設の門である。したがって，通勤行為は門で終わる。入門後，企業施設内の通行中の災害は保護通勤災害ではない。しかし，これを企業施設の瑕疵に起因しないかぎり，業務上災害にもならないとして，法の保護外におくことは，入門直前の通勤途上が通勤災害として保護されるのに比べ均衡を失する。そのため，行政解釈においても，とくに施設の瑕疵を問題とせず，①通勤行為が業務に接続する行為であることを根拠と

して、②被災労働者の私的逸脱行為が介在せず、③災害が通勤に通常伴うものであれば、業務附随行為中の災害として、業務上災害とする扱いである（昭51・1・10基収3491号〈退勤時〉、昭51・5・21基収169号〈出勤時〉、反対に保護通勤災害とするものに昭50労146号昭52・10・20裁決〈取消〉）。

② 就業関連性

通勤は、「就業に関し」て行われなければならない。通勤は、業務遂行の必要に規定された行動として業務の遂行と合理的関連性のあることが必要であり、私的目的等にもとづく場合を含む往復行為一般であってはならないという趣旨である。つまり、業務遂行の必要のため、もしくはその必要から解放されることにより、通勤行為が行われることが必要である。業務遂行の必要に規定された行動性格は、他の目的が併存していても、当然には失われない。例えば、事業場施設内の組合集会参加のため、通常の出勤時刻よりも、1時間半はやく住居をでた場合でも就業関連性がある（昭52・9・1基収793号）。また、出勤が客観的に、業務遂行の必要に規定された行動であれば、必ずしも現実に就労したことは就業関連性の要件ではない。スト解除の予想のもとに出された出勤待機命令に応じて出勤したが、解除にならないため就労しなかった場合（昭49・11・15基収3381号）はその例である。

就業関連性に関して、出退勤と始業の時刻とのずれが問題となる。行政実務上、約2時間を目途として、就業関連性を肯定する扱いである。

昼休み等就業開始までの間に相当の時間的余裕があって帰宅する場合は、実務上就業関連性が認められている（前掲・昭48基発644号）。なお、保護通勤災害の実施を契機として、事業場に食堂施設がないか不十分なため、事業主が事業場の近くの食堂と契約を結び「指定食堂」としている場合および事業場近辺に食堂が数軒しかなく、それらの食堂を労働者が利用せざるをえない場合は、その間の直接の往復途上の災害は業務上の災害と認めるよう取扱いが改められた（昭48・12・1基発671号）。なお、不均衡が残ることは否めない。むしろ、端的に、合理的範囲の昼食の場所との往復途上の災害は業務上と認めるべきである。

③ 合理的経路と方法

住居と就業の場所との往復行為は合理的な経路と方法によることが必要である。経路と手段において社会通念上相当な通勤の態様を逸脱してはならないという趣旨である。ただし、労働者のおかれた具体的状況も配慮されなければならない。

「合理的な経路」は、必ずしも、最短コースと同じではない。社会通念

上，代替性をもつ複数の経路をふくむ。また，多少の迂回等があっても，社会通念上，合理的事由があれば，合理的な経路である。例えば，道路工事やデモのための迂回路，マイカー通勤者の貸切車庫を経由しての経路，共稼ぎ夫婦が託児所等へ子供をあずけるためにとる経路は合理的な経路である（前掲・昭48基発644号）。

　　④　逸脱・中断

　法所定の通勤は，その往復行為に際し，逸脱・中断がないことが必要である。「逸脱」とは，通勤の途中，業務もしくは通勤と無関係な目的で，合理的な経路をそれることをいい，「中断」とは経路上で通勤と無関係な行為を行うことをいう（前掲・昭48基発644号）。ただし，通勤途上に行うささいな行為は，逸脱・中断とはならない。例えば，経路上の店で，タバコや雑誌を購入し，駅の構内で渇をいやすためジュースを立飲する場合である。

　逸脱・中断があれば，その後の往復行為は，たとえ通常の経路に復した後であっても，いっさい，通勤行為として扱われないのが原則である（労災7条3項本文）。ただし，例外的に，逸脱・中断が「日常生活上必要な行為であって労働省令で定めるもの」を「やむを得ない事由により行うための最小限度のもの」である場合には，当該逸脱・中断の間を除いて（したがって，逸脱・中断中は保護外＝札幌農業センター〈札幌中央労基署長〉事件・札幌地判昭63・2・12労旬1193号74頁，同旨同控訴事件札幌高決平1・5・8労判541号27頁），その後は通勤として保護される（労災7条3項但書，労災則8条）。

　(ii)　通勤による災害

　保護通勤災害制度の創設にともなう施行通達（昭48・11・22基発644号）によれば，「通勤による」とは「通勤と相当因果関係のあること，つまり通勤に通常伴う危険が具体化したこと」をいう。したがって，災害と通勤との間に災害の危険を媒介とした経験則上相当な関係があることが必要であり，単に条件関係の存在では足りない。また，通勤が災害の単なる「機会原因的なもの」にすぎない場合は排除される（昭50・1・17基収3464号の2）。

　この結果，通勤途上，自動車にひかれたり，駅の階段から転落受傷した場合，電車の急停車のための転倒受傷や歩行中ビル建設現場から落下した物体による受傷等の場合は通勤に通常伴う危険の現実化として保護通勤災害となる（前掲昭48基発644号）。しかし，オートバイで出勤途上，突然飛来したハチに右眼付近を刺された場合（前掲昭50基収3464号の2）やバス

停車場に赴く途上，野犬に右手を咬まれた場合（昭50・9・22基収701号の2）は，偶発的な機会的原因の災害であり，保護通勤災害ではないとされている。

4）労災保険の給付

(1) 給付内容

労災保険は，業務災害と通勤災害に対する保険給付（労災7条・12条の8・21条）のほか，労働福祉事業の一環として労働者，遺族の援護のために行われる特別支給金等の給付制度がある（労災29条1項2号，労働者災害補償保険特別支給金支給規則昭49年労令30号，最終改正平18年厚労令52号，施行平18年4月1日。以下，特別支給金則と略称）。

なお，脳・心臓疾患死（過労死）の増大が社会問題となるなかで，平成12年，労災保険法が改正され（平12年法124号），安衛法66条1項の定める健康診断の結果，省令の定めるすべての検査項目に異常が認められることを条件に行われる第2次健康診断が，平成13年4月1日から，新たに保険給付として認める改正が行われている（労災7条1項3号）。

(a) 療養（補償）給付

業務上災害または，保護通勤災害（以下「業務災害等」と略称）で傷病に罹った場合に，当該労働者に対しなされる給付で（労災13条・22条），原則として現物給付である。給付の範囲は，①診察，②薬剤または治療材料の支給，③処置，手術その他の治療，④居宅における療養上の管理およびその療養に伴う世話その他の看護，すなわち在宅患者に係わる訪問看護（平6・9・30基発609号），⑤病院または診療所への入院およびその療養に伴う世話その他の看護，⑥移送である（労災13条2項）。現物給付が困難な場合，すなわち当該地区に指定病院等がない場合には，療養の費用が支給される（労災13条3項）。

(b) 休業（補償）給付

業務災害等の療養のため労働不能で，その間の賃金が支払われない場合に，休業4日めから給付基礎額（最低保障額＝平成18年8月1日以降4100円〈平18年厚労告441号〉）の60パーセントが支給される（労災14条・8条・8条の2，同則9条）。なお，労働福祉事業から，休業特別支給金として給付基礎日額の20パーセントが支給される（特別支給金規則3条1項）。

(c) 傷害（補償）給付

業務災害等による傷病が，治った後，心身に障害が残った場合，障害等級表（労災15条，労災則14条，別表1・2）で定める障害の程度に応じて，

障害（補償）年金または障害（補償）一時金が支給される（労災15条1項）。年金給付の額は，給付基礎日額の313日分（1級）から131日分（7級）であり，一時金給付の額は，給付基礎日額の503日分（8級）から56日分（14級）である（労災15条2項，別表1，別表2）。

このほか，労働福祉事業として，①障害特別支給金，②障害特別年金，③障害特別一時金が給付される（特別支給金則2条）。①は，障害等級に応じて逓減する一時金（1級〈342万円〉―14級〈8万円〉）であり，②③は，算定事由発生日以前1年間（雇入れ後1年に満たない者については，雇入れ後，期間）に支払われた特別給与（＝賞与）の一定限度，すなわち150万円か定期給与年額の20パーセントのいずれか低い方の額を算定基礎として給付日額を算出し，障害の程度に応じてその保険給付と同日数分の額が支給される（特別支給金則4条・6条・7条・8条，別表1・2）。

なお，「治った」（＝治癒）とは，「症状が安定し，疾病が固定した状態」をいい，「治療の必要がなくなった」場合を指し，負傷は「創面の癒着」，疾病は「急性症状が消退し慢性状態は持続しても医療効果を期待し得ない状態になった場合」をいう（昭57・9・30基発643号）とされている。

(d) 遺族（補償）給付

業務災害等で被災労働者が死亡した場合に，遺族に対し，遺族（補償）年金または遺族（補償）一時金が支給される（労災16条）。

年金を受給できる遺族（＝遺族年金受給権者）は，つぎの2つ条件を充たす必要がある。第1に，労働者の配偶者，子，父母，孫，祖父母および兄弟姉妹であって，労働者の死亡当時その収入によって生計を維持していた者である。受給順位も上記の順序により，第1順位者が失権すれば，次順位者に受給権が移転する。第2に，妻以外の者については，年齢制限があり，①夫，父母，祖父母については，60歳以上であること，②子，孫については，18歳に達した日以降の最初の3月31日を超えていないこと，③兄弟姉妹については，18歳に達した日以降の最初の3月31日を超えていないか，60歳以上であることである。ただし，労働省令で定める障害状態にあれば年齢制限はない（労災16条の2第1項）。労働者死亡当時胎児であった子が出生したときは，労働者の死亡当時生計維持関係にあった者として扱われる（労災16条の2第2項）。年金額は，受給要件を充たす遺族の数に応じて，1人の場合は給付基礎日額の153日分（ただし，55歳以上の妻および一定の障害状態にある者は，175日分），2人の場合は201日分，3人の場合は223日分，4人以上の場合は245日分の年金である（労災16条の3第1項，同法別表1）。

一時金は，遺族（補償）年金の受給要件を満たす遺族がいない場合に支

給され，その額は，給付基礎日額の1000日分の一時金である（労災16条の6〜16条の8，同別表2）。ただし，転給の場合は，すでに支給された年金額を控除した差額の限度で支給される（労災16条の6第1項）。

労働福祉事業として，①遺族特別支給金，②遺族特別年金，③遺族特別一時金の3種がある。①は，労働者が業務災害通勤災害で死亡した場合に，一時金300万円が第1順位の遺族の申請にもとづいて支給される（特別支給金則5条1項・3項）。②③は，遺族（補償）年金や一時金受給権者の申請により，前述の特別給与の一定額を算定基礎とする給付基礎日額にもとづいて，それぞれ，保険給付と同日数の年金または一時金が支給される（同則9条・10条，同別表2）。

(e) 葬 祭 料

労働者が死亡した場合，葬祭を行う者に支給される。それは，「葬祭を行う者にその費用を補償する給付である」（昭41・1・31基発73号）から，必ずしも，遺族に限られない（労災12条の8第2項）が，葬祭を行うべき遺族が行えば，その者が受給権者となる（同17条）。たとえば，社葬を行った場合，それが恩恵的厚意的性質にもとづくときは，葬祭料は，遺族に給付されるが，遺族がないときに，社葬として会社が葬祭を行った場合は，会社に支給されるというのが行政実務の扱い（昭23・11・29基発収2965号）である。支給額は，平成18年4月1日以降，31万5千円に給付基礎日額30日分を加算した額（最低保障＝給付基礎日額60日分）である（同則17条）。

(f) 傷病（補償）年金

業務災害等による傷病が，療養開始後1年半を経過した日に，①その傷病が治っていないで，②傷病による障害の程度が労働省令で定める傷病等級表の障害の程度に該当する場合に，③その状態が継続している間，給付基礎日額の313日分（傷病1級）から245日分（傷病3級）が支給される（労災12条3項・18条，則18条，同別表2）。

さらに，労働福祉事業として，傷病（補償）年金の受給権者は，その申請により傷病特別支給金と傷病特別年金を受給できる。その支給額は，前者については，傷病等級に応じた定額の一時金（傷病等級1級114万円，同2級107万円，同3級100万円）であり，後者については，前述した特別給与一定額を基礎とする一定日数の年金（1級＝313日分から3級＝245日分）である（特別支給金規則5条の2・11条，別表1の2・2）。

(g) 介護（補償）給付

被災労働者の高齢化が進むなかで，介護給付の必要性が高まっているが，従来，労働福祉事業の一環として行われていた介護料の支給制度は，支給

対象が障害・傷病等級1級の者のうち，塵肺，脊髄損傷により常時介護を要する者に限られていた。他方，ILO121号勧告（1964年）も常時介護を要する者について，その必要とする費用の支給を提言していた（同勧告11項）。こうした内外の状況を踏まえて，1995年創設され，翌年4月1日施行されたのが，介護（補償）給付の制度である。

支給要件は，①障害（補償）年金または傷病（補償）年金受給権者であって，②その障害ないし傷病障害が厚生労働省令で定める程度のため常時または随時介護を要する状態にあり，かつ③その介護を受けているときに，受けている間，その請求にもとづいて支給される（労災12条の8第4項，同則18条の3の2，同別表3）。

支給額は，月を単位として通常要する費用を考慮して労働大臣の定める額が支給される（労災19条の2，同則18条の3の4）。すなわち，常時要介護の被災労働者の場合，①その月において，介護に要する費用を支出して介護を受けた日があり，その支出額が10万4千590円を超えるときは，その額を上限とする。②その月において介護に要する費用を支出して介護を受けた日があり，その支出額が5万6千710円に満たないとき又はその月において介護に要する費用を支出して介護を受けた日はないが，親族又はこれに準ずる者による介護を受けた日のあるときは，5万6千710円（支給すべき事由が生じた月の介護費用の支出額が5万6千710円未満のときは，その支出額とする）。

随時要介護の被災労働者の場合は，①その月において介護に要する費用を支出して介護を受けた日があり，その支出額が5万2千300円を超えるときは，その額を上限とする。②その月において介護に要する費用を支出して介護を受けた日があり，その支出額が2万8千360円に満たないとき又はその月において介護費用を支出して介護を受けた日はないが，親族又はこれに準ずる者による介護を受けた日があるときは2万8千360円（支給すべき事由が生じた月の介護費用の支出額が2万8千360円未満のときは，その額とする）。

(h) 労働福祉事業

被災労働者が，業務災害等の打撃から回復し，再び社会復帰を果たすためには，たんに傷病等に対し保険給付するだけでは十分ではない。被災労働者および遺族に対し，保険給付を補完する意味で，援護措置や福祉サービスが不可欠である。

このため，法は，①療養に関する施設及びリハビリテーションに関する施設の設置，運営その他業務災害等を被った労働者の円滑な社会復帰の促

進事業，②被災労働者の療養生活の援護，介護の援護，遺族の修学援護，被災労働者およびその遺族が必要とする資金の貸付その他の援護事業，③労災防止活動に対する援助，健康診断に関する施設の設置および運営その他安全衛生確保の事業，④賃金の支払い確保，労働条件管理に関する使用者に対する指導・援助その他労働条件の確保に必要な事業が国の福祉事業とされている（労災29条）。

このほか，1994年6月の労災保険法改正（平6法56号）により，同年10月1日から，給付日数・額の点で不十分ながら，在宅医療の一環として訪問看護制度がスタートしている（労災13条2項4号）。

(2) 他の社会保険給付との調整

労災保険の受給権者が，同時に他の社会保険の受給者となる場合，両者の給付の調整をどう考えるかは，労災補償の性質論と関連して議論の分かれるところである。この点，従来，他の社会保険の年金額の2分の1（国民年金は3分の1）相当額を労災補償年金から減額する形で調整が行われてきたが，原則として，実際の賃金を算定基礎とする労災保険と上薄下厚型の給付の厚生年金給付等では，被災者が若年労働者で賃金が低い場合，調整の結果，年金額が零ないしこれに近い額となる場合も生じ，問題であった。

そこで，昭和51年の法改正（昭51法32号，昭52・4・1施行）により，労災保険の受給者であって，同時に厚生年金，国民年金を受給している者について前々保険年度における支給額の平均額を算出し，その合算額の2分の1を労災保険の支給平均額で除した率を基礎として調整率を定めることとされている（労災別表1，施行令2条以下）。それによれば，同一の事由による併給の状態に応じて，73％から88％で支給調整が行われる。

なお，労災保険給付と他の社会保険給付とは，本来，その性格を異にするため，調整になじまないと解されるが，労災保険の社会保険化に伴い，所得保障の機能を併有するに至ったため，年金給付に限って調整を行うことにしたものである（昭41・1・31基発73号）。したがって，一時金給付は，休業補償が例外的に対象となることを別として調整の対象とならない。

(3) 保険給付と損害賠償

業務上の災害等に対し，前述のように，労災保険法にもとづいて一定の保険給付が行われる。しかし，その補償額は必ずしも十分ではない。そのため，保険給付を受給する被災労働者や遺族が災害の原因を惹起した企業

等に損害賠償を請求する事例が少なくない。

(a) 補償責任と賠償責任の調整

労災が補償責任と同時に賠償責任を発生させる場合，補償と賠償の相互減免関係を認めるかどうか，認めるとすればどの限度で認めることが妥当かが問題となる。この点，理論上，補償責任の本質を損失の填補にあるとみる立場からは，補償と賠償との損失填補としての実質的同一性を理由に相互補完関係が肯定され，補償責任の本質を労働者とその遺族の生活保障にもとめ，賠償と異質なものとみる立場からは，両者の相互補完関係は否定される筋合である。だが，後者の立場においても機能的重複の存する限度で相互補完関係を認める見解が支配的である。

問題は，補償の年金化に伴って，将来，受給するであろう未支給の年金部分の調整の可否である。この点，従来，下級審判例の態度は分かれ，調整を肯定し損害額から将来受給分の控除を認める見解（控除説）とこれを認めない見解（非控除説）の対立がみられたが，1977年の最高裁判例（三共自動車事件最判昭52・10・25民集31巻6号1379頁〈使用者加害の事案〉，中村自動車販売・仁田原事件・最判昭52．5．27民集31巻3号427頁〈第三者加害の事案〉）によって，非控除説に見解が統一されるに至った。だが，この判例，とりわけ使用者加害の事案については被災労働者に二重利得を与え，事業主に二重負担を課すことになり，保険利益を奪うものであるとの批判が加えられた。そこで，1980年法改正に際し，使用者加害の場合の調整規定（旧労災67条＝現64条）が新設され，一定の限度で賠償履行の猶予を認め，その範囲で事実上将来給付を含めた調整利益を享受できる方式が制度化されたわけである。

こうして，労災保険法は，制定当初から存在した第三者加害の場合の調整規定（労災旧20条＝現行12条の4）に加えて，使用者加害の場合の調整規定をも備えるに至ったわけである。

法64条が，損害賠償の側からの調整について前払一時金の最高額限度まで相互減免関係を認めた理由は，労働省当局の見解によれば，この部分については確実に給付が行われることが法的に保障され，「既支給分と同一視」できるからであるとされている。

(b) 賠償と補償の調整と法64条

(i) 使用者の加害と調整方式

現行の調整方式は，前払一時金の最高限度額に接合された調整方式であり，損害賠償の側からの調整と労災保険の側からの調整がある。

まず，損害賠償の側からの調整方式はこうである。80年の法改正によっ

て前払一時金制度が遺族（補償）年金だけを対象とする制度（労災60条・63条・昭48年法85号附則4条）から障害（補償）年金をも対象とする制度として拡大導入され（同59条・61条），かつ失権差額一時金制度も遺族（補償）年金だけを対象とする制度ではなく，障害（補償）年金をも対象とする制度として整備された（16条の6第2号・22条の4第3項・58条・61条）。そこで，この前払一時金の最高限度相当額までは，いかなる場合でも保険給付が保障されるものとし（同64条2項但書），その最高限度相当額から前払一時金を遅滞なく請求したとすれば受領できたであろう時までの法定利率を割引いた額の限度で使用者にたいし損害賠償の履行の猶予を認め，その間に年金給付または前払一時金が支給された時は，支給額から受領時までの法定利率を割引いた額の限度で賠償責任を免れることにしたものである（同64条1項，昭56・10・30基発696号）。

次に，保険給付の側からの調整として，前払一時金の最高限度相当額を超える損害の賠償が行われた場合には，労災保険審議会の議を経て労働大臣の定める基準（昭56・6・12基発60号）に従い，支給停止の方式で調整される（同64条2項）。しかし，両者の異質性を認める立場からは，その帰結は疑問であり，限定的な解釈が講じられる必要がある。

(ii) 第三者の加害と調整方式

労災が第三者の行為によって生じた場合について，労災保険法は，政府が保険給付をしたときは，その価格の限度で受給者が第三者に対して有する賠償請求権を取得し（労災12条の4第1項），第三者が損害賠償をしたときは，政府はその価格の限度で保険給付をしないことができる（同条2項）と定めている。その趣旨として，通常，被災者が二重に利得すること，および加害第三者が保険給付によりその賠償義務を免れることの防止が挙げられる。だが，機能的重複を災害補償の限度でだけ肯定する私見の立場からすれば，二重利得の防止の趣旨は付随的であって，むしろ保険財政の維持を意図したものと解される。もちろん，保険財政維持の趣旨は労災保険法の被災労働者と遺族の保護目的に従属し，その目的に反しない形で認められるにすぎない。なお，第三者加害の場合，調整の期間は災害発生から最長3年に限られている（昭41・6・17基発610号）。

(c) 労災民事責任と安全配慮義務

労働災害が，使用者の有責な加害行為にもとづく場合，今日では，不法行為（民709条）のほか労働契約上の安全配慮義務違反として債務不履行にもとづく損害賠償責任を追及することができる点では，学説・判例上異論はない。

(i) 安全配慮義務

　労災に対する賠償責任を労働契約上の債務不履行として構成しようとする主張は，60年代の労働災害の増大に触発されて高揚した「生命を守る闘い」のなかで，労災の予防にくわえて，低額な補償給付をカバーし，被災労働者と遺族の生存確保をめざすとともに，使用者の労災責任を明確化しようという観点から打ちだされたものである。債務不履行の構成は不法行為による構成と比べて，故意・過失の立証責任の転換がはかられること，賠償請求権の消滅時効が3年から10年に延長されること（民724条・167条）の2点で労働者側にとって有利と考えられる。そのため労災民事裁判で主として主張されたこの構成は，しだいに学説の支持を受け，判例においても，1972年頃から下級審の判決でこの立場にたつものがみられるに至り（伴鋳造所事件・東京地判昭47・11・30労判168号52頁，平田プレス工業事件・前橋地判昭49・3・27判時749号107頁など），1975年，最高裁もこの見解を認容し（陸上自衛隊事件・最判昭50・2・25民集29巻2号143頁），学説・判例上の確立した見解となっている。

　(イ) 問題は，その法的性格であるが，労働契約と生存権理念ないし労働権原理との関連，労働契約と給付義務や保護義務のとらえ方の相違を反映して見解が分かれ，今日なお定説というべきものをみない。この点，前掲最高裁判例は，「ある法律関係に基づいて特別な社会的接触の関係に入った当事者間において，当該法律関係の付随義務として……信義則上……一般的に認められるべきもの」であるという。

　しかし，市民法の原理的立場からすれば，雇用契約上，安全配慮義務を帰結することは困難である。やはり，その義務が認められるにいたった社会的事実に即して生存権理念に照射される労働権の原理に基礎づけられた労働契約において，はじめて基礎づけられる義務であると考えるのが妥当であろう。ともあれ，右の判例の立場からすれば，安全配慮義務は，公務員関係に限られず，私法上の労働契約関係において認められることはもとより，請負契約関係においても肯定されるものであることが注目される。

　(ロ) 義務の内容ないし範囲について，上記最高裁判決は，「国が公務遂行のため設置すべき場所，施設もしくは器具等の設置管理又は公務員が遂行する公務の管理にあたって，公務員の生命及び健康等を危険から保護するよう配慮すべき義務」であるという。

　問題は，施設等の管理と職務の管理に関する義務の範囲にかかわって，使用者の履行補助者の職務遂行上の注意義務がどこまで含まれるかである。この点，最高裁は，自衛隊員が上司の運転する車両に同乗し，その運行上

のミスのため発生した事故による死亡に関し，安全配慮義務として「車輛の整備を十全ならしめて車輛自体から生ずべき危険を防止し，車輛の運転者としてその任に適する技能を有する者を選任し，かつ，当該車輛を運転する上で特に必要な安全上の注意を与えて車輛の運行から生ずる危険を防止すべき義務」を負うが，道交法その他の法令にもとづいて「当然に負うべきものとされる通常の注意義務は，右安全配慮義務の内容に含まれるものではな（い）」（陸上自衛隊331会計隊事件・最判昭58・5・27判タ498号86頁，同旨・陸上自衛隊第7通信大隊事件・最判昭58・12・8労経連1172号5頁）という。

しかし，労働権の原理にもとづく労働契約上の安全配慮義務は，労働者が，業務遂行上，直面することが予想されるいっさいの危険が包摂される，と考えるのが妥当である。

(ハ) なお，労災民事責任を安全配慮義務違反として把握する場合，前述のように，理論上，挙証責任の転換が生ずるが，この点，判例は，業種や職種により安全配慮義務の内容が異なり不確定要素が多いとみられるため，「義務の内容を特定し，かつ義務違反に該当する事実を主張・立証する責任は，……原告にある，と解するのが相当である」（航空自衛隊航空救難群芦屋分遣隊事件・最判昭56・2・16判時996号47頁）としている。

(4) 企業内特別補償協定

法定の労災補償制度とは別に，労働協約や就業規則等によって，企業レベルで法定給付に上積みする形で補完制度が設けられている場合が少なくない。60年代以降，技術革新を背景とする合理化の進行するなかで労災の大型化と新たな職業病が増大したが，法定給付は低額であったため，その底支えが必要であったからである。法定の上積みであるから法定給付と減免関係には立たないが，損害賠償とは原則として補完関係に立つと解される。

5）不服申立て

被災労働者及びその遺族が行う保険給付の申請は，事業の所在地を管轄する労働基準監督署長（以下，労基署長と略称）に対して行う（労災47条，同則1条3項，労基99条4項）。その決定に不服がある場合には，管轄都道府県労働基準局に置かれている労働者災害補償保険審査官（以下，労災審査官と略称）に審査請求をすることができる（同38条1項）。労基署長の保険給付の決定は，行政官庁の処分であるから，その不服申立について行政

不服審査法の適用がある。だが，労災保険の問題の専門性を考慮し，不服申立先は，処分をした官庁の上級官庁（行審5条1項）ではなく，労災審査官，労働保険審査会とし，独自の機関の管轄とされている。労災審査官に対する審査の申請期間は，不支給との決定があったことを知った日，すなわち抽象的に知り得べかりし日ではなく，処分のあったことを現実に知った日（最判昭27・11・20民集6巻10号1038頁）から60日以内である（労保審法8条）。労災審査官の決定は，その謄本が申請人に送達されたときに効力を生じ（労保審法20条），その決定に不服のある者は，さらに，労働保険審査会に対し再審査を請求することができる（労災38条1項）。この申請期間は，決定書の謄本が送達された日の翌日から数えて60日間である（労保審法38条1項）。なお，労災審査官が，審査請求をした日から3カ月を経過しても決定をしない場合には，決定を経ないで再審査を請求することができる（労災38条2項）。

　裁判上，労災保険給付の決定処分の取消しを求めるためには，保険給付の決定の大量性，技術性を考慮し，不服申立て前置主義がとられている（同40条）。したがって，審査，再審査を経た後でなければ，取消しの訴えを提起できない。この点は，処分取消しの訴えと不服申立てとの選択主義を認めている行政事件訴訟法の定め（行訴8条1項）の特例である。なお，労働保険審査会が，再審査請求がなされた日から3カ月を経過しても裁決しないとき（同40条但書1号）および裁決を得ることにより生ずる損害を避けるため緊急の必要があるときその他正当な理由のあるとき（同40条但書2号）には，裁決を得ないで提訴することができる。この不服申立て前置の解除条項は，1996年法改正（平8法42号）により，労災審査官に対する審査請求の日から3カ月を経過しても決定が為されなかったため，審査および再審査の決定を経ないで提訴した事案について，訴えを適法とした判決（那覇労基署長〈花城〉事件最判平7・7・6労判678号13頁）を受けて，あらたに設けられた規定である。

［水野　勝］

4 雇用保険

1）雇用の現状と雇用保険

(1) わが国の雇用の状況

　　完全失業率は，2004年度平均で4.6％となり，有効求人倍率についても，0.86倍となるなど，雇用失業情勢は厳しさが残るものの，前年度と比べると改善している。また，自らの意思によらない非自発的理由による離職者についても，2003年8月以降減少が続いており，事業主による雇用調整が一服したことがうかがえる。他方，わが国では，少子高齢化社会に向かって労働力人口の減少傾向が続いており，若年者を中心に雇用のミスマッチが依然として大きく，また，雇用情勢に地域差がみられるなどの問題もある。

　　こうした状況の下では，①若年者雇用対策の強化，②地域に密着した雇用対策の強化，③求職者の個々の状況に的確に対応した就職支援の充実，④65歳までの雇用機会の確保などの高齢者雇用対策の充実，⑤障害者雇用対策の充実などが必要とされている（平成17年版厚生労働白書）。

(2) 雇用保険とは

　　わが国では，他の先進諸国と同様に，雇用保険が整備されているため，失業者には所得の保障がある。雇用保険は，農林水産業労働者5人未満の個人経営事業を除くすべての事業に強制適用され，保険料は労使で負担する。被保険者は，一般被保険者のほかに，65歳以上の高年齢継続被保険者，季節的雇用の短期雇用特例被保険者，日雇労働被保険者がある。パートタイマー（短時間労働被保険者・週労働時間20時間以上30時間未満）については，被保険者期間の計算や保険給付について特例が設けられている（20時間未満は雇用保険の適用対象外）。

　　雇用保険は，労働者の生活と雇用の安定のために，失業等給付を行なうほか，雇用安定事業，能力開発事業および雇用福祉事業の雇用3事業を行っている。雇用保険は，以前は失業保険と呼ばれ，失業者の生活の安定を図ることを目的とする失業給付を主たる事業としていたが，現在では，それに加えて，失業予防・雇用機会の増大をはじめ，雇用構造の改善，労働者の能力開発向上，その他労働者の福祉の増進を図ることを目的として雇用3事業を行っている。名称も，雇用に関する総合的な機能を有する保

険という意味で，雇用保険と呼ばれている（昭和49年雇用保険法）。雇用保険のいずれの事業も，わが国の雇用環境の中長期的変化，労働者の働き方や生活の変化，雇用流動化に対応する必要に迫られている。

2）失業等給付

(1) 求職者給付

　失業とは，労働者が離職し労働の意思と能力があるにもかかわらず職業に就けない状態にあることをいう。一般被保険者である労働者が離職したときは，離職の日以前1年間に通算して6カ月間の被保険者期間があれば，求職者給付が支給される。公共職業安定所に会社の発行する離職票を提出し，求職登録して，受給資格認定をしてもらうと，求職者給付（基本手当など）が支給される。

　会社都合退職の場合（解雇を含む）は，7日間経過後に支給されるが，自己都合退職の場合は3カ月の待期期間があり，その後に支給される。求職者給付のうち基本手当は，一般被保険者の場合，原則として離職前の賃金の5～8割に相当する額が支給される。年齢・雇用期間によって上限があり，解雇・倒産による離職者については，年齢及び被保険者であった期間により90～330日，一般の離職者については，被保険者であった期間により90～150日の給付である。就職した者が所定給付日数の1/3以上の残日数を残した場合には，再就職手当などの就職促進給付が支給される。

　公共職業安定所長の指示により公共職業訓練を受ける場合には，訓練受講期間（2年以内）等につき基本手当の給付日数が延長され（訓練延長給付），技能習得手当（受講手当・通所手当等）も支給される。

(2) 雇用継続給付（高年齢雇用継続給付・育児休業給付）

　雇用継続給付とは，労働者に雇用の継続が困難となる事由が発生した場合に雇用の安定を図るために支給される給付である。高年齢雇用継続給付，

図Ⅳ-2　基本手当所定給付日数表

○倒産・解雇等により離職を余儀なくされた者

年　齢 \ 被保険者として雇用された期間	1年未満	1年以上5年未満	5年以上10年未満	10年以上20年未満	20年以上
30歳未満	90日	90日	120日	180日	―
30歳以上　35歳未満	90日	90日	180日	210日	240日
35歳以上　45歳未満	90日	90日	180日	240日	270日
45歳以上　60歳未満	90日	180日	240日	270日	330日
60歳以上　65歳未満	90日	150日	180日	210日	240日

○定年退職や自己の意思で離職した者

年　齢 \ 被保険者として雇用された期間	10年未満	10年以上20年未満	20年以上
全年齢	90日	120日	150日

○障害者等の就職困難者

年　齢 \ 被保険者として雇用された期間	1年未満	1年以上
45歳未満	150日	300日
45歳以上　65歳未満	150日	360日

育児休業給付，介護休業給付がある。

　高年齢者雇用安定法は，60歳定年制を義務付けているが，雇用保険法は，高年齢者の雇用促進のため，60歳を超えて労働者の雇用を継続する場合，60歳到達時の賃金の75％未満で就労する65歳未満の労働者に対して，各月の賃金の15％相当額の高年齢雇用継続基本給付金等を支給している。

　育児介護休業法は，満1歳未満の子を養育する労働者に育児休業を保障しているが，育児休業中は法律上賃金支払い義務がないため，雇用保険法は，労働者の所得保障のため育児休業給付を設けている（休業前に12カ月以上の就労等の要件あり）。育児休業給付（賃金の40％相当額）の内訳は，休業期間中に支給される育児休業基本給付金（30％）プラス休業終了後6カ月間雇用継続した場合に支給される育児休業者職場復帰給付金（10％）である。育児・介護休業については，ほかに，労働者がベビーシッターやホームヘルパー等の育児・介護サービスを利用した場合に費用の一部を補助する事業主に対して，育児・介護費用助成金等の育児・介護雇用安定助成金（雇用安定事業）がある。介護休業については，休業期間93日を限度

として賃金の40％相当額の介護休業給付が支給される。

3）雇用3事業

(1) 雇用安定事業

　雇用安定事業は，失業の予防，雇用状態の是正，雇用機会の増大，その他雇用の安定を図るために行われるものである。雇用調整助成金，特定求職者雇用開発助成金の支給などがある。

　雇用調整助成金は，景気の変動，産業構造の変化その他の経済上の理由により事業活動の縮小を余儀なくされた場合に，失業の予防その他雇用の安定を図るため，労働者について休業，教育訓練または出向を行う事業主（指定業種）に対して，助成および援助を行うことを目的としている。いわば人員整理の前段階で失業を予防しようとするものである。生産調整のための休業（一時帰休）の場合，事業主が支払った手当の額の1/2（中小企業は2/3）が支給される（最高200日）。教育訓練の場合は，さらに教育訓練日数に1,200円を乗じた額が支給される。

　出向（労働者を他の企業で働かせること）の場合は，出向元の事業主が出向先の事業主に補助した賃金額の1/2（中小企業は2/3）が支給される。

　特定求職者雇用開発助成金は，高年齢者（60歳以上），身体障害者・知的障害者その他就職が特に困難な者を職業安定所の紹介により雇い入れる事業主に対して支給されるものである。支給額は，重度障害者（重度身体障害者・重度知的障害者等）以外の場合，1年間に支払われた賃金の1/3（中小企業は1/2）の額であり，重度障害者については1年半の期間である。

　なお，高年齢者については，前述の高年齢者雇用安定法により，60歳定年制が義務化されているほか，事業主に対して，雇用する高年齢者に雇用の機会の確保等が図られるよう務める努力義務が課されている。また，障害者については，障害者雇用法があり，常用労働者56人以上の企業について，障害者の法定雇用率（民間企業1.8％）を定めて，障害者雇用の促進を図っている。雇用率未達成企業（301人以上）から雇用納付金を徴収し，達成企業に雇用調整金・助成金を支給している。ただし，同法は，雇用納付金により事業主に間接的に雇用促進を促すものであり，直接強制的に障害者雇用義務を課すものではない。

(2) 能力開発事業

　能力開発事業は，職業生活の全期間を通じて労働者の能力の開発と向上

を促進するために行う事業である。今後，国際化の進展等を背景とした経済・産業構造の変化や少子高齢化社会の進展に対応して企業間移動を含む職業転換が大規模に行われ，事業の高付加価値化・新分野展開の進展等に伴い高度な技能を有する労働者の需要が増大することが予想される。そこで，離職者の再就職を安易にし，在職労働者も変化に十分に対応できるように，職業能力の開発向上を図る職業能力開発体制の整備・拡充が必要である。雇用保険の能力開発事業は，①事業主の行う職業訓練に対する助成援助，②キャリア形成促進助成金の支給，③公共職業能力開発施設の充実，④再就職促進のための訓練実施，⑤育児・介護休業者の職場復帰を円滑にするための措置の奨励，⑥職業能力開発協会の助成その他である。

とくに，最近の急激な産業構造変化と雇用流動化のなかで，企業が求める人材が変化し，労働者は高度に専門化された知識や技能を身に付ける必要に迫られるとともに，労働者も専門家志向が強まっており，労使とも，能力開発は企業の責任で行うという考え方は低下し，能力開発は自分の責任で行うという自己啓発重視の考え方が広まっている。そのため，労働省は，平成10年に雇用保険法を改正し，労働者の主体的な職業能力開発の取組みを支援するために，労働者が自ら教育訓練を受けるための機会を確保するために援助を講ずる事業主や，主体的な取組を行う労働者自身に対して必要な援助を行うこととした（平成10年版労働白書）。

すなわち，事業主に対しては，事業内職業能力開発計画に基づいて，職業訓練を実施する事業主やキャリア・コンサルティングを労働者に受けさせる休暇を与える事業主に対するキャリア形成促進助成金などを設けた。また，労働者に対しては，労働大臣の指定する教育訓練を受講し，修了した場合に（ビジネスキャリア制度など通学制・通信制の9487講座），費用の40％に相当する額（上限20万円）を支給する教育訓練給付制度を設けた。被保険者期間5年以上の労働者が，教育訓練施設長の発行する修了証明書などをハローワーク（公共職業安定所）に提出・申請して，受給することができる（被保険者期間3年以上の労働者には，費用の20％・上限10万円）。

(3) 雇用福祉事業

雇用福祉事業は，ゆとりある充実した職業生活を実現するために，労働者の職業生活環境の整備改善や就職援助その他労働者の福祉の増進に必要な事業を行うことを内容としている。すなわち，若年者に対する就職支援，仕事と家庭の両立支援等である。雇用福祉事業の実施は，雇用・能力開発

機構が行っている。

[山﨑文夫]

☆**主要文献**☆
1) 窪田隼人・佐藤進編『現代社会保障法入門(第3版)』(1995年, 法律文化社)
2) 窪田隼人・横井芳弘・角田邦重編『現代労働法入門(第3版)』第16-17章(1995年, 法律文化社)
3) 青木宗也・片岡曻編『労働基準法Ⅱ』(1995年, 青林書院)
4) 西谷敏・萬井隆令編『労働法2(改訂版)』「安全衛生」第9-10章(法律文化社)
5) 山田省三編『プリメール社会保障法』(1996年, 八千代出版)第4-5章
6) 職安局協保険課『改訂版雇用保険法』(1983年, 労務行政研究所)
7) 佐藤進『安全衛生・災害補償』(1979年, 総合労働研究所)
8) 窪田隼人還暦記念『労働災害保障法論』(1985年, 法律文化社)
9) 日本労働法学会『労働災害・安全衛生』(現代労働法講座12巻・1983年, 総合労働研究所)
10) 保原喜志夫・山口浩一郎・西村健一郎編『労災保険・安全衛生のすべて』(1998年, 有斐閣)
11) その他上記文献引用の参考資料

Part V

自立支援の社会福祉サービス

―〈このパートで学ぶ目標〉―

　このパートでは，社会福祉サービスの各分野における具体的な実施状況について解説する。

　社会福祉施策は，いわゆる**社会福祉六法**を中心に展開され，いまや多様な法制によって実施されているが，ここでは，社会福祉六法のうち，次のパートで解説される生活保護法を除く五法に基づく制度，並びに精神保健福祉法に基づく制度による福祉サービスの理念及び現状を理解する。また，社会福祉事業法の規定を中心とする社会福祉の供給体制，併せて社会福祉援助技術を活用した援助活動の実際について理解する。これらを通して，福祉の対象分野別に行われている今日の社会福祉サービスが，いずれも**地域社会における自立支援**であることの現状と課題を学ぶ。

1　社会福祉の供給体制

　社会福祉法は，その第3条に「福祉サービスは，個人の尊厳の保持を旨とし，福祉サービスの利用者が，心身ともに健やかに育成され，又はその有する能力に応じ自立した日常生活を営むことが出来るように支援するものとして，良質かつ適当なものでなければならない」こと，第4条に「地域住民，社会福祉を目的とする事業を経営する者及び社会福祉に関する活動を行う者は，相互に協力し，福祉サービスを必要とする地域住民が地域社会を構成する一員として日常生活を営み，社会，経済，文化その他あらゆる分野の活動に参加する機会を与えられるように，地域福祉の推進に努めなければならない」とし，また第5条に「社会福祉を目的とする事業を経営する者は，その提供する多様な福祉サービスについて，利用者の意向

を十分に尊重し，かつ保健医療サービスその他の関連するサービスとの有機的な連携を図るよう創意工夫を行いつつ，これを総合的に提供することができるようにその事業の実施に努め」ることとされている。

これら基本理念とされる規定は，2000年の社会福祉法改正に際し修正されたものであるが，ここで述べられる社会福祉の目的や理念の前提には，憲法に規定された諸権利，とりわけ個人の尊重および国民の幸福追求の権利（13条），法の下における国民の平等性（14条），生存権および国民生活の社会的進歩向上に努める国の義務（25条）を核とする基本的人権の擁護があり，かつ，ノーマライゼーション原理の帰結としての地域福祉や自立支援を重視する方策の展開への期待がある。

社会福祉の供給体制は，このような社会福祉の価値・理念に立つ社会福祉関係法令により構築され，組織的に，かつ，公私協調的に運営されるのであるが，その供給体制の様態は，多数の構成要素から成る集合体であって，各構成要素が有機的に連繋をとり，全体として「必要な福祉サービスを総合的に提供する」という目的をもって機能しなければならない。

したがって，社会福祉の供給体制とその運営は，システマティックに，かつ，ダイナミックに実行されることが肝要なのであるが，社会福祉の価値・理念や法規範は，その時代の社会経済状勢や社会意識に左右されてきた。供給体制の問題はまた，分析的研究の批判・検討の対象となることを避けられず，主体論やシステム論として枠組の設定が試みられてきた。この問題は，社会福祉とは何かという根本を問うテーマともなるからである。

一方，社会福祉の供給体制及び運営の在り方については，ここ10数年来行政サイドで取り組まれてきた社会福祉改革の重要なテーマであり続けてきた。殊に介護保険法が施行後5年を経過し，さらに，社会福祉基礎構造改革が推進されつつある今日，社会福祉の供給体制はきわめて流動的な状況に置かれている。

その中にあって本稿では，社会福祉の供給体制について，施策執行の主体である行政組織，事業経営の主体である供給組織，援助提供の主体である社会福祉施設，援助実践の主体である各種専門職等とその活動展開について，その現状と課題を簡記することとしたい。

1）社会福祉行政の組織と運営

（1）社会福祉の行政組織

わが国における社会福祉の行政組織を主体とする実施体制は**図V-1**のごとくである。

図V-1 わが国の社会福祉の実施体制

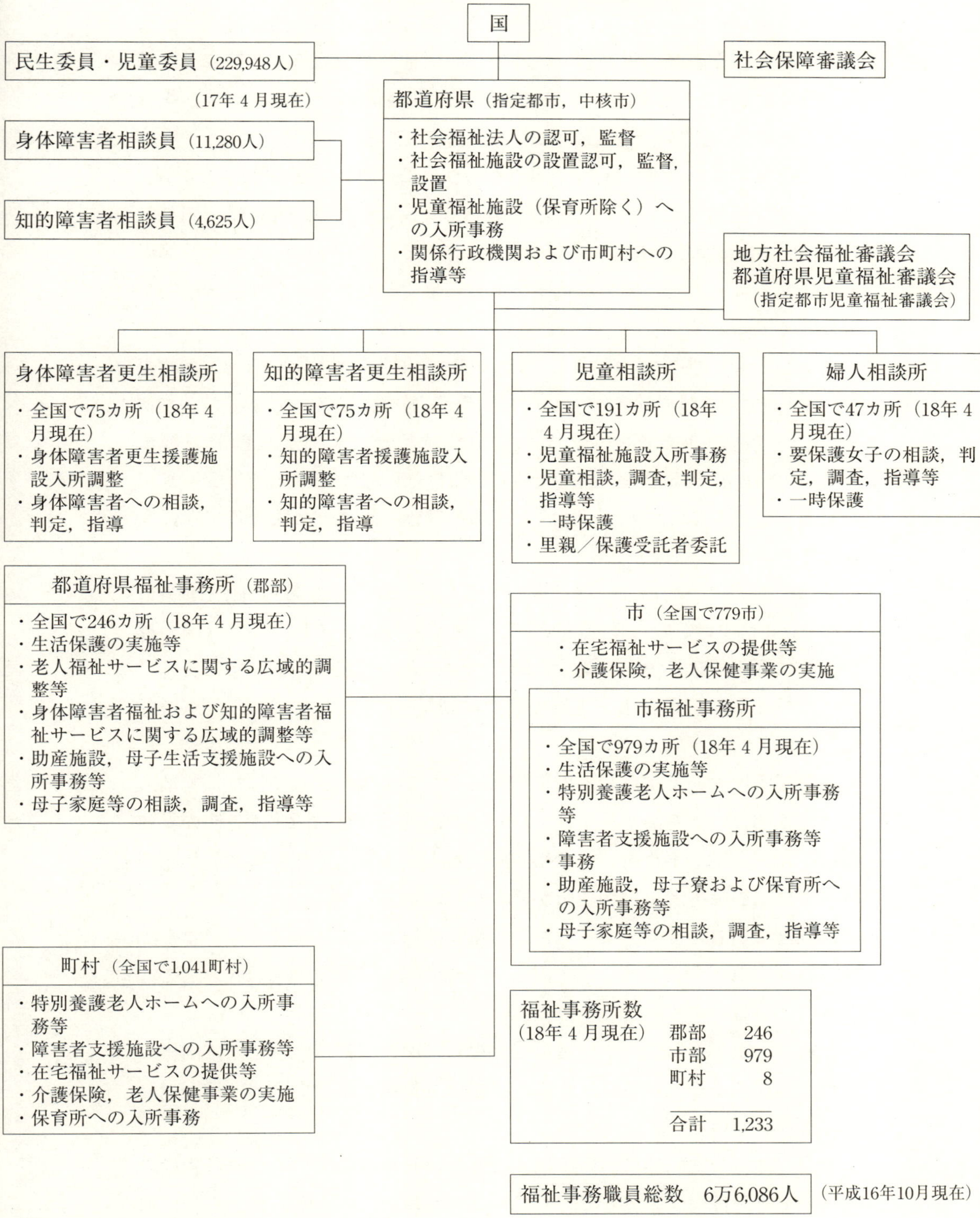

国

社会保障審議会

民生委員・児童委員（229,948人）（17年4月現在）

身体障害者相談員（11,280人）

知的障害者相談員（4,625人）

都道府県（指定都市，中核市）
- 社会福祉法人の認可，監督
- 社会福祉施設の設置認可，監督，設置
- 児童福祉施設（保育所除く）への入所事務
- 関係行政機関および市町村への指導等

地方社会福祉審議会
都道府県児童福祉審議会
（指定都市児童福祉審議会）

身体障害者更生相談所
- 全国で75カ所（18年4月現在）
- 身体障害者更生援護施設入所調整
- 身体障害者への相談，判定，指導

知的障害者更生相談所
- 全国で75カ所（18年4月現在）
- 知的障害者援護施設入所調整
- 知的障害者への相談，判定，指導

児童相談所
- 全国で191カ所（18年4月現在）
- 児童福祉施設入所事務
- 児童相談，調査，判定，指導等
- 一時保護
- 里親／保護受託者委託

婦人相談所
- 全国で47カ所（18年4月現在）
- 要保護女子の相談，判定，調査，指導等
- 一時保護

都道府県福祉事務所（郡部）
- 全国で246カ所（18年4月現在）
- 生活保護の実施等
- 老人福祉サービスに関する広域的調整等
- 身体障害者福祉および知的障害者福祉サービスに関する広域的調整等
- 助産施設，母子生活支援施設への入所事務等
- 母子家庭等の相談，調査，指導等

市（全国で779市）
- 在宅福祉サービスの提供等
- 介護保険，老人保健事業の実施

市福祉事務所
- 全国で979カ所（18年4月現在）
- 生活保護の実施等
- 特別養護老人ホームへの入所事務等
- 障害者支援施設への入所事務等
- 事務
- 助産施設，母子寮および保育所への入所事務等
- 母子家庭等の相談，調査，指導等

町村（全国で1,041町村）
- 特別養護老人ホームへの入所事務等
- 障害者支援施設への入所事務等
- 在宅福祉サービスの提供等
- 介護保険，老人保健事業の実施
- 保育所への入所事務

福祉事務所数（18年4月現在）
郡部	246
市部	979
町村	8
合計	1,233

福祉事務職員総数　6万6,086人　（平成16年10月現在）

（資料）厚生労働白書（平成18年版）

社会福祉の施策執行等運営実施に関する国の行政組織の中枢は厚生労働省であり，施策の企画立案，各種の基準設定，調査研究，運営実施に伴う財政負担を行う。厚生労働省で狭義の社会福祉に関わるのは，社会・援護局（社会福祉法，社会福祉士及び介護福祉法，生活保護法，戦傷病者特別援護法等を所管），老健局（老人福祉法，介護保険法，老人保健法を所管），雇用均等・児童家庭局（児童福祉法，母子保健法，母子及び寡婦福祉法等を所管），障害保健福祉部（障害者自立支援法，身体障害者福祉法，知的障害者福祉法，精神保健及び精神障害者福祉に関する法律等を所管）であり，これら各部局の所管する社会福祉に関する重要事項を審議するため，社会保障審議会が置かれている。

　なお，広義の福祉施策に関しては，厚生労働省の他部局（年金，医療保健，雇用就業促進等の所管）のほか，内閣府（啓発広報等），法務省（人権擁護等），財務省（財政負担等），文部科学省（学校教育，社会教育等），経済産業省（福祉用具開発等），国土交通省（公共交通施設・公共建築物改善等），総務省（情報環境改善等），自治省（地方行財政）といった政府各省庁に及んでいる。

　地域において社会福祉の運営実施に当たるのは，地方公共団体（都道府県および市区町村）の行政組織である。地方公共団体においては，国の社会福祉に関する政策決定の趣旨に則しつつ自らの施策を企画立案し実施に移すのであるが，その事業実施の概要は図Ⅴ-1のとおりであり，重層的に行われている。

　都道府県においては，知事の事務部局として条例によって福祉保健部，生活福祉部といった部が置かれ，このほか，社会福祉に関する専門の行政機関として，福祉事務所，児童相談所，婦人相談所，身体障害者更生相談所および知的障害者更生相談所が置かれている。

　市区町村においては，市区町村長の事務部局として条例により必要な部課が設けられているほか，福祉事務所を設ける（町村の場合は任意）こととされている。

　なお，指定都市および中核市は社会福祉に関して都道府県とほぼ同様の事務を処理することとされ，その行政組織も都道府県の場合とほぼ同様のものとされている。

　また，地方公共団体においては，広義の福祉施策に関する政府各省庁の政策決定を受けつつ実施していくために，地域社会の実情に即した行政組織が必然的に構築されている。

(2) 社会福祉制度の運営

(a) 制度運営の構成要素

　社会福祉関係法は，社会福祉事業の全分野における共通的基本事項を定める社会福祉法との関連のもとに，多少の例外はあるものの，概ね次の事項をもって構成されている。

① 法の目的・理念及び法の対象者に関する規定
② 援護の実施者など実施機関に関する規定
③ 福祉サービスの内容・方法に関する規定
④ 事業の実施や施設の基準に関する規定
⑤ 国・地方公共団体及び利用者の費用負担に関する規定
⑥ 雑則として，前記に盛られていない規定

　これらの諸規定によって行われている社会福祉制度の運営は，従来は措置方式を基本としてきたが，社会福祉法の施行後は契約制度を基本とすることに転換が図られている。そこで，ここでは措置制度と契約制度の双方に言及しておきたい。

(b) 措置制度

　まず措置制度であるが，その実質は措置制度と措置（委託）費制度によって構成されている。

　措置制度とは，福祉サービスの提供に関して，措置権者（都道府県または市町村）が実施する次の手続きや過程の仕組全体を指していう。

　　a　申請や通告の受理，または職権により行う要援護者の福祉ニーズの把握
　　b　一定の基準にもとづき調査・審査や判定・調整により行う福祉ニーズの評価
　　c　評価にもとづいて行う適切な福祉サービスの選定と提供の決定
　　d　福祉サービスを実際に提供する施設・機関に対する通知や送致

　措置（委託）費制度とは，福祉サービスの決定に伴い，措置権者が社会福祉施設等の福祉サービス提供機関に対して実施する次の手続きや過程のことである。

　　a　要援護者を社会福祉施設へ入所させる等の措置をとった場合における，その措置に要する費用の支出
　　b　支出された費用の使用方法等についての監査
　　c　福祉サービスの利用者が負担すべき額の決定および徴収

　なお，aの場合の費用を措置費と称し，措置が民間社会福祉施設に対して行われた経費は措置委託費と称される。

以上の措置方式に関して，措置権者は措置に関する事務を福祉事務所や児童相談所等に委任することができるなど，各法間で措置に関する実施機関や判定・調整機関の在り方に差異があるが，社会福祉に関する事務は地方分権化が進められつつある。

なお，現行の社会福祉関係法においては，保護請求権にもとづく審査申請方式をとる生活保護，施設の選択を含む利用申込みを前提とする保育所入所委託，地域住民が自らの意思で利用できる福祉サービス（身体障害者福祉ホーム，児童館，老人憩の家など）の契約利用または任意利用方式もあるが，「福祉の措置」等として定められる福祉サービスは，契約制度に移行しつつある今日においても，なお措置方式によって実施されており，それらの事業は措置権者による行政決定によってはじめて利用が可能となる。

(c) 契約制度

以上のような措置方式による社会福祉運営は，歴史的・社会経済的背景をもってその功罪が論議されてきたが，措置制度から契約制度への移行を前提とする公的介護保険制度が導入がされ，契約制度を基本とする社会福祉法が施行されている今日，契約制度への本格的移行は当面の社会福祉基礎構造改革に関する主要な論点の1つでもあり，「個人の権利や選択を尊重した制度の確立」の観点から制度の再構築が図られつつある。

社会福祉法は，その第1条（目的）に「………福祉サービスの利用者の利益の保護及び地域における社会福祉（地域福祉）の推進を図る……」ことを明記している。この2事項の語句は旧社会福祉事業法にはなかった表現であり，本法において初めて明らかにされた新たな社会福祉の目的・方法の2大支柱といえよう。なかでも前半の「福祉サービスの利用者の利益の保護」こそは契約制度を闡明にするものである。

特に「利用者」の用語・概念は，自らの意思によって福祉サービスを選択し利用する主体であることを表明するものであり，かつては行政事務である援護・育成または更生の措置の対象として用いられた「要援護者等」といった用語・概念に替えて登場した。つまり「利用者」は，福祉サービスの需給関係において，社会福祉事業を経営する「事業者」と対等な立場にある存在として位置づけられたのである。

そうなれば，同時に利用者の「利益の保護」を図る手立ては欠かせない。福祉サービスの利用者が地域社会で自立した生活を営むには何らかの支援が必要であり，そこには一定の仕組みが必要となるからである。

そこで社会福祉法においては，このような第1条の目的規定を受けて，これを具体化するために「第8章　福祉サービスの適切な利用」（法第75

条〜第88条）として，利用契約前後の諸手続きから，福祉サービス利用援助事業等（地域福祉権利擁護事業）に至る一連の規定が設けられた。

　このような「福祉サービスの利用者の利益の保護」の仕組みの構築は，社会福祉法および介護保険法の施行とほぼ同時期の2000年に制定された消費者契約法による消費者保護立法の流れと軌を一にするとされるが，ここにその「利用契約方式とそれを支える仕組み」（図V-2）を掲げておく。

図V-2　利用契約方式とそれを支える仕組み

利用契約方式	情報収集 ⇒	サービスの選択 ⇒	利用の申込み ⇒	契約の締結 ⇒	サービスの利用 ⇒	対価の支払い
介護保険法			申請／要介護認定の訪問調査／要介護認定	ケアプランの作成	保健福祉事業／介護サービスの給付	一部負担
			介護保険審査会による審査（保険者による行政処分に対する不服申立審査）			
社会福祉法	○事業経営者による福祉サービスに関する情報提供／○誇大広告の禁止／○国・自治体による情報提供体制の整備		○契約申込み時における契約内容の説明	○契約成立時の書面の交付義務	○事業経営者の苦情解決の責務／○社会福祉施設の最低基準に苦情解決を明示／○苦情解決を扱う運営適正化委員会の創設	
	○判断能力の不十分な者に対する福祉サービスの利用等に係る援助（契約の締結・支払いの代行等）を第二種社会福祉事業として位置づけるとともに，都道府県社会福祉協議会の業務としても規定。					

（資料）　厚生労働省

2）社会福祉の供給組織

　社会福祉事業の経営主体を社会福祉運営の基本的な枠組みから整理するとき，法律による供給組織と法律によらない供給組織に区分することができる。前者は，その設置の根拠や基盤を社会福祉に関する法体系に置くものであり，後者は，その存立の基礎を社会福祉関係法の規定によることなく行う社会福祉の供給組織である。社会福祉の供給組織としては，従来は前者が主流であったが，今日の状況は後者による民間の非営利団体が多様な形態をもって登場してきており，さらには自由市場型の営利団体の参入もみられるなど，介護保険制度や社会福祉事業の活性化のために多様な供給組織の展開が促進されている。その現状における概略を次に摘記する。

(1)　法律による組織・団体

(a)　公設公営型

　厚生労働省の付属機関である国立施設や都道府県・市町村等の地方公共団体が経営する施設がその典型である。このほか，準公営として，独立行政法人国立重度知的障害者総合施設のぞみの園や地方公共団体が設置して

社会福祉事業団に経営させる施設等の組織がある。また，日本赤十字社は赤十字の理想とする人道的任務の達成を目的として設立された日本赤十字社法にもとづく法人であり，社会福祉施設や医療事業，血液事業等の経営やボランティアの組織化などを行っている。独立行政法人福祉医療機構もまた，社会福祉施設の設置・経営に必要な融資等の事業を行う社会福祉供給の準公営組織である。

(b) 認可団体型

社会福祉法人は，社会福祉事業法の規定にもとづいて設立される法人であり，法的根拠をもつ民間社会事業の経営主体として重要な役割を果たしてきた。社会福祉法人は，都道府県知事又は厚生大臣の認可が必要であり，施設等を経営して社会福祉事業を営む。都道府県ごとに共同募金事業を行うことを目的として設立された社会福祉法人を共同募金会と称し，募金による寄附金を社会福祉事業の経営のために配分する事業を行う。

社会福祉協議会は，市区町村又は都道府県を単位に各々1つに限り設置され，地域において社会福祉活動を行う拠点として機能する民間組織であり，かつては要援護者への支援事業を中心としていたが，しだいに対象者や参加者を広げ，住民参加を進めながら多様な社会福祉事業に取り組んでいる。

(c) 利用支援型

民生委員・児童委員は，民生委員法にもとづき厚生労働大臣の委嘱によって地域の福祉の増進に努める社会奉仕者である。その職務として，福祉事務所その他の関係行政機関の業務に協力することの規定があり，都道府県知事の指揮監督や市町村長の指示を受けることから行政体制の一員ともみられるが，その立場は名誉職として福祉サービス利用者の支援を行う民間組織の活動である。身体障害者相談員および知的障害者相談員もまた，都道府県の委託によって同様の援助活動を行う。

(2) 法律によらない組織・団体

A 民間非営利組織

(a) 行政関与型

いわゆる福祉公社方式がこの典型である。民間非営利の団体でありながら地方公共団体が関与して設立された第3セクターであり，在宅福祉サービスの供給を目的とするところにこの方式の特徴がある。事業形態は，公社独自の福祉サービスを契約にもとづき提供する有償事業型，行政からの公的サービスを受託して行う委託事業型，両者の双方を取り入れた複合事

業型の3様がある。全国で約50活動団体があるが，各種の福祉サービス供給組織との連携・調整により，第3セクターとして住民のニーズに応える機能を果たすことが期待されている。

(b) 協同組合型

消費生活協同組合法にもとづく生活協同組合および農業協同組合法にもとづく農業協同組合による福祉活動がこの典型である。いずれも本来の協同組合事業の延長として互助活動を行うもので，高齢組合員を対象とした福祉サービスの供給を目的としている。各協同組合の全国数に占める福祉活動組合数の割合は未だ高くはないが，生活協同組合の活動から発展した組織であるワーカーズ・コレクティブの中にも福祉サービスにかかわる団体が増加し，また農業協同組合法の改正（1992年）により農業協同組合が新たな高齢者福祉事業に取り組むことになるなど，このタイプによる事業展開の可能性は大きいといえよう。

(c) 地域活動型

この型の活動には，地域において幅広く行われている各種のボランティア活動，地域住民が会員制・有料制をもって作り上げた組織による互助活動，障害者自立生活センターのように当事者が運営する組織活動が含まれる。これらの諸活動は，既成の組織基盤にとらわれずに行われるところから，資金や要員の確保など組織運営に不安定なものが少なくない。このことに関して，非営利活動をやりやすくするための特定非営利活動促進法（いわゆるNPO法）が1998年に施行された。本法施行時に論点とされていた対象分野の拡大や税制上の優遇措置等については，2005年の法改正で改善が図られた。ともあれ，この型の組織活動では，新しい福祉事業を担うものとして今後の活動が期待されている。

B　民間営利組織

これは，市場型の福祉産業組織を指す。自由市場で活動する企業が社会福祉の供給に関与するのは，新しいことではない。例えば，旧身体障害者福祉法第20条には「補装具の交付・修理は業者に委託して行い，又は市町村が自ら行うものとする」と規定され，制度発足以来50余年にわたり供給の殆どが業者委託によって行われてきた。障害者自立支援法により契約方式に変更されたが，業者が介在するシステムに変りはない。義肢装具，補聴器，車いすが補装具の典型であるが，補装具を含む福祉用具全般が同様のシステムにより供給されており，業者である営利企業の関与なくしては制度自体が成立しないのである。高齢社会への移行に伴い，シルバーサービスを中心とする福祉産業が注目されるようになったが，その対象商品は，

介護関連の在宅サービスをはじめ，住宅，情報，金融関連など幅広い分野に及ぶ。これらの供給の適切な運営には，公的制度との関係の整理または連携は当然のことであり，そのための規制と振興策もまた，古くて新しい問題である。

3）社会福祉施設

社会福祉事業の運営にあたり，援助提供の場となるのは社会福祉施設であり実施機関であるが，福祉事務所や児童相談所といった実施機関は施策執行の主体でもあることから行政組織の項目において既に取り上げた。ここでは社会福祉施設の概要をみることとするが，施設制度は多面的な構成要素をもって運営されており，その内容を詳述する紙幅はないので，施設体系や利用促進策の現状をごく要約し紹介することとしたい。

(1) 社会福祉施設の体系

社会福祉サービスに関する法体系が利用者の属性別に構成されている現状においては，社会福祉施設の体系的分類や各種統計も根拠法にもとづく利用者の属性別分類によって紹介されることが多い。つまり，「保護施設」，「児童福祉施設」，「身体障害者更生援護施設」，「知的障害者援護施設」，「老人福祉施設」，「精神障害者社会復帰施設」といった根拠法の規定に即した分類方法である。この分類では法律別の施設種類は明らかになるが，施設固有の機能特性については不透明なままである。

そこで，施設の設置目的に即した機能別を中心に分類を試みると，「自立訓練の場」，「社会就労の場」，「生活援助の場」，「地域利用の場」，「相談支援の場」の枠組みを設けることができる。

表Ｖ-1は，属性別分類と機能分類を組み合わせた施設体系一覧とした。機能別分類に関しては，名称や枠組設定について，例えば療育の場である障害児施設や，既存施設に付置する老人介護支援センター等の性格付けなどに是非論もあろうが，前者については煩雑を避け，後者については地域生活支援に関する相談事業の重要性に鑑み枠組を設けたものである。また近年，施設の形態や機能については複合化や多機能化の傾向があり形態や機能による分類には検討の余地もあるが，表Ｖ-1を施設体系理解の一助としたい。

なお，施設の分類を利用形態に着目すれば居住型と通所型に大別され，また利用手続きに着目すれば措置方式か利用契約方式かに大別されるが，前者については複合化が進められており単純に分けられない施設も多く，

表V-1 社会福祉施設体系の概要

属性別＼機能別	自立訓練の場	社会就労の場	生活援助の場	地域利用の場	相談支援の場
保護施設	更生施設	授産施設	救護施設	宿所提供施設 医療保護施設	
児童福祉施設	児童養護施設 知的障害児施設・知的障害児通園施設 盲ろうあ児施設 肢体不自由児施設 児童自立支援施設 情緒障害児短期治療施設		乳児院 母子生活支援施設 重症心身障害児施設	助産施設 保育所 児童厚生施設 へき地保育所	児童家庭支援センター 地域子育て支援センター *(障害児地域療育等支援事業)* **障害児等療育支援事業**
身体障害者更生援護施設	身体障害者更生施設	身体障害者授産施設 *身体障害者福祉工場*	身体障害者療護施設 身体障害者福祉ホーム	身体障害者福祉センター／視聴覚障害者情報提供施設／補装具製作所／盲導犬訓練所／盲人ホーム	*(市町村障害者生活支援事業)*
知的障害者援護施設	知的障害者更生施設	知的障害者授産施設 *知的障害者福祉工場*	知的障害者通勤寮 知的障害者福祉ホーム		*(障害児者地域療育等支援事業)*
精神障害者社会復帰施設	精神障害者生活訓練施設	精神障害者授産施設 精神障害者福祉工場	精神障害者福祉ホーム		*(精神障害者地域生活支援センター)*
障害者支援施設	**自立訓練 就労移行支援**	**就労移行支援 就労継続支援**	**療養介護 生活介護**	**地域活動支援センター**	**障害者相談支援事業**
老人福祉施設			養護老人ホーム 特別養護老人ホーム 経費老人ホーム 有料老人ホーム	老人デイサービスセンター 老人短期入所施設 老人福祉センター 老人憩いの家 老人休養ホーム	老人介護支援センター 地域包括支援センター（介護保険）
その他の社会福祉施設	婦人保護施設	授産施設		母子休養ホーム 母子福祉センター 宿所提供施設 無料低額診療施設 隣保館 へき地保健福祉館 地域福祉センター	

（注）1. *斜体字*で表示した施設・事業名は，法定外の施設・事業である。
2. 障害児者関係の施設・事業は，障害者自立支援法施行（2006年10月1日）前の施設・事業名で表示した。なお，**太字**で表示した施設・事業名は，同法施行後5年間の移行猶予期間がある施設・事業の名称である。

また後者については利用契約方式への移行過程にあるのが現状ながら，構造改革による措置方式の在り方は予断を許されない状況にある。

(2) 施設利用の活性化方策

福祉サービス提供の場として，社会福祉施設は重要な役割を果たしてきたが，その形態や機能が利用者のニーズに即しない状況に対しては批判も少なくない。それらは，施設の地域的な偏在と絶対量の不足，ニーズの多様化に対応しない制度運営の硬直化，といった論点に代表されるが，そのような問題提起に対しては，いわゆるゴールドプランや障害者プラン等によって政策的にも対応が行われてきた。

要援護者等の地域生活を支援する社会資源としての社会福祉施設の活性化方策として，近年，次のような改善策がとられている。

その1は施設の複合・多機能化である。心身障害児総合通園センターや総合リハビリテーションセンターの方式は既に20年以上の実績をもつが，近年では，エンゼルプランの一環としての多機能保育所，居住型を本来とする身体障害者療護施設や児童自立支援施設の通所部門設置，デイサービスセンターに居住機能等を付した高齢者生活福祉センター，児童福祉施設に付置する児童家庭センターや子育て支援センター，特別養護老人ホーム等に付置する介護支援センター，障害児・者施設に付随して行わせる地域生活支援事業等がこの方式の類型といえる。

その2は，施設の小規模化・地域分散化である。例えば，身体障害者更生援護施設では，福祉ホームが当初の定員20名を5名にまでに縮小し，療護施設は他施設との併設等の条件下に定員50名を10～40名に引下げ，重度更生施設および重度授産施設は定員50名を30名とした。また，知的障害者援護施設では，更生施設及び授産施設の居住型（定員30名）のほか通所型（定員20名）を設けて久しいが，近年のグループホーム推進は，施設の小規模化・地域分散化に一連のものといえる。

また，近年は施設の相互利用（身体障害者＋知的障害者）や施設転換（障害児施設→障害者施設）などの新たな傾向もみられるようになっていた。

その結果として，老人福祉法においても認知症対応型老人共同生活援助事業（グループホーム）等のように，従来の施設概念の変革を促す現実が進行しつつある。後述する障害者自立支援法に規定する障害福祉サービス事業は，新たな施設・事業概念を提示したものといえよう。

4) 自立支援活動の総合化をめざして

(1) 地域生活支援活動の総合性

　社会福祉の援助活動においては，ケースワーク等の直接援助技術やソーシャルアクション等の間接援助技術によって具体的な活動が展開されてきた。もとより社会福祉援助活動は，原理的にも総合的アプローチを基本とするのであるが，それらの援助技術の中で，近年とみに重要性の強調されているのがケアマネジメントである。

　ケアマネジメントは，社会福祉のみならず保健・医療など他の専門領域を総合しつつ人びとの地域生活を支援する社会的技術である。とりわけ保健・医療・福祉の三者連携が注目されるようになったのは，高齢化の進展による疾病構造の変化，家庭介護等の福祉的機能の低下のみられる状況の中で，理念的にも居宅処遇を原則とする在宅福祉サービスの援助方法を主流に変化させながら，要援護者の地域社会における生活ニーズを全体的に把握し対処する方法の必要性の認識が高まったことによる。

(2) 保健・医療・福祉の連携の具体的方策

　諸施策の総合的実施及び連携的推進の必要性については，1970年の心身障害者対策基本法（障害者基本法の前身）に明記され，70年代から障害者福祉分野では総合リハビリテーションセンター構想や地域リハビリテーション協議会等が現実の施策としても実施されてきた。とりもなおさずリハビリテーションは，医学，教育，職業，工学，社会福祉等の諸技術の総合と連携によって成り立つ方法である。

　しかしながら，いわゆる三者連携の質的・量的な広がりは，老人保健・福祉施策の推進が注目を集めるようになってからである。1980年代後半に制度化された高齢者サービス総合調整推進事業に始まり，いわゆるゴールドプラン，新ゴールドプランを経て介護保険法の成立，その円滑な施行にむけた取組み，とりわけ介護支援専門員（ケアマネジャー）養成研修・認定事業の制度化がそれである。

　なお，これら一連の中に，高齢者保健福祉施策の推進策の1つとして「地域リハビリテーション支援体制の強化推進」が1998年度から行われているが，これなどは，保健・医療・福祉の連携もさることながら，高齢者施策と障害者施策の間の連携の問われる事業であり，全体的に両施策間の調整への配慮が望まれる。

表V-2　医療・保健・福祉サービス・システムの再編成に対応する専門職に関する検討枠組み

	専門職		学問的基礎		サービスの総合化・ネットワーク化（各職種間のチームワーク）
	基礎資格	専門分化の課題	中核	関連	
医療（メディカルケア）能力回復訓練	医師・歯科医師 理学療法士（PT） 作業療法士（OT） 言語療法士　聴覚言語士 視能訓練士 薬剤師	ケア・マネージャー（ケース・マネージャー） 専門医・家庭医（4年制大学卒リハビリテーション専門職） かかりつけ薬剤師	医学 リハビリテーション医学 薬学	医療社会学　医療心理学 医療社会福祉学 医療倫理学 社会学	医療ネットワーク （病院・診療所の連携、専門医・家庭医のネットワーク） 医薬分業
看護	看護婦（士） （准看護婦）	ケア・マネージャー（ケース・マネージャー） 認定看護師　専門看護師（4年制大学レベル・修士レベル）	看護学	看護社会学 看護心理学 医学 保健学	継続看護ネットワーク 地域看護ネットワーク （病院・施設・訪問看護ステーション等の看護職の連携・ネットワーク）
保健	保健婦 助産婦 栄養士	ケア・マネージャー（ケース・マネージャー） 管理栄養士	保健学 栄養学	保健社会学　保健教育学 保健福祉学 医学　保健学	地域保健ネットワーク （病院・保健所・保健センター等の保健婦の連携・ネットワーク）
福祉	社会福祉士 介護福祉士 保育士	医療ソーシャルワーカー（修士レベル社会福祉士） ケア・マネージャー（ケース・マネージャー） 4年制大卒介護福祉士 家庭哺育・児童相談員（4年制大卒保母）	社会福祉学 介護福祉学 保育学	医学　保健学 社会学　心理学 法学　生活学 看護学　家政学 保健体育学 レクリエーション学 教育学	地域福祉ネットワーク （病院・保健施設・福祉施設と地域社会のソーシャル・ワーカーの連携・ネットワーク）
	認定心理士	臨床心理士	臨床心理学		
総合相談	保健婦　看護婦（士） 社会福祉士 介護福祉士	ケア・マネージャー（ケース・マネージャー） ケア・プランナー（市町村専門員）	（総合ケア科学）	医学　保健学　看護学 社会福祉学 福祉心理学	相談員の総合的知識・技術 相談員チームワーク 相談ネットワーク
福祉機器住宅生活環境	PT, OT 建築士	福祉機器技術者 リフォーム・ヘルパー	リハビリテーション工学 医療福祉工学 建築学　都市計画学 土木工学　交通工学	リハビリテーション医学 住居学 地域社会学	ハード面の開発 ソフト面のサービス拡充
消費生活（消費者保健）	消費生活相談員 消費生活アドバイザー 消費生活コンサルタント	高齢消費者専門相談員 シルバー・ビジネス専門相談員	消費経済学 生活学	家政学 消費者保護法	消費者被害対策ネットワーク
保健福祉行政（分権化・専門化）	医師 保健婦 社会福祉主事 （自治体福祉職）	社会福祉士 自治体福祉職	医学 保健学 社会福祉学 行政学	法学 経済学 社会学	行政の科学化 専門職の配置 保健・福祉の総合組織

（資料）日本学術会議社会福祉・社会保障研究連絡委員会「社会福祉に関する研究・教育体制の拡充・強化について——高齢社会に対する社会サービスの総合化対策の一環として——」（1997年3月31日）より

（注）本表の記載事項の中には、その後の法律制定または改正により名称の新設または改訂されたものもあるが、基本的な問題提起は今日にも通じるので、記載事項は発表当時のままとなっている。

(3) 諸施策連携の質的向上のために

　　変貌する社会経済構造の中で，今後の福祉援助活動は独自の専門技術を高め，かつ，保健・医療など他の専門領域との関連を深めながら，広がりをもった活動が期待されている。

　表Ⅴ-2は，日本学術会議社会福祉・社会保障研究委員会が「社会福祉に関する研究・教育体制の拡充・強化について」と題し，高齢化に対応する社会サービスに必要な生活の質の向上と生きがいの実現を目指す社会福祉専門職育成の課題を問題提起した文書に付された資料である。これにみられるように，今後の社会サービスシステムは，保健・医療・福祉の範囲にとどまらないシステムの再編成と，それに対応する各専門職の教育，研修，研究の体制強化が必要とされるのである。

〔河野康徳〕

2 児童福祉

1）児童福祉の理念

　児童福祉の歴史を遡れば，宗教施設や篤志家の孤児・遺棄児保護などにみられる実践にその起源を求められる。しかし，人権をもつ存在として子どもをとらえ，その権利を守る義務を社会に対して問うようになった歴史は比較的短いと言えるだろう。

　こどもの人権を国際社会において明文化したのは国際連盟による「児童の権利に関するジュネーブ宣言」（1924年）が最初であった。ジュネーブ宣言は，第2次世界大戦後，国際連合による「世界人権宣言」（1948年）を踏まえた「児童権利宣言」（1959年）に敷衍していく。前文と10カ条の本文からなるこの宣言では，人類は児童に最善のものを与える義務を負い，すべての児童が健全に発育し，教育を受け，必要な保護を受ける権利を有し，各国は法律によってこれらの権利を守るべきであることが述べられている。さらに30年後の1989年に国連が採択した「児童の権利に関する条約」（日本政府による条約批准は1994年）では，「児童権利宣言」の精神を受け継ぎ，内容を詳細・具体化すると共に，子どもを，保護される権利をもつ受け身的な存在にとどまらない，意見表明や思想・信教の自由をもつ大人とほぼ同様の権利主体として位置づけている。

　わが国においては，児童の福祉を保障する理念を「児童福祉法」の冒頭にみることができる。第1条（児童福祉の理念）では「すべて国民は，児童が心身ともに健やかに生まれ，且つ，育成されるよう努めなければならない。②すべて児童は，ひとしくその生活を保障され，愛護されなければならない。」とし，第2条では国および地方公共団体の責任を定め，第3条において前記の原理がすべて児童に関する法令の施行にあたって尊重されるべきことが記されている。特別な保護を必要とする児童のみならず，すべてのこどもが，健全に育ち，生活を保障されるべき対象であり，国民と社会がその責任を負うべきことが明らかにされているのである。

2）児童福祉の法律

　こどもの生活保障に関係する法律，すなわち所得保障・医療・教育・福祉サービスなどに関係する法律は多岐に渡るが，直接的に児童福祉関係法とされるものとしては**表V-3**に示した6つの法律があげられる。

表V-3　児童福祉の法律

法律名	制定年	法の趣旨
児童福祉法	1947	全ての児童の健全育成と福祉の増進を図るための基本的法律
母子保健法	1965	母性および乳幼児の健康保持と増進を図るため，保健指導，健康診査，医療の措置を行う
母子及び寡婦福祉法	1964	母子家庭と寡婦の生活安定と向上に必要な措置を行う
児童手当法	1971	児童の養育者に手当を支給することによって生活安定と児童の健全育成・資質向上に資する
児童扶養手当法	1961	父と生計を同じくしない児童について手当を支給することにより，生活安定と自立促進に寄与する
特別児童扶養手当等の支給に関する法律	1964	障害をもつ児童等について手当を支給することにより福祉を増進する

　この他，重要な法律として児童虐待の防止等に関する法律（2000年），少子化社会対策基本法，次世代育成支援対策推進法（いずれも2003年）をあげることができる。

　児童福祉法は総則，福祉の保障，事業及び施設，費用，雑則，罰則の6章から構成される。

　対象となる児童とは「満18歳に満たない者」で，乳児（満1歳未満）・幼児（満1歳～就学以前）・少年（就学以降）の3つに区分している。

　児童福祉に関する機関として，児童福祉審議会，市町村，児童相談所，福祉事務所，保健所といった機関および児童福祉司，児童委員，保育士の位置づけがされている。

　第2章は以前の「福祉の措置及び保障」から「福祉の保障」へと変わった。内容は療育の指導等，居宅生活の支援，助産施設・母子生活支援施設及び保育所への入所，障害児施設給付費・高額障害児施設給付費及び特定入所障害児食費等給付費並びに障害児施設医療費の支給，要保護児童の保護措置等である。

　第3章は児童に対する事業や施設の種類や機能についての基本的規定，第4章は児童福祉の費用について，第5章では雑則についての規定，と続く。以上のように本法は理念規定を冒頭におき，制度のしくみや内容に関する基本的規定を盛り込む児童福祉の総合的法律である。児童福祉法成立当時はその頃の社会背景を受けて，いわゆる要保護児童（要養護・保育に欠ける・障害・非行などのニーズをもつ児童）への対応に重点がおかれていたと言えるが，時代の流れとともに文字どおりすべてのこどもに対する福

祉対応が社会全体の喫緊の課題となった。少子化，両親の共働きの一般化，家庭・地域における子育て機能の低下，あるいは，児童虐待や不登校など，こどもをめぐる問題が改めて顕在化・複雑化しているのに対して，児童とその家庭に対する社会的支援策の再編が求められてきたのである。

3）児童福祉の施策

児童をめぐる行政施策はこれまで健全育成・要保護児童の保護・母子保健・母子福祉に大別されてきた。児童福祉法改正などの動きに伴って施策メニューも多様化しつつある。ここでは，児童福祉施策を子育て支援と健全育成，保育，児童自立支援，障害，母子福祉，に分けて概観する。なお，母子保健施策については別項の地域保健施策に，児童手当等の手当て制度は経済保障の項で述べられているので，ここでは省略することとする。

(1) 子育て支援と健全育成

子どもを育てる環境の変化に伴い，子どものいる家庭に対する支援策の強化が大きな課題となりつつある。児童相談所やすべての児童福祉施設に対して相談体制の強化を求め，かつ子育て支援活動を行う義務が課されてきている。

都道府県・市町村がその地域の実情に応じてサービスを構築していく必要がある。地域において子育てに関する相談に応じる機関は，児童福祉や母子保健に関わる機関だけも10種類以上あるだけでなく，教育や労働から司法に至るまで多種多様なものがある。一方，現実に子育てにまつわる支援を要する人にとってはその仕組みはわかりにくい。住民にわかりやすい仕組み，あるいは，どこか1カ所につながれば，その子どもと親にとって最も適切なアドバイスと支援が得られるような，サービス提供側のネットワークづくりが今後益々重要になるだろう。

健全育成とは，すべての児童をターゲットにしたものである。児童厚生施設（児童館・児童遊園）などの福祉施設や，児童厚生員（児童の遊びを指導する）などの福祉の仕組みにとどまらない，こどもにまつわるNPO法人から小さなグループまで，地域のボランティアによる住民活動を育成し，支援していくことも健全育成施策においては重要な視点である。

いわゆる学童保育（就学している子どもの保育）「放課後児童健全育成事業（放課後児童クラブ）」（児童厚生施設や学校の空教室，保育所などを利用し，保護者が昼間家庭にいない児童に対して遊びと生活の場を提供するもの等）は，ニーズに対して量的にもまだまだ不足しているコミュニティが少なくない。

少子化で子どもの数は少なくなってニーズが減っているということは決してなく，親のニーズの変化に伴いむしろ多様なニーズが発生しており，地域全体でこどもの育成にかかわる取り組みが必要とされている。

(2) 保　　育

　法上の定義で「保育に欠ける」とされる児童，すなわち両親の労働あるいは疾病により昼間，家庭での育児が困難な乳幼児に対しする保育施策にも，その需要をめぐっての動きが大きい。共働き家庭が一般化するなかでの乳児保育や延長保育への要請が高まる一方，核家族化による家庭の養育機能の低下によって，これまで保育施策の対象ではなかった子どもとその家庭への支援策も新たな課題としてあがってきた。児童福祉施設である保育所のあり方に多様な期待がよせられてきたのである。

　これに対して保育所設置主体制限の撤廃，保育所の定員にかかわりない児童の受け入れ許容，短時間勤務で関わる保育士の容認，保育所最低定員の引き下げ，調理業務について施設内調理室における委託調理，単独設置が困難な地域における分園方式，土地・建物の賃貸方式容認，など各種の規制緩和が続いてきた。

　児童の保育に携わる専門職についてはかつて「保母」を正式名称とする任用資格であったが，1999年に男女ともに「保育士」に改称，さらに2003年には名称独占の国家資格となった。

　保育ニーズの多様化に対しては，**表Ⅴ-4**のような施策が講じられている。

(3) 児童自立支援

　児童福祉法は戦災孤児などの保護を緊急課題として成立した経過がある

表V-4　多様な保育ニーズへの対応

認可保育所における施策

乳児保育	保護者の希望によりどの保育所でも入所が可能となるよう，制度が一般化された。1歳に満たない乳児を対象とする。
障害児保育	集団保育が可能で通所のできる障害児を対象に，保育所において統合保育を行う。保育士の加配や環境改善の助成がなされる。平成10年度より受入保育所拡充のための障害児保育促進事業も開始された。
延長保育	法改正により，利用者の要請に応じて保育所が自主的・主体的に実施できる仕組みになった。延長時間や利用児童数により補助額が決定される。
一時保育	保護者の就労形態に応じて週3日程度の断続保育や，傷病・育児疲れなどに対応して，緊急的・一時的に保育を行う事業。延長保育と同様，保育所の自主事業。
夜間保育所	開設時間は概ね午前11時から午後10時頃。必要に応じて延長保育もされる。
地域子育て支援センター	保育所・乳児院・母子生活支援施設に設置される。地域のセンターとして，育児不安など子育て問題についての相談に応じる。
特別保育事業	休日保育，送迎保育ステーション，駅前保育サービス，パートタイム勤務などへの対応

補完的制度

へき地保育所	山間地・離島などのために認可保育所の基準を満たせないために市町村が主体となって行う施設。
事業内保育施設	事業所の就労者の児童が入所するため，事業所内に保育施設を設置するもの。医療関係企業が最も多い。
在宅保育サービス	家庭的保育サービス（保育ママ，家庭福祉員など），ベビーシッターサービス

が，当初その目的で機能した養護施設では現在，保護者がいない子どもよりむしろ保護者がいても虐待その他の家庭環境等の理由で入所する子どもの割合が増えている。これら要養護児童に対する施策では，単に児童を養育し保護することにとどまらず，退所後の指導も含めた自立支援策としての位置づけが必要である。

また，不良行為をなしたり，なすおそれのある児童に対する福祉施策として教護院での教護（教育・監護）が行われてきたが，多様な問題を抱える児童への対応を迫られるとともに，ここでも自立支援の観点からの援助が求められるようになった。

新しい児童福祉法では，以上のような児童福祉施設の名称変更および機能の見直しを行い，児童自立支援施策として再編がされた。養護施設は児童養護施設へ，教護院は児童自立支援施設，母子寮は母子生活支援施設へと名称が変更され，対象や機能の拡大がされている（**表V-5**）。

表V-5　児童自立支援関係施設

児童養護施設	保護者のない児童，虐待されている児童その他環境上の理由のある児童を養護（養育・保護）し，かつ退所後の支援などを行い，自立を支援する。法改正以前の「虚弱児施設」は「児童養護施設」へ移行。
乳児院	乳児（満1歳未満）の他，保健上等の理由のある場合は概ね2歳未満までの幼児を入所させ養育する。
児童自立支援施設	不良行為をなし，またはなすおそれのある児童，家庭環境など環境上の理由により生活指導を必要とする児童を指導し，自立を支援する。学校教育を実施する。通所形態を導入。職員の旧教護は「児童自立支援専門員」，旧教母は「児童生活支援員」となった。
情緒障害児短期治療施設	軽度の情緒障害をもつ児童を短期間治療する。入所の他，通所による利用がある。
母子生活支援施設	配偶者のない女子とその子どもを保護するとともに，母子の自立を支援する。児童が満20歳になるまで利用可能。

　また，児童養護施設を退所した義務教育終了後の児童に対して，「自立援助ホーム」を生活の場および独立への準備の場として提供する「児童自立生活援助事業」が法定事業となった。

　自立支援策を要する児童に関して，早期に発見し，できるだけ早く適切な対応を行い，必要な施策に結びつけていくには，いまや，児童相談所だけでは相談ニーズへの対応が困難であるといわれる中で，新たに「児童家庭支援センター」が創設された。本センターは児童福祉法上の児童福祉施設として位置づけられるが，**表V-5**に掲げた児童福祉施設に附置されるものである。それらの施設のこれまでの経験の蓄積を活用するもので，児童や母子家庭および地域住民の相談に応じ，児童相談所から委託のあったケースの指導を行い，関係機関との連絡調整にあたる。

　養護を要する児童については里親制度による対応も行われている。

　自立支援施設や里親等によるいわゆる社会的養護を要する子どもたちへの対応の今後について，児童虐待への対応強などの支援強化が求められる中，その施策のあり方については社会保障審議会児童部会から「児童虐待への対応など要保護児童及び要支援家庭に対する非戦のあり方に関する当面の見直しの方向性について」（2003年）が出されている。

(4) 障　害

　児童福祉法の定義では身体に障害のある児童又は知的障害のある児童を「障害児」と称し，障害児への福祉施策についてはこれまで児童福祉法で主に扱われてきた。2003年，障害者支援費制度の施行により，障害のある児童もその対象となったが，さらに「障害者自立支援法」によって障害児

の福祉サービスについても一元化され，障害児者対策として市町村が責任をもって対応することになった。したがって，障害児福祉サービスも措置から契約へ供給のパラダイム変換がなされ，サービス体系も漸次見直しが進みつつある。「障害者自立支援法」による体系については別項，障害者福祉の施策「障害者自立支援システム」を参照のこと。

(5) ひとり親家庭の福祉

配偶者との死別や離婚等により女性がひとりで子どもを養育する家庭に対しては母子及び寡婦福祉法ならびに児童福祉法による施策が行われている。男性が養育を行ういわゆる父子家庭にも同法により対応するが，母子家庭に比べてサービス利用が少ない。父子家庭にも潜在的なニーズがあると言えようが，一方，経済収入の統計などから見る限り，母子家庭には依然としてニーズの高さが伺える。

父子家庭は増加の傾向にあり，平均年間収入も減る傾向にあり，また家事等，生活への社会的支援への要請がある。

母子福祉もまた，制度発足当初とは違い，死別によるものよりも，離婚等による家庭が多いこと，夫による虐待や暴力による保護ニーズの顕在化など，母子家庭となった原因の変化に対応した援助が求められている。

相談の窓口は主に福祉事務所であり，担当として母子相談員がおかれてきた。。相談の内容は生活全般にわたるが，子どもの教育問題，母親の就職問題などが主なものである。

母子福祉施策は経済面・職業・住宅といった生活基盤のサポートを中心に据えて，母子の自立を促進するものが中心となる。母子福祉資金の貸付けがそのひとつである。20歳未満の児童を扶養している配偶者のない女子に対して，都道府県（指定都市・中核市）が実施主体となり行われる貸付制度である。就業やそのための技能修得・事業の開始資金など就労に関するもの，教育費用，住宅費用，病気療養等，現在13種類の資金の貸付けをおこなっている。

生業支援として，公共施設での売店設置申請や，製造たばこ小売り人の認可申請などに対して優先的に扱われる。また，母子相談員だけでなく，母子福祉関係機関や施設，公共職業安定所などは協力して母子の雇用促進にあたらなければならないとされる。職業訓練を受ける者への訓練手当給付，雇用主への助成金支給といった労働行政サイドの支援策も行われている。

住宅については，母子世帯向けの公営住宅の促進を図ることとされてい

る。

　母子福祉関係の施設としては，児童福祉法による母子生活支援施設（旧母子寮）があげられる（**表Ⅴ-5**）。これまでの保護に加えて自立支援がその機能として新たに加えられた。母子及び寡婦福祉法による施設としては，母子福祉センターと母子休養ホームがあげられる。母子福祉センターは，相談への対応と生活指導，職業指導などを行っている。母子休養ホームは母子家庭に対して低額料金で提供されるレクリエーションと休養のための施設である。

〔河村ちひろ〕

3　障害者福祉

1）障害の概念と福祉の理念

　福祉理念は，福祉施策の前提であり，障害者福祉の理念は障害の概念と一連のものである。障害または障害者をどう理解するか，つまり障害者観のありようは，施策を支配することにもなる。
　人は共存性と自立性をもって生活するが，社会の現実は，人の排他的側面によって阻害され，またその悪弊の修復を余儀なくされてきた。それは，自他の啓発に多大の努力を要することでもある。ここでは，そのような障害者観の，近年における是正と進展の状況について簡潔に辿ることとする。

(1) 「障害者の権利宣言」にみる障害概念

　「障害者の権利宣言」（1975年）は，先行した「知的障害者の権利宣言」（1971年）の趣旨を包含し国連総会で決議されたものであるが，それには次の項目が含まれている。

第1項：「障害者」という言葉は，先天的か否かにかかわらず，身体的または精神的能力の障害のために，通常の個人または社会生活に必要なことを確保することが，自分自身では完全にまたは部分的にできない人のことを意味する。

第3項：障害者は，人間としての尊厳が尊重される生まれながらの権利を有している。障害者は，その障害の原因，特質および程度にかかわらず，同年齢の市民と同等の基本的権利を有する。このことはまず第1に，可能な限り通常のかつ十分満たされた相当の生活を送ることができる権利を意味する。

　これらの規定を含め，リハビリテーションや住まい，経済的社会的保障

等を受ける権利など，13の項目を設けているこの権利宣言は，「世界人権宣言」（1948年）の系譜にあり，その理念を障害者に関して具体的に示したものである。ここに端的に記された障害概念ないし福祉理念は，以後の国連における障害者福祉に関する啓発活動の基盤であり，道標となっていると言えよう。

(2)　「国際障害者年行動計画」の概念構成と主な原則

「障害者の権利宣言」後の各国における施策の取組みにこの宣言の認識が不徹底であることから国際的行動の必要性が指摘され，国際障害者年（1981年）の実施となったが，それに臨むにあたり，国連総会は「国際障害者年行動計画」（1979年）を決議・採択した。

同計画の中に障害概念に関する重要な指摘があるので，ここにその要旨を掲げておく。

その1：障害とは何か，それはどのような問題をもたらすかについて公衆の理解を促進すべきであるとして，個人の特質である機能障害（impairment）と，それによって惹き起こされる能力的な障害である能力低下（disability），そして能力低下の社会的な結果である社会的不利（handicap）の間には区別があること（61項および62項）。

ここに示された障害の3つのレベルは，行動計画とほぼ同時期に世界保健機関（WHO）が発表した国際障害分類試案（ICDIH・1980年モデル）の基礎をなす障害概念であり，保健福祉方策の指標の1つとして関係者に少なからぬ影響を与えてきた。

その2：障害という問題は，個人とその環境との関係として捉えることがより建設的な解決の方法であり，多くの場合，障害者の日常生活は社会環境の在り方によって決定されるものであること。社会は身体的・精神的機能の備わった者の要求を満たすことを概して行っているが，全ての人々のニーズに適切に最善に対応するためには，今なお学ばなければならないこと。障害者などを閉め出す社会は弱くもろい社会であり，障害者はその社会の他の者と異なったニーズをもつ特別な集団と考えられるべきでなく，通常の人間的ニーズを満たすのに特別の困難をもつ普通の市民と考えられるべきであること。障害者のための条件を改善する行動は，社会の全ての一般的な政策及び計画の不可欠な部分を形成すべきであること（63項）。

この項目に示された障害者観とそれにもとづく方策の在り方は障害者福祉理念の根底になくてはならないものであり，その趣旨はノーマライゼーションの原理と一帯のものである「障害者の権利宣言」に即している。

(3) 「完全参加と平等」とノーマライゼーション

　ノーマライゼーションの原理は，北欧に起源をもち，元来は知的障害者の大規模施設処遇の改革と人権の確立を求める運動に端を発した抵抗の概念と言われ，障害者がノーマルな生活をしていくための具体的な問題，たとえば生活上のノーマルなリズム，ノーマルな経験や要求の尊重，ノーマルな環境基準といった諸原則が障害者の権利として保障されるべきことが強調されたのである。

　国際障害者年は，「完全参加と平等」をテーマとして展開されたが，その趣旨はノーマライゼーションの原理を基調としている。その意義は次のように説明できよう。

　社会には障害をもつ人が多数存在しその数は増加しつつある。国民の生活水準が全体的に向上し，福祉施策が拡充されるとともに障害者をめぐる生活条件が改善されてきたことも事実であるが，その社会参加を阻む社会的障壁はいまだに少なくない。障害者の社会参加を可能とするためには，まず障害者個人の能力開発が必要である。それを実現するためには各個人に適した能力開発の機会が用意されなくてはならない。同時に各個人をその能力に応じて受け入れることができるように社会環境を調整する必要がある。その環境調整に当たっては，物理的障壁のみならず差別的偏見が打破されなければ障害者の社会的統合は達成できない。さらに，各個人がその個性に応じ人としての権利と尊厳を守られるような生活の手段が平等に保証されなくてはならない。これらの諸条件が満たされることが，「完全参加と平等」の意味する内容である。

(4) リハビリテーションと機会の均等化

　国連は，国際障害者年後の10年を「国連・障害者の10年（1983〜1992年）」とし，「障害者に関する世界行動計画」を決議した（1982年）。これは「完全参加と平等」の趣旨をさらに継続する国際的行動を企図したものであるが，その中で，障害者施策に関する行動基準を，"予防"，"リハビリテーション"および"機会の均等化"として規定した。それによれば，リハビリテーションとは，「障害をもつ者が身体的・精神的又は社会的に最も適した機能水準を達成できるようにし，それにより各個人が自らの人生を変革していく手段を提供することを目的とし，かつ時間を限定した過程を意味する」とされる。

　このようにリハビリテーションは，障害をこえて生きなおすことを目指す復権の過程であるが，自立生活運動は，その支援過程が障害者相互のま

たは専門家と受益者相互の依存関係でもあること，つまり，専門家は障害者の生き方から自らの技法を学びとるものであることを示した。かってのリハビリテーションは，障害者の身辺自立を促し，職業的・経済的自立を目標とする専門家主導の自立概念であったが，リハビリテーションの理念及び方法もノーマライゼーション原理の影響を受け，修正を余儀なくされることとなったのである。

前記の世界行動計画によれば，機会の均等化とは「例えば物理的・文化的環境，すなわち住宅や交通機関，社会サービスや保健サービス，教育や労働の機会，スポーツやレクリエーション施設を含む文化的・社会的生活等の社会システムを全ての人に利用可能とするものとする過程を意味する」とされている。つまり機会の均等化は，「完全参加と平等」の目的達成のためには障害者個人に向けられたリハビリテーションの方策だけでは不十分とすることからの概念規定なのである。

以上のとおり，リハビリテーションは対個人的，機会の均等化は対社会的とされるが，リハビリテーションを抜きにした機会の均等化はおよそ画餅にすぎない。それを生かすには，均等化方策の結果である社会資源を各自が自立的に活用できる社会的機能力の涵養を必要とする。つまり，均等化方策によってもたらされるのは機会の平等であり，そのこと自体は重要であるが，人は各々の生活の実質において平等を実感することによってこそ個人の自覚的完全参加は成るのであり，リハビリテーションはそのための実践に他ならない。

(5) 理念の展開

第1に強調しておきたいのは，"インクルージョン"概念の登場である。国連は「国連・障害者の10年（1983～1992年）終了後の1993年，「障害者の機会均等化に関する標準規則」を決議し，「完全参加と平等」の理念と方策の更なる展開を構想した。この「標準規則」自体は，前記の世界行動計画に書かれた機会均等化の概念を具体的に示し，各国にモニタリングを要請したものであるが，その普及のために国連が開催した「ノーマライゼーションを超えて～全ての人のための一つの社会」を目指すレイキャビック会議（1994年）で哲学者パウル・スクラソンが行った「未来へのビジョン」と題する基調講演は示唆に富む。つまり，これまで物質的価値や精神的価値に力を集中し発展してきた国民国家や福祉国家は終末を迎えようとしているのであり，われわれは新たな出発にあたっては，普遍的正義と国際的友愛と個人的自由という価値観を思考の中核に置く「教育国家」を創

造しなければならない，という趣旨である。これにはUNESCOが1980年代から障害児教育のあり方に言及する中で，しばしば"インクルーシヴ・スクール"の表現を用いてきたという背景がある。さらに「標準規則」における教育の機会均等化の啓発，その後の国際会議等での"ノーマライゼーションを超えて"を趣旨とする論議や障害児教育をめぐる国際会議での「サラマンカ声明」（1994年）を経て，インクルーシヴ・エジュケーションの用語・概念が醸成され，以後，"インクルージョン"は教育の世界を超えて社会福祉施策でも用いられるようになってきた。例えば，デンマークでは1998年に施行された新しい福祉法はインクルージョンを目標にしていると言われており，わが国でも，2000年の社会福祉法施行前後からは"ソーシャル・インクルージョン"を論ずる機会が増えてきた。

その2は「障害者権利条約」への道についてである。前記した「障害者の機会均等化に関する標準規則」が国連の議題となる過程で，1990年頃から「障害者権利条約」の方を先行させるべき動きがあったのであるが，その後も約10年間の曲折があって，国連でこの問題に関する特別委員会の設置が2001年に決議され，2002年以来5年がかりの検討の結果，2006年8月の特別委員会で草案が採決され，12月の国連本会議での決議をみる運びとなった。国連での決議の後は各国の批准を待つことになる。

第3は障害概念の改訂についてである。WHOのICIDH（1980年モデル）は，当初からその一方通行的なマイナスイメージ等に再検討の必要性が指摘され，約20年がかりで「生活機能・障害及び健康の国際分類」（ICF）として2001年改訂版が発表された。2001年モデルの特徴は，生活機能や障害要因に関する全ての要素が相互作用をもって関係しあう状態を浮き彫りにしたことにあり，障害者観に少なからぬ影響を与えている。

2）障害者の福祉に関する法律

(1) 障害者基本法

障害者施策は，障害者の多様なニーズに応えるべく各行政分野で行われる必要があり，現実に数多くの法律が施行されている。多岐にわたる施策を効果的に実施していくためには，基本理念についての共通の理解に立つ諸施策の総合的推進が望まれることから，1970年5月，心身障害者対策基本法が制定された。

この法律は，国際障害者年等の新たな動向の影響のもと，1993年12月に障害者基本法と改正され，さらに2004年6月，社会福祉基礎構造改革とも連動しつつ，再改正が行われた。この法律に定められた主要な事項は次の

とおりである。

a　この法律は，障害者施策に関する国，地方公共団体等の責務を明らかにするとともに，障害者の福祉に関する各種の施策および障害の予防に関する施策の基本となる事項を定め，障害者施策を総合的計画的に推進し，障害者の自立と社会，経済，文化その他あらゆる分野の活動への参加を促進することを目的とすること。

b　この法律において障害者とは，身体障害，知的障害又は精神障害があるため，継続的に日常生活又は社会生活に相当な制限を受ける者をいう，と定義すること。

c　基本的理念として，障害者の個人の尊厳とそれにふさわしい生活を保障される権利及び障害者に対する差別禁止を明らかにし，また，国および地方公共団体の施策推進の責務とそれに協力すべき国民の責務として，障害者が差別されることなく社会参加できる社会の実現に寄与すべきこと等をあげたこと。

d　障害者の福祉について関心と理解を深めるため，障害者週間を設け，その日を12月3日から12月9日までの1週間とすること。

e　施策の基本方針として，障害者の年齢並びに障害の種類や程度に応じ，有機的連携のもと総合的に策定，実施されるべきこととし，具体的な諸施策（障害者の福祉に関する基本的施策11事項，並びに障害の予防に関する基本的施策2事項）をとるべく，必要な法制上および財政上の措置を講ずべきことをあげたこと。

f　政府は，障害者のための施策に関する基本的な計画（以下「障害者基本計画」という）を策定しなければならないこと。都道府県は障害者基本計画をもとに都道府県障害者計画を，また，市町村は障害者基本計画及び都道府県障害者計画をもとに市町村障害者計画を策定しなければならないこと。

g　政府は，毎年，国会に障害者のために講じた施策の概況に関する報告書（「障害者白書」）を提出しなければならないこと。

h　内閣府に中央障害者施策推進協議会を，都道府県・指定都市に地方障害者施策推進協議会を設置（その他の市町村は任意に設置）し，施策の調整をはかること。

(2) 障害者施策に関する法律の体系

わが国の障害者施策は，憲法の人権尊重の理念に基づく障害者基本法に定められた施策の基本方針等に則り，社会福祉の諸施策をはじめ，保健医

図Ⅴ-3　障害者施策に関する主な法律

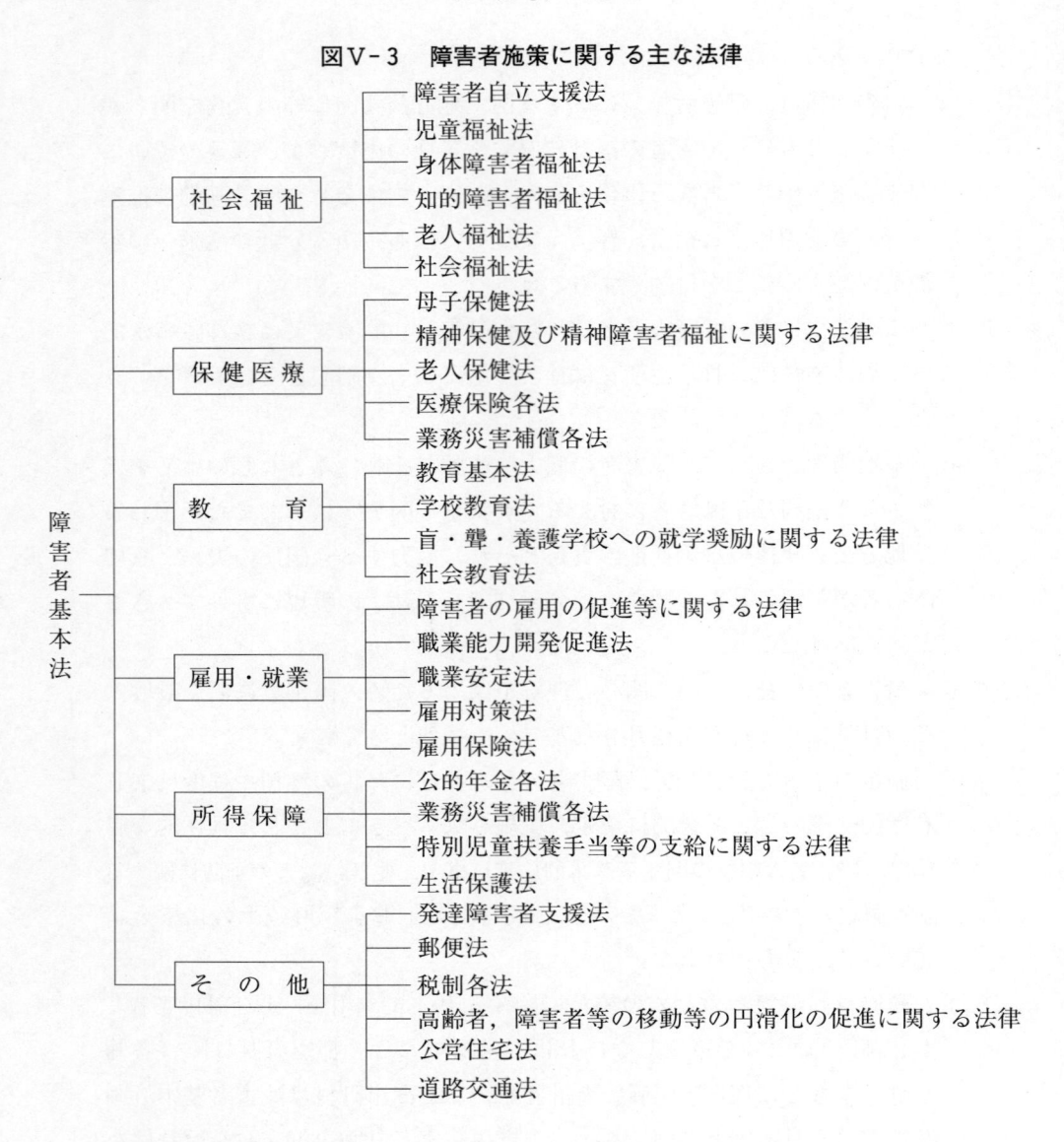

- 障害者基本法
  - 社会福祉
    - 障害者自立支援法
    - 児童福祉法
    - 身体障害者福祉法
    - 知的障害者福祉法
    - 老人福祉法
    - 社会福祉法
  - 保健医療
    - 母子保健法
    - 精神保健及び精神障害者福祉に関する法律
    - 老人保健法
    - 医療保険各法
    - 業務災害補償各法
  - 教育
    - 教育基本法
    - 学校教育法
    - 盲・聾・養護学校への就学奨励に関する法律
    - 社会教育法
  - 雇用・就業
    - 障害者の雇用の促進等に関する法律
    - 職業能力開発促進法
    - 職業安定法
    - 雇用対策法
    - 雇用保険法
  - 所得保障
    - 公的年金各法
    - 業務災害補償各法
    - 特別児童扶養手当等の支給に関する法律
    - 生活保護法
  - その他
    - 発達障害者支援法
    - 郵便法
    - 税制各法
    - 高齢者，障害者等の移動等の円滑化の促進に関する法律
    - 公営住宅法
    - 道路交通法

療，教育，雇用・就業，所得保障，その他経済負担の軽減や生活環境の整備に関する諸施策が，それぞれの法律や規則等によって行われている。その法体系の概略は図Ⅴ-3に示すとおりである。社会福祉に関する施策は，厚生労働省の所管する福祉各法を中心として行われている。保健医療については主として厚生労働省の医療保険各法又は保健各法によっており，障害児教育は文部科学省の学校教育法にもとづく特別支援教育を中心に，雇用・就業施策は厚生労働省の障害者の雇用の促進等に関する法律を中心に，所得保障は厚生労働省の年金・手当等の各法を中心に，その他生活環境等の諸問題に関する施策は多くの省庁に及んでいる。

(3) 障害者福祉に関する法律

障害者基本法は，障害の予防に関する施策以外は，諸施策の全てを障害者の福祉に関する施策として捉えている。そのような諸施策の法体系が図Ⅴ-3に見るところであるが，その中の社会福祉分野に属するものが狭義の障害者福祉に関する法律ということになる。

そのうち，社会福祉法は社会福祉事業の全分野における共通的基本事項を定めるものであること，児童福祉法および老人福祉法は障害者福祉と密接しているもののライフサイクル的な年齢差対応に主眼があることをもって一応除外し，ここでは障害者自立支援法に，身体障害者福祉法，知的障害者福祉法，精神保健及び精神障害者福祉に関する法律（精神保健福祉法）を加える4法をもって，とりあえず障害者福祉に関する法律として取り上げ，次項以後の解説もこれら4法を中心に行うこととした。

その理由は，障害者福祉の対象となるべき身体的機能または精神的機能に障害をもつ人を網羅する法的基盤はこれら4法にあることによる。

なお，児童福祉法については既に別項で説明されているが，障害者自立支援法には障害児の分野が含まれることを了知されたい。

3）障害者福祉の施策

(1) 障害者自立支援システム

A　障害者福祉法体系の再編成

(a) 施策の再編成へ向けて

社会福祉分野における障害者福祉関係法は，従来，身体障害者福祉法，知的障害者福祉法，および児童福祉法をもって構成されてきた。社会福祉法の施行後は，その法理念にもとづき，利用契約を前提とする福祉サービスの提供を行う方法が志向された。2003年度から実施された支援費制度はその趣旨に依拠するものであったが，支援費制度の導入は，居宅介護等事業の需要の急増を招くとともに，障害者の地域生活支援をめぐるサービス水準の地域格差が目立つようになった。また，とりわけ支援費制度の対象にならなかった精神障害者に関する施策上のアンバランスがあった。

(b) 障害者自立支援法の成立と改革のねらい

前記のような問題点をはらむ支援費制度は3年間で方向転換を余儀なくされ，その改善を意図した新法が2005年10月に成立，2006年4月からその一部が施行されることになり，新法の構想には次のような改革のねらいがこめられた。

① 障害者の福祉サービスを一元化する

- 三障害の制度格差を解消し精神障害を対象に
- 市町村に実施主体を一元化し都道府県はこれをバックアップ

② 利用者本位のサービス体系に再編成する
- 33種類に分かれた施設体系を6種の事業に再編整備
- 規制緩和を進め既存の社会資源を活用

③ 就労支援の抜本的強化を図る
- 新たな就労支援事業を創設
- 雇用施策との連携を強化

④ 支給決定の手続きや基準の透明化・明確化を図る
- 支援の必要度に関する客観的な尺度（障害程度区分）を導入
- 審査会の意見聴取など支給決定プロセスを強化

⑤ 増大する福祉サービス等の費用負担のため安定的な財源の確保を図る
- 国の費用負担の責任を強化（費用の2分の1を負担）
- 利用者も応分の費用を負担しみなで支える仕組みに

(c) 既存各法との関係

障害者自立支援法と既存の各法との関係は，次の構図のようになる。

障害者自立支援法			
（障害種別にかかわりのない共通の給付等に関する事項について規定）			
身体障害者福祉法	知的障害者福祉法	精神保健福祉法	児童福祉法
・身体障害者の定義 ・福祉の措置　　等	・福祉の措置等	・精神障害者の定義 ・措置入院　　　等	・児童の定義 ・福祉の措置　　等

B　障害福祉サービスの一元化（2006年4月1日施行）

　　障害者自立支援法の第1のポイントは障害福祉サービスの一元化であるが，それには2つの要素がある。その1は，身体障害，知的障害，精神障害といった障害の種類別に福祉サービスを行うことによる制度間のアンバランスの解消を図ること。それには，前項の構図で見たように，障害児に関する児童福祉法にも法体系の整備は及ぶことになる。つまり，従来の関係各法における基本的個別事項は残しつつ，福祉サービスとしての共通事項を一元化することにより，障害の種類を超えた共通の場で，それぞれの障害特性などを踏まえたサービスを提供する構想である。

　　その2は，実施主体を市長村に一元化することである。かつての社会福祉行政では都道府県を実施主体とすることが多かったが，1990年の社会福祉関係8法改正以来，段階的に市町村に委譲してきたものの，依然として混然とした従来の実施体制では住民側に不便や混乱があるため，今後は住民に身近な市町村が責任を持って障害者福祉サービスを実施し，それを国

と都道府県がサポートする仕組みを明確にする。ただし，児童入所施設については，児童相談所（都道府県）との役割関係から，今後3年程度の時間をかけてそのあり方を検討していくこととされている。

これらの状況を踏まえた「障害福祉サービス一元化の将来像」について，当局は別掲の図式で示している（図Ⅴ-4）。

なお，以下の各事項についても，当局が示した図式を参考に解説する。

図Ⅴ-4　障害福祉サービスの「一元化」（改革後の姿）

- 「障害者自立支援法案」において障害者に共通の自立支援のための各種福祉サービスについて一元的に規定
- サービス提供主体は市町村に一元化

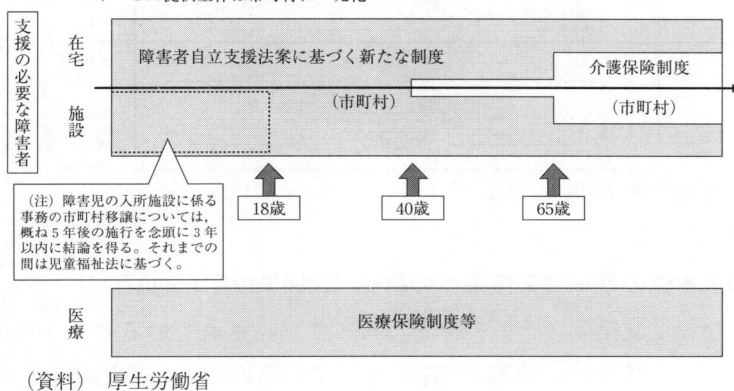

支援の必要な障害者	在宅	障害者自立支援法案に基づく新たな制度	介護保険制度
	施設	（市町村）	（市町村）
		18歳　40歳　65歳	
	医療	医療保険制度等	

（注）障害児の入所施設に係る事務の市町村移譲については，概ね5年後の施行を念頭に3年以内に結論を得る。それまでの間は児童福祉法に基づく。

（資料）　厚生労働省

C　総合的な自立支援システムの構築（2006年10月1日施行）

従来の障害者福祉サービスは，2005年度から行われた支援費制度に至るまで，関係各法による給付等のサービスの殆どは，数十年にわたって「福祉の措置」として行われてきたが，精神保健福祉は社会福祉の埒外であったこと，一部には制度間交流等の試みも行われてはいたものの制度運用にはなお硬直化の指摘があるなど，特に施設の在り方には障害者の地域生活を支援する観点から抜本的な改革を必要とした。

このような状況から，新法のねらい第2のポイントは，新たな観点に立つ「総合的な自立支援システムの構築」（図Ⅴ-5）である。

ここに示された構想の特徴を挙げると，その1は，サービスと体系を「施設」の単位でなく，障害の種類を超えた「事業」の単位に再編したこと。その2は，新たな福祉サービス体系として設定された「自立支援給付」（介護給付・訓練等給付・自立支援医療・補装具）を国・地方公共団体が義務的に費用を負担する全国共通のサービスとしたこと。その3は，新たな福祉サービス体系の1つに位置づけられた「地域生活支援事業」は，市町村の創意工夫により地域の特性に応じて実施できるものとしたこと。

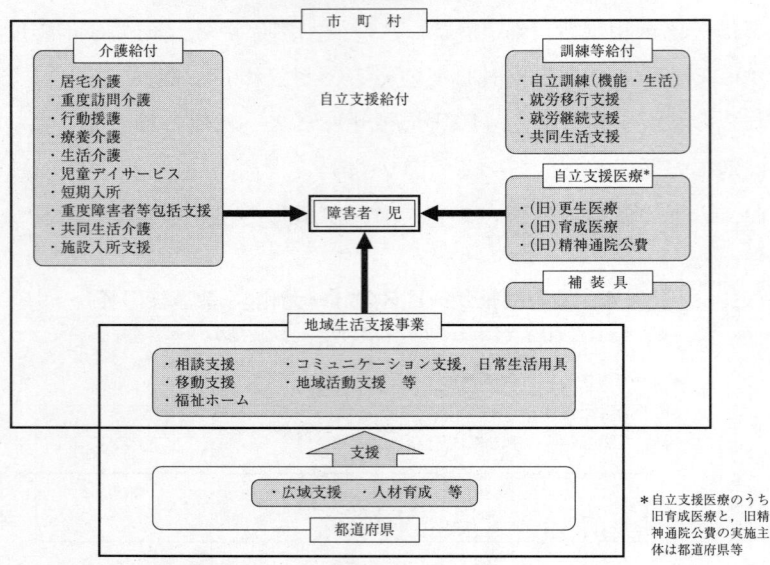

図V-5　総合的な自立支援システムの構築

```
                              市 町 村
  ┌─────────────────────────────────────────────────────────┐
  │  介護給付                 自立支援給付        訓練等給付      │
  │  ・居宅介護                                ・自立訓練(機能・生活) │
  │  ・重度訪問介護                             ・就労移行支援        │
  │  ・行動援護                                ・就労継続支援        │
  │  ・療養介護                                ・共同生活援助        │
  │  ・生活介護           →  障害者・児  ←                      │
  │  ・児童デイサービス                         自立支援医療*        │
  │  ・短期入所                                ・(旧)更生医療        │
  │  ・重度障害者等包括支援                     ・(旧)育成医療        │
  │  ・共同生活介護                             ・(旧)精神通院公費    │
  │  ・施設入所支援                                              │
  │                                           補装具             │
  │              地域生活支援事業                                │
  │  ・相談支援  ・コミュニケーション支援、日常生活用具           │
  │  ・移動支援  ・地域活動支援　等                              │
  │  ・福祉ホーム                                               │
  └─────────────────────────────────────────────────────────┘
                              ↑ 支援
                    ・広域支援　・人材育成　等
                              都道府県
```

＊自立支援医療のうち旧育成医療と、旧精神通院公費の実施主体は都道府県等

（資料）　厚生労働省

D　利用者本位のサービス体系への再編（2006年10月1日施行）

　新たな自立支援システムの構築によって目指されているのは「利用者本位のサービス体系への再編」（図V-6）であるが、その構想には従来の施策にはなかったいくつかの特徴がみられる。

　その1は、「日中活動の場」と「居住支援の場」を分けたことである。それにより、従来のサービスでは入所施設で24時間暮らすことを余儀なくされた生活スタイルから、利用者の必要に応じて日中活動のサービスと居住支援のサービスを組み合わせて利用することができるようになった。

　その2は、地域の限られた社会資源を活かせるように規制を緩和したことである。このことは、前記のサービス体系を活性化し多様なニーズに対応するためには必然の方策である。これにより、障害者の家庭や地域における生活を支援するさまざまな事業の進展が期待される。

　その3は、就労支援策が強化されことである。日中活動の訓練等給付の中に「就労移行支援」事業を創設したことを始め、雇用施策（地域障害者就労支援事業の創設、ジョブコーチ助成金制度の創設、障害者就業・生活支援センター事業の拡充等）との連携が視野に置かれている。

　これらの他、従来の授産施設や小規模作業所への対応にも目が話せない。

　なお、従来の施設体系から新事業への移行には、5年の経過期間がある。

図V-6　利用者本位のサービス体系へ再編

- 障害者の状況やニーズに応じた適切な支援が効率的に行われるよう、障害者種別ごとに分立した33種類の既存施設・事業体系を、6つの日中活動に再編
  - 「地域生活支援」、「就労支援」といった新たな課題に対応するため、新しい事業を制度化
  - 24時間を通じた施設での生活から、地域と交わる暮らしへ（日中活動の場と生活の場の分離）
  - 入所期間の長期化など、本来の施設機能と利用者の実態の乖離を解消。このため、1人1人の利用者に対し、身近なところで効果的・効率的にサービスを提供できる仕組みを構築

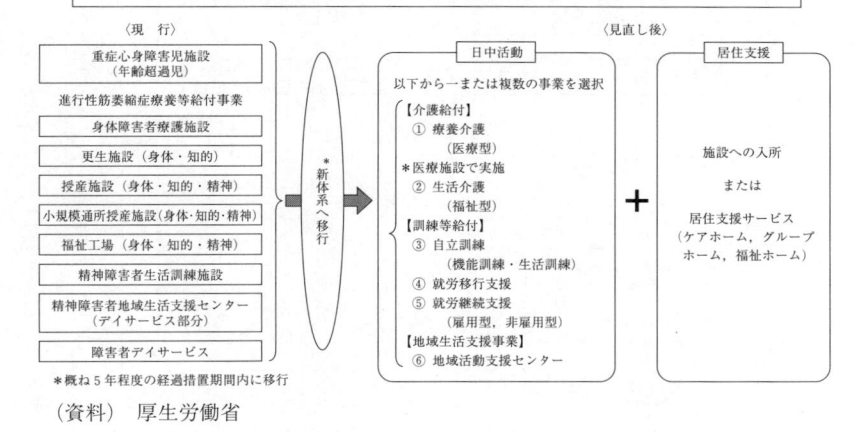

〈現　行〉

- 重症心身障害児施設（年齢超過児）
- 進行性筋萎縮症療養等給付事業
- 身体障害者療護施設
- 更生施設（身体・知的）
- 授産施設（身体・知的・精神）
- 小規模通所授産施設（身体・知的・精神）
- 福祉工場（身体・知的・精神）
- 精神障害者生活訓練施設
- 精神障害者地域生活支援センター（デイサービス部分）
- 障害者デイサービス

＊概ね5年程度の経過措置期間内に移行

→ ＊新体系へ移行 →

〈見直し後〉

【日中活動】
以下から一または複数の事業を選択
【介護給付】
① 療養介護（医療型）
＊医療施設で実施
② 生活介護（福祉型）
【訓練等給付】
③ 自立訓練（機能訓練・生活訓練）
④ 就労移行支援
⑤ 就労継続支援（雇用型、非雇用型）
【地域生活支援事業】
⑥ 地域活動支援センター

＋

【居住支援】
施設への入所
または
居住支援サービス（ケアホーム，グループホーム，福祉ホーム）

（資料）　厚生労働省

E　支給決定の透明化——客観的な評価尺度の導入（2006年10月1日施行）

今後における支給決定・サービス利用のプロセス（全体像）は**図V-7**に示されているが、ここでのポイントは先ず、客観的な評価尺度としての障害程度区分の導入である。従来、給付サービスの支給決定に際して客観的な評価尺度が示されていなかったため、施設や地域によっては取り扱いに差異を生じることもありえた。そこで新たな自立支援システムでは、支援の必要度を判定する尺度として障害程度区分が導入された。障害程度区分は、障害福祉サービスの必要性を明らかにするために、心身の状態を総合的に示すものである。106の評価項目にもとづき、1次判定から2次判定までに3段階のプロセスを経て、非該当及び区分1～6の認定が行われる。

サービスの支給決定にあたっては、まず市町村における事前の調査が行われる。その結果を基に、前記の手順による障害程度区分の認定を踏まえ、さらに障害保健福祉の専門家等による審査会の意見聴取を経て、最終的に市町村が決定する。このように支給決定プロセスの透明化が図られている。また、このプロセスには、サービス利用の意向等を通じて、より適切な支給の確保ならびに各種サービスの計画的利用を実現するために、ケアマネジメントを導入することとされた。

さらに、サービスに質を確保するため、各事業者はサービス管理責任者を配置し、個別支援計画の策定等を行うことが義務付けられている。

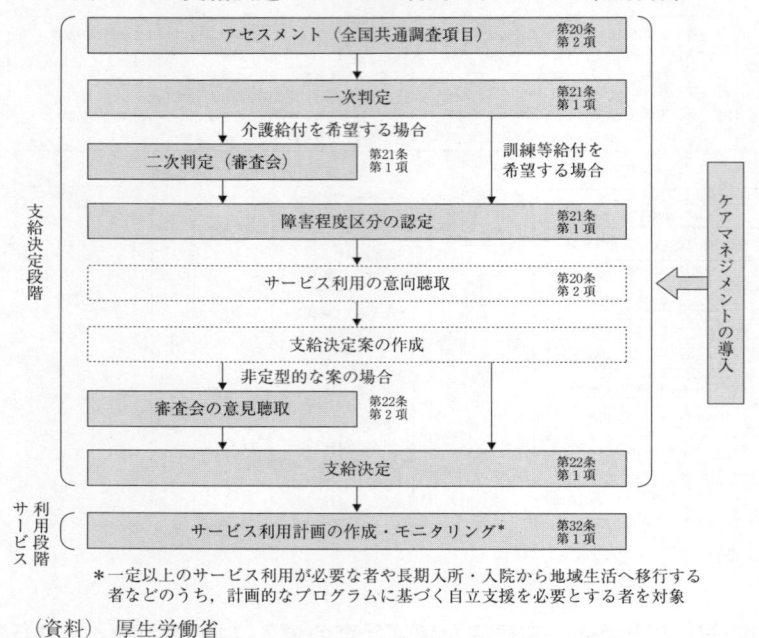

図V-7　支給決定・サービス利用のプロセス（全体像）

【支給決定段階】
- アセスメント（全国共通調査項目）　第20条第2項
- 一次判定　第21条第1項
- 介護給付を希望する場合 → 二次判定（審査会）　第21条第1項
- 訓練等給付を希望する場合
- 障害程度区分の認定　第21条第1項
- サービス利用の意向聴取　第20条第2項
- 支給決定案の作成
- 非定型的な案の場合 → 審査会の意見聴取　第22条第2項
- 支給決定　第22条第1項

【サービス利用段階】
- サービス利用計画の作成・モニタリング*　第32条第1項

※ケアマネジメントの導入

*一定以上のサービス利用が必要な者や長期入所・入院から地域生活へ移行する者などのうち、計画的なプログラムに基づく自立支援を必要とする者を対象

（資料）　厚生労働省

F　費用負担関係の合理化（2006年4月1日施行）

　障害者自立支援法の施行に伴い、福祉サービス利用者の費用負担関係には3つの合理化の方策を取ることとされた。その利用者負担に関する新制度の概略は、図V-8に示される。

　その1は、利用者の負担について定率負担方式を導入したことである。従来、福祉サービスの利用者負担は、いわゆる応能負担（所得に応じて負担額を決める）が基本とされていた。この仕組みでは、同じ所得で同じ負担をしていても、受けるサービス量が異なるという問題が生じていた。そこで今回は、利用者の負担をサービスの量に応じて、サービスにかかる費用の1割を負担する定率負担の仕組みに改められた。

　その2は、食費・光熱水費等の日常生活費について、施設利用の場合と在宅生活の場合の費用負担の均衡を図るために、自己負担としたこと。

　その3は、上記いずれの場合についても、利用者の負担能力に配慮して、負担上限額を定める等の軽減措置が講じられたこと。なお、負担軽減措置の方法や内容は、自立支援給付の種類等によって異なるので、それらの差異について留意する必要がある。

　また、国の費用を義務付けることが、本法に規定された。居宅サービスに関する部分について国の費用負担関係が規定されていなかった不備を改め、利用者負担の見直しに併せて国の費用負担責任が強化されたもの。

国は費用の2分の1，都道府県と市町村はそれぞれ4分の1を負担する。

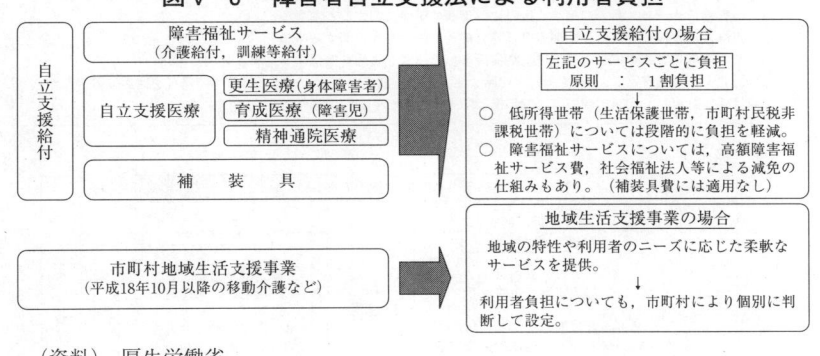

図V-8　障害者自立支援法による利用者負担

自立支援給付	障害福祉サービス（介護給付，訓練等給付）	→	自立支援給付の場合　左記のサービスごとに負担　原則：1割負担　○ 低所得世帯（生活保護世帯，市町村民税非課税世帯）については段階的に負担を軽減。○ 障害福祉サービスについては，高額障害福祉サービス費，社会福祉法人等による減免の仕組みもあり。（補装具費には適用なし）
	自立支援医療　更生医療（身体障害者）　育成医療（障害児）　精神通院医療		
	補装具		
	市町村地域生活支援事業（平成18年10月以降の移動介護など）	→	地域生活支援事業の場合　地域の特性や利用者のニーズに応じた柔軟なサービスを提供。　↓　利用者負担についても，市町村により個別に判断して設定。

（資料）　厚生労働省

G　障害福祉計画の策定（2006年4月1日施行）

　障害者福祉に関する計画的な取り組みについては，従来，地方公共団体間の格差が生じていた。そこで，障害者自立支援法では，必要な福祉サービスが供給されるよう，計画的なサービス供給体制を進めるために，地方公共団体は，国の基本指針にもとづき，必要なサービス量とそれを確保するための方策を記した［障害福祉計画］を策定することが義務付けられた。

　障害福祉計画の策定にあたっては，①障害者の自己決定と自己選択の尊重，②市町村を基本とする仕組みへの統一と3障害の制度の一元化，③地域生活移行や就労支援等の課題に対応したサービスに基盤の整備，を基本理念とし，国の基本指針では次のような目標を掲げている。

目標1：施設入所者の地域移行として，2011年度末までに，①現在の入所施設の入所者1割以上が地域生活に移行，②地域の実情に応じつつ施設入所者を7％以上削減

目標2：2012年度までに受入れ条件が整えば退院可能な精神障害者約7万人を解消。2011年度までの減少目標を設定し基準病少数を見直す

目標3：福祉施設から一般就労への移行として，①2011年度中に現在の4倍以上とすることを目指す，②就労継続支援利用者のうち3割は雇用型を目指す

　これを受けて都道府県及び市町村は，2011年度における数値目標を設定，目標達成に必要なサービス見込量の設定を行うこととされた（**図V-9**）。

図V-9　障害福祉計画の「基本指針」について

- 「基本指針」は，下記の事項を内容とするものであるが，具体的には，障害福祉計画作成に当たって基本となる理念，サービス見込量の算定の考え方，計画的な基盤整備を進めるための取組みなど，定めるものとする。
  - ・障害福祉サービスおよび相談支援の提供体制の確保に関する基本事項
  - ・市町村障害福祉計画および都道府県障害福祉計画の作成に関する事項
  - ・その他自立支援給付および地域生活支援事業の円滑な実施を確保するために必要な事項
- 市町村および都道府県は，「基本指針」を踏まえ，2011年度までの新サービス体系への移行を念頭に置きながら数値目標を設定し，2006年度中に2008年度までを第1期とする障害福祉計画を策定するものとする。

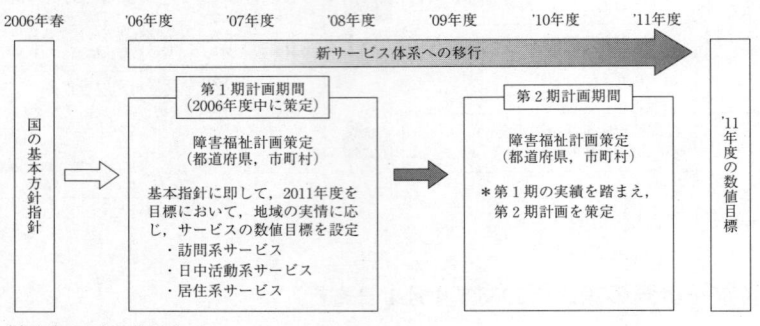

（資料）　厚生労働省

(2) 身体障害者福祉法

A　総則（法1条～12条の3）

身体障害者福祉法は，その第1章［総則］において法の目的・理念を規定している。この部分は昭和24年の法制定以来数回の修正を経たものであるが，障害者自立支援法の成立により障害者福祉法体系が変わったとはいえ，その独自の存在意義を主張している。

(a) 法の目的・理念

まず第1条では，「障害者自立支援法と相まって……」とその相関関係を記したうえで，「身体障害者の自立と社会経済活動への参加を促進するため，身体障害者を援助し必要に応じ保護することをもって，身体障害者の福祉の増進を図る」旨を規定している。

第2条では，第2項において「身体障害者は自らその障害を克服しその能力を活用することにより，社会経済活動に参加することが出来るよう努めるべきこと」および第2項に「身体障害者が社会の構成員として，社会，経済，文化その他あらゆる分野の活動に参加する機会を与えられるものとする」旨を規定している。即ち，第1項で自立への努力，第2項で機会の確保として，「完全参加と平等」を実現するための二側面を記している。

第3条では，国・地方公共団体の責務として，前条に規定する理念が実現されるよう「身体障害者の自立と社会経済活動への参加を促進するための援助と必要な保護」（以下「更生援護」という）を総合的に実施すべきこと，併せて，国民の責務として，社会連帯の理念にもとづき身体障害者の自立と社会活動への参加の努力に対し協力」すべき旨を規定している。こ

こに「更生援護」の用語・概念を打ち出した本法の理念は，リハビリテーションとノーマライゼーションの両面を表し，その歴史的意義を体現しているといえよう。

(b) 法の対象となる身体障害者

本法の独自性を主張することの第2は，身体障害者の定義である。

本法はその第4条において，「身体障害者とは，別表に掲げる身体上の障害がある18歳以上の者であって，都道府県知事から身体障害者手帳の交付を受けた者をいう」と定義されている（別表参照）。

つまり，本法上の身体障害者は，①法別表に規定する身体障害があること，②18歳以上であること，③身体障害者手帳を所持すること，の3要件を満たす者であり，それ以外の場合は「身体に障害のある者」と表示される。

別表（身体障害の範囲）

―　次に掲げる視覚障害で，永続するもの
　1　両眼の視力（万国式試視力表によって測ったものをいい，屈折異常がある者については，矯正視力について測ったものをいう。以下同じ。）がそれぞれ0.1以下のもの
　2　1眼の視力が0.02以下，他眼の視力が0.6以下のもの
　3　両眼の視野がそれぞれ10度以内のもの
　4　両眼による視野の2分の1以上が欠けているもの
二　次に掲げる聴覚又は平衡機能障害で，永続するもの
　1　両耳の聴力レベルがそれぞれ70デシベル上のもの
　2　耳の聴力レベルが90デシベル以上，他耳の聴力レベルが50デシベル以上のもの
　3　両耳による普通話声の最良の言語明瞭度が50パーセント以下のもの
　4　平衡機能の著しい障害
三　次に掲げる音声機能，言語機能又はそしゃく機能の障害
　1　音声機能，言語機能又はそしゃく機能の喪失
　2　音声機能，言語機能又はそしゃく機能の著しい障害で，永続するもの
四　次に掲げる肢体不自由
　1　1上肢，1下肢又は体幹の機能の著しい障害で，永続するもの
　2　1上肢の親指を指骨間関節で欠くもの又は人さし指を含めて1上肢の2指以上をそれぞれ第1指骨間関節以上で欠くもの
　3　1下肢をリスフラン関節以上で欠くもの
　4　両下肢のすべての指を欠くもの
　5　1上肢のおや指の機能の著しい障害又はひとさし指を含めて1上肢の3指以上の機能の著しい障害で，永続するもの
　6　1から5までに掲げるもののほか，その程度が1から5までに掲げる障害の程度以上であると認められる障害
　7　心臓，腎臓又は呼吸器の機能の障害その他政令で定める障害（ぼうこう，直腸，小腸，ヒト免疫不全ウィルスによる免疫機能の障害）で，永続し，かつ，日常生活が著しい制限を受ける程度以上であると認められるもの

(c) 援護の実施機関等（法9条～12条の3）

　身体障害者またはその介護を行う者に対する援護は，原則としてその居住地の市町村が援護の実施者としてこれを行うこととされている。

　援護の実施者としての市町村の業務は，①身体に障害のある者を発見しまたはその相談に応じてその福祉の増進を図るために必要な指導，②身体障害者の福祉に関し必要な情報の提供，③身体障害者の相談に応じ，その生活の実情や環境等を調査して更生援護の必要性等を判断し，社会的更生の方途を指導することならびにこれに付随する業務，である。なお，②および③のうち主として居宅生活に係るものについては，自立支援法にもとづく「相談支援事業」を行う事業者に委託することができる。

　市町村の福祉事務所には身体障害者福祉司を置くことができるが，それを置かない市町村の長および福祉事務所を設置していない市町村の長は，専門的相談指導については身体障害者更生相談所の技術的支援を求めなければならない。なお，特に医学的，心理学的および職能的判定を必要とする場合は，市町村長は更生相談所の判定を求めなければならない。

　連絡調整等の実施者としての都道府県は，①市町村の援護の実施に関し，市町村相互間の連絡調整・情報の提供・実情の把握その他必要な援助等を行うこと，②身体障害者の福祉に関し，各市町村の区域を越えた広域的な見地から実情の把握に努めること，③必要の地に身体障害者更生相談所を置くこと，といった業務を行う。

　身体障害者更生相談所には身体障害者福祉司等の専門職員が置かれ，専門的な知識・技術を要する相談・指導や各種の判定等を行う。その業務は，本法による障害者支援施設等への入所等の措置や，障害者自立支援法による自立支援給付の決定等に関して，専門技術的な見解を提供するものである。

　なお，この節には，身体障害者福祉司の任用資格に関する規定のほか，民生委員の協力規定，身体障害者相談員の委任規定が置かれている。

B　更生援護（法13条～25条）

　この章の規定は，かつては「福祉の措置」として行政的に主導すべき規定が置かれていたところであるが，障害者自立支援法の成立に伴い，次のような内容に再編された。

(a) 総　則

　まず，本法における更生援護の基礎となる事柄が，総則として規定される。

① 指導啓発

　この項では，国および地方公共団体が身体障害の発生・早期治療等について国民の関心を高め，身体に障害のある者の福祉に関する思想を普及するため，広く国民の指導啓発に努めるべし，とすることを規定している。

② 調査

　この項で，厚生労働大臣は身体に障害のある者の状況を調査し，または関係行政機関から調査報告を求め，その研究調査の結果にもとづいて十分な福祉サービスの提供が行われる体制を整備すべきことを規定している。

③ 支援体制の整備等

　この項では，市町村がこの章に規定する更生援護，障害者自立支援法の規定による自立支援給付および地域生活支援事業その他の福祉サービスを積極的に提供できるよう，地域の実情に応じた体制の整備に努めるべきことを規定し，その際，身体障害者が引き続き居宅において日常生活を営むことができるよう配慮しなければならない，としている。

④ 身体障害者手帳

　福祉サービス受給者の証票として広く活用される手帳制度の説明である。

　身体に障害のある者は，その居住地の都道府県知事に身体障害者手帳の交付を申請することができる。ただし，本人が15歳に満たないときは，その保護者が代わって申請するものとされている。申請に際しては，都道府県知事の定める医師の診断書を添え，都道府県知事はその申請にもとづいて審査し，その障害が法別表に掲げるものに該当するときは申請者に障害等級を記した手帳を交付し，非該当のときは理由を付してその旨を申請者に通知する。

　なお，都道府県知事は，手帳所持者の障害が法別表に非該当と認めたとき，診査を拒否する場合等には，手帳の返還を命ずることができる。

⑤ 診査および更生相談

　この項で，市町村は身体障害者の診査および更生相談を行い，必要に応じ，医療保健施設や公共職業安定所に紹介し，またはその他更生に必要な事項の指導の措置を取るべきことが規定されている。

(b) 障害福祉サービス，障害者支援施設等への入所等の措置

　この節は，障害福祉サービス等に関する行政的措置の例を規定している。利用契約を主体とする福祉サービスの中でのセフティネットといえる。

① 障害福祉サービスの措置

　市町村は，障害者自立支援法に規定する「障害福祉サービス」を必要とする身体障害者が，やむを得ない事由により介護給付費等（療養介護等に

かかるものを除く）の支給を受けることが著しく困難であると認めるときは，一定の基準に従い，障害福祉サービスを提供し，又は当該市町村以外の事業者にその提供を委託することができるとされている。

② 障害者支援施設等への入所等の措置

市町村は，障害者支援施設等への入所を必要とする身体障害者が，やむを得ない事由により介護給付等（療養介護等にかかるものを除く）の支給を受けることが著しく困難であると認めるときは，当該市町村の設置する障害者支援施設等に入所させ，または国・都道府県・他の市町村・社会福祉法人の設置する障害者支援施設等にその入所・入院を委託すべきこととされている。

(c) 盲導犬等の貸与

都道府県は，視覚障害者，肢体不自由者または聴覚障害者から申請があったときは，必要に応じ，盲導犬，介助犬，または聴導犬を貸与し，または当該都道府県以外の者にこれを委託することができるとされている。

(d) 社会参加の促進等

この節には，身体障害者の社会参加促進等に関する新旧のさまざまな規定が置かれている。なかでも法第21条の規定「社会参加を促進する事業の実施」は，平成12年の法改正で初めて規定された事項であり，それまでの相当期間，予算補助事業として実績を重ねてきた事業に法的根拠が与えられたもの。その他は，法制定当初から設けられてきた諸規定である。

① 社会参加を促進する事業の実施

地方公共団体は，視覚障害者及び聴覚障害者の意思疎通を支援する事業，盲導犬・介助犬・聴導犬の使用を支援する事業，身体障害者のスポーツ活動への参加を促進する事業，その他の社会・経済・文化その他のあらゆる分野の活動への参加を促進する事業を実施すべきことが規定されている。

② 売店の設置

公共的施設の管理者は，申請に応じて売店設置の許可に努めること。

③ 製造たばこの小売販売業の許可

たばこ事業法の規定による申請には，許可を与えるように努めること。

④ 製作品の購買

政令で定める障害者の製作品は国・地方公共団体に購買を要請できること。

⑤ 芸能，出版物等の推薦等

社会保障審議会は，芸能・出版物の推薦または必要な勧告をなしうること。

C 事業および施設（法26条～34条）

この章では，本法に定める事業および施設に関する手続的な規定が設けられている。より具体的には厚生労働省令で定める諸規定によることとされるが，ここではそれらの基本となる事項が記されている。

(a) 事業の開始等

本法に規定されている事業（その定義は法4条の2にある）である身体障害者生活訓練等事業，介助犬訓練事業，聴導犬訓練事業および手話通訳事業について記されている。

(b) 施設の設置等

本法に規定されている身体障害者社会参加支援施設の設置に関する手続き規定の基本事項が記されている。

(c) 施設の基準

厚生労働大臣は，身体障害者社会参加支援施設および養成施設の設置および運営についての基準を定めるべきこと等が記されている。

(d) 施設体系

かつての身体障害者更生援護施設の大半は障害者自立支援法の施設・事業に統合された。この節では，「身体障害者社会参加支援施設」として本法に位置付けられた身体障害者福祉センター，補装具製作施設，盲導犬訓練施設，視聴覚障害者情報提供施設について，各施設の性格・機能が記されている。

D 費用負担関係（法35条～38条の2）

身体障害者の更生援護にかかる費用の負担関係は，大別して2通りある。その1は地方公共団体と国の支弁または負担の関係であり，その2は受益者の費用負担（徴収）である。

地方公共団体と国の費用負担関係は，各々2分の1であることが原則とされている。ただし，身体障害者社会参加支援施設の設置については，視聴覚障害者情報提供施設の設置に要する費用に限り，国は10分の5を負担する。

受益者の費用負担については，障害福祉サービスの提供または障害者支援施設への入所に関する費用について，その行政措置に要した費用を支弁した市町村長は，本人またはその扶養義務者の負担能力に応じ，その費用の全部または一部を徴収することができる。

［河野康徳］

(3) 知的障害者福祉

　知的発達障害，すなわち概ね18歳までの発達期に生じる知能の障害を指すものとして，これまでの制度では「精神薄弱」という用語が用いられてきた。しかしこの表現が適切でないという関係者の主張により「精神薄弱の用語の整理のための関係法律の一部を改正する法律」（1998年）が成立し，精神薄弱者福祉法を初めとする関係各法および制度において「精神薄弱」を「知的障害」と改めることとなった。

　知的障害者の福祉施策は，児童福祉法（1947年制定）における精神薄弱児施設の規定に始まる。児童福祉施策における障害児施策の一端として始まったものであるが，成人した知的障害者に関する福祉施策については1960年の精神薄弱者福祉法成立に至ってようやくその根拠法を持つことになった。したがって，18歳未満までを児童福祉法，18歳以上を知的障害者福祉法と，異なる根拠法による対策がとられているが，児童福祉の項で述べたように，ライフステージごとのニーズに応じることは当然として，一方でサービスの一貫性も重要となる。国の行政においては1965年以降，「児者一元化」として成人知的障害者対策と障害児対策を同じ窓口で扱い，地方自治体においても同様の措置をとるようになった。

　知的障害児・者については，入所施設の拡充を中心に進められてきた。しかし，社会福祉一般において入所施設から地域福祉・在宅福祉へと施策の転換が叫ばれ，とりわけ1990年の「老人福祉法等の一部を改正する法律」で在宅サービスが法定化された後は，知的障害者福祉分野にも同様の変化が起こった。

　前述のとおり，障害者自立支援法によって知的障害者への福祉は身体障害者，精神障害者，障害児，と同様に一元化がなされた。身体障害者福祉法独自の施策が残る部分が多いのに比較して，知的障害者福祉については，措置制度の規定も一部残るが，実質ほとんどが障害者自立支援法による体系に移行することになる。

　ホームヘルプ等の居宅支援の法的根拠はありながら知的障害者に対してそれを実施している自治体は，半数にとどまっていた，すなわち身体障害者施策から量的に遅れているといわれていた知的障害，精神障害の施策について，自立支援法によるサービスの充実が望まれる。

　知的障害者福祉法では他の障害と異なり，知的障害者の定義がない。福祉サービスの対象となる知的障害者は自立支援法による障害程度区分（区分1から区分6）が用いられることになる。1次判定（コンピューター判定）では，介護保険の要介護認定基準の調査項目と同様の79項目に加え，

IADL，行動障害，その他，全部で106項目で判定が行われ，さらに市町村審査会で2次判定を行う。自立支援法が2006年4月に施行されてから厚生労働省がこの障害程度区分の判定結果を収集した結果，1次判定より2次判定で障害程度区分が重度に変更されたものは，身体障害20％，知的障害43％，精神障害53％となっている。つまり知的障害と精神障害における1次判定の精度が低い。

　「障害者自立支援法」の理念は，障害者をふつうの市民として，それへの支援を促す観点から非常に評価できるものであるが，上記の障害認定区分などの技術的な課題，その他多くの課題があるが，各々の市町村が「障害問題を他人事ではなく自分の問題として」認識できていくか否か，によって，その成果は大きく異なっていくであろう。

　なお，従来は厚生労働省によって知的障害者施策の一部と説明されてきた，いわゆる知能指数の高い自閉症等，軽度の発達障害について，「発達障害者支援法」も新たに成立している。

〔河村ちひろ〕

4）精神障害者福祉

　障害者自立支援法が平成17年10月に制定，平成18年4月に施行されたことで自立と就労に関する支援に関しては他の障害者と同様の枠組みで法的な援助が受けられるようになった。むろんその内容には多くの問題が各所から指摘されており，十分とはいえないことはもちろんであるが，他障害と同じ枠内で精神障害者の問題が議論されることになったということは，精神保健福祉法（昭和63年施行）以前の，差別的な精神障害者福祉を思い起こせば，感慨深いものがある。

　障害者自立支援法においては，自立と就労を巡る社会福祉サービスに関しては，障害者一律のサービスが基本的に提供されることから，それらは他項に譲り，この項では障害者自立支援法において社会復帰施設のように移行の猶予期間があるもの，精神科医療内のもの，精神障害者独自の事業，以上3項目について論述する。

(1) 精神障害者社会復帰施設

　精神障害者社会復帰施設は，障害者自立支援法において3障害（身体・知的・精神）一律の施設体系に移行したため，精神保健及び精神障害者の福祉に関する法律（以下，精神保健福祉法）も平成18年4月・10月の2段階に分けて改正，施行された。

精神障害者社会復帰施設も，5年間の移行猶予期間を得て徐々に他障害の施設・サービスに統合化されることになる。

　法的根拠については，旧精神保健福祉法50条に社会復帰施設等の設置，50条の2に社会復帰施設の種類が規定されていたが，平成18年10月からは，精神保健福祉法上の規定から削除された。その附則において地域生活支援センターと福祉ホーム以外の精神障害者社会復帰施設は経過措置期間に限り，残ることになった。

　以下，法の規定（旧精神保健福祉法）による概況と，障害者自立支援法制定前に国から示された「今後の障害者保健福祉施策について（改革のグランドデザイン案）」（以下グランドデザイン案）における現状の問題点把握と，改革案の方向性を提示し，分析した上で，今後の課題を論述したい。

(a) 精神障害者生活訓練施設

　精神障害者生活訓練施設は，「精神障害のため家庭において日常生活を営むのに支障がある精神障害者が日常生活に適応することができるように，低額な料金で，居室その他の設備を利用させ，必要な訓練及び指導を行うことにより，その者の社会復帰の促進を図ることを目的とする施設とする」（旧法50条の2-2）となっている。

　施設機能としては，長期の入院・療養生活によって生活技術が不十分な人に，自活できるように訓練するための施設である。指導訓練の内容としては，①生活技術（掃除・洗濯・調理等）の習得のために必要なこと，②対人関係，③通院，服薬の維持・管理，④金銭の使途，⑤余暇の利用，⑥就労などがある。また，家族の疾病，冠婚葬祭等短期の入所が必要な場合への「ショートステイ施設」を併設することもできる（原則7日以内）。

　利用定員：20人以上　利用期限：2年以内（1年以内で延長可）
　職　　員：6人以上（施設長1，精神保健福祉士または社会復帰指導員4以上，精神保健福祉士1以上，医師1以上）

(b) 精神障害者授産施設

　精神障害者授産施設は「雇用されることが困難な精神障害者が自活することができるように，低額な料金で，必要な訓練を行い，および職業を与えることにより，その者の社会復帰の促進を図ることを目的とする施設とする」（旧法50条の2-3）となっている。

　機能的には，一般就労への移行訓練的側面と社会参加促進（いわゆる福祉的就労）の場としての側面があり，入所型と通所型がある。また定員が10人以上20人未満の小規模授産施設がある。

　利用定員：通所20人以上　入所20人以上30人未満　利用期限：適宜決定

職　　員：6人以上（施設長1，精神保健福祉士，作業療法士または社会復帰指導員4以上，ただし精神保健福祉士1以上，作業療法士1以上，医師1以上）

(c) 精神障害者福祉工場

精神障害者福祉工場は「通常の事業所に雇用されることが困難な精神障害者を雇用し，及び社会生活への適応のための必要な指導を行うことにより，その者の社会復帰の促進及び社会経済活動への参加の促進を図ることを目的とする施設とする」（旧法第50条の2-5）となっている。授産施設と違い基本的に雇用が前提となっており，最低賃金等労働法上の適応を受ける。

利用者定員：20人以上　利用期限；なし

職　　員：8人以上（施設長1，精神保健福祉士または社会復帰指導員3以上，ただし精神保健福祉士1以上，看護師1以上，栄養士1以上，医師1以上）

(d) 精神障害者社会復帰施設の問題点と課題

グランドデザイン案において，特に強調された通所授産施設の弱点は，①本来移行訓練施設でありながら通所授産施設退所理由のうち約1％程度しか就労に移行していないこと，②利用者賃金の平均が数千円で「働く場」としての内容でないこと，などである。このことから現在のあり方を改革し，一般就労を目指した支援策が必要であるとの答えを導き出している。精神障害者の場合，これまで障害者雇用促進法上の障害者雇用率に算定されておらず（平成18年4月から条件付で算定，詳しくは他項参照），またストレスに弱く再発に結び付きやすいなど，障害特性からも一般企業への就労は困難であるとされた。しかし，グランドデザイン案において，国が示した精神障害者の授産施設の先進的実践例から，支援技法改善や環境整備により解決可能であるとした。

このような国の方針に対し，精神保健福祉関係者からは①一部の施設のみから全体を見ることの不合理，②一般就労を選択肢しない「福祉的就労」の軽視，③一般就労のみを「自立」とするような価値観は偏狭である。といった指摘がされた。

特に今後，福祉的就労や地域生活を巡って「自立」とは何か？が議論されることになろう。このことは今回精神保健福祉法から削除された福祉ホームや，生活訓練施設のような入所施設にも「自立観」に関しては，共通した課題となる。私見であるが，現在のところ精神障害者社会復帰施設は，残念ながら充分にその答えを提示できていないと考えている。

(2) 精神科医療機関における精神科デイ・ケアと精神科訪問看護

医療機関における生活支援は多岐にわたり，医師の診察，精神保健福祉士等が行う相談援助等もそれに当たるが，ここでは診療報酬に規定された精神科デイ・ケア等の医療施設内で行うものと，精神科訪問看護に収斂して論述する。

(a) 精神科デイ・ケア（デイ・ナイト・ケア含む）

精神科デイ・ケア施設は平成18年現在で1,100カ所を超えており，精神障害者の地域ケア施設としては実質的に一番多くの精神障害者をケアする施設になっている。

診療報酬上は「精神科デイ・ケアは精神障害者の社会生活機能の回復を目的として個々の患者に応じたプログラムに従ってグループごとに治療するものであり，実施される内容の種類にかかわらず，その実施時間は患者1人当たり1日につき6時間を標準とする」とある。国が1974年の診療報酬化以来，徐々に報酬額を増加させ施設数の増加を図ってきたが，施設数の増加重視の方向性にも変化が見られる。一例を挙げると，精神医療保健福祉の改革ビジョン（精神保健医療対策本部，平成16年9月）において「医療デイ（ナイト）ケアや訪問看護については，通所型社会復帰施設やホームヘルパー等の利用者との病状や必要な支援等と違いの有無について分析を行いつつ，医療の必要性の高い重症者等に段階的に重点化を図る」とあり，医療の質や対象者の限定を目指しているように見える。

このことは診療報酬改定に連動し，平成16年診療報酬改定で「なお，この実施に当たっては，患者の症状等に応じたプログラムの作成，効果の判定等に万全を期すること」との記述が追加され，「同一の保険医療機関で精神科デイ・ケア，精神科ナイト・ケア及び精神科デイ・ナイト・ケアを開始した日から起算して3年を超える場合には，精神科デイ・ケア等の実施回数にかかわらず，算定は1週間に5回を限度とする」という制限が加えられた。さらに平成18年診療報酬改定において精神科ショート・ケアが点数化された。

このような背景には，国の医療費抑制への思惑があり，「長期にわたり効果が明らかでないリハビリテーションが行われているとの指摘を踏まえ，疾患ごとに算定日数上限を設定する一方，一月に一定単位数以上行った場合の点数の逓減性を廃止する」（平成18年診療報酬改定の概要について　平成18年2月15日）という考え方を具体化したものといえる。

(b) 精神科訪問看護

診療報酬上は「精神科訪問看護・指導料(I)は，精神科を標榜している保

険医療機関において精神科を担当している医師の指示を受けた当該保険医療機関の保健師，看護師，作業療法士又は精神保健福祉士（以下「保健師等」という）が，精神障害者である入院中以外の患者又はその家族等の了解を得て患家を訪問し，個別に患者又は家族等に対して看護及び社会復帰指導等を行った場合に算定する」とあり，平成16年診療報酬改定では「入院中の患者以外の精神障害者である患者又はその家族等に対して，当該患者を診察した精神科を標榜する保険医療機関の保健師，看護師等を訪問させて，看護又は療養上必要な指導を行わせた場合に，週3回に限り算定する」と上限が定められた。

しかし，平成18年改定では，上限は緩和され退院後3カ月の患者までは5回まで算定可能となった。

(c) 精神科デイ・ケア及び精神科訪問看護の問題点と課題

先に述べた通り，障害者自立支援法において3障害共通の社会福祉サービスが設置されることから，精神科デイ・ケアについて，その対象者が重複しないように，根拠ある「医療」が提供され効果・効率的な運用がなされるような方向が提示されている。訪問看護についても基本的には同様で，平成18年改定における上限の緩和に関しても，上限自体を廃止したわけではない。このような国の方向性に対して種々の批判はあるが，精神科デイ・ケア自体にも問題がないわけではないと考えている。一例を挙げると「長期化」の問題である。必ずしも重度であるので長期化するわけではなく，精神科デイ・ケアという保護された施設中で「安定」し，社会復帰への意欲が減退するために出現する一種の「施設症」である。これは援助者が再発を恐れ，生活ストレスの軽減のみを目指すことで「施設に囲い込む」ことから発生する場合が多い。これは精神科デイ・ケアスタッフの間からも「各利用者の適切な長期目標，短期目標の設定，および本人，スタッフ間での共有化，そのデイ・ケアの持つ雰囲気，文化の把握，調整により，利用者が安全に一段上の社会適応にチャレンジする勇気がもてるような援助が必要である」と指摘されている（デイ・ケア慢性化ケースについて 羽原俊明＝武田俊彦・季刊 精神科臨床サービス3巻1号，2003年1月）。しかしながら，その地域に精神科デイ・ケアしか社会資源がない場合も多くあり，必ずしも医療機関側だけの責任ではないことも事実であろう。以上から，医療と社会福祉サービスの役割分担を考えるのと平行して，医療機関が役割分担できるだけの質量共に充実した社会福祉資源を，地域に揃えられるかという問題と思われる。その意味で障害者自立支援法の役割は大きいといわざるを得ない。

(3) 精神保健福祉法及び精神障害者に適応される社会復帰関連制度

障害者自立支援法においては，基本的に社会福祉サービスは3障害統合化されたが，一部の制度に関しては精神障害者特有の問題からか残存することになった。以下そのような制度について論述する。

(a) 精神障害者社会適応訓練事業（法50条の3，旧法50条の4）

精神障害者社会適応訓練事業とはいわゆる職親制度で，「都道府県は，精神障害者の社会復帰の促進及び社会経済活動への参加の促進を図るため，精神障害者社会適応訓練事業（通常の事業所に雇用されることが困難な精神障害者を精神障害者の社会経済活動への参加の促進に熱意のある者に委託して，職業を与えるとともに，社会生活への適応のために必要な訓練を行う事業をいう）を行うことができる」とされる。1982（昭和57年）年から実施されてきた「通院患者リハビリテーション事業」が1995（平成7年）年の法改正で法定化された。なお，2003（平成15年）年から事業費が国庫補助対象から地方交付税による一般財源化された。

・協力事業者：精神障害者に対する理解が深く，精神障害者に仕事の場を提供し，社会適応訓練を行うことを通じてその社会的自立を促進することに熱意を有する事業所であって，都道府県知事（指定都市市長を含む。以下同じ）が適当と認めたもの
・対象者：明らかに回復途上にあり，社会的規範を受け入れられる状態にはあるが，作業遂行の機能が不十分であるか，恒常的に維持されない通院中の精神障害者であって都道府県知事が適切と認めたもの
・対象者登録の手続き等：社会適応訓練申込書に主治医の意見を添え，保健所長を沿て知事に申し込む。
・委託期間：原則6カ月とし，3年を限度として更新できる。
・費用の支弁：都道府県は，協力事業所に協力奨励金を支弁する。

(b) 精神障害者退院促進支援事業

事業の目的は要綱によれば「精神科病院に入院している精神障害者のうち，病状が安定しており，受け入れ条件が整えば退院可能である者に対し，活動の場を与え，退院のための訓練を行うことにより，社会的自立を図る」とされており，2003（平成15年）年から実施された。実施主体は県・指定都市で，事業の一部を委託できる。

退院訓練の実施は，関係機関による自立支援協議会で決定された自立支援計画に基付き，協力機関等における訓練（通所施設における授産活動参加，グループホーム等における体験入居など）を行う。退院訓練は原則として6カ月以内で，必要に応じて更新できる。

(c) 精神障害者社会適応訓練事業および精神障害者退院促進支援事業の問題点と課題

　国の「障害者の就労支援に関する省内検討会議」において「障害者の就労支援に関する今後の施策の方向性」（平成16年7月9日）が出されたが，そこでは「精神障害者を一定期間事業所に通わせ，社会的自立を促進することを目的とする社会適応訓練事業について，一般就労への移行をさらに促進する観点から，参加者の訓練への意欲を向上させる方策等，そのあり方について検討する」とされた。これは逆に考えると，本事業が「一般就労への移行を促進してこなかった」という反映ともとれる。この事業の弱点は，費用の支弁は協力事業所に協力奨励金を支弁する形で，公的には制度利用者に訓練手当てが支給されず，訓練への意欲を向上させることはできない。また，あくまでも訓練に留まりその後の就職には必ずしもリンクしてこないのである。

　従来「訓練の後に就労」という形式によって精神障害者の就労支援は行われてきたが，今日では「OJT（On The Job Training，職場内訓練）」がアメリカ合衆国等では障害者就労訓練で有効とされており，本事業との乖離をきたしている。さらに言うと精神障害者退院促進支援事業においても，「地域生活を訓練した後に地域生活」という形式であり，これも同様のロジックから生み出されたものである。

　筆者の印象では就労支援においてはOJTの形式が有効であり，近年，重度精神障害者ケアで注目されるACT（Assertive Community Treatment，積極的地域内治療）も同様のロジックで就労支援を行っており，効果的との評価を受けている。

　一方退院促進に関しては，約7万人を超える社会的入院者の存在と，地域ケアシステムの不備というわが国独自の状況があるため一定の訓練が必要との見解を筆者は持っているが，基本的には施設に長期間滞在させず，できるだけ早期に自宅や共同住居・グループホーム等に退院させ，そこで必要な訓練や支援を行うことが効果的であると考えている。
　このように両事業とも見直しが図られるべき事業であると考える。

［齋藤敏靖］

☆参考文献☆　1）今後の障害者保健福祉施策について（改革のグランドデザイン案）厚生労働省障害保健福祉部　平成16年10月12日
　　　　　　2）精神保健医療福祉の改革ビジョン　精神保健福祉対策本部　平成16年9月

3) これでいいのか障害者自立支援法・1・2　やどかりブックレット編集委員会編　やどかり出版　2006年5月
4) ACT入門　西尾雅明　金剛出版　2004年3月
5) 精神障害をもつ人たちのワーキングライフ　デボラ・R・ベッカー／ロバート・E・ドレイク著　大島巌他訳　金剛出版　2004年11月

5) 障害者福祉の課題

(1) 課題の前提となる国際動向

　国際動向の影響を色濃く反映してきたわが国の障害者福祉が当面する課題を認識する前提として，近年における主な国際的潮流を確認しておきたい。

　ここでは，「国連・障害者の10年」の終期に臨み，1992年の第47回国連総会で「障害者の社会への完全な統合を目指して：世界行動計画の継続」が決議された時点に遡ってみる。つまり，国連としてはこの時に，新たな「10年」といった期間限定の行動を取るのでなく，普遍的かつ革新的な枠組みを定めている「世界行動計画」の長期的継続を再確認したのである。

　この時の決議では「障害者の機会均等化に関する標準規則」の早期策定，障害に関する用語・概念（ICIDH）の改定作業の完成等にも言及されているが，その「標準規則」は1993年の第48回国連総会で決議され，以後，モニタリングが継続されており，また，「ICIDH／1980年モデル」の障害概念は，ICF（2001年モデル）として改定され，今日に至っている。

　さらに1994年12月の第49回国連総会は，障害者の社会参加への完全な統合をめざして，『「標準規則」と2000年及びそれ以降への障害者に関する世界行動計画を実施するための長期戦略の実施』を採択した。ESCAP（アジア太平洋経済社会委員会）はこの趣意を受け，「アジア太平洋障害者の10年（1993～2002年）」および「新アジア太平洋障害者の10年（2003～2012年）」を策定し，これに対応した。

　そうして，いま最も新しい動きは，2006年8月に「障害者権利条約」の草案が国連の特別委員会で決議されたことである。「障害者権利条約」の実現こそは，「障害者の機会均等化に関する標準規則」の成立以前から，関係者の間で長く待ち続けられてきたテーマだからである。

(2) 国際動向へのわが国の対応

　これら国際動向の影響の下に，わが国では1993年3月，「障害者対策に

関する新長期計画（1993～2002年）」を策定し，併せて同年12月，障害者基本法が改正・公布された。「新長期計画」はこの障害者基本法に規定された「障害者基本計画」として位置付けられたが，政府は「新長期計画（1993～2002年）」の終期に臨み，「新障害者基本計画（2003～2012年）」ならびにその前期重点施策としての「新障害者プラン（2003～2007年）」を策定した。

　このようにわが国は，国連を初めとする国際動向に敏感に反応してきたが，「新障害者基本計画（2003～2012年）」の期間にある現在，障害者基本法の再改正（2004年6月），発達障害者支援法制定（2004年12月），障害者自立支援法制定（2005年11月）といった障害者施策変革の時期に遭遇している。

(3) 当面する課題

　わが国における障害者福祉の将来を考えるとき，当面する課題として，大要，三本の柱が立てられよう。

　その1は，障害者基本法を主柱とする「施策の総合的・計画的推進」の柱である。政府は，国際動向を受け止めつつも，わが国における障害者福祉の状況を踏まえた「障害者基本計画」を提示し続けている。2003～2012年を計画期間とした「新障害者基本計画」では，①社会のバリアフリー化の推進，②利用者本位の支援，③障害の特性を踏まえた施策の展開，④総合的かつ効果的な施策の推進，という横断的視点を掲げ，分野別施策の重点課題が設定されているが，ここに盛られた指針は，「都道府県障害者計画」ならびに「市町村障害者計画」のモデルとなるものである。とりわけ「市町村障害者計画」の策定は，2007年4月1日から市町村の義務とされた。これには注目を忘れない。

　その2は，社会福祉法を主柱とする「自立した日常生活を支援する地域福祉の推進」の柱である。社会福祉基礎構造改革の中核となる本法は，福祉サービスの方法について，行政的措置を優先する制度から利用者の自己決定を尊重する契約制度への転換を図ることにより，社会福祉関係各法をリードしている。

　本法の趣旨を徹底していくためには，当然のことながら，利用者の選択に応え得る諸条件の整備が必要となる。まずは，多様化するニーズに即した福祉的社会資源の体系的整備であるが，それには人的・物的・財源的諸要素のほか，情報化時代に対応するシステムの構築を欠かせない。併せて必要なことは，権利擁護意識の向上であるが，これには広く社会意識の啓

発が求められよう。

その3は，障害者自立支援法を支柱とする「自立支援モデルの確立と推進」の柱であるが，これは前記した2つの主柱に支えられて立つ支柱の1つである。つまり，本法は，「障害者権利条約」の批准へ向かう国際的潮流の中に立つ障害者基本法と，社会福祉基礎構造改革の先頭に立つ国内の規範的な社会福祉法という2大主柱の間にありながらも，独自性を発揮することを求められている。本法は，複数の障害者福祉関係法によるアンバランスな状況を改善するために，障害者福祉の総合法制として制定されたもので，いわば期待されていた法律なのであるが，施行後の状況は，必ずしも円滑に運用されているとは言い難い。「利用者の定率費用負担」「理不尽な障害程度区分認定」「介護等報酬の低単価」等々の事由から出ている現場の戸惑いは，新制度発足による転換期の混乱でもあろうが，向後3～5年の時限的措置もある中で，当面は行政・支援者・利用者が検証しつつ，相互に納得できる制度にしていくことが望まれる。

いずれにせよ上記の諸事項は，放置すれば"法理念とは相反する自立阻害の障害者観に通じる"といった批判を招きかねない状況にあるが，「障害者権利条約」の批准される日を目前にする今日，障害者福祉をめぐる国民的啓発と財源確保は，政治的課題でもあるといえよう。

［河野康徳］

☆**主要文献**☆

社会福祉法規研究会監修『社会福祉六法』（各年版）新日本法規出版
児童福祉法規研究会監修『児童福祉六法』（各年版）中央法規出版
障害者福祉研究会監修『障害者福祉六法』（各年版）中央法規出版
老人保健福祉研究会監修『老人六法』（各年版）中央法規出版
厚生労働省編『厚生労働白書』（各年版）ぎょうせい
内閣府編『障害者白書』（各年版）大蔵省印刷局
総務庁編『高齢社会白書』（各年版）大蔵省印刷局
厚生統計協会編集『国民の福祉の動向』（各年版）厚生統計協会
社会福祉の動向編集委員会編『社会福祉の動向』（各年版）中央法規出版

4　高齢者福祉

1）高齢者福祉の理念

老人福祉法において，次のようにその基本理念が規定されている。
第2条「老人は，多年にわたり社会の進展に寄与してきた者として，かつ，豊富な知識と経験を有する者として敬愛されるとともに，生きがいを持てる健全で安らかな生活を保障されるものとする。」
第3条「老人は，老齢に伴って生ずる心身の変化を自覚して，常に心身の健康を保持し，又は，その知識と経験を活用して，社会的活動に参加するように努めるものとする。」
2「老人は，その希望と能力とに応じ，適当な仕事に従事する機会その他社会的活動に参加する機会を与えられるものとする。」

これからもわかるように，老人福祉の基本理念としては，まず第1に「老後の生活の保障」が必要であり，またそれは「生きがいを持てる健全で安らかな」レベルでなければならないということである。そのためには経済的安定，住宅の確保，医療や福祉サービス等による生活支援，生きがい対策等が必要となる。

そして，「社会的活動への参加」である。これは，高齢になっても社会と接点をもちながら生活することが高齢者自身にとってもまた社会にとっても重要であるということであり，ノーマライゼーションにも通ずるもの

である。近年，従来の施設福祉中心から在宅福祉中心へ政策の流れが移行されているのも，老後における社会参加の必要性が重視されるようになった現われと言えよう。

2）高齢者福祉に関する法律

高齢者福祉に関する主な法律としては，高齢社会対策基本法，老人福祉法，老人保健法，介護保険法の4つがあげられる。

高齢社会対策基本法は，その名のとおり，高齢社会対策を推進するための基本法（他の法律を制定したり運用したりする上での基本となる法律）であり，他の3つの法律は，この基本法を具体的に実施するための法律ということができる。

高齢者福祉については，老人福祉法において，高齢者の保健医療については老人保健法において規定されており，介護サービスや介護予防については介護保険として給付することとしたものが介護保険法である。

高齢社会対策基本法は，高齢社会の到来に対応するため，狭義の福祉だけでなく，雇用，年金，医療，教育，社会参加，生活環境といった社会システム全体の変革を行う必要があるとし，そのための基本的な方針を定めた法律として，平成7年に制定された。

この法律は，高齢社会対策を推進するための基本理念として，「国民が生涯にわたる社会参加」，「自立と連帯による地域社会」，「健やかで充実した生活を送ることができる豊かな社会」の3つを定めている（2条）。これを受けて，関係省庁を挙げて対策に取り組むため，総理府に高齢社会対策会議が設置されるとともに，高齢社会対策大綱が定められている（平成8年7月5日閣議決定。なお，従来の「長寿社会対策大綱」は同時に廃止された）。

高齢社会対策大綱は，基本的な考え方として次のようなことをあげている。

・高齢者の自立，参加および選択の重視
・国民の生涯にわたる施策の体系的な展開
・地域の自主性の尊重
・施策の効果的推進
・関係行政機関の連携
・医療・福祉，情報通信等に係る科学技術の活用

老人福祉法は，戦後の民法改正による「家」制度の廃止，わが国の高齢化の進展や高度経済成長の影響の中で，「親の面倒は子供が」という私的

扶養（不可能な場合には生活保護法により対応）に依存した環境がしだいに揺らぎ始めた昭和38年に制定された法律である（国民皆年金を導入した国民年金法が施行されたのは昭和36年）。

　この法律は，高齢社会対策基本法が制定されるまでは，高齢者対策の基本法の性格を併せ持ち，具体的な老人福祉対策だけでなく，「敬老」「社会参加」などの基本理念や「老人の日」などについても規定している。

　また，この法律では，老人ホームなど入所施設サービスやデイサービスなどの在宅福祉サービスについて定めているほか，各市町村や都道府県が老人福祉計画を定めることを義務づけている。介護保険法が制定されたことにより，ほとんどのサービスが介護保険法により優先して実施されることとなったが，介護保険法が利用できない者については，老人福祉法の措置によってサービス提供がされている。

　老人保健法は，昭和57年に制定された法律で，75歳以上の高齢者（65歳以上の寝たきりの者を含む）の医療給付および40歳以上の者に対する保健事業の実施を規定したものである。この法律が制定されるまでは高齢者は一般の者と同様，国民健康保険や健康保険にそれぞれ加入し医療給付を受けていたが，昭和48年に老人医療費の無料化（老人については自己負担を公的に肩代わりすること）が行われると急激に老人医療費が高騰し，老人加入率の高い国民健康保険の財政が急激に悪化するとともに，福祉サービスの未整備もあって「社会的入院」などが社会問題化してきた。これらを受けて，予防，治療，リハビリの一体的実施を図り，また高齢者の医療給付を各医療保険の保険者から各市町村に移行させ，財政調整を行うとともに，高齢者に定額の自己負担制度を導入しコスト意識を持たせることにより不必要な医療給付を押えようとねらいがあった。

　この法律では，従来，予算措置で行われていた健診や健康相談などの保健事業の実施を法律で定め，医療と連動させた予防対策である保健事業を重視する姿勢を示した。

　また，各市町村や都道府県が老人保健計画を定めることを義務づけている。

　介護保険法は，平成9年12月に成立し平成12年4月から施行された法律である。

　平成になり，急速に進む高齢社会に対応する福祉サービスの整備がゴールドプラン等により急ピッチで進められてきたが，従来の老人福祉法と老人保健法による異なる制度下で実施されるサービスでは利用手続きや利用者負担の不均衡，サービス選択の自由度の確保，総合的なサービス利用，

財源の確保などの面で課題があり介護サービスの部分において両法を再編した社会保険方式による新たな仕組みが創設されたものである。従来老人保健法に既定されていた老人保健施設が介護保険法に移されたり，同様のサービスが規定されている場合は介護保険法が他の関連法に優先して適応されることとなり，高齢者の介護サービス提供に関する中心的な法律となった。

この法律には，介護保険制度の目的や基本的な仕組み，具体的給付サービス内容等が規定されている。

高齢者福祉に関する法を広く捉えればこれらの中心的な法律の他に「健康保険法」，「国民健康保険法」，「国民年金法」，「厚生年金保険法」などの医療保険や年金保険に関する社会保険法，「高齢者虐待の防止・高齢者の養護者に対する支援等に関する法律」，「高齢者の居住の安定確保に関する法律」などさまざまな法があり，高齢者の生活を支えているのである。

3）在宅福祉サービス

高齢者は老化に伴い，体力が低下するとともに生理的な機能が低下し，さらに社会的な活動範囲が狭くなっている。このような心身の機能の低下等により発生する生活上の困難を補い，高齢者が自宅などでいきいきと生活できるように支援するサービスが在宅福祉サービスである。

在宅福祉サービスは，大きく分けると身心機能が低下し，日常生活に何らかの支障がある高齢者に対する介護サービス（そうなる前段階にある者への予防を含む）と，生きがい対策など高齢者が元気に生活できるように支援する社会活動促進対策がある。

(1) 介護サービス

老化とともに，しだいに寝たきりになったり，認知症になったりする高齢者が増加してくる。介護保険の要介護認定を受けサービスの給付対象となった者の割合を前期高齢者（65歳以上75歳未満）と後期高齢者（75歳以上）で比較すると，前期高齢者は4.9％，後期高齢者は29.7％となっており（厚生労働省「平成16年度介護保険事業状況報告」），格段の差がある。また，この要介護認定者数は，高齢化の進行や制度の発展に伴い年々増加し，平成12年度には256.2万人だったものが，平成16年度には408.6万人と急増している。また，1人暮らし老人も増加してきており，65歳以上の者のいる世帯は全世帯の39.4％を占めるが，そのうち22.0％が1人暮らし，夫婦のみ世帯は29.2％（厚生労働省「平成17年国民生活基礎調査」）となっており，

何らかの支援を必要とする者も増加している。このようにわが国の年齢構造の高齢化とともに介護サービスの重要性はしだいに高まってきている。

(2) 居宅訪問系サービス

介護サービスのうち，高齢者の自宅などを訪問し，高齢者ができる限り自宅など地域で生活できるよう支援するためのサービスを提供するものを居宅訪問系サービスという。

○ ホームヘルプ（訪問介護）サービス

ホームヘルプ（訪問介護）サービスは，寝たきり老人，介護を要する認知症老人，疾病等により身体が虚弱な老人など，日常生活を営む上で支障のある高齢者（要援護老人）の家庭にホームヘルパーを派遣し，日常生活の世話を行うものである。

ホームヘルプの業務内容は，身体介護，生活援助（家事援助），相談助言に分類される。

（身体介護）	（生活援助）	（相談・助言）
・食事の介護	・調理	・生活，身上，介護に関する相談・助言
・排泄の介護	・衣類の洗濯・補修	
・衣類着脱の介護	・住居等の掃除・整理整頓	・住宅改良に関する相談・助言
・入浴の介護		・その他必要な相談・助言
・身体の清拭・洗髪	・生活必需品の買い物	
・通院等の介助その他	・関係機関との連絡	
	・その他必要な家事	

ホームヘルプサービスと通称されるが，老人福祉法により提供される場合は，老人居宅生活支援事業の「老人居宅介護等事業」，介護保険法では要介護者対象の居宅サービスの一環として提供される「訪問介護」，地域密着型サービスの一環として提供される「夜間対応型訪問介護」，「小規模多機能型居宅介護」および要支援者対象の介護予防サービスの一環として提供される「介護予防訪問介護」，地域密着型サービスの一環として提供される「介護予防小規模多機能型居宅介護」という名称である。その他，市町村が独自事業として実施する場合や，NPOなどのボランティア団体，市民団体，営利企業などから老人福祉法や介護保険法の枠外で提供される場合もある。

現在，老人福祉法にもとづく措置によるホームヘルプサービスは介護保険制度の利用が出来ない場合等の特殊な事情のケースに限って提供され，

利用者負担は所得に応じて徴収される。介護保険法によるサービス利用の場合は原則として利用は各自の認定されたよう要介護区分の限度額以内であれば1割の自己負担であり，料金は派遣される職員の資格，人数，業務内容，時間および時間帯，地域などによって異なり，例えば介護保険の「訪問介護」の場合は，標準地において訪問介護員研修2級（身体介護の研修含む）を終了したヘルパー1人が日中，1時間以上1時間30分未満の身体介護を含む業務を行った場合の料金は5,840円で利用者は584円の負担となる（平成18年4月現在）。また，同じ介護保険による給付であるが，「予防介護訪問介護」の場合は，平成18年度より1回何分でいくらという料金ではなく，1週1回程度の場合（Ⅰ類）は月に12,340円の料金というように，いわゆる「まるめ」で料金設定がされるように変更された。

　また，必要以上のサービス提供は本人の要介護状態をより早く悪化させる恐れがあることや公的財源によって制度運営がされていることから，ヘルパーの業務の範囲や要介護度に応じた制限が設けられている。

　ホームヘルプサービスは昭和30年代にその原型が創設された在宅サービスの中心柱として発展してきたサービスであり，サービス提供のために建物等の設備を必要とせず小規模組織の参入も容易なことから介護保険制度の創設以来急速な事業者の増加を見ている。一方利用者側には他人を家へ入れることへの抵抗感があることや，同居家族がいる場合は生活支援を内容とするサービスは原則として受けられないなどの制限があり，通所系サービスや入所系サービスほど期待されたサービス提供の伸びが見られない。また，ホームヘルパーの採用形態を見ると非正規職員割合が高く収入が低い等は今後の課題であろう。

○　訪問入浴介護（訪問入浴・巡回入浴）サービス

　訪問入浴介護（訪問入浴・巡回入浴）サービスは，寝たきり老人など自宅で入浴が困難な者の家庭を訪問し，訪問入浴車によって入浴サービスを提供するものである。

　老人福祉法の措置によるサービス提供はなく，介護保険制度によるサービス提供となる。制度名称は要介護者対象として「訪問入浴介護」，要支援者対象としては「介護予防訪問入浴介護」である。

　サービス提供に際しては健康チェックの後実施することが望ましいため，看護職員1名と介護職員2名で利用者宅を訪問するのが原則で，1回の料金は標準地で「訪問入浴介護」12,500円（利用料は1,250円），「介護予防訪問入浴介護」8,540円（854円）である（平成18年4月現在）。

○ 訪問看護

訪問看護は，その必要を主治医等が認めた場合，看護師（保健師・助産師・PT・ST・OT等）が家庭等を訪問し，療養の相談や手伝いをしたり，主治医の指示・連携のもとに医療的なケアを行うサービスである。寝たきりや体が不自由になると通院のために頻繁に外出するのも困難であることが多く，また各自の心身状態だけでなく個別の家庭の状況に合わせた介護や看護の方法を24時間体制（但し，24時間体制をとっているのは一部）でアドバイスする等，病気を持ちながらも高齢者やその家族が在宅で安心して生活できるように療養生活をサポートしている。

従来，医師以外の看護師等の医療専門職の単独業務については報酬が付かなかったが，昭和58年，老人保健法施行により，市町村では訪問指導等老人保健事業が開始され，病院からの訪問看護にはじめて診療報酬が認められた。さらに平成3年の老人保健法等の一部改正により老人訪問看護ステーションによる老人訪問看護制度が創設され，医師の所属しない機関からのサービスに対して医療保険制度から報酬が給付されることとなった。また，平成12年より実施された介護保険制度においても，「訪問看護」として位置づけられている。

サービス内容は，健康状態の観察と助言，日常生活の看護，在宅リハビリテーション看護，精神・心理的な看護，認知症の看護，検査・治療促進のための看護，療養環境改善のアドバイス，介護者の相談，様々なサービス（社会資源）の使い方相談，終末期の看護などである。

訪問看護を実施するのは主に，訪問看護ステーションや医療機関（病院又は診療所）であるが，市町村の保健課などが行う訪問看護，民間の企業などが医療保険や介護保険とは別に行う訪問看護サービスもある。

公的保険を利用する場合は，老人保健制度，国民健康保険制度，健康保険制度などの社会保険，介護保険制度等などから各制度で定められた費用給付があり，利用額の1～3割の自己負担でサービスを利用することができる。たとえば，介護保険制度では，標準地で看護師が1時間以上1時間30分未満の訪問看護を行った場合，料金は11,980円で利用者負担は1,198円となる（平成18年度4月現在）。

○ 訪問リハビリテーション

訪問リハビリテーションは，病状が安定期にあるものの通院等が困難で，計画的な医学的管理の下でリハビリテーションを行うことが必要であると

主治医等が認めた場合，心身の機能の維持回復を図り，日常生活の自立を助けるために家庭を訪問して行うリハビリテーションである。

実施するのは病院・診療所・老人保健施設の理学療法士・作業療法士・言語聴覚士等で，医療保険制度と介護保険制度により給付される。機能回復や維持のため，身体の各部分の訓練（機能訓練），歩行訓練，更衣，トイレ動作，食事動作などの日常生活に直結した訓練，また嚥下障害や言語障害の回復訓練，福祉用具・住宅改造についてのアドバイスなどが行われ，介護保険によるサービスの場合は通常の料金は1回につき5,000円，利用料は500円である。また，退院後3ヶ月以内に集中して行われた場合は「短期集中リハビリテーション実施加算」として1回につき2,000円～3,300円の加算がつく（平成18年4月現在）。

○ 居宅療養管理指導

病院，診療所または薬局の意思，歯科医師，薬剤師，管理栄養士，歯科衛生士等が，通院困難な要介護者の居宅を訪問して，心身の状況や環境等を把握し，それらを踏まえて療養上の管理および指導を行うもので，それぞれの職種により1回につき3,000円～5,500円の料金設定がされている。例えば，寝たきりや体の不自由になった高齢者の口腔衛生の重要性が認識されるようになり在宅サービスでの活躍が期待されている歯科衛生士の場合，月4回程度が限度とされ1回の料金は3,500円，利用料は350円である。

(3) 通所系サービス

在宅生活をする高齢者が定期的に通って利用するサービスとしてはデイサービス（通所介護），デイケア（通所リハビリテーション）があり，後者の方がより医学的な管理の下で行われる点に特徴がある。

○ 通所介護

老人福祉法では「老人デイサービス事業」その実施場所をデイサービスセンター等といい，介護保険法では要介護1～5の人を対象とした「通所介護」，要支援1および2の人を対象とした「介護予防通所介護」として規定されている。老人福祉法によるサービス提供は，必要度が高いが介護保険制度による利用が困難な場合に限られるので殆どは介護保険法による利用である。

通所介護（デイサービス）とは，高齢者がデイサービスセンター等に通い（送迎有り），入浴・食事の提供（それに伴う介護を含む），排泄等の必要

な介護，その他日常生活に関する相談・助言，健康状態の確認，機能訓練やレクリエーションなどを行うサービスである。日頃外出や家族以外の人と接する機会の乏しくなりがちな高齢者の気分転換や社会的接触，リハビリ等のためだけでなく毎日介護する家族にとっても介護から一時的に開放されリフレッシュできるという大きな役目を担っている在宅サービスの大きな柱である。

介護保険制度による「通所介護」の場合は，通所介護事業所が前年度の１月当たりの平均利用延人員数が300人以内かどうかで，小規模型と通常規模型に分類され，小規模型の方が介護報酬が高く設定されている。例えば，標準地において要介護度３の高齢者が６時間以上８時間未満のサービスを受けた場合の料金は，小規模型では10,550円であるが，通常規模型では9,010円となる。デイサービスの利用料としては，これに入浴介助，個別機能訓練，管理栄養士による栄養マネジメント，歯科衛生士による口腔ケア指導等の料金が個々に加算され，これらの総額の１割を負担する他，食費やおむつ代が全額自己負担となっている。

一方「介護予防通所介護」については，規模別料金設定や利用時間の長さによる料金設定などはなく，原則として要支援１の場合は１月22,260円，要支援２の場合は43,530円と基本部分が定額制に変更された。但し，個別機能訓練，管理栄養士による栄養マネジメント，歯科衛生士による口腔ケア指導，アクティビティ実施等の料金が個々に加算される。

職員は，生活相談員，看護師，介護職員（利用者15人までは１人，５人を増すごとに１人追加），機能訓練指導員（理学療法士，作業療法士，言語聴覚士，看護師，准看護師，柔道整復師，按摩マッサージ指圧師のいずれかの有資格者だが兼務可），常勤管理者を配置することになっている。

○　通所リハビリテーション（デイケア）

デイサービス（通所介護）と同様に日中通い，食事や入浴，リハビリテーション等を行うが，病院や診療所，老人保健施設，保健所などで医療・保健系の場で実施されスタッフの配置も医療職があつくなっている。

医療保険制度による提供，介護保険制度による提供，保健所や保健センターによる提供等があり，それぞれに利用料等が異なっている。

介護保険法によるサービス提供の場合は，要介護１〜５の人を対象とした「通所リハビリテーション」，要支援１および２の人を対象とした「介護予防リハビリテーション」という名称である。料金設定は通所介護と同様に「通所リハビリテーション」は，要介護度と利用時間によってサービ

ス料金が異なり，例えば標準地において要介護3の人が6時間以上8時間未満のサービスを利用した場合は9,950円で，これに入浴介助，管理栄養士による栄養マネジメント，歯科衛生士による口腔ケア指導，短期集中的リハビリテーション等の料金が個々に加算され，これらの総額の1割を負担する他，食費やおむつ代が全額自己負担となっている。また，「介護予防通所介護」は，規模別料金設定や利用時間の長さによる料金設定などはなく，原則として要支援1の場合は1月24,960円，要支援2の場合は4,880円と基本部分が定額制に変更された。但し，個別機能訓練，管理栄養士による栄養マネジメント，歯科衛生士による口腔ケア指導，アクティビティ実施等の料金が個々に加算される。

通所リハビリテーションの事業所の配置職員としては，医師を1人以上設置しなければならず，理学療法士，作業療法士，言語聴覚士，看護師，準看護師などの看護職員か介護職員を20人に2人以上（これらのうち，理学療法士，作業療法士，言語聴覚士は常勤換算で0.2以上）配置することが必要である。

(4) 利用型サービス

居宅生活を支えるために必要に応じてその都度利用するサービスとしてはショートステイ（老人短期入所サービス），住宅改修費の支給，福祉用具購入費の支給，福祉用具の貸与，居宅介護支援，介護予防支援，配食サービス，寝具乾燥・消毒サービス，紙おむつの支給などがある。

○ ショートステイ

ショートステイとは，在宅で生活する高齢者が短期間施設などに入所するサービスで，入浴，排泄，食事などの介助や医療や日常生活上の世話，機能訓練などを行うものである。家庭介護者の休養や外泊を伴う外出の際等に利用でき，負担軽減のためになくてならないサービスである。本来は数日～数週間の短期利用が原則でそのために長期施設よりも設備等で基準が低い面もあるが，長期入所型施設の不足のためショートステイを長期に利用しなければならない現状がみうけられる。

老人福祉法による老人短期入所事業，介護保険法による短期入所生活介護，短期入所療養介護，介護予防短期入所生活介護，介護予防短期入所療養介護があり，老人福祉法にサービス提供は介護保険制度が利用できない場合のみに実施される。

介護保険法による短期入所生活介護，短期入所療養介護要介護1～5の

人を対象，介護予防短期入所生活介護，介護予防短期入所療養介護は要支援１，２の人を対象とし，「～生活介護」は老人短期入所施設や特別養護老人ホームを利用する場合，「～療養介護」は介護老人保健施設や介護療養型医療施設を利用する。それぞれの施設により，さらに個室か多少室かなどにより１日のサービス費用と居住費が設定され利用者はサービス費用の１割と居住費と食費の全額を負担する。

○　住宅改修費の支給

　介護保険制度においては，身体状況に応じた住居改修にかかった費用の１割を20万円を限度として支給し，要支援，要介護と認定された人は同様に利用できる。廊下や階段の手すりの取り付け，段差の解消，滑り防止，引き戸などへの扉の取替え，和式から洋式便器への取替え等が対象となる。

　市町村によっては独自の制度によりさらに高額の給付を実施している場合もある。

○　福祉用具購入費の支給

　介護状態になった場合に必要となる用具を貸与したり購入費の一部を負担することで介護生活を支援しているが，利用者の肌が直接触れるもの等でそれほど高額でないものは貸与に馴染まないので購入費の支給制度の対象となっている。介護保険制度では，腰掛便座，特殊尿器，入浴補助用具（入浴いすや手すり，浴室内のすのこなど），簡易浴槽，移動用リフトのつり具部分が購入費支給の対象となり，指定を受けた販売業者から購入した場合，９割が支給される（１年間に10万円を限度）。

○　福祉用具の貸与

　車いすや特殊寝台など日常生活の自立を助ける用具を貸与する制度で，介護保険では貸与料の一割が利用料として自己負担になる。介護保険制度の他にも社会福祉協議会などで車いすを貸与する等の類似のサービスも行われている場合もある。

　介護保険の対象となるのは，車いす，車いすの付属品（クッション等），特殊寝台，特殊寝台の付属品（マットレスやサイドレールなど），床ずれ防止用具（空気マットなど），体位変換器，手すり，スロープ，歩行器，松葉杖などの歩行補助杖，認知症老人徘徊探知機，移動用リフトなどである。但し，介護状態の軽度者の早すぎる福祉用具の使用はかえって要介護状態の進行を早める恐れのあることから，利用制限も設けられている。

利用料は，例えば車いすの場合は業者によって数タイプのレンタル用機種がありそれによってレンタル料が異なるが，購入すると万円もする車いすも，レンタル料はおよそ月に円程度で利用者は月に数百円程度の負担で利用することができる。また，要介護状況の変化によりタイプの違う車いすに変えやすいという利点もある。

○　配食サービス

配食サービスは，高齢者単身世帯，高齢者のみの世帯などに対して栄養のバランスのとれた食事を調理し，訪問により定期的に低額で提供するものである。

実施主体は市町村社会福祉協議会，社会福祉法人，民間会社，ボランティア団体などとなっている（介護保険法の適用対象とはなっていない）。

○　寝具乾燥・消毒サービス

寝具乾燥・消毒サービスは，寝具乾燥などが困難な65歳以上の単身老人，寝たきり老人などに対して，乾燥消毒車による乾燥消毒や水洗いなどを行うものである。

実施主体は市町村であり，利用しようとする者は市町村に対して申請することになる。実際に業務を行っているものは市町村のほか，市町村の委託を受けた社会福祉協議会，社会福祉法人，民間会社となっている（介護保険法の適用対象とはなっていない）。

(5) 相談サービス

○　高齢者総合相談センター

高齢者総合相談センターは都道府県が実施主体となり，各都道府県に1カ所ずつ設置されていて，高齢者とその家族などのために，保健・福祉・医療といった悩みごとや心配事などの総合的な相談に対応している。相談する場合の料金は無料で，電話による相談のほかにも面接も行っており，シルバー110番とも呼ばれている。

○　在宅介護支援センター

市町村（特別区含む）が実施主体（他に委託可）となり，在宅介護に関する総合的な相談に応じ，保健・医療・福祉サービスの情報を提供する。利用は無料で，住民の身近な所で24時間体制（24時間体制をとっていない

センターも有）がとられ，介護ニーズの評価，在宅介護に関する相談，助言，各種保健・福祉サービスの利用申請手続きの受付および代行，各種保健・福祉サービスの情報提供，介護機器等の展示・紹介・使用方法の指導等を行い，介護を受けながら在宅生活する高齢者や家族の不安軽減にも貢献している。

○ 居宅介護支援事業者

　介護保険制度により導入された「居宅介護支援（ケアマネジメント）」を実施する事業所で，居宅介護支援専門員（ケアマネジャー）が配置されている。

　居宅介護支援とは，要介護者のニーズを把握し，個々に合わせた介護サービス計画（ケアプラン）を作成し，利用者や家族の合意の下，サービス提供者との連絡調整などを行って実際のサービス活用に結びつける支援である。

　介護サービスの利用が必要になった場合はこうした専門家と相談しながら自分に適したサービスを煩雑な手続きなく利用することができる。利用料は無料である。

○ 地域包括支援センター

　市町村が実施主体（他に委託可）となり，保健師，看護師，ケアマネジャー，社会福祉士等が配置され，地域における総合的な相談支援，介護予防マネジメント，包括的・継続的マネジメント事業等の地域支援事業を行う。地域支援事業とは，要介護状態にならないように予防するとともに，できるだけ住み慣れた地域で自立した生活を可能にするために行われる事業である。

(6) 生きがい対策

　人生80年時代となり，老後を明るく元気に過ごせるようにするためにさまざまな施策が展開されている。

　もっとも普及しているのが老人クラブ活動であり，各小地域ごとに老人クラブが結成されている（平成16年度3月末で128,800クラブ，8,273,000会員数）。また，生きがい的な就労を促進するためのシルバー人材センターなどが各地に設立されている。

　老人大学など地方自治体の単独事業として実施しているところも多い。

4）施設福祉サービス

「施設サービス」といった場合，広く福祉施設を利用して提供されるサービスを指す場合と，高齢者が長期に入所し，そこが生活の場となるような長期入所型施設サービスを指していう場合，またある法や制度によって特定された施設の利用に限定する場合等，いくつかの捉え方がある。

ここでは，それまで住んでいた家を離れて長期に入所するタイプの施設を入所型施設，居宅において必要に応じてレクリエーションのために利用するタイプの施設をレクリエーション型施設と捉え，老人福祉法，介護保険法における施設サービスの概要を理解した後，いくつかの施設を取り上げその概要を見る。

(1) 入居型施設

心身状況により介護が必要になった高齢者を対象とした福祉サービスとしては，高齢者が自らの居宅に住みながら利用する在宅サービスと生活拠点をそこへ移して生活する入所型施設サービスがある。

(a) 老人福祉法による施設サービス

老人福祉法で，「老人福祉施設」として「老人デイサービスセンター」，「老人短期入所施設」，「養護老人ホーム」，「特別養護老人ホーム」，「軽費老人ホーム」，「老人福祉センター」，「老人介護支援センター」の7種の施設があげられこのうち「養護老人ホーム」，「特別養護老人ホーム」，「軽費老人ホーム」の3種が長期入所型の施設である。またこの他に，老人福祉施設ではないが届出義務のある施設として「有料老人ホーム」が規定されており，さらに施設サービスではなく「老人居宅生活支援事業」として規定されているが，「認知症対応型老人共同生活援助事業」は認知症高齢者が共同生活を営むべき住居（いわゆる認知症高齢者グループホーム）において提供されるサービスで，グループホームを「入所施設」と捉えることも見方により可能である（**表V-6**参照）。

これらのうち，措置による入所形態をとる施設（養護老人ホーム，特別養護老人ホーム等）においては，介護保険制度の利用が優先され，それが出来ない場合に限り措置入所が行われる。措置入所に際しては，利用者が直接施設に申し込み施設と直接契約を交わす契約型の施設と異なり，行政に申し込み，行政が施設に措置委託するという方式になり，利用料も所得に応じた応能負担となる。

表V-6 老人福祉法に規定される老人福祉施設

老人デイサービスセンター	65歳以上の者であって，身体上又は精神上の障害があるために日常生活を営むのに支障があるものが，やむを得ない事由により介護保険法に規定する通所介護，認知症対応型通所介護，介護予防通所介護又は介護予防認知症対応型通所介護を利用することが著しく困難であると認めるとき又は介護保険法の規定による通所介護に係る居宅介護サービス費，認知症対応型通所介護に係る地域密着型介護サービス費，介護予防通所介護に係る介護予防サービス費若しくは介護予防認知症対応型通所介護に係る地域密着型介護予防サービス費の支給に係る者その他政令で定める者を通わせ，入浴，排せつ，食事等の介護，機能訓練，介護方法の指導などの便宜を供与することを目的とする施設。
老人短期入所施設	65歳以上の者であって，養護者の疾病その他の理由により，居宅において介護を受けることが一時的に困難となったものが，やむを得ない事由により介護保険法に規定する短期入所生活介護又は介護予防短期入所生活介護を利用することが著しく困難であると認めるとき又は介護保険法の規定による短期入所生活介護に係る居宅介護サービス費若しくは介護予防短期入所生活介護に係る介護予防サービス費の支給に係る者その他の政令で定める者を短期入所させ，養護することを目的とする施設。
養護老人ホーム	65歳以上の者であって，環境上の理由及び経済的理由により居宅において養護を受けることが困難なものを入所させ，養護するとともに，その者が自立した日常生活を営み，社会的活動に参加するために必要な指導及び訓練その他の援助を行うことを目的とする施設。措置による入所のみ。
特別養護老人ホーム	65歳以上の者であって，身体上又は精神上著しい障害があるために常時の介護を必要とし，かつ，居宅においてこれを受けることが困難なものが，やむを得ない事由により介護保険法に規定する地域密着型介護老人福祉施設又は介護老人福祉施設に入所することが著しく困難であると認めるときは，その者を入所させ，養護することを目的とする施設。
軽費老人ホーム	無料又は低額な料金で，老人を入所させ，食事の提供その他日常生活上必要な便宜を供与することを目的とする施設（老人デイサービスセンター，老人短期入所施設，養護老人ホーム，特別養護老人ホームを除く）。
老人福祉センター	無料又は低額な料金で，老人に関する各種の相談に応ずるとともに，老人に対して，健康の増進，教養の向上及びレクリエーションのための便宜を総合的に供与することを目的とする施設。
老人介護支援センター	地域の老人の福祉に関する各般の問題につき，老人，その者を現に養護する者，地域住民その他の者からの相談に応じ，必要な助言を行うとともに，主として居宅において介護を受ける老人又はその者を現に養護する者と市町村，老人居宅生活支援事業を行う者，老人福祉施設，医療施設，老人クラブその他老人の福祉を増進することを目的とする事業を行う者等との連絡調整その他の厚生労働省令で定める援助を総合的に行うことを目的とする施設。

●老人福祉施設ではないが，老人福祉法に規定のある施設

有料老人ホーム	老人を入居させ，入浴，排せつ若しくは食事の介護，食事の提供又はその他の日常生活上必要な便宜（介護等）の供与をする事業を行う施設であって，老人福祉施設，認知症対応型老人共同生活援助事業を行う住居その他厚生労働省令で定める施設でないものをいう。

●老人福祉法に基づく老人居宅生活支援事業

認知症対応型老人共同生活援助事業	認知症老人が共同生活を営むべき住居において入浴，排せつ，食事等の介護その他の日常生活上の援助を行う事業

(b) 介護保険法による施設サービス

　介護保険法では，「介護保険施設」として指定介護老人福祉施設（特別養護老人ホームが介護保険制度上の指定を受けたもの），介護老人保健施設，指定介護療養型医療施設の3つの入所型施設が規定され，「施設サービス」が提供されている。また，「施設サービス」の分類ではないが，「特定施設入居者生活介護」，「介護予防サービス」として提供される「介護予防特定施設入居者生活介護」は，「居宅サービス」として利用するサービスであるが「特定施設」（有料老人ホーム，軽費老人ホーム，養護老人ホームなどの中で介護保険上の指定を受けた施設）に入居している高齢者に提供されるサービスであり，「認知症対応型共同生活介護」，「介護予防認知症対応型共同生活介護」は，認知症高齢者が共同生活を営むべき住居（いわゆる認知症高齢者グループホーム）において提供されるサービスである。

　表Ⅴ-7にこれらの介護保険制度にもとづく施設サービス等が利用できる施設の概要を示した。

○　介護保険3施設

　介護保険制度にもとづく「施設サービス」が利用できる3施設の場合は，要介護1～5に認定され，在宅で介護を受けることが困難な人であり入院するほどの医療を必要としない人である。利用申し込みは，直接希望する施設へ申し込み直接契約を交わす方式である。入所に際しては各施設が独自の入所基準に従って希望者の必要性や緊急性を考慮して入所順位を決定する。現在，施設数を上回る入所希望者がおり，施設によっては数百人の待機者リストを持つ施設も珍しくない。

　入所者の費用負担は，介護報酬の1割および居住費と食費，その他日常品や特別なサービスの費用などで，これらを直接施設へ支払う。介護報酬は施設の類型，職員配置状況，入居室の形態，地域，利用者の要介護度や所得水準等によって異なっている。

　介護保険施設については新型特養の導入，食費・居住費の保険外適用，介護報酬の変更等，頻繁に改革が行われているが，今後の大きな改革として介護療養型医療施設については療養病床の再編成の一環の中で，平成24年3月末までに廃止され，老人保健施設等への転換が進められることとなっている。

○　指定特定施設

　介護保険法において介護保険3施設以外の入所型施設に入所する高齢者

Part V
自立支援の社会福祉サービス

表V-7 介護保険制度の施設サービス等が利用できる施設

		介護保険3施設			介護保険居住系サービス	
		介護療養型医療施設	老人保健施設	特別養護老人ホーム	認知症高齢者グループホーム	特定施設
基本的性格		重医療・要介護高齢者の長期療養施設	要介護高齢者が在宅復帰を目指すリハビリテーション施設	要介護高齢者のための生活施設	認知症高齢者のための共同生活住居	要介護高齢者も含めた高齢者のための生活施設
定義（介護保険法）		（「介護療養型医療施設」の定義）療養病床等を有する病院又は診療所であって、当該療養病床等に入院する要介護者に対し、施設サービス計画に基づいて、療養上の管理、看護、医学的管理の下における介護その他の世話及び機能訓練その他必要な医療を行うことを目的とする施設。	（「介護老人保健施設」の定義）要介護者に対し、施設サービス計画に基づいて、看護、医学的管理の下における介護及び機能訓練その他必要な医療並びに日常生活上の世話を行うことを目的とする施設。	（「介護老人福祉施設」の定義）老人福祉法に規定する特別養護老人ホームであって、当該特別養護老人ホームに入所する要介護者に対し、施設サービス計画に基づいて、入浴、排せつ、食事等の介護その他の日常生活上の世話、機能訓練、健康管理及び療養上の世話を行うことを目的とする施設。	（「認知症対応型共同生活介護」の定義）要介護者であって、認知症であるもの（その者の認知症の原因となる疾患が急性の状態にある者を除く。）について、その共同生活を営むべき住居において、入浴、排せつ、食事等の介護その他の日常生活上の世話及び機能訓練を行うこと。	（「特定施設入居者生活介護」の定義）有料老人ホーム、経費老人ホーム、養護老人ホーム又は適合高齢者専用賃貸住宅に入居している要介護者について、提供するサービスの内容等を定めた計画に基づき行われる入浴、排せつ、食事等の介護その他の日常生活上の世話、機能訓練及び療養上の世話。
施設数		3,717	3,131	5,291	5,449	904
定員数		138,942人	282,513人	363,747人	76,998人	40,597人
平均要介護度		4.30	3.19	3.73	2.39	2.32
平均在所日数		359.5日	230.1日	1,429.0日	（データなし）	（データなし）
居室等	ユニット型 1人当たり面積	13.2m²以上	13.2m²以上	13.2m²以上	原則個室 7.43m²以上	原則個室 適当な広さ 養護老人ホーム 10.65m²以上 ケアハウス 21.6m²以上 有料老人ホーム 13m²以上（介護居室） 高齢者専用賃貸住宅 25m²以上
	ユニット型 定員数	原則個室	原則個室	原則個室		
	従来型 1人当たり面積	6.4m²以上	8m²以上	10.65m²以上		
	従来型 定員数	4人以下	4人以下	4人以下		
食堂		入院患者×1m²以上	入所定員×2m²以上	食堂と機能訓練室を合算した面積が入所定員×3m²以上	居間と同一の場所も可	適当な広さ
主な職員配置基準	医師	3以上 48：1以上	常勤1以上 100：1以上	必要数（非常勤可）		
	看護職員	6：1以上	看護・介護 3：1以上 （看護2/7）	看護・介護 3：1以上 入所者100人の場合、看護3人	3：1以上	看護・介護 3：1以上 利用者100人の場合、看護3人
	介護職員	6：1以上				
	理学療養士（PT） 作業療法士（OT）	PT及びOTが適当数	PT又はOTが100：1以上			
	機能訓練指導員			1以上		1以上
	生活（支援）相談員		100：1以上	常勤1以上 100：1以上		100：1以上 （うち1名常勤）
	介護支援専門員 （計画作成担当者）	常勤1以上 100：1以上	常勤1以上 100：1を標準	常勤1以上 100：1を標準	1以上	1以上 100：1を標準

1 平均要介護度は、「介護給付費実態調査」（厚生労働省統計情報部、平成17年11月審査分）から算出
2 施設数、定員数については、「介護サービス施設・事業所調査」（同、平成16年10月1日時点）
3 平均在所日数については、「介護サービス施設・事業所調査」（同、平成15年9月中の退所者等について）
4 特定施設は、外部サービス利用型特定施設を除く。

資料出所：厚生労働省「介護施設等の在り方に関する委員会」配布資料を加工、加筆

が介護保険のサービスを受ける場合は，入所している施設を「居宅」と捉え，「施設サービス」ではなく「居宅サービス」または「地域密着型サービス」として給付を受けることとなる。利用に際しては，入居施設外の居宅サービス提供事業所等と個々に契約を結んでサービスを利用してもよいし，施設が介護保険制度の居宅サービスが利用できる施設として指定を受けた「特定施設」であれば，施設職員からの介護保険サービスの提供を受けることもできる。この特定施設として指定を受けることができるのは，有料老人ホーム，軽費老人ホーム，養護老人ホーム，適合高齢者専用賃貸住宅で，申請し指定基準を満たしている場合に限られる。

○ 特別養護老人ホーム

65歳以上の心身に著しい障害が有るために，常時介護を必要とする高齢者を入居させ，介護などのサービスを提供する施設である。

特別養護老人ホームを設置するのは，老人福祉法にもとづき市町村及び地方独立行政法人または社会福祉法人であり，介護保険法により「介護老人福祉施設」に指定される。特別養護老人ホームに入居しようとする者は，介護保険の要介護認定を受け要介護1～5に認定され各施設に直接申し込んで契約する。まれに介護保険の適用が受けられない場合は，市町村が入所の措置を行うことになる。

特別養護老人ホームの入所費用は介護保険を利用する場合の費用は，要介護度に応じた介護報酬の1割と，食費，住居費が自己負担となる。措置入所の場合は措置をした市町村が負担をすることになっているが，入居した高齢者及びその家族は所得に応じて費用徴収を受けることになる。2002年度以降に新設される特養については，全室個室・ユニットケアが標準として位置づけられ，居住環境を重視した「居住福祉型特別養護老人ホーム」といわれるものとなったが，その分住居費については，多床室の入居者よりも高額の負担が求められるようになった。

○ 養護老人ホーム

65歳以上の環境上の理由及び経済的理由により，居宅において養護を受けることが，困難な高齢者を入居させ養護するとともに，その者が自立した日常生活を営み，社会活動に参加するために必要な指導および訓練その他の援助を行うことを目的とする施設である。

養護老人ホームを設置するのは，市町村および独立行政法人または社会福祉法人である。養護老人ホームに入居しようとする者は，市町村に申請

し，入所判定委員会で認められると市町村が入所の措置を行うことになる。2006年4月以前は，全く介護保険の適用を受けなかったが，現在は入居者は，「居宅サービス」の適用を受けることができる。

養護老人ホームの入所費用は，措置をした市町村が負担をすることになっているが，入居した高齢者およびその家族は所得に応じて費用徴収を受ける。

○　軽費老人ホーム

老人福祉法に規定される老人福祉施設で，60歳以上の者（夫婦の場合は一方が60歳以上）であって，家庭環境などにより居宅で生活することが困難なものに低額な料金で入居させる施設である。

・軽費老人ホーム（A型）　　低所得であって，身寄りのない者などを生活させる施設

・軽費老人ホーム（B型）　　家庭環境などにより居宅で生活が困難な者が自炊で生活する施設

・介護利用型軽費老人ホーム（ケアハウス）　　自炊できない程度の身体機能の低下があり，独立して生活できない者を入居させ，食事，入浴，生活相談等の対応を行う施設

軽費老人ホームの設置は原則として地方公共団体や社会福祉法人であるがケアハウスについては，制限がゆるくPFI方式による民間企業による運営まで認められ，将来的には現在の3類型をケアハウス基準に統一していくことも検討されている。

入所者は要支援，要介護と認定されれば介護保険の給付対象となり，施設の外部から居宅サービスを利用することができる。また，施設が一定の基準を満たし，介護保険法により指定特定施設，地位密着型特定施設（定員29名以下の小規模ケアハウス等）として指定を受けた場合は，施設職員から介護サービスを受けることも可能である。

○　有料老人ホーム

老人福祉施設以外で，老人を入所させ，食事の提供その他日常生活上必要なサービスを提供することを目的とする施設で，公的老人ホームと異なり設置・経営主体の制限はなく，民間企業等が自由に作り，運営することができ，利用料や提供サービスもさまざまである。ただし，一度事業を開始すると安定的かつ継続的な健全運営が求められることから，行政指導が

行われている。

(2) レクレーション型施設

○ 老人福祉センター

　地域の老人に対して，生活，住宅，身上，健康等各種の相談に応ずるとともに，健康の増進，教養の向上およびレクリエーションのための設備や教養講座等を提供するもので，原則として無料で利用できる。

○ 老人休養ホーム

　景勝地，温泉地等の休養地において，老人に対し安く健全な保養休養のための場を与え，老人の心身の健康の増進を図ることを目的とする施設。

○ 老人憩いの家

　市町村の地域において，老人に対し，教養の向上，レクリエーション等のための場を提供することにより，老人の心身の健康の増進を図ることを目的とし，実費徴収分は除き利用料は原則として無料である。

［茶谷利つ子］

5　自立と福祉の援助活動

　社会福祉のサービスは法制度という背景をもつ社会のしくみであるとともに，そのしくみの中で働く従事者が直接または間接にサービスの対象者（以下，利用者と称する）に関わる実践という側面を持つものである。従事者が活躍する分野やその業務の内容には幅があるが，利用者の生活全体を洞察しつつ，その自立を念頭において有形無形の支援をしていく実践という点で共通しており，いずれも専門的知識と技術を備えるべき仕事の分野である。

　また，私たちが住民として自らのまたは隣人の生活課題に関わって行う社会活動も福祉を支える実践と言ってよいだろう。住民が福祉をつくりあげていくという視点は重要である。各種制度の中には，先駆的な民間活動が社会的に認知された結果として成立してきたものがあることも無視できない。

　この項では福祉の援助活動について専門職による実践を中心に，民間活動の側面からも考察する。

1）社会福祉従事者とその実践

(1)　社会福祉従事者の現状

　社会福祉のいわゆる現場と呼ばれる実践の場は実に様々である。行政の相談窓口，各分野の社会福祉施設，地域の福祉団体，病院・保健所などの医療機関，など。そして今日では，居宅介護等に代表されるような住民各自の家や要介護者の外出支援など，個別の場で個別の支援を行なう実践もますますそのニーズが高くなっている。

　行政の相談窓口である福祉事務所は，扱う法律が多岐にわたることもあり査察指導員，身体障害者福祉司，知的障害者福祉司，老人福祉指導主事，家庭児童福祉主事，現業員，面接相談員，家庭相談員など多くの担当がおかれている。都道府県レベルの専門的な行政相談の場である児童相談所・身体障害者更生相談所・知的障害者更生相談所・婦人相談所には，児童福祉司，相談員，審理判定員，職能判定員，児童指導員，保育士といった職員がおかれる。

　社会福祉従事者の最多数が従事する社会福祉施設（介護保険の施設等も含む）には児童・障害者・高齢者に対する各施設の他に，保護施設，婦人保護施設も含まれる。施設従事者には，医師・看護婦等の医療職，栄養士，

調理員，事務員なども含まれるが，施設で福祉サービスの中核となる従事者は，施設種別に応じて様々な職名で呼ばれ，かつては資格を特に求められないものも多かったが，国家資格等の一定の資格要件を求められるものが多くなっている。

また，社会福祉協議会職員も従事者全体の一角をなすまでになっており，コミュニティ・ワーカーとしての役割を求められている。

その他，医療の場において疾患をもつ人々と家族の生活支援に従事する人々は一般に医療ソーシャルワーカー（MSW：Medical Social Worker），特に精神科領域では精神科ソーシャルワーカー（PSW：Psychiatric Social Worker）と称せられている。MSW はその国家資格化が議論されて久しいが，MSW 単独としての国家資格はまだなく，しかしその基本資格は社会福祉士を求める傾向にある。PSW は後に述べる精神保健福祉士を必須用件とする傾向にある。

上記の機関や施設以外でも，仕事として人々の生活相談及び生活支援に総合的に関わっている場合も広くは福祉従事者に含められよう。障害分野で法外施設といわれる小規模作業所や民間施設でのケア，民間団体での相談活動，司法分野での社会復帰援助，社会福祉行政官の業務など，福祉援助に相当すると考えてよいものが多くあろう。

(2) 実践の方法

我が国の福祉現場で利用者に対して行われる援助をその実践内容から整理した場合，いわゆる相談援助と，身辺の世話や生活技術の指導など利用者の日常に直接触れる生活援助に大別できるだろう。また，利用者に直接対するものではないが，地域の住民や関係機関の組織化など，福祉のシステムづくりに関与する間接援助も福祉援助の一端といわれる。

福祉現場で行われる専門的社会福祉実践を「ソーシャルワーク」と総称することもできよう。ただし身体介助や家事援助などの生活援助は，北米などで言うソーシャルワークの内容とはなじまないのではないかという見方もある。

(a) 相 談 援 助

相談機関や施設・病院または在宅の場などで相談活動を軸にして個人やその家族に直接相対するものである。英国や北米で伝統的にはケースワークと呼ばれてきたものとほぼ同様と考えてよいだろう。

相談援助には下記のような機能があると考えられる。他機関の窓口の紹介や簡単な情報提供，助言で済む相談もあれば，長期間継続的に関わって

いく場合もあり，ケースに応じて発揮する機能も異なる。

- 問題と方策の明確化―利用者が抱える問題を整理し，対処の方策について方向性を見出だすことである。援助者は利用者の話を聞き，資料などの情報から問題と対処を考えるが，あくまでも利用者自身が問題を認識し方策を決定していくのを側面的に支援する立場をとる。相談場面を経て利用者が問題認識をし，対処を自分で行なっていける場合には，援助は面接のみで終結することもある。
- 治療的機能―面接を意識的にセラピーとして設定（通常は長期間に渡って）する場合があり，その場合は相談の機会が治療的役割を果たすことになる。
- サービス供給の手続き―福祉の相談援助がカウンセリングとは異なるのは，社会資源を動員して具体的なサービス生活援助を伴う点にある。特に行政窓口では生活保護給付や施設入所の措置のように行政権限の行使がされる。措置事務に限らず，例えば施設側の入所受入や退所に関する手続きなど，利用者のサービス利用に関する諸々の事務的処理・手続きが相談援助には伴う。
- 代弁―利用者に代わって家族，関係者，他の専門職，他の機関へはたらきかけたり，それらからの情報を収集する代弁の機能をもつ。当然利用者の承認の元に行われる。
- 調整―相談援助を担当する者は利用者の生活全体と処遇過程を統括して把握する立場に立つ。また，福祉援助が人間の生活全体を対象にするということは，ワーカー単独の知識技術でことが足りることはほとんどありえないのであり，必然的に他の専門分野の人や関係者とのチームアプローチを前提とする。したがって，調整役あるいは，コーディネート，マネージメントという機能をもつことになる。ケース会議の運営などはその具体的な側面と言えよう。最近ではニーズの査定，サービスの需給調整や計画，他職種・機関との連絡調整などの業務分野をケアマネージメントと特定化する傾向にあるが，これは相談援助機能の一部とも考えられる。
- 送致―相談援助者が属する機関・施設から別のサービス機関へ紹介したり委託する機能がある。

(b) 生活援助

わが国の福祉サービスの発展はとりわけ入所施設の整備が中心に進められてきたこともあり，そこでの利用者への関わりが福祉実践の大きな領域として発展してきた。制度成立の初期には保護と安全・衣食住の提供が福

祉サービス固有の方途として第一に考えられたといえよう。今や生活援助は入所施設に限らず利用者の自宅や地域の利用施設へとその場が広がっているが、世話・養護・保育・介護・生活指導などとよばれてきた実践を昨今はケアワークと総称する向きもある。対象とする利用者や施設機能によって比重の差はあるが、ケアワークには以下のような機能があると考えられる。

- 身体機能と健康の保持・増進——衣食住の提供自体が身体機能保持の意味を持つが、環境整備・整容・入浴などの清潔保持、服薬介助などの医療関連業務等の「からだ」へのケアは重要な機能である。障害児者の身体機能訓練もここに含まれよう。
- 生活技術の代替——調理・洗濯・掃除・金銭管理などを代わりに行ったり一部を補助することや、食事・排泄・更衣・移動など日常生活動作における介助にみられる機能である。
- 生活技術の指導——利用者の能力を見極めながら本人が生活技術を取得できるように促していく側面である。児童、障害を受けて間もない者、環境上の理由で技術の習得を逸した者等に対する生活援助では重要な機能といえよう。
- 社会化の支援——利用者が社会的存在としてよりよく生きるための力や術に働きかけることは、欧米のソーシャルワークではsocial functioning abilityの涵養としてその第一義的機能としてあげているものでもある。他の機能はすべてここに含むという見方もできる。援助者が関わる遊び・作業・訓練などの特定場面を含む生活場面は、いずれも他者との交流・共同を含む経験であり、社会生活そのものとしての意味をもつ。そこにおいて基本的生活習慣や生活リズムの獲得、自己を主張すること、他人を配慮し尊重しながら協力しあうこと、ルールを認識し従うこと、自分の生活を自らが創造していく力をつけることなどの社会化（socialization）を促す視点での関わりは、とりわけ児童期にある利用者には重要なものであろう。

　援助者が共通のニーズや課題をもつ利用者の小集団を意識的に形成し、集団の力を用いて利用者個々の力に働きかける実践はグループワークと称される。その集団が共に取り組むプログラム（話し合い、文化活動、スポーツなど）を媒介としてグループ成員の社会化に貢献するものである。

- 文化的側面の支援——遊び・レクリエーション・趣味など、仕事や社会的役割を離れた活動は普通の生活の一部である。障害や環境のた

めに自らは余暇の創造ができにくい利用者に対して機会を提供しながら自分で楽しみを見出していくきっかけをつくっていくことも生活援助の一端として考えられよう。

(c) 間接援助

個別の利用者ではなく地域全体を対象として福祉問題に取り組むことや，施設・機関・サービスの運営管理に携わることもソーシャルワークの一側面とされている。

地域援助──英国流にはコミュニティ・ワーク（community work），米国流にはコミュニティ・オーガニゼーション（community organization）といわれる。地域の福祉ニーズを掘り起こし，住民や関係機関・団体を組織化し，社会福祉に関する事業を計画的に運営遂行していくことを指す。わが国では都道府県および市区町村のレベルで設置されている社会福祉協議会がその役割の中心を果たすものとされ，社会福祉事業法では社会福祉協議会が行なう事業を，社会福祉を目的とする事業に関する調査，総合的企画，連絡・調整・助成，普及と宣伝，社会福祉活動への住民参加の援助と定義している。

運営管理──社会福祉運営管理またはソーシャル・アドミニストレーション（social administration）といわれる。狭くは社会福祉施設の長による施設運営管理を指すが，社会福祉行政における調査・計画なども含むともいわれる。

(3) 国家資格

わが国の福祉に関する議論の中で社会福祉援助を担う人材はいかなる資質と知識・技術を備えるべきであるかということについては，施設や窓口などの福祉の枠組みづくりに関する議論と比して希薄であったといわれる。わずかに福祉事務所等における公務員の任用について定めた社会福祉主事と保育士（旧保母から1999年，保育士に改称）資格のみが福祉職関連の資格とされてきたが，この20年来新たな資格制度が相次いで制定された。「社会福祉士及び介護福祉士法」（1987年）および「精神保健福祉士法」（1997年）による資格である。いずれも名称独占法といわれ，医師や看護婦のように業務独占ではない。改革の余地が多いとはいえ，福祉援助の専門性の発展にとって大きな一歩であった。

これら3つの「福祉士」資格の登録数等の動向を表V-8に示す。

なお，従来は任用資格であった保育士も2001年に名称独占資格として国家資格化されている。

(a) **社会福祉士**

「専門的知識および技術をもって,身体上もしくは精神上の障害があることまたは環境上の理由により日常生活を営むのに支障がある者の福祉に関する相談に応じ,助言,指導そのほかの援助を行なうことを業とする者」(法2条)とされ,その業務は相談援助と称されている。国家試験を経て取得する資格である。受験資格を得るには11通りのコースが設定されているが,大学,または厚生省の認可を受けた養成校での指定科目の取得が必要であり,実務経験のみで受験資格が得られるのは行政機関の福祉司などに限られている。

(b) **介護福祉士**

「専門知識および技術をもって,身体上または精神上の障害があることにより日常生活を営むのに支障がある者につき,入浴,排泄,食事その他の介護を行ない,並びにその者及びその介護者に対して介護に関する指導を行なうことを業とする者」(法2条の2)とされ,業務は介護等と呼ばれている。厚生省の認可を受けた養成校を卒業するか,または指定施設で介護の実務経験を3年以上行った後に国家試験に合格するか,2つのルートに大別される。

介護保険法による施策として介護支援専門員(ケアマネージャー)という専門職(資格)が登場している。これは介護福祉士の他に,医師・歯科医師・薬剤師・社会福祉士・理学療法士・作業療法士・看護師・保健師・柔道整復師・歯科衛生士・栄養士など指定の資格保有者で実務経験5年以上の者が「介護支援専門員実務研修受講試験」を経て研修を受けた後に業務に就くものである。相談援助,ケアマネージメント,ケアプラン作成等を行なう。実務研修受講試験合格者の元の資格別では,看護師・准看護師と並んで介護福祉士の割合が大きい。

(c) **精神保健福祉士**

その業務は「精神障害者の保健及び福祉に関する専門的知識及び技術をもって,精神病院その他の医療施設において精神障害の医療を受け,又は精神障害者の社会復帰の促進を図ることを目的とする施設を利用している者の社会復帰に関する相談に応じ,助言,指導,日常生活への適応のために必要な訓練その他の援助をおこなうこと」(法2条)である。社会福祉士と同じく国家試験を経る。大学等または認可養成校を経て受験資格を得るが,2003年までは経過措置として5年以上の実務経験者が講習を経て受験資格を得ることができた。

表V-8　福祉専門職の国家資格取得者

（人）

社会福祉士	71,326
介護福祉士	486,297
精神保健福祉士	25,950

（資料）　厚生労働省2006年3月末

2）民間活動

　私たちは住民として福祉サービスの利用者となることもあるが，同様に福祉活動に協力する立場でもある。真に自発的な市民活動に多くの人が関わることでその社会の福祉基盤が強固になっていくとも言われている。民間活動という時，ごく少人数で行なうボランティア活動から，大規模かつ組織的な企業活動まで，幅広いものを指すことがある。福祉サービスの多くを担っている社会福祉法人もまた民間組織ということができる。しかしここでは制度的背景を持って住民参加を規定している主なものについて考察することとする。

(a)　社会福祉協議会

　地域援助にかかわる専門職を配置する機関としては前述した通りだが，社会協議会は住民主体を原則として地域の福祉を増進する民間の自主的組織という位置づけがある。とりわけその役割の中に「社会福祉活動への住民参加の援助」があるが，ボランティア活動の育成策として，都道府県・市町村の社会福祉協議会内にボランティアセンターを設置している。学童・生徒や社会人による福祉活動体験や入門講座などの催し物の開催，活動家育成のための研修，情報誌の発行，ボランティア活動の希望者と受入先とをコーディネイトする相談・登録あっせんなどの事業が行われている。

　全国社会福祉協議会によれば，地域の社会福祉協議会で登録または把握されているボランティアの総計は2005年度で，16万団体以上，800万人以上にのぼっている。これらボランティアの活動は高齢者・障害者・児童に対する福祉活動だけでなく，文化活動や環境問題，国際交流等の幅広い分野に及ぶ。

(b)　民生委員・児童委員

　この制度の開始は大正期の済世顧問制度や方面委員制度にさかのぼるといわれるが，福祉活動への住民参加を組織的に求める制度として1948年の民生委員法により今日に至っている。民生委員は厚生大臣に委嘱され，児童福祉法によって児童委員も兼ねる。人口規模によって世帯数に応じた人

数の配置が決められているが，2004年末の定数は約23万人にのぼっている。

　法によって規定された職務である福祉事務所などの行政機関の福祉法事務への協力活動，低所得者・高齢者世帯・母子世帯の実態の把握と援護，などの他に，自主活動といわれる友愛訪問，心配ごと相談，子どもと子育て支援活動などを展開している。

　公的福祉サービスへの協力員という立場ではあるが，住民主体の福祉をつくりあげていくうえでは重要な役割をもつマンパワーであるという見方ができよう。福祉ニーズが多様化・複雑化する中，住民と福祉サービスとをつなぐ存在として相当の知識と技術を備えることが求められている。

(c) NPO (Non Profit Organization：非営利団体)

　ボランティア活動とは本来，自発性・無償性・社会性を特徴とするもので，規模の大小にかかわらず，なんらかの組織的な背景をもって継続的に行う社会的責任を伴うべき活動を指すものである。近年，ボランティア活動を行う任意の団体が増加する中で，これらに法人格を持たせ，社会的信用を得たり，資金的援助を得やすくすることが求められるようになっていた。

　非営利の活動を行う法人は，これまでも民法による財団法人・社団法人，社会福祉事業法による社会福祉法人などがあるが，設立には相当の資金の必要性や，事業範囲が限定されることなどが難点であり，新たな法人制度の必要性が主張されてきた結果，1998年3月「特定非営利活動促進法」（俗にNPO法といわれる）が制定された。最低10名ほどのメンバーが都道府県の認証を得ることで法人格を得られ，基本財産は不要である。

　このように比較的容易に設立できることもあり，2006年現在，2万8千を超える団体が認証されている。公益性を持つNPO法人の役割は今後ますます期待が大きいが，税制優遇措置が不十分なことや融資が得にくいことなどから，財政面で苦心している団体が多い。税制面での法制度的改正とともに，資金作りのためのスキルなど，NPOの運営スキルをあげるためのバックアップを強化する必要があるだろう。

〔河村ちひろ〕

Part VI

経済生活の保障

――〈このパートで学ぶ目標〉――

　資本主義経済体制の下では本来，個人の生活は個人の責任で維持し守っていかなければならないが，それが不可能な場合や困難な場合には，社会あるいは国家がその責任の下で，個人の生活を保障する仕組みが作られている。それが，社会保障制度としての所得保障制度である。

　ここでは，「経済生活の保障」というタイトルの下で，わが国の**生活保護制度，公的年金制度**そして**社会手当制度**について学ぶ。

1　公的扶助

1）生活保護制度の意義・沿革・目的

(1)　生活保護制度の意義・沿革

(a)　意　義

　公的扶助とは，現に生活不能もしくは生活困窮状態にある者に対して，国家が国家責任にもとづき，社会保障制度上の最終的な生活保障手段として，拠出を要件とせず，健康で文化的な最低限度の生活を保障するために実施する所得保障制度である。わが国の公的扶助は，その前史としては恤救規則（1874年）や救護法（1929年）があるが，第2次世界大戦後の日本国憲法25条にもとづく生活保護法（1950年）の制定によって確立された。

　生活保護制度は，社会保障制度上の他の生活保障手段（社会保険，社会手当，社会福祉・介護サービス）と比較して，次のような特徴をもっている。すなわち，社会保険が保険原理を基礎とした相互扶助ないし社会連帯の実現を目指すのに対して，生活保護は生存権思想を基本理念として，国家に

よる国民の生活救済を実現するものである。また，社会保険が保険技術を利用して事前に保険料を拠出するとともに，傷病，老齢，失業等の生活上の一定の事故の発生により生活困窮状態に陥ることを防止するために画一的・定型的な給付を行うのに対して，生活保護は，一般財源から（無拠出制）その生活困窮の度合いに応じて，最低生活を維持するのに必要な金銭を個別的に支給することを目的とするものである。さらに，生活保護においては，保護を支給する際に，要保護者（世帯）の生活困窮の程度を判断するために資産調査（ミーンズ・テスト）が行われる。その結果，最低生活を維持できない状態にあると判断された場合には，それに必要な不足分を補う程度で生活保障が行われる。この資産調査とともに，他の諸制度による生活保障や扶養義務者の扶養による生活援助が保護に優先されることになっており，その意味で，生活保護は社会保障制度上，最終的な生活保障手段と位置づけられている。

(b) 沿　革

　公的扶助の歴史は，イギリスの救貧法と呼ばれる一連の貧民対策までさかのぼることができる。そこでは，貧困は個人の道徳的性格や能力のせいとする認識のもとで，浮浪貧民に対する慈恵的制度が作られたが，それは貧民を保護するよりも抑圧するもの，その市民としての権利を剝奪するものであった。1834年の新救貧法も，労役場制度と劣等処遇原則のもとで事実上，人間としての救済を拒否していた。貧困を個人の責任ではなく，社会的責任において解決すべきであるという認識が生まれ，レッセ・フェール原理への反省と批判のもと，社会改良主義および社会主義的な思想や運動，政策が展開される中で，国家の政策としての社会事業や社会保険制度が登場してくるのは，19世紀の後半以降であった。そして第２次世界大戦後に展開されたイギリス社会保障制度の基礎となったベヴァリッジ報告の中でも，基本的必要を満たす包括的な社会保険を補完するものとして，特別なケースに対する国民扶助（公的扶助）が位置づけられた。

　わが国の救貧法として一応の形を成した最初のものは，1874（明治７）年の恤救規則（太政官達162号）であった。その救済の対象は極貧の独身障害者，重病者，70歳以上の老衰者等に限定されており，稼働能力者は排除されていたし，救済内容も50日以内の米代を給付するという時限的なものであった。さらに，「人民相互の情誼」という名の下で広範な親族扶養，隣保相扶が強調され，近代国家における公的扶助としての基本的要素は備えていなかった。このような恤救規則が，1932年に救護法が実施されるまで，約半世紀の間，存続した。

救護法は，生活困窮者の救済を国の事務とし，費用負担についても市町村の負担に対する国と都道府県による補助を規定するなど，恤救規則よりも進歩的な内容となっていた。しかし，救護の対象は65歳以上の老衰者，13歳以下の幼者，妊産婦，精神または身体の障害により労働ができず貧困状態にある者に限定していたし，「性行不良」や「怠惰」な者は救護対象から排除された。このように生活困窮の原因を個人の責任に帰し，やむを得ない場合に限って公的救済を施す点において，救護法も恤救規則と基本的には異ならなかった。

なお，戦時体制下，深刻化してきた貧困層の増大に対しては，差別的制限的取扱の救護法では対応することが困難となり，母子保護法（1937年），軍事扶助法（1937年），医療保護法（1941年）および戦時災害保護法（1942年）などが制定され，実質的には救護法を拡大する役割を果たした。しかし反面，救護法それ自体の役割は低下していった。

1945年8月，敗戦という結果で第2次世界大戦が終わったが，戦後直後の国民生活は全般的な困窮状態にあった。特に戦災者，引揚者，戦災孤児，失業者等多くの戦争犠牲者，生活困窮者が街にあふれ，これらの人々の生活をいかに保障していくかが当面の緊急課題とされた。このため政府は1945年12月，「生活困窮者緊急生活援護要綱」を定め，生活困窮者の応急援護を行った。翌年2月，占領軍総指令部（GHQ）は覚書「Public Assistance」（SCAPIN 775）を日本国政府に送り，公的扶助の基本思想である国家責任，無差別平等，公私分離，必要な保護費に制限を加えないこと，の4つの原則を明示した。

これを受けて政府は，生活保護法（旧法）を制定，施行した。この法律では，生活困窮者に対して，国が無差別平等に保護することを明示するとともに，保護費の8割を国庫負担とすると，定めた。が同時に，怠惰者や素行不良者を保護から排除するとともに，扶養能力のある扶養義務者がいる場合には保護をしないとする欠格条項を定めていた。さらに，民間奉仕者としての民生委員を補助機関として，行政の末端機関として位置づけたが，これらはGHQが意図した公私分離原則を曖昧にするものであった。また，国民の保護受給権は認められなかったし，保護行政に対する不服申立ても規定されなかった。このように旧生活保護法は，近代的公的扶助の形式を取りながら，恩恵的救済思想にもとづいた救貧制度の本質を残存させていた。

GHQの民主化政策の公的扶助制度の分野への更なる浸透，失業者の増大による生活保護制度への期待，日本国憲法の実施による生存権保障の具

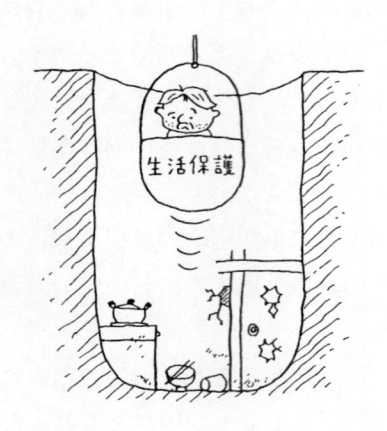

体化としての生活保護法の位置づけ等を背景として，そして直接的な契機としては，1949年9月の社会保障制度審議会の勧告「生活保護制度の改善強化に関する件」を受けて，1950年に旧生活保護法が全面改正され，現在の生活保護法が制定された。その第1条は，生活保護法が「日本国憲法第25条に規定する理念に基き，国が生活に困窮するすべての国民に対し，その困窮の程度に応じ，必要な保護を行い，その最低限度の生活を保障するとともに，その自立を助長することを目的とする」と定めた。ここに，生存権保障の法としての生活保護法の性格と位置が確立されたと言える。

(2) 生活保護制度の目的

現行の生活保護制度は，生活保護法（1950年法律144号）によって規定されている。したがって，生活保護制度の目的は生活保護法の目的と一致する。生活保護法の目的は，その第1条から明らかなように，日本国民の中の生活困窮者に対してその「最低限度の生活を保障する」こと，およびその「自立を助長する」ことの2つである。

(a) 最低生活保障の目的

生活保護制度は，日本国憲法25条1項が保障する国民の生存権を具体的に実現するための仕組みであり，一般に，社会保障制度（その中でも所得保障制度）の基底に位置づけられるものである。即ちそれは，その原因の如何を問わず結果として生活不能あるいは生活困窮状態に陥った国民に対して，「その困窮の程度に応じ，必要な保護を行い，その最低限度の生活を保障する」ものである。

ここでいう最低限度の生活とは，生活保護法3条によると，「健康で文化的な生活水準を維持することができるもの」でなければならない。そして，健康で文化的な生活水準とは，社会的・文化的存在である人間が自己

の尊厳と体裁を維持することができるような生活水準である。それは，言い換えると，その人が住んでいる地域の普通の人々とできるだけ異ならない社会生活を送れる程度の生活水準でなければならないと言えるだろう。このような健康で文化的な生活水準は，実務上，最低生活保障水準（国民最低限，ナショナル・ミニマム）として示されるが，それは，厚生労働大臣が定める生活保護基準にもとづいて設定される。

　ところで，生活困窮者が生活保護法の適用を受けて国家により最低生活の保障を受ける場合には，まず厚生労働大臣の定めた生活保護基準によって測定された生活困窮者（生活保護法上，要保護者という）の需要を基とし，その者（あるいはその者の属する世帯）の最低生活水準が決定される。次いで，本人の自助努力によって達成されている現実の生活水準が確認され，これと最低生活水準とが比較される。現実の生活水準が最低生活水準に達しないときに，その不足分を補う程度で，保護が行われる。したがって，この不足分が多ければ多いほど，「必要な保護」の程度も高くなるわけである。「必要な保護」は，主として金銭給付によって行われるが，場合によっては現物給付によっても行われる。金銭給付が原則とされている理由は，金銭をどのように使用するかを本人の自主的な判断に任せることが，被保護者の人格尊重にかなうと考えられたからである。要するに，被保護者であれ，その生活は基本的に本人の自主的判断に任されている，というのが生活保護法の趣旨だといえるだろう。

(b)　自立助長の目的

　国は生活困窮者に対して，まず金銭給付によってその最低生活を保障し，生活困窮状態からの救済を図らなければならないが，それと並んで法が定めるもう1つの目的は，生活困窮者の「自立を助長する」ことである。この場合の自立助長は，生活困窮者の最低生活保障後の，生活のあり方を方向づけるものであろう。つまり，自立とは基本的には経済的自立を意味するが，精神的・人格的自立あるいはもっと広く社会的自立をも意味するものと解すべきであって，自立の助長とは，その者の能力に応じた社会生活を自力で維持してゆける生活力（自主独立の可能性）の回復あるいは獲得のために，必要な援助を提供することと考えられる。したがって，この必要な援助の中には金銭的な援助も含まれるし，勤労意欲や生活再建意欲の獲得のための助言や指導，指示も含まれるであろう。ここにおいては，対人社会サービスである公的扶助ケースワークが一層きめ細かく実践されることが望まれる。

　ところが，わが国の生活保護行政の現場においては当初から，生活保護

制度は惰民養成の弊害を伴いがちであって，自立助長はそれを排除するために設けられたとする考え方が支配していた。そのため，自立助長とは保護からの脱却，すなわち保護を受けないでもすむようになることを意味すると受け止められ，それが，保護の打ち切り，抑制，廃止の根拠とされ，また厳しい対象者処遇の正当性の根拠とされた。しかし，このような考え方に対する批判や反省が自立論の新たな展開として，1970年代に入って保護行政の現場や障害者運動の中から生まれた。そこでは，自立を，障害者であれ非障害者であれ，主体的生活者としての精神的（人格的）独立を意味するものと考え，労働力の担い手として社会復帰することが期待できない重度障害者であっても，社会の一員として意義ある自己実現と社会参加を果たそうとする努力を，社会的に「自立」として位置づけようと考えた。つまり，生活保護を受けながら自立（精神的独立）を獲得するということになるのである。

　このような新しい自立論は，まだ理念としての域を出ておらず，現実との落差は大きいが，貧困がもたらす経済的，精神的ないし人格的および社会的従属を，生活保護によって排除し，人間の尊厳に値する生活を保障することが生活保護法の目的であることからすると，生活保護を積極的に利用することによって自立を達成する道が大きく開かれることが必要であろう。

2）生活保護制度の仕組み

(1)　生活保護制度の基本原理

　　生活保護制度の基本原理は，生活保護法の「総則」に示されている。生存権保障，無差別平等，最低生活保障および保護の補足性の諸原理である。これら4つの原理は，生活保護法の解釈や適用にあたって因るべき基本原理であり，特に，生活保護行政の職務を担当している福祉事務所の職員や協力機関である民生委員ばかりでなく，法の運用方針を決定する主務官庁である厚生労働省の行政通達においても遵守されなければならないものである。

(a)　生存権保障の原理

　　日本国憲法25条は，すべての国民に対して生存権の保障を約束した。生活保護制度は，この生存権保障を具体的に実現する法制度の中で基底に位置づけられるものであり，その責任が国家にあることを明らかにしたのが生存権保障の原理である。生活保護法1条に明記されている。

(b) 無差別平等の原理

　社会保障の最後の砦といわれる生活保護制度においては当然のことと考えられるが，これは，国民は法の定める要件を満たす限り，無差別平等に，つまり人種，信条，性別，社会的身分に関係なく，また老幼病者，障害者あるいは母子世帯かどうか等にも関係なく，さらには生活困窮に至った原因の如何にもかかわりなく保護されうる，とする原理である。基本的人権の保障としての法の下の平等原則が生活保護制度においても貫かれているわけである。なお，無差別平等の原理は，法の定める要件を満たしている場合には，国民が国家に対して積極的に保護の実施を主張できる公法上の力，すなわち保護請求権を認めるものであると，理解されている。そしてこのような保護請求権の承認は，要保護者による申請保護の原則や保護の実施機関（ほとんどの場合，福祉事務所長）の決定内容に不満がある場合の不服申立や裁判上の救済手続を取る権利（行政争訟権）を派生させる。

　ところで，生活保護法の規定は，保護を受け得る者を日本国民（つまり日本国籍を有する者）に限定し，外国人を保護の対象から除外している。ただ，生活困窮外国人については人道上，治安上ないし外交関係上の配慮から，通達（昭和29・5・8社発382号）による行政措置として，生活保護法を準用することにしている。「準用」ということで，行政解釈では，外国人には保護請求権はなく，また不服申立てもできないとしている。しかし，国際的には，生活保護法を含む社会保障法の適用に関しては，外国人を，彼らが適法状態にある場合であれ，非適法状態にある場合であれ，その居住国が，自国民と同様の取扱いをするべきだとする内外人平等待遇の原則（内国民待遇原則）が承認されている。わが国も，国際人権法の基本理念からして，非適法状態にある外国人に対しても，その人権と人間の尊厳を尊重する方向に向かうべきであろう。生活保護法の適用に関しても，外国人が日本国内に居住し，共同体の一員として普通に生活しているという社会的事実が認められる限り，保護請求権を認めるべきではなかろうか。

(c) 最低生活保障の原理

　この原理は，日本国憲法第25条第1項に由来するものであり，生活保護法が生活困窮者に保障する最低生活とは，単に生物的に生きていけるという程度のものではなく，「健康で文化的な生活水準を維持することができるものでなければならない」（生活保護法3条）というものである。このような「健康で文化的な」最低生活とは，人間に値する生活あるいは人間の尊厳を維持することができる生活と言われている。このような生活は，理論的には，特定の国における特定の時点において，一応客観的に決められ

るものであるが，その場合でも，その特定の国の社会的文化的発達の程度，国民経済力，国民所得水準，国の財政状態，予算配分の事情，そして国民の生活感情等，種々の不確定要素を考慮に入れなければならないと思われる。

(d) 補足性の原理

　生活困窮者が生活保護を受給する場合には，まずその者の利用し得る資産や労働能力その他あらゆるものを，最低生活維持のために活用することが条件とされ，そのような自助努力にもかかわらず最低生活を維持することができないときに，自助努力で足りない分を補う程度で，保護が実施される。これを補足性の原理という。この原理は，生活個人責任を基礎とする資本主義社会の生活保障手段の中で最後の砦といわれる公的扶助（生活保護）の本質的指標とされている。

　わが国の生活保護法は，4条1項で「保護は，生活に困窮する者が，その利用し得る資産，能力その他あらゆるものを，その最低限度の生活の維持のために活用することを要件として行われる」とこの原理を明示しているが，さらに同条2項は，民法上の扶養義務者による扶養（親族扶養あるいは私的扶養といわれる）や他の法律による扶助は，生活保護に優先すると定めている。この私的扶養優先の原則は，保護の順序に関するものであるが，実際上は，扶養義務の履行を強制することによって，保護の要件と同様に適用されている。なお，生命に対する危険等急迫した事情がある場合には，以上の原理，原則の適用は排除され，保護を緊急に実施することが認められている。

(2) 保護の実施機関と手続き

(a) 保護の実施機関

　要保護者に対して保護の要否を決定し実施する責任は，最終的には，国（厚生労働大臣）が負っているが，生活保護法は保護の実施機関として，都道府県知事，市長および福祉事務所を管理する町村長をあてている。そして，厚生労働大臣が知事と市町村長を，知事が市町村長を指揮監督する行政組織を作りあげている。

　ところが，保護の実施機関は，その任務をその管理に属する行政庁（一般的には，福祉事務所長）に委任することができるので（生活保護法19条4項），ほとんどの場合，福祉事務所長が保護の決定実施を行っている。ただこの場合も，保護行政の実務は福祉事務所の職員で社会福祉主事の資格を有するケース・ワーカー（現業員）が担当し，民生委員が協力機関とし

て生活保護法の実施に協力することになっている。なお，福祉事務所は都道府県，市，特別区においては義務設置，町村においては任意設置とされている（社会福祉法14条1項・3項）。そして，保護の実施機関は原則として，その管理する福祉事務所の所管区域内に居住地または現在地を有する要保護者を保護することになる。福祉事務所を設置していない町村（大部分の町村がそうである）の長は，保護の実施機関になることはないが，その区域内に急迫した状況にある要保護者が存在する場合には，応急的処置を行うとともに，保護の実施機関や福祉事務所長に協力するよう義務づけられている。

(b) 保護の実施手続き

保護の実施手続きはまず，要保護者等からの保護の実施機関（ほとんどの場合，福祉事務所長）に対する保護申請によって開始される。申請は一般に申請書を提出して行われるが，保護の適正実施の推進という観点から，資産申告書，収入申告書それに関係先照会に関する同意書等を同時に提出しなければならない。保護の実施機関は，申請から14日以内に決定通知をしなければならず，もし扶養義務者の資産状況の調査等に日時を要するなど特別の理由がある場合には，30日まで決定を延ばすことができる。申請後30日以内に決定通知がないときは，申請者は，申請が却下されたものとみなすことができる。申請は町村長を経由して行うことも認められており，この場合町村長は，5日以内に，必要書類を添えてそれを保護の実施機関に送付しなければならない。本人等からの申請がなくても，要保護者が急迫した状況にあるときは，保護の実施機関は職権で，速やかに保護を決定し開始しなければならない。

保護の申請があった場合，保護の実施機関は，その者が保護の要件（主要には，最低限度の生活を維持できない状態にあること）を満たしているかどうかを明らかにするために資産状況，健康状態あるいは扶養関係などについて調査を行う。これは補足性の原理にもとづく手続きであって，一般に資産調査（ミーンズ・テスト）と呼ばれている。必要があれば要保護者の住居に立ち入ったり，健康状態について医師の検診を受けるよう命ずることができるし，本人や扶養義務者の資産，収入状況について官公署に調査を依頼したり，銀行，郵便局等の金融機関や雇い主等に報告を求めることもできる。そして，これらの調査を理由なく拒むときは，保護申請を却下されることがあり得る。ただ，このような資産調査はそのやり方如何によっては，要保護者の人権，特にプライバシーの権利を侵害することにもなりかねず，歴史的にもスティグマ発生の原因として批判されてきたもの

である。したがって、資産調査のやり方等については、保有を認める資産の範囲や労働能力の有無の判定等とともに、十分慎重に行われる必要がある。

調査の結果、要保護状態が認定されると、保護の種類、程度そして方法が決定され、それらは理由を付した書面で、申請者に通知される。そして決定の内容にしたがって保護金品の交付、医療または保護施設の利用などの給付によって、保護が実施される。保護の実施機関は、被保護者の生活状態を常に把握しておくとともに、被保護者に対して、生活の維持向上その他保護の目的達成に必要な指導指示を、その自由を侵害しないよう必要最少限度において行うことができるが、被保護者の側もその生活の維持向上に努めるとともに、その生活状態の変動について（収入、支出、居住地、世帯構成等の変動）は、速やかに、保護の実施機関または福祉事務所長に届出なければならない。

(3) 生活保護実施上の原則

保護は通常、申請に始まり、要保護者に関する調査・決定を経て具体的実施に至る。これら一連の手続き過程において、保護の実施機関が守らなければならない生活保護法の運用における基本方針ともいうべきものが、実施上の原則である。以下の4つの原則があるが、これらの原則は、保護実施上の対応関係から例外的、弾力的運用も認められている。

(a) 申請保護の原則

保護は、申請権者である要保護者本人だけでなく、その者の生活事情に精通している扶養義務者や同居の親族からの申請にもとづいて開始されることを原則としている。要保護者が急迫した状態にあるときは、保護の実施機関は職権で保護を開始することができる。申請保護の原則は、申請がなければ保護しなくてもよいというのではなく、この原則のもとでも、保護の実施機関は、生活困窮者の保護請求権実現のために積極的な行政を行うよう要請される。たとえば、適切な広報手段を通して生活保護制度の趣旨を国民全体に周知徹底させること、あるいは要保護者を発見しまたは掘り起こしてその権利実現を支援することが重要である。

(b) 基準及び程度の原則

資産調査によって明らかとなった要保護者の収入、資産などと、当該要保護者に適用される生活保護基準によって測定されたその者の生活需要（最低生活費）とを比較して、前者が後者に達しないときに、要保護者はその不足分を補う程度において保護を受ける必要があるということになる。

ここで，生活保護基準の設定に関する原則が「基準の原則」であり，被保護者に支給される保護費（扶助額）の程度に関する原則が「程度の原則」である。

　つまり，基準の原則とは，生活保護基準は厚生労働大臣が定めることとされているが，この場合，要保護者の年齢，性別，世帯構成，所在地域，その他保護の種類に応じて必要な事情を考慮し，最低限度の生活需要を十分に満たすとともにこれを超えないように設定しなければならない，というものである。ただ，現行の生活保護基準には，一般基準のほかにそれによりがたい特別の理由がある場合には，厚生労働大臣は特別基準を定めることができることになっている。この特別基準は，いわゆる実施要領で指示され，厚生労働省告示や通達・通知で規定される。また，程度の原則とは，保護費（扶助額）は基準で測定された要保護者の需要とその者の資力とを比較し，資力では不足する分を補う程度のものでなければならないというものである。

(c)　必要即応の原則

　この原則は，生活保護法1条の生存権保障の原理のもとで明らかにされた，生活困窮者に対して「その困窮の程度に応じ」た「必要な保護」を行うという目的を，保護実施上の原則として規定したものである。つまり，保護は，要保護者の年齢，性別，健康状態等の個人的または世帯ごとの必要性を考慮して，有効適切に行わなければならない，とするものである。これは，生活保護制度の画一的，機械的運用を避け，要保護者や要保護世帯の生活の実情に即した柔軟な適用を求めるものである。それは，保護基準の作成にあたっても，また保護の実施の段階においても考慮されなければならないことである。保護基準の設定にあたっては，「基準および程度の原則」のもとで，要保護者の生活条件の相違が反映されるようにされているし，さらに個別的な必要に応じて加算制度や特別基準の設定が認められている。必要即応といっても保護の実施機関における自由裁量が認められるわけではないが，たとえば，特別基準の設定の場合，一般基準によりがたい特別の理由の有無を具体的に判断するのは，保護の実施機関である福祉事務所の現業員（ケース・ワーカー）である。

(d)　世帯単位の原則

　これは，保護の要否と程度の決定は世帯を単位として行わなければならないとする原則である。世帯とは，日常的な居住と生計（家計）を同一にする生活共同体のことであり，世帯構成員の間に民法上の身分関係が存在することは必ずしも必要でない。その意味で，世帯は家族とは異なる事実

的概念である。しかし，同一世帯員として共同生活をしている場合には，世帯員間に生活上の共通部分が生じ，世帯を別にする場合に比べて一人当りの生活費が一定程度において減少するはずであり（これを世帯の利益という），これを保護の要否や程度を判定する場合に考慮にいれることは，一応合理的であるといえる。なぜなら，世帯生活においては，単身生活の場合に比べて，世帯の利益分だけ要保護性が減少することになるからである。しかし，世帯単位の原則によることが困難または不適切なときは，個人を単位として決定することができる。これを世帯分離という。この場合は，個人を世帯から分離して取り扱うことになる。たとえば，寝たきり老人や重度の心身障害者等を家族や同居者が介護している場合には，世帯の利益が認められるとしても，老人や障害者を世帯分離して，その個人にのみ保護を与えるほうが適切であろう。なぜなら，このほうが，家族や同居者の生活水準を最低生活水準まで低下させることがなく，法の趣旨にも合致するといえるからである。

(4) 生活保護の種類と方法

生活保護法の定める保護は生活，教育，住宅，医療，介護，出産，生業および葬祭の8種類の扶助である（これらのうち介護扶助は，介護保険法の制定によって新設されたもので，2000年4月1日から施行された）。これらの扶助は，被保護者の必要に応じて，居宅においてまたは施設において，また，金銭給付か現物給付の形態で，単独（単給）またはいくつか併合（併給）して行われる。

(a) 生活扶助

生活扶助は衣，食などの日常生活における基本的需要を満たすための扶助であり，保護基準の示すところでは，一般的共通的な生活費としての基準生活費（個人別の費用に係わる1類費と世帯別の費用に係わる2類費）と妊産婦，障害者，在宅患者等の特別な需要を満たすための加算等から成っている。このほか出生，入学，入退院等の臨時的に特別な需要が生じた場合には，一時扶助費が支給される。生活扶助は，被保護者の居宅において行うのが原則であるが，居宅では保護の目的を達成できない等の場合には，本人の意思を尊重した上で，保護施設に入所させて扶助を行うことができる。扶助は，金銭給付によるのが原則で，1カ月ごとに前渡しされる。生活扶助は，各種扶助の中で最も基本的な扶助であり，医療扶助とともにその占める比重が大きい。

(b) 教育扶助

教育扶助は，義務教育に伴って必要な学用品，通学用品，学校給食費などを扶助するもので，原則として金銭給付で，本人，その親権者や後見人または学校長に対して交付される。高等学校への就学率が100％に近い今日においても，対象が依然として義務教育の段階に留まっているところが問題とされていたが，2005年度から，被保護世帯の自立支援を目的として，高等学校等就学費（基本額，教材代，授業料，入学料および入学検定料等）が，生業扶助の技能修得費の中で支給されることになった。

(c) 住宅扶助

住宅扶助は，住居費（家賃，間代等）と家屋の補修その他住宅の維持費を扶助するもので，金銭給付が原則である。現物給付の場合は，宿所提供施設の利用となる。住宅扶助の基準額には一般基準のほか，毎年第2種公営住宅の家賃額等を参考として知事もしくは指定都市や中核市の長が厚生労働大臣の承認を得て定める特別基準がある。

(d) 医療扶助

医療扶助は，傷病の治療に必要な給付を原則として現物給付で行うもので，その内容は基本的に医療保険各法と同様である。その方法は，被保護者に医療券を交付し，それを指定医療機関または医療保護施設に提出して受給するものとされている。なお，この医療扶助の運営に関しては，かなり厳格な運営要領が作成され，その適正実施が図られている。医療扶助は，受給人員については生活扶助より少ないが，扶助費総額に占める割合は約5割と圧倒的に大きい。そしてこのような傾向は，今後も続くものと予想されている。

(e) 介護扶助

1997年12月に制定された介護保険法との関連で生活保護法の一部が改正され，介護扶助が創設された。介護扶助は2000年4月1日から実施されている。介護保険法では被保護者も被保険者としているが，被保護者が保険料を納付したり，介護サービス受給の際に一定の利用料を負担することは，実際上きわめて困難である。また，40歳以上65歳未満の第2号被保険者は，医療保険の加入者であることが前提になっているが，被保護者は国民健康保険の適用除外者であるし（国民健康保険法6条6号），また被用者医療保険制度に加入している者は少数と考えられる。このように，被保護者で介護保険の被保険者でない者に対する介護サービスは，生活保護法で対応することとされた。

介護扶助は，被保護者で要介護または要支援の状態にある者に対して，

原則として介護保険の給付と同内容の給付を，指定介護機関から現物給付の方法で支給するものである。給付手続きは，基本的には医療扶助における医療券方式と同様，介護券方式によるが，介護扶助の内容は予め決まっているので，介護券は本人を経由せずに，保護実施機関が直接指定介護機関へ送付することになる。なお，介護保険の被保険者である被保護者に対しては，保険給付としての介護サービスが給付され，その際の一定の利用料等の一部負担が介護扶助として支給される。また，介護保険料や介護施設における身の回りの日常生活諸費は生活扶助として支給される。

(f) 出産扶助

出産扶助は，被保護者の正常分娩に対して給付されるが，その内容は分娩介助，分娩前後の処置，衛生材料の支給で，金銭給付を原則とする。施設分娩と居宅分娩とでは基準額に差があるが，病院，助産所等施設において分娩する場合には，入院に要する必要最少限度の額が基準額に加算される。

(g) 生業扶助

生業扶助は他の扶助と異なり，被保護者だけでなく，困窮のため最低生活を維持できなくなる恐れのある者をも対象として，収入の増加または自立助長の見込みのある場合に限り，生業に必要な資金，器具，資料代（生業費），技能修得の経費（技能修得費），就労のために必要な費用（就労支度費）を給付するものである。金銭給付が原則であるが，就労または技能の修得のために授産施設や訓練施設を利用させて行う現物給付も認められている。なお，2005年度から，技能修得費によって，高等学校等就学費が給付されることとなった。

(h) 葬祭扶助

葬祭扶助は，死亡者の遺族や扶養義務者が生活困窮のため葬祭を行うことができない場合に，その者に対して検案，死体の運搬，火葬または埋葬，納骨その他葬祭のために必要な経費を支給するものである。被保護者が死亡した場合に，その葬祭を行う扶養義務者がいない場合，あるいは死亡者の葬祭を行う扶養義務者がいない場合でその遺留した金品で葬祭の必要経費を満たすことができないときは，葬祭を現実に行う者に対して葬祭扶助が支給される。原則として金銭給付である。

(5) 保護基準設定の考え方

生活保護法の保障する最低生活水準を設定するための，また，要保護者がそれを満たしているか否かを測定するための基準（尺度）が，保護基準

である。生活保護法では，要保護者の生活需要を8種類の扶助に区分し，各扶助の諸々の事情を考慮するとともに，要保護者の年齢別，世帯構成別，所在地域別等に基準を定め，最低生活水準を決定している。たとえば，保護基準は各扶助につき一般基準を定めているが，それでは対応できない特別のニーズに対しては特別基準の設定を認めているし，生活，住宅および葬祭の各扶助には級地制を採用し，全国の市町村を3つの級地に分け，さらに各級地を2分し（枝級地），1級地の1から3級地の2まで6ランクに分割し，それぞれの保護基準を設定している。級地制は地域ごとの消費者物価など生活環境の差異を考慮して実質的平等を確保しようとするものであるが，現在，級地間格差は一律4.5％とされ，1級地の1と3級地の2との最大格差は22.5％となっている。これら保護基準を設定するのは厚生労働大臣であり，それは厚生労働省告示で示される。そして保護基準の運用は，保護の実施要領で行われている。

　以上のように，保護基準は保護行政において最低生活水準を設定するための基準（尺度），つまり最低生活基準とみなされ，その基準の合計額である最低生活費と被保護者の収入との差額が保護費として支給される。したがって，保護基準（額）の設定は生活保護行政において極めて重要な行為である。そして，保護基準の内容は科学的なものでなければならないし，科学的批判に耐え得るものでなければならないといえる。そこで，これら保護基準の設定（あるいは改定）の考え方を，各種保護基準の設定の基礎となる生活扶助基準の設定方式の変遷から追ってみる。すなわち，1948年の旧生活保護法の時代に，まず「マーケット・バスケット方式」（最低生活に必要な物資の品目を1つ1つ積み上げて，最低生活費を算出する方式）が採用され，次いで現行法の時代になって，1961年度から「エンゲル方式」（日本人の標準的栄養所要量を充足する飲食物費を理論的に計算し，同額の飲食物費を現実に支出している低所得世帯を家計調査から選び出し，その世帯のエンゲル係数で除して生活費総額を算出する方式）が採用された。これらの方式は，いずれも，保護基準の算定方式の科学化を目指したものであった。その後高度経済成長のもとで，一般国民の生活水準は著しく向上し，所得階層間の格差も縮小傾向が出てきた。そして1965年度からは「格差縮小方式」が採用された。これは，一般世帯と被保護世帯の生活水準の格差を縮小するという観点から，予算編成直前の政府の経済見通しによる翌年度の国民の消費支出の伸び率を基礎にして，これに格差縮小分を加えて生活扶助基準の改定率を決定する方式である。この方式の採用によって実際，一般世帯と被保護世帯の生活水準の格差は縮まり，1983年度には100対61.2

となっていた。この段階で，生活扶助基準は，一般世帯の消費実態との均衡上妥当な水準に達していると評価され，これ以上の格差縮小は必要なく，今後は，一般国民生活の消費水準の向上に見合った扶助基準の引き上げに留めることとされた。そして1984年度から「水準均衡方式（消費支出比例方式）」が採用され，現在に至っている。水準均衡方式のもとでは，格差縮小分が加えられないため，現在では，一般国民の消費水準と被保護世帯の生活水準との間の格差が，この方式を採用した当時に比べて，かなり大きくなっているのではないかとの指摘がある。

現在の生活扶助基準，それによって生活している被保護世帯の消費水準が，本当に「健康で文化的な最低限度の生活」水準に達しているかどうかを検証することが必要であろう。それと同時に，保護基準の科学的算定方式の採用が要請される。

(6) 生活保護に対する不服申立て

保護の決定，実施あるいは変更に関する手続きは，保護の実施機関（ほとんどの場合，福祉事務所長）による行政処分として行われる。したがって，当該行政処分の結果に不満の当事者はそれを争って，自分の権利利益の救済を図ることができる。そのための不服申立ての道が一般的には，行政不服審査法という法律によって開かれている。ただ，これとは別個の法律で行政庁に対する不服申立ての道が開かれているときは，別個の法律の定めに従うことになる。生活保護行政に関しては，生活保護法が第9章（64条～69条）で不服申立てに関する規定を置いているので，これに従うことになる。

それによると，福祉事務所長あるいは市町村長がした保護の決定，実施あるいは変更に関する処分（保護の開始・変更申請の却下処分，保護の停止・廃止処分，保護の種類・程度・方法の変更処分，保護施設への入所措置）は，都道府県知事に対して審査請求をすることができる。審査請求は，処分があったことを知った日の翌日から起算して60日以内にしなければならず，知事は，審査請求のあった日から50日以内にそれに対する裁決をしなければならない。50日以内に裁決がないときは，審査請求人は知事が審査請求を棄却したものとみなすことができる。

次に，都道府県知事の裁決に不服がある者は，厚生労働大臣に対して再審査請求を行うことができる。再審査請求は，審査請求についての裁決があったことを知った日の翌日から起算して30日以内にしなければならず，厚生労働大臣は当該再審査請求に対して70日以内に裁決をしなければなら

ない。

以上の審査請求と訴訟との関係については、いわゆる審査請求前置主義のもとで、知事の裁決を経た後に行政訴訟（保護の実施機関が行った処分の取消しの訴え）を提起することができる。ただ、要保護者や被保護者が裁判を起こすことは現実的には容易ではない。現行法では、裁判費用は保護の対象となっておらず、裁判費用をいかにして準備するかが裁判を受ける権利との関係で問題となっている。

3）生活保護の現状

(1) 保護人員・保護世帯と保護の原因

生活保護の実施状況は、社会・経済情勢の変化や他の社会保障制度の発展充実の状況に対応して推移する傾向が強い。さらに、被保護者が生活している地域、あるいは市部と郡部においても違いがみられる。近年の動向を概観すると、1985年度以降、被保護人員は著しい減少（保護率の低下）傾向を示していたが、1992年秋から横ばい傾向で推移した後、1995年度に88万2,000人保護率7.0‰と、わが国生活保護史上最低を記録した。しかし1996年後半からは増加に転じ、2003年度には134万4,000人、保護率10.5‰で、国民の約100人に1人が保護受給者となっている。

被保護人員と保護率の推移を見ると、現行生活保護法施行後の1951年度の205万人（保護率24.2‰）から1960年代の高度経済成長期を通して、一時増加に転じたこともあったが総体として被保護人員は減少し、1970年度には134万4,000人（13.0‰）となった。その後1973年後半の石油危機に端を発する不況の長期化、それまでの高度経済成長から安定経済成長への政策転換等に応じて、被保護人員は微増傾向に転じ、1985年度には143万1,000人（11.8‰）へと増加した。その後は、1986年4月からの基礎年金制度の実施、同年12月からの長期にわたる好景気の影響等も加わり、被保護人員は減少傾向を維持してきていたが、1992年秋以降は、減少傾向から横ばい傾向に変わった。そして1996年後半からは、不良債権処理にからむ不況の長期化、消費の低迷、完全失業率の高レベルでの推移といった社会経済情勢の中で、被保護人員と保護率は急上昇している。

なお、被保護者の年齢階層別構成をみると、1973年後半の石油危機以降の不況等の影響により1983年までは、15歳から59歳までの稼働年齢層が増加傾向を示し、14歳以下の幼少年齢層と60歳以上の高年齢層は横ばいあるいは減少傾向にあったが、1984年以降は、幼少年齢層、稼働年齢層が減少傾向にあり、高年齢層は増加傾向が続いている。さらに、保護の種類別で

みると，2003年度では生活扶助（120万2,000人），医療扶助（108万3,000人），住宅扶助（106万9,000人），介護扶助（12万7,000人），教育扶助（12万4,000人）の順となっている。すべての扶助において前年より微増の方向にある。

　被保護世帯の動向は，一般世帯の核家族化と高齢化を反映して，1965年度前後から増加傾向を続けていたが，1984年度の79万世帯をピークに以後急速に減少した。しかし，1993年度からは増加傾向が続いている。2003年度の状況は，被保護世帯の総数94万1,000世帯，世帯人員別構成は単身者世帯73.3％，2人世帯17.0％と少人数世帯が全体の90.3％を占め，この結果，被保護世帯の平均世帯人員は1.42人である。また，世帯類型別の構成は高齢者世帯が46.4％，傷病・障害者世帯が35.8％，そして母子世帯が8.7％であり，ハンディキャップを負った世帯が被保護世帯総数の9割以上を占めている。これは，被保護世帯のほとんどが非稼働世帯であることを意味しており，その経済的自立の困難と保護受給期間の長期化をもたらしている。すなわち，2003年度において，保護受給期間が10年以上の世帯は総数の26.7％，5年以上10年未満と合わせると47.0％に及んでいる。このような情況の下で，小泉政府は，経済財政運営及び経済社会の構造改革の基本方針に沿って国の財政収支の均衡と社会保障制度改革等を目指した。生活保護の分野においても，2004年度から，自立支援プログラムの導入とともに，ハローワークとの連携による生活保護受給者等就労支援事業が実施されている。

　保護の原因については，保護の開始・廃止理由から明らかにすることができる。保護開始の主な理由はかつては，「傷病によるもの」が75％前後，それも「世帯主の傷病」によるものが70％前後を占めていたが，近年は40％前後に減少している。それに代わって，景気の低迷を反映して，「働きによる収入減」が15％前後，「手持現金の減少・喪失」が12％前後と増加傾向にある。

　次に，保護廃止理由についてみると，1996年9月の調査では，「傷病の治癒」によるものが29.4％（世帯主の傷病治癒29.1％，世帯員の傷病治癒0.4％），「死亡・失踪」によるものが31.5％，そして「働きによる収入増」が10.8％であった。これに対して2003年9月の調査では，「傷病の治癒」によるものが19.7％，「死亡・失踪」によるものが32.2％，「働きによる収入増」が10.2％である。傷病が治癒して保護廃止になるよりも，死亡によって保護廃止になる割合が10ポイント以上も高いということは，被保護世帯の（経済的）自立の困難を示すものである。

(2) 医療扶助の現状

医療扶助の動向を見ると，2003年度において，被保護人員（1ヵ月平均）は108万3,000人に増加し，医療扶助率（被保護者全体に占める医療扶助人員の割合）も80.5％となっている。扶助別受給世帯数で見ると，生活扶助（81万6,000世帯）よりも医療扶助の受給世帯（83万3,000世帯）が多い。医療扶助受給世帯のうち，医療扶助単給世帯は3万3,000世帯（4.0％）であり，多くは生活扶助や住宅扶助と併給していることがうかがえる。この点は，保護の開始理由の中で，傷病を理由とするものが7割以上を占めていることとも符合する。ただ，2003年度の1カ月平均の扶助額を比べて見ると，医療扶助1,030億1,200万円（51.8％），生活扶助681億8,500万円（34.3％）の順となっており，医療扶助費はこの30年間，常に扶助総額の50％以上を占めているが，その割合は減少傾向にある。

ところで医療扶助は，被保護者の傷病について，治療を必要とする場合に給付される。その給付内容は診察，投薬，注射，手術，入院，施術，療養に伴う世話その他の看護，それに入退院や通院・転院の場合の交通費等，健康保険等医療保険による場合とほとんど同じものとなっている。また，指定医療機関の診療方針，診療報酬も国民健康保険の例によることとされている。このように，医療扶助と医療保険における医療給付との間に大きな差異はないが，医療給付の方法は異なっている。すなわち，医療保険では，患者が保険医療機関の窓口に被保険者証を提示すれば直ちに受診できるのに対し，医療扶助では，原則として保護の実施機関で医療扶助の受給開始手続きをとり，医療券の発行（暦月単位）を受けて，被保護者がこの医療券を指定医療機関に提出して受診する仕組みになっている。

人口の高齢化等に伴う国民の疾病構造の変化と有病率の上昇は，被保護階層についても当てはまり，医療扶助受給者の病類別分類によると，いわゆる生活習慣病や精神病疾患の患者が増えている。たとえば，被保護入院患者についてみると，1960年度では結核が52.4％（2人に1人）の割合であったが，2003年度では0.1％に減少しているのに対して，精神病疾患は26.9％から48.1％に増加している。また，被保護入院外患者についても精神病患者の受療が増加している（1960年度の2,852人，入院外患者全体の1.0％が，2003年度には11万9,431人，12.6％を占めるに至っている）。医療扶助受給者の疾病構造も国民全体の疾病構造と同様の傾向にあるといわれているが，精神病による医療扶助受給患者は，今後も増加していくものと考えられる。

(3) 保護施設への入所

　生活保護法にもとづく保護施設は，居宅において一定水準の生活を営むことが困難な者を入所させて保護を行う施設であり，救護施設，更生施設，医療保護施設，授産施設，宿所提供施設の5種類がある。救護施設は生活扶助の施設で，身体上または精神上著しい障害（ハンディキャップ）があるために独立して日常生活を営むことができない要保護者を入所させる。更生施設も生活扶助の施設で，身体上または精神上の理由により養護および生活指導を必要とする要保護者（主として売春，犯罪，放浪，家出等により正常な生活や就業ができない状態にある者）を入所させる。医療保護施設は医療扶助の施設で，医療給付を行うための施設である。授産施設は生業扶助の施設で，身体上もしくは精神上の理由または世帯の事情により就業能力の限られている要保護者に対して，就労または技能修得の機会や便宜を与えて，その自立を助長する施設である。宿所提供施設は住宅扶助の施設で，住居のない要保護者の世帯に住居として利用させる施設である。

　これら保護施設の数は，近年，救護施設を除く全ての施設で横ばいまたは漸減傾向にある。それは老人福祉法，身体障害者福祉法，知的障害者福祉法など福祉各法の発展充実により，保護施設が他法の施設に転換されたり，保護施設に入所していた者が他法の施設に移されたことにもよるが，全体的には，被保護者が減少したことも関連している。ただ，救護施設は保護施設全体の約3分の2（2003年現在180施設）を占め，微増傾向にある。そして救護施設の入所者の多くは，単一の障害を対象とする他法の施設に入所することになじまない複合したハンディキャップを持っている者および精神障害寛解者であるが，そこに，当該施設の存在意義が見出されている。さらに最近では，ホームレスの増加が保護施設の役割の重要性を再認識させるとともに，救護施設や更生施設に通所部門を設けて，被保護者の効果的な自立促進を図っている。また2004年度からは，救護施設に入所している被保護者の居宅生活への移行のための居宅生活訓練事業が開始されている。

　保護施設を設置することができるのは，事業の公共性ということから，都道府県と市町村および地方独立行政法人のほかは社会福祉法人と日本赤十字社に限られているし，保護施設の設備，運営等に関しては厚生労働大臣の定める最低基準以上のものでなければならない。そして都道府県知事は，保護施設の運営に対する指導権を有するとともに，施設管理者に対して業務，または会計等の報告を命じ，または立入検査を行う権限を有している。さらに，保護施設の設置者は，施設の管理規程を定めて知事に届出

なければならないし，保護施設の長は，施設利用者を管理規程に従って指導し，その生活の向上や更生を図ることに努めなければならない。特に，保護施設に要保護者を入所させる場合には，入所者の人権が侵害されないように配慮する必要があり，法は，保護施設の義務として，人種，信条，社会的身分または門地により差別的または優先的取扱をしてはならないこと，および宗教上の行為，祝典，儀式または行事に参加することを強制してはならないことを，定めている。

(4) 保護費の負担

　生活保護は，生活困窮者（要保護者）の最低生活を保障することを目的としていることから，保護受給者には一切の費用負担はさせないこととしている。生活保護は，公費（租税）を財源とする無拠出制の生活保障システムであり，その費用は全て国と地方自治体とが，法定の負担割合に従って負担することになっている。ただ，生活保護に要する費用はまず，保護の実施機関が属する市町村または都道府県がその全額を支弁し（支弁とは，金銭の支払の意味である），次いで，市町村の支弁した費用の一定割合を都道府県が，さらに，市町村および都道府県が支弁した費用の一定割合を国が，負担することによって，最終的には，国と都道府県と市町村がそれぞれ，法定の割合で費用を分担する仕組みとなっている。

　すなわち，保護費，保護施設事務費，委託事務費に関しては国が4分の3，市町村または都道府県が4分の1を負担し，保護施設の設備費に関しては，都道府県立の施設については都道府県が，市町村立の施設については市町村がそれぞれ全額を負担する。生活保護法の施行に要する人件費と行政事務費に関しては，国の負担は法定されておらず，市町村と都道府県がそれぞれ全額を負担することになる。また，社会福祉法人や日本赤十字社が設置した保護施設の修理，改造，拡張または整備に要する費用については，一定の場合に，国が2分の1，都道府県が4分の1以内で補助することができることになっている。

［片岡　直］

2 年金制度

1）老後の生活設計と公的年金

現実問題として，今日，65歳以上の人の居る世帯で，公的年金や恩給を受給している世帯の割合は95％を超えている。また，高齢者世帯（男65歳以上，女60歳以上の人のみで構成するか，またはこれらに18歳未満の未婚の人が加わった世帯）の平均所得に占める公的年金・恩給の割合は，平均すると60％近くにのぼっているし，高齢者世帯のうち，公的年金や恩給が総所得の100％の割合を占めているのが約50％となっている（厚生省「平成8年国民生活基礎調査」）。さらに，高齢者の意識においても，老後働けなくなった時の生活費については，子供に頼るとする割合が低下し（1978年は17.0％，1996年は5.8％），年金や恩給などに頼るとする割合が増加している（1978年は40.6％，1996年は58.4％）し（経済企画庁「国民生活選好度調査」），老後の生活資金に関しても公的年金に頼るとする者が約25％を占めるほか，「公的年金と自助努力の双方でまかなう」とする割合が約50％と高くなっている（郵政省「個人年金に関する市場調査，1996年」）。

以上のことからも分かるように，今日では，公的年金は老後の経済生活を支える主要な柱となっており，公的年金なしの老後生活は考えられないものとなっている。このような状況は，将来も継続するものと予想される。

(1) 公的年金の役割と特徴

われわれの生活において老齢，障害あるいは生計維持者の死亡という事故は，労働能力の減退，喪失あるいは扶養の喪失による所得の喪失や減少を長期間にわたってもたらし，高齢者や障害者あるいは遺族の生活を危険

に陥れる。特に，わが国の人口構造の急速な少子・高齢化（1人の女性が一生の間に生む子供の数を示した合計特殊出生率は，第1次ベビーブームの1949年には4.32，第2次ベビーブームの1973年には2.14であったが，1989年には1.57，2005年には1.25に低下している。これは，国立社会保障・人口問題研究所「日本の将来推計人口（平成14年1月推計）」の低位推計よりも低い値である。この平成14年1月の推計は2004年の年金制度改革の基礎とされたものであり，その数値が2年も経たないうちに訂正されなければならなくなっているのが現実である。公的年金制度の将来に関して，国民の間に不安が起きている。また，65歳以上人口の総人口に占める割合である老年人口比率（高齢化率）は，1950年には4.9％，1995年には14.6％であったが，2005年には21.0％と世界最高となった。これも2050年には35.7％になるものと推計されている）と，国民の老後期間の長期化（たとえば，2004年の簡易生命表によれば，65歳の平均余命は男性18.21年，女性23.28年となっている），ならびに核家族化現象の進行に伴う私的扶養意識の後退やその現実的困難は，高齢者の自助努力による老後生活保障を一層困難にしていくものと予測させる。そのため，高齢者に対する社会的扶養体制の充実，とりわけ公的年金制度の安定的充実による老後生活保障体制の確保が重要な課題となっている。

　ところで老齢，障害，生計維持者の死亡という3つの事故のうち，老齢という事故は，人が普通に生活し長生きをすれば，誰でもが遭遇する不可避のものである。このような事故に対する所得保障制度として年金制度があるが，この年金制度は大きく私的年金制度と公的年金制度に区分される。私的年金制度には，個々人が民間保険会社や日本郵政公社等との間で任意に締結する個人年金契約や郵便年金契約による個人年金と，私企業がその従業員を対象として行う企業年金がある。企業年金には自社年金のほかに，1962年の法人税法と所得税法の一部改正によって設けられた適格退職年金制度や，1965年の厚生年金保険法の改正によって設けられた厚生年金基金（調整年金）制度があった。しかしバブル経済崩壊後の1990年代半ば以降，景気動向や年金積立金の運用環境の悪化による積立不足や含み損等の問題発生により，これら確定給付型の企業年金は母体企業の経営を圧迫するという事態を発生させた。このような状況の中で2001年に，適格退職年金を（経過措置を講じて）2012年3月までに廃止するとともに，現在の厚生年金基金を新しいタイプの企業年金（労使の年金規約に基づく規約型企業年金と，母体企業とは別法人の基金による基金型企業年金から成る）に再編成するための確定給付企業年金法が制定された。これにより従来の厚生年金基金は，厚生年金の代行を返上して，新たな確定給付企業年金へ移行することが認

められた。さらに同年，拠出した掛金を個人ごとに区分し，加入者自らの資産運用により給付額が決まる確定拠出年金（事業主のみの拠出による企業型年金と自営業者や企業年金のない被用者等が加入できる個人型年金から成る。いわゆる日本型401Kプランといわれている）を行うための確定拠出年金法も制定された。これに対して公的年金制度は，一般に法令に基づいて，国（政府）やこれに準ずる公的主体（たとえば基金や共済組合）が運営主体となる年金制度であり，社会保険方式（保険料方式）によるものであれ，社会扶助方式（租税方式）によるものであれ，社会全体で行う相互扶助（わが国では，修正積立方式による，世代間扶養の形態がとられている）の制度である。したがって，公的年金制度においては，その運営主体に対して，制度の実施が法的に義務づけられるとともに，社会構成員全員の制度加入が強制される。そして，公的年金制度の年金給付の水準は，老後における標準的ないし基本的な生活を維持することが可能な程度の所得を恒常的に確保するものでなければならないと考えられる。わが国の現行公的年金制度は，国民皆年金体制のもとで，国（政府）や共済組合等を主要な運営主体として，全ての国民を対象として実施されている。社会保険方式を採用しているため，被保険者は年金給付を受給するためには原則として，事前に保険料を拠出しておくことが必要とされている。しかし，わが国の予想を上回る急速な少子高齢化の進展は，国民の間に，公的年金制度の安定的で持続的な存在可能性に対して，大きな不安を醸成している。

(2) 公的年金制度の沿革

　わが国の公的年金制度は，国家公務員については，明治時代の軍人・官吏に対する恩給と官業労働者に対する官業共済組合から始まった。前者は1923（大正12）年の恩給法を経て，1958年の国家公務員共済組合法により，その長期給付に統合された。後者は，1948年の国家公務員共済組合にまとめられたが，このうち国鉄，電電公社，専売公社の3公社の職員は，1956年の公共企業体職員等共済組合法の制定により，制度統合が行われた。地方公務員は当初，退職年金条例の適用や恩給法の準用を受けたが，1962年の地方公務員等共済組合法により制度統合が行われた。

　民間労働者を対象とした公的年金制度は，1939年の船員保険法にはじまり1941年には，工場鉱山等の10人以上の事業所で働く男子労働者を対象として，労働者年金保険法が制定された。この法律は1944年に，その適用範囲を拡大するとともに，名称も厚生年金保険法と改められた。当時の厚生年金保険制度の仕組みは，事業主と従業員が同額を拠出し，所得比例の年

金給付を行い，老齢年金の支給開始年齢は男女とも55歳であった。その後戦時特例措置による老齢年金の受給者が出現する時期を迎え，1954年に厚生年金保険法の大改正が行われ，その後の厚生年金保険制度の原型が形成された。つまり，その老齢年金は，「定額部分」と「報酬比例部分」とから成り，配偶者と子に「加給年金」を支給することとし，男子の老齢年金支給開始年齢のみ60歳に改定された。そして，もともと厚生年金保険が適用されていた私立学校教職員と農林漁業団体職員は，より良い給付内容を求めて，1953年と1958年にそれぞれ共済組合を設立して分離独立した。こうして1960年の段階で，わが国では，被用者を対象とした7つの公的年金制度が整備された。

以上の公的年金制度の対象外となっていた農林漁業や商工業等の自営業者，5人未満の零細事業の被用者，家庭の主婦等に公的年金制度の網を被せるために，国民皆年金を目指して1959年4月に国民年金法が制定され，同年11月から無拠出制（全額国庫負担）の福祉年金の支給が開始された。拠出制の国民年金は1961年4月から保険料徴収を開始した。加入者は20歳以上60歳未満の日本国民で，他の公的年金制度の適用を受けていない者であり，老齢年金の支給開始年齢は65歳であり，25年加入で月額2,000円の年金であった。国民年金制度の発足により，全部で8つの公的年金制度がそれぞれ独立した制度として確立された。そして，通算年金通則法の定める「数珠つなぎ方式」によって各制度の加入期間を通算して年金受給権につなげる，通算年金制度が発足した。このようにして，全ての者が何らかの（老齢）年金に結びつく国民皆年金体制が実現することとなった。

その後，1973年の制度改正によって，厚生年金保険の老齢年金の給付水準を，現役加入者の平均標準報酬月額の60％程度を目処にするという考え方が採用されるとともに，年金額の物価スライドや標準報酬の再評価が導入され，老後保障の中核としての公的年金制度がほぼ確立された。しかし，高度経済成長期以後の，臨調行革路線の推進の中で，人口構造の高齢化と公的年金制度の成熟化の進行は，現状の給付水準と負担関係のままでは将来の公的年金制度が危機的状況を迎えることを認識させ，公的年金制度の抜本的改革が模索された。そしてその1つの動きは，年金財政の危機がすでに現実化していた公共企業体3共済組合（日本鉄道共済組合，日本電信電話共済組合，日本たばこ産業共済組合）の，1984年4月からの国家公務員等共済組合への，次いで1997年4月からの厚生年金保険への統合であった。農林漁業団体職員共済組合も2002年4月から厚生年金保険に統合された。また，1985年には，基礎年金制度の導入を定める法改正が行われ，公的年

金制度の抜本的改革の第一歩が示された。すなわち，法改正によって，国民年金制度は厚生年金や共済年金の加入者も含めて，日本国内に住所を有する20歳以上60歳未満の全ての者を適用対象者として，全国民共通の「基礎年金」を支給する制度に変わった。そして厚生年金は，船員保険の職務外年金部門を統合し，共済年金は，その給付構造を従前の最終1年間の平均俸給年額制から厚生年金保険方式（平均標準報酬制）に組み替えるとともに，それ自体を報酬比例部分と職域年金部分とで構成されるものとした。そしてこれら被用者年金は，いずれも基礎年金（国民年金）に上乗せされる報酬比例年金となった。いわゆる，2階建（共済年金については3階建）年金制度と呼ばれる，公的年金制度の新しい体系が構築され，これらの新体系は，1986年4月1日から実施された。

その後も，少子高齢社会における年金受給世代の給付と現役世代の負担のバランスを図るとともに，年金財政を長期的に安定したものとすることが課題とされ，諸改革が続けられている。たとえば国民年金の分野では，20歳以上の学生の強制加入（1991年4月実施）と学生被保険者に対する保険料納付特例制度の導入（2000年4月実施），第1号被保険者のための国民年金基金制度の創設（1991年4月実施），保険料の半額免除制度（2002年4月実施）や多段階免除制度（4分の1および4分の3免除制度）の導入（2006年7月実施），基礎年金番号の利用が図られた（1997年1月実施）。さらに2004年の制度改正では，老齢基礎年金額の引き下げ（78万900円に改定率を乗じて得た額），保険料の段階的引き上げ（2005年度から毎年度280円ずつ引き上げ，2017年度以降1万6,900円で固定する），30歳未満者に対する保険料納付猶予制度の導入（2005年4月実施）のほか，被保険者が離婚した場合，その第3号被保険者期間について，第2号被保険者の厚生年金（保険料納付記録）を2分の1に分割することを可能とした（2008年4月以降の離婚について実施）。また，基礎年金給付費に一元化されている国庫負担の割合を，安定した財源確保の上で，2009年度までに3分の1から2分の1へ引き上げることも決められた。厚生年金保険の分野でも，主として年金財政との関連で種々の改革が進められている。たとえば1994年の法改正では，60歳から支給されていた特別支給の老齢厚生年金の定額部分の支給を，男性について，2001年度から61歳とし，その後は3年毎に1歳ずつ引き上げ，2013年度以降65歳から支給することに改められた。この結果60歳からは，報酬比例部分相当の老齢厚生年金（部分年金ともいう）のみが支給されることとなったが，この部分年金の支給開始年齢も，男性について，2013年度から2025年度にかけて61歳から65歳へと段階的に引き上げていく

ことが決められている（2000年の法改正による。いずれも女性については，5年遅れで実施される。）。このほか1994年の法改正で，可処分所得スライド制やボーナスからの特別保険料の徴収制等が導入されたし，2000年の法改正では，将来的に給付水準を20％引き下げるために，老齢厚生年金（報酬比例部分）の年金額算定に用いる給付乗率を5％引き下げ，1,000分の7.5を1,000分の7.125とした。また65歳以上70歳未満の在職者の保険料納付を義務づけるとともに，2003年4月からの総報酬制等導入との関連で特別保険料徴収制は廃止され，保険料率も17.35％から13.58％に引き下げられ，年金額算定における給付乗率も1,000分の7.125から1,000分の5.481に引き下げられた。保険料額は月収（標準報酬月額）とボーナス（標準賞与額。上限150万円）に新しい保険料率を掛けて算定される。次いで2004年の法改正では，保険料率の引き上げが決められ，2004年10月から毎年0.354％ずつ引き上げ，2017年9月以降18.3％で固定するとされた。そして年金の財政運営方式としては，100年程度の間（財政均衡期間）において給付と負担の均衡を図り，財政均衡期間の最終年度における積立金水準を支払準備金程度（給付費の約1年分程度）とする有限均衡方式を導入するとともに，給付水準については，年金制度を支える現役世代の人数の減少分と平均余命の延びを毎年度の年金額の改定率から減じる仕組みである「マクロ経済スライド」制が導入された。しかしこの場合も，給付水準は将来にわたり所得代替率が50％を上回るよう確保するとされている。そのほか離婚時の年金分割（2007年4月実施。それ以前の婚姻期間も分割の対象となる）制度が導入された。なお，現在，以上の改正のほか，既存の各種の関係職員対象の公的年金制度の一元化が論議されている。

2）公的年金制度の仕組み

(1) 公的年金制度の体系

　新しい公的年金制度，いわゆる2階建年金制度においては，従前，自営業者や無業者等，被用者以外の地域住民のみを対象としていた国民年金制度が，厚生年金や共済年金の加入者も含めて，国民全体に共通した基礎年金を支給する制度に変わった。これに伴い厚生年金（の老齢年金給付）は，従前の定額部分と配偶者に対する加給年金部分が，夫と妻の（老齢）基礎年金として国民年金から支給されることとなったため，報酬比例部分のみを支給する年金制度に変わった。また共済年金も，問題とされていた公的年金制度における官民格差（給付格差）を是正するために，その給付構造を厚生年金保険方式（平均標準報酬制）に組み替え，2階建年金制度の枠

組が構成された。このような2階建年金制度においては，厚生年金や共済年金の加入者は同時に国民年金の被保険者（第2号被保険者）であり，これらの者は原則として，同一保険事故に対して，国民年金（基礎年金）からは定額年金を，そして厚生年金や共済年金からは報酬比例年金を併給されることになる。そのため，これまで2階部分の上乗せ年金給付がなかった自営業者等（国民年金第1号被保険者）のために，任意加入制による国民年金基金制度が整備され，1991年4月から実施されている。なお，国民皆年金体制のもとでは，国民年金に加入して一定期間保険料を拠出する（あるいは拠出を免除される）ことが，基礎年金だけでなく，厚生年金や共済年金の年金給付を受給するための共通の要件となっている。そして1997年1月からは，事務運営上の便宜から，国民年金加入者に対して，全ての公的年金制度に共通する10桁の番号がつけられた。これを基礎年金番号という。これによって，公的年金の全加入期間を通じて同一の番号で記録が整理されることになり，年金の手続きや照会ひいては受給権の保護・確認がよりスムーズにできることとなった。

(2) 国民年金制度

(a) 概　要

国民年金制度は，国（政府）が管掌する社会保険方式の公的年金制度であり，1986年4月以降は，日本国内に住所を有する20歳以上60歳未満の者（1991年4月以降は，20歳以上の学生を含む）を強制被保険者として，その老齢，障害，死亡に対して，被保険者本人または遺族に各種の基礎年金を支給する制度となっている。

(b) 被保険者

国民年金の強制被保険者は，その従事している職業等によって3種類に分類される。第1号被保険者は，日本国内に住所を有する20歳以上60歳未満の者（第2号，第3号被保険者を除く）である。自営業者やその妻，学生，厚生年金の適用されない事業所に働く人々が該当する。第2号被保険者は，会社や官公庁に勤めている人，つまり厚生年金保険の被保険者と各種共済組合の組合員が該当する。この場合は，20歳未満または60歳以上の者も被用者である限り第2号被保険者になる。第3号被保険者は，第2号被保険者の被扶養配偶者であって20歳以上60歳未満の者である。被扶養配偶者には内縁配偶者も含まれ，サラリーマンの無業の妻は，すべてこの第3号被保険者となる。このほか，60歳未満で被用者年金の老齢（退職）年金の受給権者，60歳以上65歳未満の人で老齢基礎年金を受給するための資格期間

を満たしていない者，海外に居住している20歳以上65歳未満の日本人などには，任意加入の道が開かれている。

(c) 国民年金手帳の交付

被保険者はその資格の得喪，種別の変更等に関する事項を市町村長に届け出なければならず，資格取得の際には地方社会保険事務局長を経由して，社会保険庁長官から国民年金手帳を交付される。この国民年金手帳の記号番号が基礎年金番号である。第3号被保険者に関しては，その配偶者である第2号被保険者を使用する事業主や共済組合等を経由して，社会保険庁長官に届け出なければならない。

(d) 保険料納付

社会保険方式を採用している国民年金制度において，保険料を直接納付するのは第1号被保険者のみである。第2号被保険者と第3号被保険者については，厚生年金および共済年金制度の管掌者が，それぞれの被保険者とその被扶養配偶者の保険料に相当する額を，基礎年金拠出金として拠出する。第1号被保険者が納付する保険料は定額制で，2005年3月までは月額1万3,300円であったが，それ以降は，毎年度，2004年度価格で月額280円ずつ引き上げられ，2017年度以降月額1万6,900円で固定されることになっている（2004年の法改正）。しかしながら，生活扶助受給者や障害基礎年金受給者など保険料負担能力のない者は，保険料納付を免除されるし（法定免除），所得がないなど保険料納付が著しく困難な者は，社会保険庁長官の処分によって納付を免除される（申請免除）。以上の保険料全額免除のほかに，保険料半額免除，4分の3免除そして4分の1免除制度が採用されている。また20歳以上の学生被保険者に対しては保険料の納付特例制度，30歳未満の低所得被保険者に対しては保険料納付猶予制度が導入されている。いずれも，保険料滞納・未納による無年金者の発生を防止するための措置である。

(e) 年金給付の内容

国民年金制度においては，被保険者の老齢，障害，死亡という事故に対して，老齢基礎年金，障害基礎年金，そして遺族基礎年金が支給されるほか，第1号被保険者のみに関する給付として付加年金，寡婦年金および死亡一時金がある。

① 老齢基礎年金

老齢基礎年金は，保険料納付済期間と保険料免除期間を合算した資格期間が原則として25年以上ある者が，65歳に達したときから受給することができる。年金額は定額制であるが，2004年の法改正でその額は78万900円

に改定率を乗じて得た額とされている。2006年度は79万4,500円となっている。ただし，この満額年金を受給できるのは，20歳から60歳までの40年間について全て保険料が納付された場合であり，保険料の免除期間や滞納期間がある場合は，年金額は減額される。また，支給開始年齢については，60歳以上65歳未満の間で繰り上げたり，66歳以上70歳未満の間で繰り下げることができる。繰上げの場合は減額年金（減額率は1カ月当たり0.5％）となり，繰下げの場合は増額年金（増額率は1カ月当たり0.7％）となる。第1号被保険者で付加年金に加入して付加保険料（月額400円）を納付した者には，老齢基礎年金に上乗せして，付加年金（年金額は200円に保険料納付済月数を乗じて得た額）が支給される。なお，第2号被保険者は，老齢基礎年金に上乗せして，老齢厚生年金あるいは退職共済年金を併給することになる。

② 障害基礎年金

障害基礎年金は，傷病に関する初診日において被保険者であるか，60歳以上65歳未満のかつて被保険者であった者で日本国内に住所を有する者が，障害認定日（初診日から1年6カ月を経過した日，またはその期間内で症状が固定した日）に政令で定める1級（日常生活を送るのに常時他人の介助を必要とする程度）または2級（日常生活を送るのに常時他人の介助を受ける必要はないが，自力による日常生活は極めて困難で，労働による収入を得ることができない程度）の障害状態にある場合に，その障害の程度に応じて支給される。ただし，初診日の属する月の前々月までの被保険者期間のうち，保険料を納めた期間（免除を受けた期間も含む）がその3分の2以上なければならない（初診日が2016年3月31日までにある場合は，初診日の属する月の前々月までの1年間に保険料の滞納がなければ，3分の2以上の要件は適用されない）。初診日において20歳未満であった者も1級，2級の障害状態にあれば，20歳（障害認定日が20歳を越えるときは障害認定日）の翌月から，障害基礎年金が支給される。ただしこの場合は無拠出給付となるので，一定の場合には支給停止となる。第2号被保険者は，障害基礎年金に上乗せして障害厚生年金あるいは障害共済年金を併給することができる。年金額は定額制で，2級障害が満額の老齢基礎年金額と同額であり，1級障害はその1.25倍の金額である。そしてこれら障害基礎年金受給権者によって生計を維持されている子（18歳到達年度の末日までの子あるいは20歳未満で1級・2級の障害状態にある子）がいるときは，それぞれの子につき一定額が加算される。なお20歳以上の学生は1991年3月まで，被用者年金被保険者の被扶養配偶者（主として専業主婦）は1986年3月まで，国民年金には

任意加入となっており、この間、任意加入していない場合は1級、2級障害者になっても、国民年金から障害基礎年金を受給することはできなかった。そこで、このような無年金障害者を救済するために、2005年度から、特定障害者給付金法が施行されている。すなわち、1級障害は月額5万円、2級障害は月額4万円の手当（物価スライドあり）が、福祉的措置として、全額国庫負担で支給されている（所得制限等による支給制限がある）。

③ 遺族基礎年金

遺族基礎年金は被保険者、60歳以上65歳未満の被保険者であった者で日本国内に住所を有する者、老齢基礎年金の受給権者、老齢基礎年金の受給資格期間（25年）を満たしている者が死亡したときに、その者によって生計を維持されていた遺族（子のある妻または子）に支給される。ただし、この場合も、被保険者および被保険者であった者については、死亡日の属する月の前々月までの被保険者期間につき、保険料を納めた期間（免除を受けた期間も含む）がその3分の2以上なければならない（2016年3月31日までの死亡については、死亡日の属する月の前々月までの1年間に保険料の滞納がなければ、3分の2以上の要件は適用されない）。年金額は一定額（満額の老齢基礎年金額）に、子の数に応じて加算が行われる。なお、第2号被保険者が死亡した時には、遺族である子のある妻または子は、遺族基礎年金に上乗せして遺族厚生年金あるいは遺族共済年金を併給することができる。子のない妻は遺族厚生年金あるいは遺族共済年金のみを受給する。

④ 寡婦年金・死亡一時金

自営業者など第1号被保険者の死亡に対してのみ支給される遺族給付に寡婦年金と死亡一時金とがある。寡婦年金は、老齢基礎年金の受給資格期間を満たした第1号被保険者である夫が、障害基礎年金も老齢基礎年金も受給せずに死亡したとき、その夫に生計を維持されていた10年以上婚姻関係（事実婚を含む）にあった65歳未満の妻に、60歳から65歳になるまでの間支給される。年金額は、夫が受給するはずであった老齢基礎年金額の4分の3に相当する額である。死亡一時金は、保険料を3年以上納めた第1号被保険者が老齢基礎年金も障害基礎年金も受給せずに死亡し、その遺族が遺族基礎年金を受給できない場合に、その遺族に支給される。その金額は、保険料納付済期間に応じて最低12万円から最高32万円までとされている。付加保険料を3年以上納めている場合には、それに一定額が加算される。

⑤ 外国人への適用

わが国では、1981年の国連「難民条約」の批准に伴う国内法の改正で国

民年金法も改正され，1982年1月1日からその被保険者に対する国籍要件が撤廃された。そこで日本国内に住所を有する外国人も国民年金制度に加入できることになった。しかし，滞在期間の短い外国人労働者に関しては，年金制度が適用されても老齢給付に結び付くのは困難という問題があった。そこで当分の間の措置として，1995年4月から，第1号被保険者として保険料を6カ月以上納めた外国人が老齢基礎年金の受給資格期間を満たさないまま帰国したときには，帰国後2年以内に請求を行った場合，脱退一時金が支給されることになった。一時金の額は，保険料納付済期間に応じて異なる。

3）公的年金制度の現状

(1) 公的年金制度の現状と課題
(a) 国民年金制度の現状と課題

国民年金の被保険者数は，2004年3月末で6,974万人，そのうち第1号被保険者は2,240万人，第2号被保険者は3,625万人，第3号被保険者は1,109万人となっている。国民年金の受給者数（旧国民年金受給者と基礎年金受給者との合計）は，2003年3月末で2,254万人であるが，その内訳は，老齢基礎年金が1,546万人，老齢年金が353万人，通算老齢年金（1985年改正前の公的年金制度では，各制度の年金受給資格期間を満たしていない場合でも，他の公的年金制度の加入期間と通算して一定期間以上あれば，各制度からそれぞれの加入期間に応じた通算老齢年金が支給されることになっていた）が163万人，障害基礎年金が144万人，遺族基礎年金が30万人であり，2003年度の国民年金受給総額（旧国民年金と基礎年金との合計受給額）は13兆9,433億円であった。

老齢基礎年金受給権者の平均年金月額は年々増加しており，2004年3月末現在5万5,245円であった。なお，障害基礎年金受給権者の平均年金月額は7万5,112円，遺族基礎年金受給権者の平均年金月額は6万5,260円であった。

現在，社会保険庁をめぐってさまざまな問題が指摘されているが，国民年金制度においても，保険料を納めても将来年金を受給できるかどうか分からないといった将来に対する漠然とした不安，基礎年金制度は社会保険方式ではなく社会扶助方式（税方式）に替えた方がいいのではないかという意見のほか，自営業者や20歳以上の学生等，制度への加入手続きおよび保険料納付手続きが個人に任されている第1号被保険者の未加入および保険料未納（滞納）の問題，いわゆる国民年金制度の空洞化現象と呼ばれて

いる問題がある。さらに，保険料納付免除制度における申請免除に関して，免除基準の適用が各市町村において必ずしも統一的に行われていないという実態や第3号被保険者は保険料を拠出しないで基礎年金を受給することができることも問題とされている。特に，後者の点については，専業主婦である第3号被保険者の保険料を働いている第2号被保険者である女性労働者が負担しているのは女性として納得できないという主張，自営業者の妻は実質的に専業主婦と変わらない者でも，第1号被保険者として保険料を納付しているという主張がなされている。また，受給資格期間の25年に1カ月でも不足すると，受給権が全く生じないというのは厳格に過ぎるのではないか，保険料納付期間に応じて減額年金を支給してはどうかといった意見もある。

(b) 厚生年金保険の現状と課題

1986年度以降は船舶も適用事業所となったし，1987年度からは従業員5人未満の法人事業所への適用拡大が図られたため，厚生年金保険法の適用事業所数は1980～90年代においては増加傾向が見られたが，近年は経済情勢を反映して減少傾向にあり，2004年3月末（以下，同期の現状を示す）で161.8万事業所となっている。被保険者（加入者）数も1998年度以降減少傾向にあり，男性2,130万人，女性1,075万人，それに船員や抗内員6万人を加えて，合計3,212万人である。被保険者の平均標準報酬月額は31万3,893円であり，男性が35万8,875円，女性が22万4,394円であった。年金受給権者の数は，加入者の高齢化等の影響で近年増加しており，2,315万人となっている。その内訳は老齢厚生年金が844万人，通算老齢年金相当の老齢厚生年金が628万人，障害厚生年金が32万人，遺族厚生年金が321万人である。次に，厚生年金受給権者の平均年金月額をみると老齢厚生年金（併給される老齢基礎年金を含む）は16万9,936円，障害厚生年金は10万1,945円，遺族厚生年金は8万7,111円であった。

なお，厚生年金保険は現在，所定労働時間が通常の労働者の4分の3未満である者（多くは女性のパートタイム労働者）には適用されておらず，これらの者は，被用者年金制度の被扶養配偶者で国民年金の第3号被保険者になるか，あるいは年収が130万円以上あれば被扶養配偶者とは認められないので，国民年金の第1号被保険者になっている。このようなパートタイム労働者にも厚生年金保険を適用すべきなのかどうか，また年収130万円を超えるか否かで国民年金保険料の納付義務の有無が変わり，そのために就労調整が行われているが，これは女性の就労促進にとってマイナスに作用している，という問題がある。さらに，年金における拠出と給付の設

計に関して世帯単位にすべきなのか，個人単位にすべきなのか議論があるし，近年，若干の考慮が認められるが，年金制度において少子化対策を講ずるべきなのかどうか，また病院や特別養護老人ホーム等に長期間入院・入所している者が，同時に公的年金を満額受給しているが，年金給付と医療・福祉給付との調整は必要ではないのか，年金受給者に年金以外に一定額以上の所得がある場合に，その所得額に応じて年金額を減じる事はどうなのか，といったようなことも議論されている。

(c) 国民年金・厚生年金保険の収支状況

2003年度の国民年金勘定の収支状況は，収入（保険料，国庫負担，積立金の運用収入等）が5兆7,677億円，支出（給付費，基礎年金勘定への繰入等）が5兆8,177億円，収支差がマイナス500億円（積立金から補足），年度末の積立金が9兆8,612億円であった。なお，収入，支出から「基礎年金勘定から受入」を除いた実質的な収支は，収入が3兆6,142億円，支出が2兆3,324億円となっている。

これに対して2003年度の厚生年金保険の収支状況は，収入が31兆1,022億円，支出が31兆4,401億円，収支差がマイナス3,379億円（積立金から補足），年度末の積立金が137兆4,110億円であった。なお，収入，支出から基礎年金に関連した交付金や拠出金を除いた実質的な収支は，収入が29兆7,101億円，支出が21兆1,416億円となっている。

(2) 年金額の物価スライド制

公的年金制度における年金額は，厚生年金保険法や国民年金法が規定しているように，「国民の生活水準，賃金その他の諸事情に著しい変動が生じた場合には，変動後の諸事情に応ずるため，速やかに改訂の措置が講ぜられなければならない」。このように，必要が生じたときに年金額の改訂を行うのが政策改訂であり，わが国では，5年毎の財政再計算期に行われてきた。この間の経済変動に対して，年金額の実質価値の維持を図る措置として1973年の法改正で導入されたのが自動物価スライド制であった。

この自動物価スライド制とは，総理府の作成する年度平均の全国消費者物価指数が5％を超えて変動した場合に，その変動した比率を基準として年金額を改訂するものであったが，実際は，5％未満の物価変動（上昇）でも特例的に改訂が行われた。その後，物価指数の計算が年度平均から暦年平均に変更されたほか，1989年の法改正では5％基準が撤廃され，前年の物価指数の変動に応じて年金額を改訂する完全自動物価スライド制が採用された（1990年4月から適用）。しかし，このスライドのための財源は全

て後代負担となるので，年金受給世代の給付と現役世代の負担のバランスを図ることからも，その負担の軽減が重要な課題となる。

1994年の法改正で導入された可処分所得（ネット所得）スライド制は，現役世代の名目賃金の伸びではなく，それから税金や社会保険料を差し引いた実質賃金（手取り賃金）の伸びに応じて年金額を改訂する方法であった。また2004年の法改正では，将来の最終的な保険料水準を固定して（2017年度以降，18.3％に固定する），その範囲で給付を行うという保険料水準固定方式が採用されたために，年金額改訂の方式として，「マクロ経済スライド」方式が採用された。この方式は，保険料負担と給付とのバランスをとるためのもので，賃金や物価の変動をそのまま年金額改訂に反映させるのではなく，年金制度を支える現役被保険者数の減少分と平均余命の延びといった，社会全体の保険料負担能力の減少分を差し引いて年金額を改訂するものである。

(3) 費用負担

わが国の公的年金制度は，社会保険方式で実施されている。年金保険事業に要する主な費用は，保険給付費と事務費であるが，これらは，被保険者等の納付する保険料，その積立金から生ずる運用収入，国庫負担，そして国民年金（基礎年金）事業にあっては第2号および第3号被保険者にかかる基礎年金拠出金によって賄われている。

公的年金制度の給付費を賄うための財政方式として，積立方式（将来の年金給付に必要な費用を予め保険料で積み立てていく方式）と賦課方式（年金給付に必要な費用を，毎年度，その年度の被保険者からの保険料で賄っていく方式）とがあるが，わが国の公的年金制度は，国民年金も厚生年金も，積立方式と賦課方式の中間にある修正積立方式による段階保険料方式（保険料率を将来に向けて段階的に引き上げていくことを想定し，その将来見通しに基づいて当面の保険料率を設定する方式）を採用し，年金の財政運営に関しては，財政計算の基礎となる数値を見直し財政計画を立て直すために，5年毎に財政再計算を行ってきた。しかし2004年の法改正で，保険料水準固定方式や年金額の自動調整の仕組み（マクロ経済スライド）が採用されたため，年金の財政運営方式としては，これまでの財政再計算の仕組みに代えて，少なくとも5年毎に年金財政の現状と財政均衡期間（おおむね100年間）における見通しを作成して，財政検証を行うこととなった。

(a) 国民年金保険料

国民年金の保険料は，定額制（2005年3月までは月額1万3,300円であっ

た）で，2005年度から2017年度までの間，毎年度280円（2004年度価格）ずつ引き上げられることになっている（2017年度以降は月額1万6,900円となる）。保険料の納付義務を直接負っているのは第1号被保険者のみであり，第2号および第3号被保険者については，第2号被保険者の属する被用者年金制度の保険者が，当該被保険者およびその被扶養配偶者の人数分の保険料に相当する額を基礎年金拠出金という形で負担することになっている。なお保険料の納付免除制度には，全額免除の法定免除と申請免除の制度があるほか，半額免除（2002年4月実施），4分の3および4分の1免除（2006年7月実施）の方式が採用されている。また20歳以上の学生被保険者については，一定の所得要件の下で承認されれば，在学期間中，保険料納付が免除される（学生納付特例制度）。以上の免除期間は，老齢基礎年金の受給要件としての資格期間には算入されるが，年金額計算においては減額の原因とされる（学生納付特例の場合は年金額には反映されない）。満額の年金を受給するためには，保険料の追納が必要である。追納は免除を受けた各月から10年以内の間に行わなければならない。保険料の滞納がある場合，社会保険庁長官は納付義務者に対して督促状を発し，期限を指定して納付を督促することができる。指定期限までに保険料が納付されない場合は，社会保険庁長官は国税滞納処分の例によって処分することができる。この場合は年14.6％の延滞金が徴収される。また，保険料の納期限から2年を経過すると時効が完成し，その後は保険料の納付ができなくなる。

（b）　厚生年金保険料

　厚生年金保険の保険料は，厚生年金保険の年金給付のほか，厚生年金保険の被保険者およびその被扶養配偶者である国民年金の第2号および第3号被保険者に係る基礎年金拠出金の財源となる。2003年4月以降総報酬制が採用され，保険料率はそれまでの17.35％から13.58％に引き下げられた。保険料率はさらに，2004年10月分（2005年からは9月分）から毎年0.354％ずつ引き上げ，2017年9月以降18.3％に固定することになっている（2004年法改正。保険料水準固定方式の導入）保険料は被保険者の月収（標準報酬月額）とボーナス等（標準賞与額。上限150万円）に保険料率を乗じて算定し，これを労使で折半負担する。厚生年金基金の加入者の保険料は，基金が厚生年金保険の一部を代行している場合その分だけ免除される。なお育児休業期間（2005年4月以降，子が3歳に達するまでの期間）中の保険料負担については，本人負担分の免除（1995年4月実施）とともに事業主負担分の免除も行われている（2000年4月実施）。保険料免除期間中は，休業開始前の標準報酬月額にもとづく保険料が納付された扱いになる。

（c） 基礎年金の費用負担

　基礎年金は，全国民共通の年金給付を支給するものであり，その費用は国民全体で公平に負担することとされている。つまり基礎年金では，公的年金各制度から国民年金特別会計（基礎年金勘定）へ基礎年金拠出金を拠出することとされている。各制度の負担する基礎年金拠出金の額は，基礎年金給付費として支払われるべき総額を，各制度に属する被保険者数に応じて按分したものとして算定される。第1号被保険者の按分額は国民年金制度が，第2号および第3号被保険者の按分額はその第2号被保険者の加入する被用者年金制度が，それぞれ国民年金特別会計（基礎年金勘定）に拠出する。

（d） 国庫負担

　従前，国庫は毎年度，それぞれの年金（保険）事業における年金給付費と事務費に対して一定額（あるいは一定割合）の負担を行っていたが，現在では，年金給付費に係る国庫負担は，各公的年金制度を通じて一元化され，基礎年金給付に要する費用の3分の1（この割合は，2006年度から引き上げられ，2009年度までに2分の1とされることになっている）相当額に集中されている。つまり，厚生年金保険における国庫負担は，事務費以外は，原則として基礎年金拠出金の3分の1に相当する額とされている。国民年金においても，国民年金特別会計に繰り入れられる基礎年金拠出金相当分の3分の1が国庫で負担される。ただし，保険料免除期間に係る基礎年金給付費についてはその全額，また20歳前障害に係る障害基礎年金の給付費についてはその40％相当額が，特別に国庫負担されることになっている。

4） 企業年金・国民年金基金制度

(1) 企業年金制度

　企業年金制度は一般に，企業が従業員の福利厚生制度の一環として自主的に設ける年金制度であり，1960年代後半以降，退職一時金の年金分割化を動機として広く導入されたが，1986年の基礎年金制度の導入後は，公的年金に企業独自の上乗せ給付を行うことによって年金給付水準の全体的アップを図る補完的機能のほか，退職後，公的年金給付が受けられるまでの間の所得保障を行う繋ぎ機能を持つものとして，重要視された。

　しかし1990年代半ば以降，景気動向や年金積立金の運用環境の悪化などを背景として，年金資産が給付に必要な責任準備金を下回ることとなり，確定給付型の企業年金である適格退職年金や厚生年金基金（調整年金）は母体企業の経営を圧迫するという事態を発生させた。このような状況の中

で企業年金改革が進められた。すなわち、1962年の法人税法と所得税法の改正によって導入された適格退職年金は（経過措置を講じて），2012年3月までに廃止されることになった。また1965年の厚生年金保険法の改正で導入された厚生年金基金（特別法人である基金が、老齢年金の報酬比例部分の運営を政府に代わって代行し，合わせて企業独自の立場から、これに上積みされる加算部分の支給を行う仕組みで、この加算部分が企業年金に該当する）を新しいタイプの企業年金（労使が合意した年金規約に基づく規約型企業年金と母体企業とは別の法人格の基金による基金型企業年金がある）に再編成するために2001年に確定給付企業年金法が制定された。さらに，日本版401Kプラン（拠出した掛金額とその運用収益によって給付額が決まる確定拠出型年金として，日本では，企業拠出のみの企業型と加入者拠出の個人型がある）を実現するための確定拠出年金法が同年に制定された。

(2) 国民年金基金制度

国民年金基金制度は，すでに1969年の国民年金法の改正による付加年金制度の導入に伴い，政府の行う付加年金を代行し，それを上回る給付を行うために職能型の国民年金基金が創設されたときに始まった。しかし，この基金は設立要件が厳しく，実際に設立されたものはなかった。その後，自営業者など国民年金第1号被保険者の多様な老後の需要に応えるとともに，基礎年金に上乗せされる報酬比例年金を有する民間被用者や公務員などの第2号被保険者との年金格差を是正するために，1989年の法改正で，地域型国民年金基金の創設と，職能型国民年金基金の設立要件の緩和が定められた。そして1991年4月から新設された国民年金基金は，第1号被保険者の老齢基礎年金に上乗せされる2階部分の年金制度となっている。

地域型国民年金基金は都道府県ごとに，各地域内に住所を有する1,000人以上の者で設立される。1991年5月に，47都道府県に設立された（2004年度末現在，加入員数63万人）。職能型国民年金基金は，同種の事業または業務に従事する3,000人以上の者で，全国に1つずつ設立される。2004年度末現在，25基金，加入員数12万人となっている。加入は任意であるが，脱退は原則としてできない。

以上の国民年金基金は，加入員または加入員であった者に対して，老齢を支給事由とする年金給付と，死亡を支給事由とする一時金給付を行う。年金給付は口数制を採用し，加入が義務づけられる1口目は年金月額3万円であり，余裕があれば加入する2口目以降は1万円である。加入員は給付内容の異なる7種類の年金給付の中から，自己の生活設計や掛金額を考

慮して口数を選択し，加入することになる。基金の掛金は，口数および加入年齢によって決まり，上限6万8,000円まで加入できる。この範囲内の掛金は，社会保険料控除の対象となっている。

5）公的年金制度の実施機構と不服申立て

(1) 実施機構

　　国民年金事業を管掌する保険者は政府である。そのうち企画，立案を厚生労働大臣が，運営を社会保険庁長官が行うこととされている。国民年金事業の事務の一部は，政令の定めるところにより，法律によって組織された共済組合等や市区町村長が行うことができるとされている。たとえば，第1号被保険者にかかる年金給付等に関する受給権の裁定請求の受理およびその請求にかかる事実についての審査に関する事務や保険料の申請免除や学生被保険者の特例納付の申請の受理やその申請にかかる事実の審査事務等は，市区町村長が行うこととされている。さらに，社会保険庁長官は，その権限の一部を地方社会保険事務局長に，そして事務局長はその権限の全部又は一部を社会保険事務所長に委任することができる。そして，具体的な国民年金の業務（年金現業業務）は，社会保険庁，各都道府県の地方社会保険事務局および社会保険事務所で行われている。年金の裁定（年金受給権の確認）は社会保険庁長官が行うが，その業務は社会保険事務所で取り扱い，年金の支払業務は社会保険業務センターが行っている。

　　厚生年金保険事業の経営主体たる保険者も政府である。厚生労働大臣が企画，立案を行い，社会保険庁長官が中央機関としての事業の運営を行い，地方機関としての地方社会保険事務局長および社会保険事務所長がその実施にあたっている。また，社会保険庁長官の権限の一部は地方社会保険事務局長に，そして事務局長の権限の全部又は一部は社会保険事務所長に委任することができる。具体的な厚生年金保険の業務（年金現業業務）のうち保険料の徴収（納付），裁定請求書の受理等の大半の業務は，社会保険事務所で行われる。

(a) 社会保険業務センター

　　高齢社会の到来により年金業務に関しては，その必要業務量と管理すべき情報が増大していくことが見込まれる。このような状況に対応するためには効果的な事務処理体制と，即時に利用可能な形での情報の集中管理体制が整備されていなければならない。社会保険業務センターは，社会保険制度の業務処理の中枢的な機関として，全国の社会保険事務所と専用の通信回線で結ばれており，大型コンピュータを駆使した社会保険オンライン

システムにより事務処理（具体的には被保険者記録の管理，年金の裁定や支払，年金に関する相談等）を行っている。

(b) 社会保険事務所

社会保険事務所は，社会保険庁の出先機関であって，都道府県の主要な場所に設置され，都道府県知事の指導・監督の下で，国民年金や厚生年金保険等の被保険者の適用事務，保険料の徴収（納付），保険給付の支払等の現業業務を行っている。事業主や被保険者に関する情報は，社会保険オンラインシステムによって社会保険業務センターへ転送され，被保険者記録の更新や年金の裁定が行われる。また，大型コンピュータから被保険者に関する各種情報を引き出すことによって，被保険者や受給者からの年金相談に応じている。

(2) 不服申立制度

行政庁の違法または不当な処分その他公権力の行使にあたる行為について，行政庁に対しその行為の取消しその他の是正を求める手続き，つまり行政不服申立の手続きは，一般的には行政不服審査法によるが，他の法律に特別の規定がある場合はその法律の定めるところによる，とされている。国民年金法や厚生年金保険法は，この点に関する特別の規定を置いている。

国民年金にしろ厚生年金保険にしろ，年金制度への加入，保険料の徴収（納付），年金受給権の裁定，年金の支払等，被保険者（加入者）の年金受給権に直接間接に関係するさまざまの年金関係業務は，国あるいは地方公共団体の機関（行政庁）が行っており，それら行政庁の処分如何によっては，被保険者の権利が侵害され，不利益を被ることがある。国民年金法によれば，被保険者の資格に関する処分，給付に関する処分（共済組合等が行った障害基礎年金に係る障害の程度の診査に関する処分を除く），そして保険料その他国民年金法の規定による徴収金に関する処分に不服がある者は，社会保険審査官に審査請求をすることができる。その決定に不服がある場合，あるいは審査請求後60日以内に決定がない場合には，審査請求人は社会保険審査会に再審査請求をすることができる。行政裁判である処分の取消しの訴えは，社会保険審査会の裁決を経た後でなければ提起することができない。

また，厚生年金保険法によれば，被保険者の資格に関する処分，標準報酬に関する処分，そして保険給付に関する処分に不服がある者は，社会保険審査官に審査請求をし，その決定に不服があるか，あるいは審査請求後60日以内に決定がない場合には，さらに社会保険審査会に再審査請求をす

ることができる。また，保険料や厚生年金保険法の定めるその他の徴収金の賦課徴収処分，および保険料等の督促・滞納処分に不服がある者は，社会保険審査会に審査請求をすることができる。そして，以上の各処分の取消しの訴えは，それらに対する社会保険審査会の裁決を経た後でなければ提起することができない。行政不服審査と行政裁判との関係については，いわゆる審査前置主義が採用されている。

　ところで，国民年金法や厚生年金保険法で定める不服申立の審査機関は，原処分をした行政庁ないしその上級行政庁ではなくて，それらとは異なった第三者機関である社会保険審査官および社会保険審査会である。第1審の審査機関である社会保険審査官は，独任制で各都道府県（地方社会保険事務局内）に置かれている。第2審の社会保険審査会は，委員3名ないし6名による合議制で東京都（厚生労働省内）に置かれている。いずれも職権主義を採用しており，当事者または関係者の主張を待つことなく，またこれに拘束されることなく，積極的に職権で事実の探知，証拠調べをする建前になっている。

〔片岡　直〕

3 児童手当ほか手当制度

1）総　説

　我々の経済生活を保障するための制度としてこれまで，公的扶助（生活保護）と年金制度について述べてきた。公的扶助は，生活困窮者に対してナショナル・ミニマムを保障するために，公費で，補足性の原理に基づく資産や能力の活用等を前提として，保護基準に照らしてその不足分を個別的に給付する制度であった。また年金制度は，わが国では社会保険方式を採用しており，被保険者や事業主の拠出する保険料と国庫負担を主要な財源として，老齢，障害，死亡の事故発生に対して定型的な給付を行うものであった。このほかに経済生活を保障するための第3の方法として，受益者は拠出せず，公費や事業主の負担によって，所得制限はあるが資産調査はない，定型的な給付を行う制度がある。このような無拠出制による定型的所得保障の形態を，一般に，社会手当あるいは社会援護といっている。

　現在わが国において，このような社会手当としての定型的所得保障制度に該当するのは，児童手当法（1971年，法律73号）における児童手当，児童扶養手当法（1961年，法律238号）における児童扶養手当，特別児童扶養手当等の支給に関する法律（1964年，法律134号）における特別児童扶養手当，障害児福祉手当，特別障害者手当である。このほか，原子爆弾被爆者に対する援護に関する法律（1994年，法律117号）により被爆者に対して支給される諸手当，公害健康被害の補償等に関する法律（1973年，法律111号）により被認定者等に支給される諸補償給付等，また第2次世界大戦における戦傷病者戦没者遺族等の援護に関する一連の立法にもとづいて支給される年金，給付金，弔慰金等も社会手当制度に位置づけられるであろう。さらに，社会手当類似のものとして，災害救助制度に属する災害弔慰金の支給等に関する法律（1973年，法律82号）に基づいて災害による死亡や障害に対して支給される，災害弔慰金や災害障害見舞金，ならびに被災者生活再建支援法（1998年，法律66号）による自然災害で住宅が全壊した世帯等に支給される生活再建支援金がある。なお，社会手当制度の分野でわが国で最初に実施されたのは，国民年金法の福祉年金制度（1959年11月から実施された）であったが，1986年4月からの基礎年金制度の実施によって老齢福祉年金だけが残され，障害福祉年金や母子・準母子福祉年金は新国民年金法の障害基礎年金や遺族基礎年金に裁定替えされ，廃止された。

2) 児童関係手当の内容

(1) 児童手当

　児童一般を対象とする児童手当制度は，わが国の社会保障制度の中ではもっとも遅れて1971年に児童手当法が制定され，翌年1月から実施された。当初は義務教育終了前の第3子以降を対象としていたが，1985年の改正で義務教育就学前の第2子以降とされ，1991年には，支給対象を第1子からにするとともに支給期間を満3歳に達するまでと改めた。その後も何度か制度改正が行われている。たとえば2000年の改正では，支給期間が3歳未満から義務教育就学前までに延長された（特例給付の支給）。さらに2004年の改正では，支給期間を小学校第3学年修了前までに，そして2006年の改正では，支給期間を小学校第6学年修了前までに延長した。

　児童手当は，家庭における生活の安定と次代の社会を担う児童の健全な育成および資質の向上を図ることを目的として，児童を養育している者に支給される。しかし近年の制度改正は，児童手当制度を少子化対策の一つに位置づけているようである。しかし，支給額は定額で，現行法では第1子と第2子が月額5,000円，第3子以降は1人につき月額1万円と低額のままであり，これでは児童手当制度の本来の目的も，少子化対策としての実効性もあがらないのではないかと考えられる。児童手当の支給を受けようとする者は，住所地の市町村長に申請し，その認定を受ける必要があり，申請の翌月分から支給される。ただし，所得制限があり，前年の所得が一定額以上の者には支給されない。児童手当の支給に要する費用は，国と地方財政の三位一体改革の下で行われた2006年の改正で国庫負担割合が引き下げられ，被用者に支給される分については事業主と国と都道府県と市町村がそれぞれ7：1：1：1の割合で負担し，非被用者に支給される分については国と都道府県と市町村がそれぞれ3分の1ずつの負担割合で負担することとなった。さらに，公務員に対する児童手当の認定および支給事務は，その所属庁の長が直接行い，その費用は，その所属する国または地方公共団体が全額を負担する。なお，所得制限によって児童手当を受給できない被用者または公務員で，一定の所得額未満の者に対しては，全額事業主負担による特例給付（児童手当と同額）が支給されている。

(2) 児童扶養手当

　児童扶養手当制度は，死別母子世帯を対象とした遺族年金（母子あるいは準母子福祉年金を含む）制度から除外されていた，主として離婚による

生別母子世帯の児童を対象として，その家庭の生活の安定と自立の促進のために，対象児童の母または養育者に無拠出の現金給付を行うものである。児童扶養手当法は，1962年1月からの実施以後幾度か改正されているが，1985年には，財政危機を背景にして，児童扶養手当を従来の年金の補完的制度から，児童の健全育成を図ることを目的とした福祉制度に改めるとともに，所得制限の強化と離別した父の所得による支給制限の制度を新設した。また，1985年8月以降の新規認定者分について，全額国庫負担から都道府県の一部負担（4分の1の負担）を導入した。その後も，手当額の改訂にいわゆる自動物価スライド制が導入されたし，支給対象児童を18歳未満の者から18歳到達年度の末日までの者に拡大した。さらに，1998年8月の政令改正により，母が婚姻によらないで懐胎した児童であって，父から認知された児童についても手当支給の対象とした。このような児童扶養手当を中心とした母子家庭に対する支援は，2002年の母子及び寡婦福祉法の改正によって，就業自立に向けた総合的な支援へと転換された。それはハローワークを中心とした就業支援策に加えて，国と地方公共団体が協力して母子家庭の母の就業支援を推進していくという形で実施されている。

なお児童扶養手当の支給対象児童は，18歳到達年度の末日までの者あるいは20歳未満で政令で定める程度の障害状態にある者である。手当の額は，定額制が採用されており，自動物価スライドで調整されるが，2002年8月以降，受給資格者本人については，その所得額に応じてきめ細かく設定されることとなっている。2005年4月現在，支給対象児童1人の場合，月額4万1,880円，2人以上の場合は2人目に5,000円，3人目以降1人につき3,000円が加算される。

(3) 障害児・者に対する社会手当

現在の，特別児童扶養手当等の支給に関する法律は，1964年の重度精神薄弱児扶養手当法が，1966年に支給対象を重度身体障害児にも拡大して特別児童扶養手当法となり，精神または身体に障害を有する20歳未満の障害児を監護している父母または養育者に対して特別児童扶養手当を支給するものとなった。同法は，1974年に現在の法律名に改称され，重度の精神薄弱（知的障害）と重度の身体障害の重複者に特別福祉手当を支給する制度を新設した。この特別福祉手当は翌年，精神または身体に重度の障害を有する者を対象とする福祉手当へと拡大された。その後1985年の障害基礎年金の創設に合わせて，福祉手当は，20歳以上の成人であって日常生活において常時特別の介護を要する程度の在宅の重度障害者を対象とした特別障

害者手当と，20歳未満の在宅の重度障害児を対象とした障害児福祉手当に再編成された。これらは1986年度から実施されている。

　特別児童扶養手当は，国が，精神または身体に障害を有する20歳未満の障害児を監護する父母または養育する養育者に対して支給する。受給資格者は，受給資格と手当の額について都道府県知事の認定を受けなければならない。手当額は定額制で，自動物価スライド制の適用がある。2005年度の手当月額は，政令（特別児童扶養手当等の支給に関する法律施行令）別表第3の1級（重度）に該当する障害児1人につき5万900円，同じく2級（中度）に該当する障害児1人につき3万3,900円である。2004年度末現在の，手当受給者数は16万2,026人，支給対象児童数は16万6,836人（1級9万7,194人，2級6万9,642人）であった。

　障害児福祉手当は，都道府県知事，市長および福祉事務所を管理する町村長が，その福祉事務所の所管区域内に住所を有する重度障害児（精神または身体に重度の障害を有するために，日常生活において常時の介護を必要とする在宅の20歳未満の者）に対して支給する。受給資格者は，受給資格について都道府県知事，市長または福祉事務所を管理する町村長の認定を受けなければならない。手当額は定額制で，自動物価スライド制の適用がある。2005年度の手当月額は，障害児1人につき1万4,430円である。

　特別障害者手当は，都道府県知事，市長および福祉事務所を管理する町村長が，その福祉事務所の所管区域内に住所を有する特別障害者（精神または身体に著しく重度の障害を有するために，日常生活において常時特別の介護を必要とする在宅の20歳以上の者）に対して支給する。本手当の場合も，受給資格者は受給資格について都道府県知事，市長または福祉事務所を管理する町村長の認定を受けなければならない。手当額は定額制で，自動物価スライド制の適用がある。2005年度の手当月額は，障害者1人につき2万6,520円である。これら特別障害者手当は，障害者の自立生活の基盤を確立するために創設されたものであり，在宅の重度障害者に対し，その著しく重度の障害によってもたらされる特別な負担の軽減を図るものである。現在，特別障害者手当は，障害基礎年金との併給が可能とされている。

［片岡　直］

☆**主要文献**☆　1）　小山進次郎『改訂増補　生活保護法の解釈と運用』（復刻版，全国社会福祉協議会，1975年）
　　　　　　　2）　籠山京『公的扶助論』（光生館，1978年）
　　　　　　　3）　尾藤廣喜，木下秀雄，中川健太郎『誰も書かなかった生活

保護法──社会福祉の再生に向けて』(法律文化社, 1991年)
4) 古賀昭典編著『新版 現代公的扶助法論』(法律文化社, 1997年)
5) 杉村宏, 河合幸尾, 中川健太郎, 湯浅晃三編著『現代の貧困と公的扶助行政(シリーズ, 公的扶助実践講座①)』(ミネルヴァ書房, 1997年)
6) 小野哲郎, 津田光輝, 岡田征司, 池田英夫編著『公的扶助と社会福祉サービス(シリーズ, 公的扶助実践講座②)』(ミネルヴァ書房, 1997年)
7) 松崎喜良, 藤城恒昭, 戸田隆一, 笛木俊一編著『福祉事務所と社会福祉労働者(シリーズ, 公的扶助実践講座③)』(ミネルヴァ書房, 1997年)
8) 村上清『年金改革── 21世紀への課題』(東洋経済新報社, 1993年)
9) 島田とみ子『年金入門(新版)』(岩波書店, 1995年)
10) 堀勝洋『年金制度の再構築』(東洋経済新報社, 1997年)
11) 山崎泰彦「各国の家族手当の成立過程」(『国際社会保障研究』No. 18, 1976年所収)

Part VII

社会保障・社会福祉の課題

―〈このパートで学ぶ目標〉――

　20世紀から21世紀を迎え，世界の国々は，1950年代の高度成長経済体制から，1970年代に入り低経済成長体制へ移り，これに伴って公的財政支出を伴う福祉国家政策は世界的なゆらぎを見せている。そして，1990年代アジア諸国にみる高度経済成長とその世界への波及や世界の経済的グロバリゼーションにより，今日これまた急速なアジアや，日本のバブル経済崩壊と経済，金融財政改革に伴い21世紀の初頭期は世界的に，高齢社会，少子社会の訪れとそれへの対応ともからんで，また経済不況に伴う財政にかかわる社会保障・社会福祉制度をめぐる行財政構造改革が進行している。そこで，このパートでは，つぎのことを学ぶことを目ざしている。

　第1に，今日社会保障，社会福祉制度の展開とその存在の論理は，いったい何かということ。

　第2は，社会保障，社会福祉制度とその権利の視点は何かということ。

　第3は，社会保障，社会福祉制度構造改革の視点は何かということ。

　ベーシックなこれらの問題を考え，21世紀を迎え，そこに生きる人々の社会保障，社会福祉と生存の生活の価値問題にかかわり，現世代，次世代を担う人々の生きること，その構想力創造について学ぶことを目指している。

1　社会保障・社会福祉の論理

1）「社会保障」および「社会福祉」制度の現代的性格

　　　　現代の世界の国々の経済生産システムは，それがどのような形態――自由な市場経済取引をベースにする資本主義あるいは，国の管理をベースとする計画経済の社会主義システムをとろうと――，その国民の生存，生活を，自立自助原則による生活個人責任によって維持することを立前としても，前述してきたように，すべて各種の社会生活事故（疾病，高齢，障害，失業，その他の）に対応できるものではない。そこから，国が，その国民の人間の生存，生活の維持に対して，第1に，国の公的責任として，第2に，その生存生活の権利保障を前提に，第3に，公的な政策，制度によってそれらの生活的事故，危険に対処するための各種の給付――現金，現物，その他の――を狭義の「社会保障」制度（所得保障）や，「社会福祉」制度（対人的サービス保障）や生活環境保全などの制度によって総合的に行うことが時代の1つの性格となっている。ただ，各国の政策，制度は，それらの国の経済，政治，社会的生活や文化，また社会的，政治的な諸力の情況によって異なっていることは，今日，日本，アメリカ，またEU諸国さらにアジア，中近東，アフリカ，南米の諸国などを見るとき，一目瞭然である。そして，これに対処する「社会保障」，「社会福祉」制度の構造も異なっている。すでにみたように，これには公費負担や，財政負担が伴うことになる（Part I 参照）。

　　　　また，その財源調達のために，国民の租税負担や保険料拠出が公平・公正に賦課されることが必要になる。ただこれも，その制度の内容，とりわけ各種の生活を脅かす諸事故の範囲や，それに対する給付の範囲，その内容によって，また負担能力，国の政治や経済活動などによって違いが出てくることはいうまでもないのである。

2）現代社会における生存権保障と公的責任の「揺らぎ」

　　　〈表Ⅶ-1〉でみるように，わが国の憲法25条Ⅰ・Ⅱ項の生存権保障の実現は，狭義の「社会保障」制度，ならびに「社会福祉」制度によって，国，地方自治体が，その公的な財政負担，加えて受益者負担などをもとに運営している。次頁の表Ⅶ-1でみるように「社会保障」制度にかかわる，公的扶助，社会保険，老人保健などにみられる国と地方自治体，受益者負担

Part VII
社会保障・社会福祉の課題

表VII-1　日本の社会保障関係総費用構成比（実支出）*

年度 社会保障・関連制度	昭46 (1971) (決算額)	昭50 (1975) (決算額)	昭55 (1980)	昭60 (1985)	平2 (1990)	平3 (1991)	平5 (1993)	平6 (1994)	平7 (1995)	平8 (1996)	平9 (1997)
関連制度・社会保障合計	100.0	100.0	100.0	100.0	100.0	100.0	100.0	100.0	100.0	100.0	100.0
社会保険	68.3	70.5	72.2	68.6	71.3	71.5	69.0	69.9	70.1	70.1	70.3
老人保健	—	—	—	10.2	11.2	11.5	11.3	11.8	12.1	12.7	12.6
公的扶助	6.6	5.1	4.1	3.8	2.5	2.4	2.1	2.0	2.1	2.0	2.1
社会福祉	4.2	8.3	7.3	4.9	4.6	4.5	4.6	5.0	5.2	4.9	4.9
公衆衛生・医療	8.5	6.8	7.9	5.8	5.2	5.2	8.1	6.8	6.4	6.2	5.8
その他（恩給ほか）	12.3	9.3	8.5	6.5	5.2	4.9	5.0	4.4	4.1	4.0	4.0

＊　総理府社会保障制度審議会事務局編『社会保障統計年報』（社会保険法規研刊）関係年度をもとに筆者作成（統計表示では，各制度計が100.0にあわない）。

の負担関係，加えて「社会福祉」は国と地方自治体の負担，受益者負担において，制度が運営されている。そして，これらの社会保障，関連制度のうち，どの制度に，もっともコストがかかっているかを知ることができるのである。いうまでもなく，「社会保障」制度による所得保障の制度中核である，社会保険と公的扶助（生活保護法）に凡そ70％がかかり，なお「社会福祉」サービスは5％どまりとなっていることに注目したいのである。

そして，その負担をみるとき，わが国の生存権保障の制度軸が「所得保障」であり，その制度にかかわる保険料拠出制度に支えられている社会保険（年金と医療とで約65％）と老人保健にウエイトがかかっていることを知ることができるのである（約82％，恩給など含むともっと多くなる）。これに比べて社会福祉，公的扶助などの公費負担中心制度は，きわめて少ないことが理解されよう（約8％）。この制度の現況をみるとき，わが国ではもっぱら所得給付部門にウエイトがかかっていること，一方高齢社会，少子社会の到来などによる，社会福祉サービス部門が少ないこと，これに対してサービス（在宅福祉）重視の構造改革政策と保健医療（とりわけ医療保険）改革がみられ，その1つとして税＝公費負担による公的福祉措置制度の受益者負担の「契約福祉」への変革を目ざす「介護保険」創設や各種の社会福祉サービス改革がみられたのである。そして，医療と福祉との連携という政策が，「財政調整」的発想のもとでとられれきていること，しかし，その調整はきわめて至難であることに注目したい。

(1) 生存権保障からみた「負担」と「受益」基準原理とは

　社会保障，社会福祉制度を支える財源に関し，「負担」と「給付」＝「受益」の関係が強調され，これまで，税による公費負担を重視してきた福祉政策が，国の経済状況や財政状況などから財源調達面からの見直しを打ち出されていることも否定しえない。その見直しのベースにある基本問題として，いったい，何が「公的供給責任であるサービス」であるべきか，その受給対象者は，そのサービスの内容などとあわせて，給付の範囲と内容は，そのサービス水準の適切性，さらにそのサービスに対する公的負担責任，これにかかわる受益者負担の合理性などが問い直されている。このことは，狭義の「社会保障」や「社会福祉」制度で著しい。

　この場合，すでに指摘したように憲法第25条の生存権保障のプログラム的規定の性格から，財政などとの関連にみるその政策は，立法機関（国会）のあるいは行政機関の，合理的な裁量行為に委ねられるとしても，そこには合理的な基準が何かが必ずしも明らかではないのである。すでに指摘したように，憲法25条の生存権保障にあわせ，憲法13条の快適生活権（幸福追求権）保障，憲法14条（平等保障）などにみるその抽象的規定について，今日「生活・生命の質」（Quality of Life）の実現にかかわり，現代的な内容の肉づけなどが，国の政治的・経済的・社会的諸状況にかかわり，司法（裁判所）の立法裁量，あるいは行政（行政機関）の自由な行政裁量によることから多くに問題があることは周知の事実である。

　国のナショナル・ミニマム（国民的最低限）はいうまでもなく，オプティマム・ミニマム（最適最低限）の客観的基準の創設にあわせ，給付と負担をめぐり，その行財政需要への対応としての公・私の負担基準の合理性の創造は，国の経済，財政，あわせて国民の負担能力にかかわる財源負担問題にとってきわめて重要な法政策課題となっているのである。とりわ

け「福祉」にかかわる「給付＝受益」と「負担」の法的問題は，憲法83条の財政民主主義，憲法84条の租税法律主義に加え，公的責任にかかわる公的サービスの内容とその範囲をめぐる給付＝受益に関する法的問題と，それにかかわる負担とその公正，適正化に加えて，その実現のための法的手続問題にかかわっている。しかし，これらの問題は，何れも今日なお論拠不明確，しかも論議も十分公開のない政治的問題として処理されてきていることに注目したいのである。一方，現政府は，小泉内閣のもとで国費（補助金）負担の削減，一方国庫から地方自治体による主体的・自治体行政などの「三位一体」改革を実現しようとし，小さな政権下の市町村合併化，さらに道州制問題が提起されている。

(2) 国民負担率と「給付＝受益」と「負担」

今日，「国民負担率」や「給付と負担」という用語が，きわめて政治的に使用されてきている。これは福祉に関連して，これへの租税と社会保険料とのトータルの国民負担が，国民総生産（GNP）あるい国民総所得（GDP）対比で，どの位になるかということ，これが「国民負担率」といわれる。成熟社会，高齢社会，少子社会の到来と，この国民負担率増減関係については「正」の因果関係が指摘されてきた。このことは，福祉国家といわれた北欧諸国や，EU諸国をみるとき明らかであった。この点，1970年代に低経済成長に移ってから，「福祉国家」といわれてきた主要北欧，西欧諸国は1980年代，福祉国家のような高負担，高福祉政策の転換を迫られた。わが国も，行財政合理化に当面し，第2次臨時行政調査会答申は，高齢化社会の到来などに伴う社会保障費の増大と，その対応としてこの国民負担率について，38％〜40％維持を目ざしつつ，西欧諸国の50％以下とし，自立自助，福祉国家依存からの離脱，民営化活用（民間活力）の利用を強調し，これが今日の社会保障・社会福祉政策のベースになっている（表Ⅶ-2・表Ⅶ-3）。

この政策的な数字は，高齢化，少子社会の進展に伴い，好むと好まざるとを問わず，社会保障，社会福祉費の抑制と福祉給付の内容にどのようなインパクトを与えるかに関係して，その抑制にかかわらず増加傾向を示すことは否定できない。何故なら，公的保障の費用抑制が，要援護者に対する国民福祉の意味を失わせることになるとき，それは個人による生活維持のための民間保険利用や，貯蓄などのストック増加による対応のために，私的福祉の費用を増大させることになるからである。わが国の公的保障の在り方の後退と，自立自助による私的福祉との費用増大は，公的福祉にウ

表Ⅶ-2　国民負担率の国際比較等　　　　　　　　　　　　（単位　％）

区　分	日本 (1996(平8)年度)	アメリカ (1989)	イギリス (1990)	ドイツ (1990)	フランス (1988)	スウェーデン (1990)
租税負担率	15.2〜17.8	25.2	38.8	31.3	33.5	50.5
社会保障負担率	13.2	10.2	10.2	21.9	29.1	19.9
国民負担率	36.4	35.4	46.2	54.3	62.6	70.4
(注) 老齢人口比率	(1996(平8)) 15.7	(1993) 12.7	(1997) 15.8	(1993) 15.4	(1993) 15.7	(1993) 17.6
(65歳以上人口)	(2000(平12)) 17.0	(1996) 12.8	(1996) 15.2	(2000) 17.0	(2000) 15.4	(2000) 17.1

（注）過去15年間の老齢人口比率の上昇：3.2％ポイント（7.1％→10.3％）
　　　今後15年間の老齢人口比率の上昇：6.6％ポイント（10.3％→17.0％）
資料：年金研究所「財政と社会保障の諸問題」，社会保障制度審議会事務局編など

表Ⅶ-3　社会保障給付費，租税・社会保障負担率等の国際比較　（単位　％）

国　名	社会保障給付費 の対国民所得費 1993	老年人口比率 (65歳以上人口比率) 1997	租税・社会保障負担の 対国民所得比（1989年）		
			租税負担	社会保障 負　担	計
日　　本 （1997年度）	15.2％ (17.8)	15.7％	23.1％	13.3％	36.4％
アメリカ	18.7	12.7	26.1	10.1	36.5
イギリス	27.2	15.8	40.7	10.2	49.2
ド イ ツ	33.3	15.4	30.9	26.4	56.4
フランス	37.7	15.7	35.1	29.0	64.1
スウェーデン	53.4	17.0	51.0	22.2	73.2

資料：総理府社会保障制度審議会事務局編による（社会保障統計年報，平成11年版）

エイトをかけている結果，個人のストック増加を少なくしている西欧諸国と比較して，結果として西欧諸国にみる国民負担率と匹敵することになると考えられることになる。公的福祉とその費用増大，そして公・私混合ミックス福祉とその費用増大などの政策対応と，その効果の究明は，社会保障，社会福祉の「給付」と「負担」にかかわる財源負担問題として，極めて重要な政策課題なのである。

何れにしても，国民負担率との関係にみる給付と負担との関係については，その問題につきつぎのような課題を含んでいる。

第1は，課税ベースや税率構造，社会保険の範囲や拠出につき，租税負担や社会保険負担の内容に関連する負担率の水準問題，

第2は，国民負担率の上昇と，その家計の貯蓄行動や労働供給に及ぼす影響度や，国民負担率の抑制効果と負担率促進効果の影響度，

第3は，国民負担率抑制と，市場活力の活用，自助努力の奨励重視とその影響度，

第4は，国民負担率の抑制と家族内部の遺産，贈与や介護への依存の強化とその問題性などへの関連性など。

なお，この1980年代の第2次臨時行政調査会答申の政策は，給付＝受益と負担の明確化から，とりわけ社会保障（社会保険料）負担の増加を提起した。この点，わが国の社会保障政策の中軸は，拠出制にもとづく社会保険制度で，地域住民対象あるいは全国民対象の保険制度（国民健康保険法および国民年金法）は，地域住民対象の場合は住民自身と公費（税）負担，勤労者対象の場合は労使折半原則（一部は使用者側負担多し）と事務費などの公費負担によって構成されている。これに対し，一部の西欧諸国では，資金の公正配分として，使用者負担増，また使用者の福利厚生関係費負担増加への転稼論がみられ，それが具体化されている。一方，勤労者や地域住民への負担の増加もみられている。これらの問題は，わが国では超高齢社会，少子社会，障害者社会，ジェンダー平等社会などの到来する21世紀の政策課題として，不透明な国民経済，財政とかかわって，国民は自分がどのような制度，政策の在り方を選択し，決定するかという問題が，生存，生活保障のための福祉→給付と負担のあり方にかかわっていることを知ってほしいのである。

(3) 社会保障・社会福祉制度の存在とその論理を考える―介護保障制度を実践として―

　「経済開発」と「社会開発」を両軸に，経済的，かつ政治的統合を目ざしたEEC（ヨーロッパ経済共同体）→EC→EU（ヨーロッパ連合）は，その両輪のバランスのとれた拡大発展を意図しながら，21世紀に入って，拡大EUを目ざしEUは，旧社会主義諸国の加盟を目ざしているが，今日長期的な経済停滞と失業に当面している。しかしEUは，このような状況にあっても，社会的連帯をベースに，ヨーロッパ市民の人権保障の実現を拡大する社会的連帯に即応する「社会的保護」政策を，経済的に苦悶するEU加盟国に要請し，高齢化，少子化，女性の社会的進出と平等，少数者の人権保障などの実現に対応して即応するEU政策を希求している。EU諸国は，EU自体とともに，財源として「附加価値税」にウエイトをかけつつ，福祉の実現に努めている。この点，わが国の経済・財政金融政策は，EUとは異なり，社会的保護，社会的財政を重視する財政よりも，なお産業再生優先に力を注ぎ，バブル経済とその崩壊を生み出すような経済構造価値の温存の政策に，なお固執せざるをえないのは，国，国民の政治認識や政治意識に依るのであろう。いま，大量生産，大量消費，大量廃棄にみる生活環境汚染から人にやさしい環境保全へとようやく，眼が向きつつある。そして快適な生活環境，福祉環境と結びつき，一方きびしいが経済と

財政とかかわる雇用保障環境を実現することが迫られている。

新税として導入された，しかも高齢社会への政策対応として導入された消費税は，福祉という特定目的への限定使用の意識が稀薄のままで，今後日本経済状況とかかわって，一般財源の補充として増大化されるという政策的対応が，国民福祉の基盤整備にかかわって，ようやく，福祉財政法的視点からも問題とされている。

前述したように，今日急速な高齢化社会の到来とかかわって1996年新ゴールド・プランの具体化にみる要援護高齢者への「社会的介護」問題は，福祉をめぐる給付負担の福祉財政法上の重要問題である。ここでは詳論はさけるが，憲法第25条の生存権保障の実現にかかわって，政府はじめ関係機関において，ようやく「介護保障」政策とその具体化として「介護保険法」が制定をみ，不備な法の2000年4月実施を前に，連日マスコミ，関係者，国民の間で話題となっている。

「介護」は，本来保健，医療，福祉とにかかわるものであり，狭義の介助，援助にとどまるものではない。すでに「介護」は，現行の高齢者保健福祉にかかわる既存法制度——老人保健法，老人福祉法，保険医療関係法など——によって提供されてきた。しかし，そのタテ割の関係法による対応が，ようやく保健医療，福祉との連携を生み出し，それ自体の不備ともかかわって，また既存制度にみる前述の財政負担——たとえば老人福祉法の要援護高齢者の施設，在宅サービスにみる公費負担（国，地方公共団体の），受益者負担による公的措置福祉，老人保健法の要援護高齢者の老人保健施設での介助の公費負担，保険料負担，受益者負担，保険医療などによる付添い介助の保険料負担（私的な，建前的な付添い廃止など）——などにより行財政の多岐を生み出してきた。このような複雑な制度について，これを整理すべく総合化，一体化するよりも，保健医療と介助とを峻別し，このための費用支出，負担を分離・分別特化するべく，またこの特化によって既存制度の整理を試みた。しかし，今日，介護保険制度は，多くの問題を内在化して進行しているのが，ドイツの介護保険をモデルとした今次の「介護保険」制度である。

介護保険制度創設とその給付水準，介護提供環境整備，財政対応は，今日社会保障，社会福祉制度に共通する課題をかかえた，まさに根本問題となっている。この介護保険制度創設自体が，福祉と財源，給付と負担の在り方についての，今日のわが国の社会保障，社会福祉の政策対応の代表的事例であり，公費（税）プロパーによる制度を選択しえないこと，ここから拠出制の保険制度導入をとったということであり，公・私の対応を求め

るということである。このことは，給付水準と負担の在り方をめぐり，低給付・低負担，中給付・中負担，高福祉・高負担拒否の高負担・低給付，あるいは中給付などという選択いかんにより，公的介護保険の内容とその受益と負担の問題について，民間保険制度による補足を必要とせざるをえなくなっている。今日，多くの問題をかかえる福祉の民間活力利用による市場化・営利化福祉の市場論理の拡大は，いわゆる公的責任から受益者負担への「豊かな社会」における公・私ミックス型対応におちつくということになり，要援護者に対し，負担いかんでは貧富の格差によるサービス格差を生み出すことになり，今後の大きな課題である。改めて，憲法25条Ⅰ・Ⅱ項による公的責任による生存権，生活権保障，安定した国民生活の保障，そのことが負担を適正化し，対象者に対する真の自立自助を形成する方向の具体化が迫られている。

2　社会保障・社会福祉を受ける権利の保障

1）生存権保障とこれにかかわっている憲法規定

(1)　現代社会と人間の権利

　　生存権保障は，その憲法25条とともに，つぎの事件にみられるように，憲法14条（法のもとでの普遍平等原則），加えて憲法13条の快適生活権（幸福追求権），さらに憲法26条（教育権），憲法27条（労働権），憲法28条（労働基本3権）などが，現代社会に生きている人間の権利としての生活保障に対する国の行政とか，裁判のための規範として重要な役目をもっている。これらの憲法の定めのうち，生存権については，朝日訴訟裁判（国立岡山療養所に結核で入院中の朝日茂さんが，生活保護基準の水準の低さについて争った事件。最高裁判所大法廷判決1967〔昭和42〕年5月24日）や，堀木訴訟裁判（全盲の堀木文子さんが，障害福祉年金を支給されていたことを理由に，その扶養していた二男に対する児童扶養手当法の手当支給が認められなかったことに対し，この2つのものの併給を禁止した児童扶養手当法の併給禁止規定は，憲法25条の生存権，憲法14条の平等原則に反するとして争った事件。第1審神戸地方裁判所（1972〔昭和47〕年9月20日）はこれを憲法違反とし，第2審の大阪高等裁判所（1975〔昭和50〕年11月10日）は合憲とし，最高裁判所大法廷は1982〔昭和57〕年7月7日に憲法25条，13条，14条に違反しないとした）。堀木訴訟，朝日訴訟は，最高裁判所大法廷判決1982〔昭和57〕年7月7日）にみられるように，生存権保障について国の道義的責任のみを定めたプログ

ラム規定にすぎない，と解されてきた。そこでそれなら意味はない，と考える人も多いと思う。

しかし，憲法25条は，国の道義的な責任のみを定めたプログラム規定にすぎないものとして，国が社会福祉サービスを何もしなくともよいと解することはできないのである。むしろ，朝日訴訟や堀木訴訟最高裁判決とその後のいろいろな社会保障裁判によってみても，国民の側からは，自立自助促進とかかわって，具体的で積極的な義務を国が負うことを定めているものとして，国の施策を求めることのできる，時代の生活ニーズに相応できる生成変化しつつある規範としての役割を期待しているのである。

これらの定めのほか，憲法の第8章（「地方自治」を定める92条〜95条），基本的人権関係条項（11条・12条・97条）なども社会福祉には関係をもっている。

(2) 生存権保障とその権利実現にかかわる法

憲法の他，これを具体化している数多くの社会保障や社会福祉サービス関係の法がある。これらの法律には，社会保障にみられる「所得保障」実現にかかわる前記の公的扶助（生活保護法）や，社会保険（医療保険，公的年金保険，労災補償保険，雇用保険，加えて介護保険など），さらに社会扶助（社会手当法）がある。さらに，社会福祉サービスの給付内容などを定める児童福祉法や老人福祉法，身体障害者福祉法などの法律があり，それを実現する組織や管理，監督の法律として，社会福祉事業法などがある。さらにこれらの法を具体的に施行するための政令（憲法や法律の規定を実施するために内閣が制定するもの），省令（各省の大臣が，その行政事務について，法律や政令の実施のため，または法律や政令の委任によって発する命令）などがあるのである。

このほか，とりわけ社会福祉サービスの給付やその事務その他について，地方公共団体がその自治権にもとづいて，地方議会の議決によって定める条例，その実施のための施行規則，地方公共団体の機関が法によって国から委任された事務などについて定める規則も存する。

また，最近，社会福祉に関する裁判事件も増加し，判決も増えてきている。これらの社会福祉事件の最高裁判所判決などの裁判例も，この法源ということもできるかと思われる。

なお，行政機関の通達（各省大臣などが，その掌る事務について，その職員に対し執務上よらなければならない解釈などを内容とするもの），解釈例規，行政指導要領や要綱なども，法ではないが，前記の社会福祉の法律の実施

にかかわって，重要な役割を，法律以上にもっているのである。

2）社会保障・社会福祉の権利とは

(1) 社会福祉諸サービスを受ける権利とは

　現行の社会保障，社会福祉関係法にもとづく社会保障，社会福祉サービスは，もっぱら国の機関やその実施の委任を受けている地方公共団体のサービス行政機関によって行われている。社会保障や社会福祉サービスを受ける権利は，法的な権利としてどのような性格をもっているかということは，定年により高齢退職者となり年金生活になったり，身体障害になったり，寝たきりになったりして，そのさいに社会保障，社会福祉サービスを切に求める受益者にとっては重要な関心事なのである。

　まず，受益者にとって，社会保障，社会福祉サービスを受ける権利は，行政による慈善や恩恵的施しものであってはならないことはいうまでもない。

　社会福祉サービスを受ける権利が，真に前記の憲法25条（生存権保障）や13条（快適生活権）や14条（普遍平等原則）の立法趣旨に即するといえるためには，それが国の具体的な義務づけを伴う国への請求権として位置づけられていることが望ましい。国に対する具体的な請求権を通じて，それがまた具体的に給付が実現されなければならないということである。また，その権利性といっても，それは受益者にとってきめこまかく定められていなければならないことは当然なことである。実際にこの国への具体的な請求権といっても，それが実現されるということになると，社会保障や社会福祉サービスが社会福祉関係法のもとで定められている権利については，後に述べることになるが，これらの点は法的権利としていずれも十分でないのである。そこで，権利といわれるものの一般的な性格について説明してみたい。

(2) 社会福祉サービスの権利の内容について

　社会保障や社会福祉サービスを受ける権利については，社会保障や社会福祉サービスの受益者の生活保障からみた性格について説明してきた。しかし，社会保障制度の社会保険とは違って，とりわけ今日行われている社会福祉サービスにかかわっている困窮者のための生活保護法，児童，母子，身障者，知的障害者，高齢者，婦人などの福祉関係法の権利性をみるとき，多くの問題がある。その最大の理由は，これらの社会福祉サービスとその実施は，国の財源＝税によって，国や，その行政実施責任を負うている地

方公共団体などの十分でない財政支出にもっぱらたよっているために，その財政的制約に服することによっているといわれる。その結果としてこれまで社会福祉サービスを受ける権利は，国や地方公共団体への具体的な請求権ではなく，「利益を受けうる状態にある」という，いわゆる「反射的受益権」として行政機関によって解されてきたことにあるからである。この解決，規定によると，請求権といっても，「反射的受益権」では，その国や地方自治体による具体的な義務を負っている権利実現は難しいということから，法のサービスも，十分受けられないということからである。

　たとえば，児童福祉法の第2章「福祉の措置及び保障」の項にみられる具体的な育成医療給付（児童福祉法20条），療育給付（同法21条の9），また，身体障害者福祉法の第2章「福祉の措置」の項にみられる診査・更生相談（18条）や更生医療（19条）などで法は「……なければならない」とか，「……できる」と定めている。しかし，これらは，いずれも受益者の請求権に対する国の給付する具体的な義務ではないと解されているのである。しかし，このように解されているからといって，受益者への恩恵的なサービスでないことはいうまでもない。社会福祉サービスの権利は，援養者の負担による保険料拠出＝法定給付にもとづく社会保険などの権利と異なり，このようなところに，現行法で保障する権利の弱さがあるといわれているのである。この権利の弱さの改革のための社会福祉関係法は，前述の公的措置行財政福祉を「両当事者福祉サービス給付」の形に変え，両当事者間の負担に伴う契約関係に変えることになったのである。

　社会福祉サービスは，行政機関による「措置権」という行政権限の行使によって具体的に実現されている。権利を具体化するための行政による「措置」は，各福祉関係法にもとづく行政機関の権限行使としてなされる。それも勝手気ままに行使されるものではなく，サービス実現のための手続過程をふまなければならない法にもとづく，しかし行政の一方的な裁量的な処分行為であると解されているということである。これは，行政権限のある機関の一方的な行政行為といわれているが，これも問答無用のものではないはずである。しかし，この行政による措置権（権限）は，受益者の権利の性格と反比例する性格を示すといってよい。社会福祉サービスを受ける権利が，前に述べたように強度な義務づけを伴う権利性をその内容として保障されている場合には，行政権限は弱くなる。しかし，前記の「反射的受益権」という弱い性格の場合には，措置権限は強力な性格を示すことになる。わが国の社会福祉サービス行政の手続，ならびに実質的な法的問題がここに現れている。

今日，前述のように福祉行政措置を廃止するという改革により，福祉サービスの売買という，当事者間の受益者負担による自由な意思による選択，決定による「契約」の方式に変革しようという政策がみられているのであるが，ここにも一長一短があることはいうまでもないのである。

3）社会保障・社会福祉の受給権の保障とは

(1) 社会福祉サービスを容易に受けるための手続的な権利の擁護

　受益者は，社会福祉サービスを受けるためには，多くの場合，その受益者が国の出先機関の社会保険事務所や，地方自治体の福祉事務所などへ出むき，そして申請する。そしてその後，法によって受給資格の有無の調査とその確認，役所による決定，具体的なサービス給付の受給（施設への入居とか，現金あるいは現物給付を受けるなど）という行政手続を経て，ようやく給付が行われるか否かが具体化する。この点から，社会保障，社会福祉サービス施策の実施が，行政に委ねられているとはいえ，受給者がサービスの利用を受けやすくするためには，まず，広く社会保障，社会福祉サービス情報の容易な入手，その関係機関の情報の周知徹底が大切である。行政機関への出頭・申請（ときには職権によって）はともかく，広く誰でも受けうるように，また受給資格を緩和したり，資格の確認，実施を迅速化したり，またその不服の申立，迅速な処理など，その受給のための手続的権利が受益者の便利になり，受益者負担も経済的苦痛を伴わせない権利が擁護されていることが大切なのである。

(2) ニードに即した権利内容を保障することの擁護

　ついで，社会保障，社会福祉サービスの役割は，社会保障＝所得保障とともに，これを相互補足するために，特定のニードをもつ人に対して，その発達能力や生活能力の維持，回復，開発，加えて社会生活の共有と参加促進を中心に，もっぱらそのための保健医療，就業，福祉その他の対人的なサービスの給付を行うことにある。ここから，その給付されるサービスは，特定のニードをもつ人間すべてにとって，その生存と，可能な限り自立・生活を可能とするように，その発展能力，生活能力の回復，開発を中心に，社会的リハビリテーション（社会的更生），リセッツルメント（社会的再配置）の思想にかなうよう，サービスの内容が具体的に充たされることが大切なのである。このためにはこの代替，補充的な役目を果す現物や現金（手当）給付も，連けいしてそれらの役目を果すのにふさわしい内容のものでなければならないことはいうまでもない。

(3) 社会福祉サービスの権利擁護のための争訟の権利の保全

　社会福祉サービスを受けるためには，手続的な権利や権利内容が，国や地方公共団体などの行政機関によって実現されることが必要である。法は，この実現が国や地方自治体の行政機関によって侵害されたり，その行政の措置に不満な場合，その侵害や措置に関して行政機関に救済を求めて不服を申立てたり，権利侵害に対して裁判所に訴訟を提起することができるようにしている。しかし，その権利・利益保護にかかわる行政手続法をはじめとしてさまざまな制約があり，誰でも容易にできる救済手段が保障されているとはいえない。そして，この場合，受益者が不服申立や争訟を提起し，審理に参加する過程において争訟の専門家が参加すること，さらに社会保障，社会福祉制度の一環として，訴訟費用の十分でない人に訴訟費用を援護する制度の創設とその充実が望まれることはいうまでもない。

　表Ⅶ-4によって知られるように，権利は各種社会保険など，社会保障制度＝「所得保障」にかかわるものと，「社会福祉サービス保障」にかかわる制度にもとづいて，特定の不服申立事項（行政処分）に対して，その処分をした第1次行政機関の行政処分について，審査請求とか，異議申立てというような形で，第1審，第2審という関係審査機関によって，その処分が間違った処分か否かなどを審査する制度が明確にされていることがわかる。このような特定の不服申立事項（行政処分による）を限定し，これに対して，「行政不服申立て」を許しているのは，各関係法の関係条文によって，明らかに定められている。現実に社会保険に関する不服申立て事件は，かなり数多くみられている。これに対して「社会福祉サービスの権利実現」にかかわる「不服申立て制度」の法の定めと手続きは，権利の実現とその保障にかかわる不服申立て権を認めているにしても，現実には生活保護法，あるいは児童福祉法をはじめとする各種の社会福祉サービス関係法による前記の行政措置権限の行使に対し，行政措置に問題があるにしても，表示にみるとその第1審行政審査機関への申立てはまったくみられないといわれている。このほか「行政手続法」（法88号，平成5年）が，地方自治体の福祉行政手続問題の適用除外を定め，その即効性はない。それは，その権利の「反射的受益権」という権利の弱さによることが大きいと考えられる。また，各都道府県別の統計は十分な情報公開を行っていないこともあって，どの程度の件数があるかも公的に明らかにされていない。これは，公的に弱い，しかも，法による権利の弱さによる受益者の立場では不服申立権の行使すらむずかしいことによるのであろう。このような事情に照し，社会福祉，社会保障の情報公開の権利や，公正な行政手続保護

の強化が望ましく，またオンブズマン（社会福祉や社会保障の）制度の確立が望まれていることはいうまでもないのである。

(4)　行政計画作成・決定，行政運営・管理への参加の権利の擁護

　社会保障や社会福祉サービスの給付は，国や地方公共団体によって行われる場合でも，その関係者の生活に与える効果は大きい。したがって，前記の社会保障，社会福祉サービス行政の手続的権利，実体的権利内容，争訟の権利などの保全のために，この社会保障，社会福祉行財政の施策立案，その実施にさいし，まず計画立案とその実現のプロセスに，受益者が公聴会，審問会，それに審議会に，実質的にその利益が主張できるよう，反映されるよう受益者の行政運営ならびに参加の権利が認められなければ意味がないのである。

表Ⅶ-4　社会保障・社会福祉制度不服申立事項及び審査機関　第1審（初審）──第2審裁判所

社会保障・社会福祉制度	不服申立事項（処分）	処分した行政庁	不服申立の種類	審査庁	審査庁の所在地	行政処分	
国民年金	拠出制年金などの給付，被保険者資格，保険料徴収金，通算年金，通算対象機関の確認に関する処分	社会保険事務所長	審査請求	社会保険審査官→社会保険審査会	都道府県庁内	社会保険審査会（厚生労働省）	→裁判所
	福祉年金の給付に関する処分	知事	審査請求	社会保険審査官→社会保険審査会	都道府県庁内		
厚生年金	給付，被保険者資格，標準報酬に関する処分	社会保険事務所長	審査請求	社会保険審査官→社会保険審査会	都道府県庁内		
	保険料の賦課・徴収・滞納に関する処分	社会保険事務所長	審査請求	社会保険審査官→社会保険審査会	厚生労働省内		
健康保険	療養費，看護費，傷病手当金など保険給付 被保険者資格，標準報酬に関する処分	社会保険事務所長 健保組合	審査請求	社会保険審査官→社会保険審査会	都道府県庁内		
	保険料の賦課・滞納処分	社会保険事務所長 健保組合	審査請求	社会保険審査官→社会保険審査会	厚生労働省内		
船員保険	年金など給付に関する処分 被保険者の資格・標準報酬に関する処分	社会保険庁長官	審査請求	社会保険審査官→社会保険審査会	都道府県庁内		
	保険料の賦課・徴収・滞納に関する処分	社会保険事務所長	審査請求	社会保険審査官	厚生労働省内		
労働者災害補償保険	障害補償，遺族補償など保険給付 保険料，特別保険料に関する処分	労働基準監督署長 労働基準局長	審査請求 異議申立	労災補償保険審査官→労働保険審査会	都道府県労働基準局内 右に同じ	労働保険審査会（厚生労働省）	→裁判所
失業保険	失業保険給付，保険金の返還処分 資格の確認処分	公共職業安定所長	審査請求	雇用保険審査官→労働保険審査会	都道府県庁内		
国民健康保険	療養費など保険給付に関する処分 被保険者証の交付，保険料，徴収金に関する処分	市（区）町村長 国保組合	審査請求	国民健康保険審査会	都道府県庁内		→裁判所
恩給	恩給・扶助料に関する処分	恩給局長	異議申立	総務庁 恩給局長	恩給局内	総理大臣	→裁判所
戦傷病者 戦没遺族援護	年金，給与金，一時金の給付に関する処分	厚生大臣	異議申立	厚生労働大臣（援護審査会）	厚生労働省内		→裁判所
公務員およびその他の共済組合	年金，一時金その他給付，組合員の資格，掛金，通算年金の期間等に関する処分	共済組合	審査請求	共済組合審査会	各共済組合本部内		→裁判所
生活保護	生活扶助その他扶助の決定実施 救護施設その他施設へ収容	福祉事務所長	審査請求	知事→厚生労働大臣	都道府県庁内	厚生労働大臣	→裁判所
児童扶養手当	手当の支給に関する処分	知事	異議申立	知事→厚生労働大臣	都道府県庁内		
特別児童扶養手当	手当の支給に関する処分	知事	異議申立	知事→厚生労働大臣	都道府県庁内		
母子保健 児童福祉	母子健康手帳の交付，養育医療の給付，育成医療の給付，療育医療の給付，補装具の給付，助産施設へ入所，母子寮へ入所に関する処分	知事 市長 福祉事務所長	審査請求	知事の処分は厚生労働大臣 市長・福祉事務所長の処分は知事	厚生労働省内 都道府県庁内	厚生労働大臣	→裁判所
知的障害者福祉	知的障害者の措置援護処分	市町村長 福祉事務所長	審査請求	知事	都道府県庁内	厚生労働大臣	→裁判所
身体障害者福祉	身体障害者手帳の交付，更正医療の給付補装具の給付に関する処分	福祉事務所長	審査請求	知事	都道府県庁内	厚生労働大臣	→裁判所

佐藤進・社会保障と社会福祉の法と法政策〈第5版〉（誠信書房）312〜313頁

3　社会保障・社会福祉制度の機能と将来の展望

1）社会保障・社会福祉制度とその行財政の基本的特徴

　社会保障，社会福祉制度と行財政の基本原理は，くり返し述べてきたように，憲法25条や13条，14条などの立法趣旨さらに地方自治保障実現にもとづいて，国民の生存と生活保障の実現を目ざすことにあることはいうまでもない。ことに社会保障や社会福祉制度と行財政が，つぎのような特徴をもつことからことさらにいえるのである。

　（ⅰ）　現代社会は，著しく変貌する。このために国民の日常的な生活基盤の変質とその崩壊（あるいはその可能性）に対し，その快適にして安定した生活の維持と確保の必要に対処するために，国は，個人の自立，自助努力はともかく，その促進のために所得保障の充実はいうまでもなく，国や地方公共団体が，社会資本の充実を含めて，社会福祉サービス行財政に対して積極的な役割責任を負わざるをえなくなっている。

　（ⅱ）　社会保障，社会福祉行財政は，基本的人権保障の原理に関連して，社会的・経済的階層の別なく，広く普遍的平等原則にもとづき，しかもその社会的サービスの範囲とそれに対する給付はいうまでもなく，質的にも充実を迫られている。

　（ⅲ）　法的な具体的請求権として，各社会保障，社会福祉関係法にもとづく給付の実施とその内容の充実がその制度政策に対して強く要請されている。

　（ⅳ）　社会福祉行財政は，「生まれてから死ぬまで」の人間の生活において，個人のみならず家族の生活状況における特定のニードの充足に対処することにあわせて，この充足に対応する諸関連領域の利害調整に伴うその役割の重要性を増大してきている。

（ⅴ）　基本的人権尊重に根ざし，総合性に立脚した，専門的，技術的，効率的，職能的行政・管理運営の発展，成熟を必要とし，急速な促進を迫られている。

　このような特徴をもつことから，社会保障＝所得保障の充実にあわせて，社会福祉サービス保障＝必要な人に対する対人サービスの保障のための法と行財政の充実は，変貌する現代社会の生活状況に対応するために望まれているのである。しかし，今日国の経済，ならびに財政情況によって，その役割，機能も変化を迫られ，政策制度による対応も必要となっている。そこで，もう一度基本的な問題を整理してみよう。

2）社会保障・社会福祉制度連けい実現とその改革の視点

　（ⅰ）　現代の成熟社会において社会保障＝所得保障とあわせ，対人的な社会福祉サービスの供給源であり，これを支えてきた「家族」制度や，地域社会が変質している。したがって，このような「家族」機能や，他縁的な地域社会機能が，どの程度機能しているのか，これが法的に維持されうるものなのか，それとかかわって社会保障＝所得保障の制度的充実，ならびに社会福祉サービスの提供，その供給体制と政策主体である国・地方自治体などの公的なかかわり方が問われている。

　（ⅱ）　対人的なその社会福祉サービスは，かつての貧しい時代の人びとのニーズと異なって，今日の「豊かな社会」における生活主体のニーズは，きわめて多様化し，複雑化している。したがって，国民の基礎的な生活ニーズは，狭義の社会保障制度による「所得」や，「医療費サービス」，「介護費サービス」などの保障に加え，施設入所，在宅を問わず真に人間としての自立促進のための対人サービスとして，育成，援護，更生などの専門的な「社会福祉サービス」保障が迫られている。さらに，自立促進にかかわって教育サービス，労働促進サービス，住宅保障，さらに基礎的な上記のサービスに付加して，その快適な居住生活環境基盤や職場環境基盤の保全サービスその他の実現と深く連係することが求められている。しかし，今日の，わが国の社会保障はいうまでもなく，社会福祉サービス保障は，厚生労働省所管で，人的対象別の，しかもその行政所管にかかわる，「限定」された，特定の，しかも単発のサービス給付が中心であり，総合的なニーズを充足する行政および連携体制がきわめて不備である。生存権保障の理念に即して，包括的なナショナル・ミニマムを加えて，オプティマム（最適）・ミニマムの実現，一方，国の財政ともかかわって，しかも限られた社会的資源の，有効かつ効率的な活用の点からその改革が求めら

れていることは否定できない。

（iii）とりわけ社会福祉サービスは，他の施策，とりわけ所得保障施策や保健医療施策，関連施策などと相まって，単に消極的な，救貧的対応としてのみでなく，より積極的に，すべての面で予防を重視する時代がきている。これをいかにして，国，地方公共団体そして公・私の関係団体が協力しつつ，総合的に法政策によって実現するかが求められている。

（iv）前述の人的対象通用別の社会福祉関係法は，広く，「生まれてから死ぬまでの」人間のライフ・ステージに即して，社会福祉サービスを求める時代に当面してきている。にもかかわらず，その法目的はともかく権利主体である児童にしても，高齢者にしても，身体障害者にしても，母子（父子）にしても，知的障害者や精神障害者にしても，低所得・無所得層にしても，外国籍の人びとにしても，各々の対象別の法は，その法の規定構造は類似し，しかも公費負担の財源が影響し，特定の限られた要援護者への適用，しかも限られたサービス給付しかみられていない。しかし，広く，国民およびそのなかでも児童，高齢者，障害者など，いずれをとっても，広く普遍的な適用と権利にもとづく包括的なサービスの実現を考える場合，行政を1本にして，対象者に対し，包括的な，その多様なニーズの実現に即応する，スウエーデンやデンマークでみられる「社会福祉サービス」法の制定政策をとらざるをえない時代がきている。これをいかに実現するか，そのための法と行財政施策による対応が求められている。

（v）すでに言及してきたことであるが，社会福祉サービスは，今日憲法規範とその国や地方公共団体の公的責任にもとずく施策を中心に，受益者の権利とその内実化とかかわらせて実行されることが求められてきている。その給付も，恩恵的，慈恵的なものではなく，法的な，国に対して請求しうる具体的な権利という形で，一応社会福祉サービスの受給権を法認している法制度をとっているが，現実には繰り返して指摘してきたように，財源との関係において，とりわけその中味となる権利性は，社会保障や社会扶助などの所得保障制度にみる権利性に比し，一般論として反射的受益権としてきわめて弱い権利にとどまっている。ふれたところであるが，その権利は，きめの細かいサービス情報の入手，情報公開をはじめとして，その受給資格の面，その受給サービス内容などに加え，また行政機関の措置権限の行使に対する不服申立てならびに行政不服訴訟の権利などはいうまでもなく，また社会保障行政の実現にかかわる行政計画の立案，その実施その他への受益者の参加運営の面など何れも弱いのである。このような権利の前に，同じ権利内容にかかわる問題として社会保障や社会福祉サー

ビスを，どのような社会福祉行政機関その他において，どのような手続きを経て，しかも，どのような内容のサービスなどをうけることができるかなどについて，困ったときに受益者である国民を困惑させたりしかもスティグマ（恥）を感じさせないよう，極端には自棄，自殺に追い込まないよう，配慮されなければならないのである。このためには，十分な社会福祉情報を容易に入手し，それによって「貧困」や「生活不安定状況」と，自立的に闘う心づもりをさせる，きめの細かい対応が，権利実現の問題として重要な時代がきている。これまでの社会保障，社会福祉サービス行財政は，権利にとって，余りに硬直な，しかも難解な複雑な法の運用や官僚的な対応によって法的に捉えられすぎていたこと，サービス給付の情報，容易なサービス機関へのアクセス，不平不満の提起がその行政実現の政策立法者たちに軽視されていたことを反省する必要がある。そのうえで，権利の内容その内実化を，いかにして実現するかが迫られている。

　（vi）　対人的な社会福祉サービスの提供・供給は，これまで，公的な入所施設と，それ以上に公的機関の措置によるサービス給付を提供する社会福祉法人などの民間福祉サービス機関への委託によって行われてきた。しかし，この公的機関と民間機関とのあり方をめぐって，社会福祉サービスの行政機関による措置をベースとした公的な給付実現の仕組みは，すでにみたようにそのメリット，デメリットの批判をうけて，これが改めて問われる時代がきている。ことに，戦前は別としても，戦後50有余年をへて，今日この公的行政措置福祉の改革とともに，公・私の社会福祉事業のかかわり，役割というものが，在宅と施設との一体化，また地域福祉などとの面からいろいろな角度から問い直されてきている。ことに，社会福祉事業サービスの法的な，しかも公的給付というものは，民間社会福祉事業，とりわけ社会福祉法人などを通じて行われているが，社会福祉法人格をもつ民間社会福祉事業自体が，準公的施設機能をおびるにいたっているということである。この社会福祉事業の「公的規制」は，社会福祉事業とサービス給付にみる「公共性」，「非営利性」，「継続性」，「信頼性」，「自発性」などを貫かせることを予定したものであるはずである。しかし，その公的規制が，まさに監督規制，指導規制の強化と相まって，「金出し，口出し」，しかも非民主的，画一的，しかも，公的機関の安易な「下請」機関化している。これに加えて，現代社会の多様な，しかも公的な福祉サービスのニーズ対応への画一性，手続のややこしさ，官僚的なこと，しかもプライバシーに反したり，またスティグマ（恥）を嫌う受益者，消費者の社会福祉ニーズ充足の要請に十分応えうるものとなっていないことが問われてい

る。この「公的福祉」によるサービス提供が，受給者のニーズと，受給者の充足への対応として絶対なものなのか，社会福祉サービスの「公的実現」について，そのサービスは，在宅，施設サービスの何れにせよ，公立・公営，公立・民営，民立・民営などの社会福祉提供のあり方，また福祉行政機能のあり方を含めて，民間施設の対応などや，第3セクターや，公的役割のあり方とあわせて問い直されている。

　このような数多くの問い直しが，「社会福祉基礎構造」改革と称して，今日，社会福祉サービスの公的独占・寡占的な供給システムに対し，また官僚的・画一的な給付への批判とともに，一方効率的，機能的な面からの批判とあわせて，民間活力の利用ということとあわせ，公・民競争原理，市場原理促進のために自由な民間事業の競走を目ざす規制緩和による営利または非営利の事業体によるサービスなどの供給論が，強く提起されている。これはニーズの多様化と，それへの対応のための国の規制緩和，国・地方自治体の財政合理化，一方サービスの効率化などを主張しつつ，実は行財政合理化，縮減化などを中心に，福祉ミックスすなわち公・私共働の供給システム，そして利用者本位による「サービス契約」重視などという形で主張されている。これらの動向に対して，財政硬直化の打開とあわせ，受益者負担，民間福祉産業の育成，選択施策重点，利用者，消費者保護などの政策が，法政策面で現れている。この点について，今後どのように生存の権利と財政負担にかかわる義務の面から公的責任による対応をいかにすべきか，慎重な検討が求められ，法政策的に人権保障の実現を中心にいかに実現するかが，21世紀を前にして迫られている状況にあることに注目しておきたい。

3）社会保障・社会福祉制度の展望

　（ⅰ）　社会保障・社会福祉の法と行財政は，今後どのように動いてゆくのであろうか。

　第1に，今日高度経済成長政策期に対比して，財政硬直，しかも赤字国債発行のもとでの財源調達時代の経済低成長期，さらに高齢社会，少子社会の到来期の社会保障制度や社会福祉制度ニーズ状況は，変わらないどころか，そのニーズは増大している。にもかかわらず，それに対する国家および地方公共団体の行財政対応は，それをとくうえに難問に当面している（人，金，物，サービスの必要と不足）。これに対して，冷戦解消時代の今日，憲法改正論の抬頭と相まって，なお「国防費増大」→「軍事大国化」というかつての政治的圧力や政治懸念とこれに観念的批判のみで，対処しえな

くなっている。政治は，力関係による政治的力学で解決することは，窮極的な解決ではあろう。しかし，今日的状況において，それをどのように，とくかの鍵は，人権尊重，平和，快適な生活安定と生活環境保障，雇用保障の実現という福祉哲学を伴わない政治論的な説き方，なかんずく社会的な力関係とあわせて受益と負担重視のみの行財政とかかわった，住民や要援護者のニーズに即さない政策的対案を伴わない議論は不毛といってよい。現実にきびしい社会保障・社会福祉状況下におけるその法と行財政の下で，とりわけ中央集権行財政の揺らぎと，地方自治体の分権化行財政の指向の下で，その納税者，拠出者，消費者，受益者さらにジェンダー重視が存在し，またその行財政にそれなりに対応している地方自治体の福祉行政関係者や福祉保健従事者が存在している。またその底辺には，女性の社会的進出と，今日「ジェンダー」による視点の人権尊重と，平等保障の女性の動きがみられている。これらの現実を前に，受益者と国，地方行政担当者が，地域の足もとから，変化する社会保障・社会福祉をどのように支えたらよいかは，前記の福祉哲学に支えられた政策対案を伴った批判的政策とあわせて，それを変えてゆく受益者，関係サイドの力の結集とそれを前衛にした行動が必要となっている。行財政改革に関する，とりわけ財政縮減にかかわる答申などにもとづく福祉行財政カットと，その具体的な法と行財政のあり方は，国の1つの政策選択であり，そのインパクトやその政策的効果と，その今後の動向に注目したいのである。

（ⅱ）このあり方は，すでに各種関係審議会の動向をみるとき，中央政府主導の官僚，OB官僚の政界，財界との癒着による支配と，コントロール，その密室的な非公開論議と情報提供の抑制，加えてワンパターンの財政危機に規定された「福祉行財政」状況の強調にみられ，「生活個人責任」，「私的扶養責任」など，とりわけ家族扶養責任に依拠する自立自助などの新自由主義，新保守主義の強調と，その限界のもとでの「社会的＝公的責任」の思想を台頭せしめている。

このことは，公・私の生活維持責任の役割分担，とりわけ民間にかかわって営利，非営利の福祉サービス供給のあり方の強調に具体化され，行財政効率，民主化，公的規制の緩和を中心にした民間活力の利用，民間福祉産業の育成，さらにまた「受益者負担」あるいは「応益・応能原則」の強調に展開をみている。そしてこのことは，さらに「社会保障の選択＝優先政策の選択」を提示する。ついで当然なことながら，「公的福祉」の領域，とりわけ福祉サービス供給の効率化を中心とする公的福祉措置サービスの見直しと，その私的なものによる供給への転換，あるいは「有償化福

祉」とその技術開発の促進は，関係従事者の合理化や，公的福祉の第3セクター運営，さらに民間営利福祉産業の育成などを促進する。「成長なければ，福祉なし」という発想に対し，「福祉なくして，成長なし」という福祉哲学と，その実現のための財政効率，適正な受益を伴う所得，福祉，医療，快適な生活環境保障という総合的な政策形成の提起が，雇用保障とあわせていま求められている。

（iii）　従来，社会保障・社会福祉はいうまでもなく，とりわけ社会福祉の関係法は，要援護者のニーズと，その都度の政策的対応によって，モザイック的に，人的対象別に，量産化現象をみせてきた。そして，社会福祉事業の組織・運営にかかわる社会福祉事業法，民生委員法などの関係従事者の法，社会福祉士・介護福祉士法，精神保健福祉士法，言語聴覚士法などに加えて，保健，福祉従事者の条件改善関係法の制定，対人サービス保障と平等化にかかわる障害者援護法制定など，おくればせながらそれなりに対応してきた。しかし，これからの社会福祉サービスの行財政に対応する法について，政策主体である国は，行財政改革の視角から，これまで曲がりなりにも，人権尊重のうえで進められてきたこのモザイックな法体系を，自立自助，民間活力利用による公私ミックス福祉ベースの「日本型福祉社会」構想，「社会福祉基礎構造」改革構想などをベースに，変えてゆく動きを示してきている。そしてその政策は，福祉のベースとして，「家族（家庭）」基盤，地域基盤，企業社会基盤，女性介護依存などの私的扶養体制の強化を前提に，そのうえで，地域福祉，地方分権を担う地方公共団体や国の役割，かかわりを模索する行財政と，それを前提とした総合的な「社会福祉サービス」の法体制の再編への動きを見せている。

（iv）　公的な社会福祉の担い手である地方公共団体，国の役割は，自立自助，私的扶養の補完として，きわめて政策的な，基礎的ニーズに対応する「ナショナル・ミニマム」にとどめ，その限りにおいて，私的ストックを増加し，これに依存する法政策を導入する可能性がみられる。従前の権利状況をそのままに，また不公平税制をそのままに，直間税比率の見直し，受益と負担のバランスによる受益者負担，費用徴収などを強化する，公的サービスに対する費用負担とあわせて，フローの面でも，所得分配にみるアンバランスをそのままに，「有償化」や，民間活力利用による公的福祉への代置による政策強化が行われる可能性がみられてきている。このことは，保健医療，公的年金，介護にかかわる社会保障制度，社会福祉サービス，その他のいずれの面においても，私的な努力の強調をみせている。

（v）　社会福祉サービスにかかわる公・私の施設政策（従事者政策を含

め）も，その効率化，適正化などの用語により，再検討される動きを示している。

　以上高齢社会，少子社会の到来，国際経済関係の変化との対応を前提に，これからの社会保障，社会福祉制度改革は，行財政合理化の面から国の政策サイドから，熾烈に提起されてくる問題を指摘した。これらがサービスを必要とする者の，福祉受給権を侵害しないならよいが，弱者切り捨て，強者優位を生みだすおそれ，これらが，社会的不公正，社会的不平等を前提とした格差社会推進を一層増幅するおそれなしとしないのである。

　基本権保障の視点を再確認しつつ，きびしい生活状況下の，平和にして安定した人権保障と，それを擁護するための権利としての総合的な法の内実化とその模索が，国の法＝行財政を含む政策に対置される動きも現われている。人権を守る法政策の提起を，行財政問題とあわせて，その実現をいかに法政策として試みるかということが，これからの大きな法と行財政の課題であり，それへの対応の問題を指摘してきた。これらのことは国民であり，勤労者であり，地域住民であり，生活者としての福祉受給権主体である受益者にとって，また地方自治権主体である地方公共団体とその行政関係者および政府にとっても福祉問題と法および行財政の共通課題である。公的責任による社会保障・社会福祉行財政制度，政策の充実なしに，自立自助原則の私的扶養体制の強調は至難といってよい。20世紀末，21世紀での人権保障を前衛に，産業構造の変革，社会構造の変革，労使関係構造の変革にかかわる雇用創造と雇用保障にもとづいた，きめのこまかい社会保障・社会福祉の行財政体制の計画化とその実施こそ，総合的法制度政策の基本的課題である。

　社会保障制度審議会勧告（「社会保障体制の再構築」1995（平成7・7））は，社会保障制度審議会社会保障将来像委員会報告（第1次）（社会保障の理念の見直し）（1993・5）および第2次報告（各論）（1994・9）をうけて，戦後の生存権保障にもとづく「社会保障制度勧告」（1950）を時代の所産として，その改革の要を批判的に指摘し，21世紀社会保障像を提起した。しかしこの勧告は，前記の自立自助，福祉国家の回避，民間活力の利用をベースにした第2次臨調答申をもとに，もっぱら国民経済とからんで，とりわけ財源問題への対応の技術的な政策にウェイトをかけ，格調高き理念をこめた憲法の生存権保障にもとづく21世紀をにらんだ総合的な社会保障制度政策確立のための勧告であろうか，また高齢社会，少子社会，障害者増大社会，ジェンダー増大などへの対応として「介護保険」や援護法制度創設政策の方向づけに終始したことはともかく，極めて検討に値するもの

といってよい。この社会保障像は，1つの政策選択の素材として，改めて何を構想し，対置するかが，この勧告の意味する社会保障・社会福祉制度に対する真の改革の具体化として，21世紀への課題といえるのである。

[佐藤　進]

☆**主要文献**☆
1) 一圓光弥『自ら築く福祉―普遍的な社会保障を求めて』（平成5（1993）年，大蔵省印刷局）
2) 角田豊著・佐藤進改訂『社会保障法（新版）』（1994年・青林書院）
3) 福祉士養成講座編集委員会編集『改訂社会保障論』（1996年・中央法規出版）
4) 堀勝洋『現代社会保障・社会福祉の基本問題』（1997年・ミネルヴァ書房）
5) 佐藤進『社会保障と社会福祉の法と法政策（第5版)』（1998年・誠信書房）

重要事項索引

あ 行

ILO（国際労働機関） …………………………… 2
ICF …………………………………………… 234
ICDIH・1980年モデル …………………… 231
朝日訴訟 ………………………………… 15, 49
朝日訴訟裁判 ……………………………… 343
アジア太平洋障害者の10年 ……………… 258
アメリカ連邦政府「社会保障法」………………… 4
安全衛生管理体制 ………………………… 166
安全管理者 ………………………………… 169
安全配慮義務 ……………………………… 196
安定経済成長 ……………………………… 305
「家」制度の廃止 …………………………… 262
異議申立て ………………………………… 30
医　制 …………………………………… 54, 74
遺族基礎年金 ……………………………… 319
一時扶助費 ………………………………… 300
一般概括主義 ……………………………… 30
一般基準 …………………………………… 299
一般窮民救済策 …………………………… 44
医療関係法規の推移 ……………………… 75
医療計画 …………………………………… 80
医療施設機能の体系化 …………………… 90
医療従事者 ………………………………… 85
医療従事者の資格 ………………………… 86
医療情報の開示 …………………………… 92
医療制度改革関連法案 …………………… 96
医療制度改革推進本部 …………………… 115
医療提供施設 ……………………………… 83
医療提供施設外での医療 ………………… 82
医療費適正化計画 ………………………… 116
医療費の補助制度 ………………………… 70
医療法 ……………………………………… 75
医療法改正 ……………………………… 76, 83
　──の目的 ……………………………… 76
医療保険制度 ……………………………… 102
医療保険の体系 ………………………… 97, 98
医療保護施設 ……………………………… 301
医療保障 ………………………………… 8, 93
医療保障制度 ……………………………… 93
インクルージョン ………………………… 233
インフォームド・コンセント …………… 78
　──の原則の普及・推進 ……………… 92

ヴァージニア憲法 ………………………… 14
ウェッブ夫妻 ……………………………… 39
衛生管理者 ………………………………… 168
エリザベス救貧法 …………………… 9, 34, 42
エンゲル方式 ……………………………… 303
エンゼルプラン …………………………… 218
応益・応能原則 …………………………… 356
公の営造物責任 …………………………… 29
オプティマム・ミニマム（最適最低限）…… 338
オンブズマン制度 ………………………… 349

か 行

介護サービス ……………………………… 264
　──の供給体制 ………………………… 137
介護サービス提供体制 …………………… 150
介護・生活支援事業 ……………………… 136
介護提供環境整備 ………………………… 342
介護福祉士 ………………………………… 286
介護保険 …………………………………… 138
介護保険3施設 …………………………… 276
介護保険制度 ……………………… 130, 133, 142
介護保険制度創設 ………………………… 139
介護保険制度の課題 ……………………… 153
介護保険法 ………………… 52, 139, 140, 301, 342
　──の概要 ……………………………… 140
介護保障政策 ……………………………… 342
解釈例規 …………………………………… 344
快適職場指針 ……………………………… 172
かかりつけ医 ……………………………… 90
核家族化の進行 …………………………… 124
格差縮小方式 ……………………………… 303
確定給付型の企業年金 …………………… 311, 325
確定給付企業年金法 ……………………… 311
確定拠出型年金 …………………………… 326
確定拠出年金 ……………………………… 312
確定拠出年金法 …………………………… 312
加算制度 …………………………………… 299
可処分所得（ネット所得）スライド制 …… 323
家族制度 …………………………………… 352
家族扶養責任 ……………………………… 356
学校保健行政 ……………………………… 54
寡婦年金 …………………………………… 319
過労死 ……………………………………… 181
感化法 ……………………………………… 44

環境保健行政	54
患者への情報提供	78
完全参加と平等	232
完全失業率	200
完全自動物価スライド制	322
感染症対策	60
感染症の種類	61
感染症の動向	60
がん対策	70
官民格差	315
機会の均等化	232, 233
危害防止基準	170
機関訴訟	31
企業内特別補償協定	198
企業年金	311
基金型企業年金	311
基準生活費	300
基礎年金拠出金	317, 325
基礎年金制度	305, 313
基礎年金番号	327
基本手当所定給付日数表	202
義務付け訴訟	31
規約型企業年金	311
救急医療体制	89
休憩・休日・年次休暇	159
救護法	9, 46, 289, 291
求職者給付	201
旧生活保護法	9
級地制	303
救貧法	290
給付＝受益	339
給付と負担	339
窮民救済法案	45
窮民救助法案の提出	44
狭義の「社会福祉」	8
狭義の「社会保障」	8, 9
行政オンブズマン	29
行政関与型	214
行政機関の通達	344
行政救済制度	28
行政契約	21
行政事件訴訟	28, 31
行政指導	21
行政指導要領	345
行政争訟制度	28
強制被保険者	316
行政不服審査	30
行政不服審査法	304

行政不服申立て	28, 348
協同組合型	215
業務上災害・負傷・疾病	175
業務上通勤災害	184
協力奨励金	256
居住支援の場	240
居宅訪問系サービス	265
居宅療養管理指導	268
「勤労者保険」制度	10
勤労婦人福祉法	162
苦情処理	28
具体的権利説	16
国地方係争処理委員会	18
組合管掌健康保険	114
グランドデザイン案	252, 253
軍事救護法	46
「ケア・コーディネーション」の機能	73
ケアプランの作成	149
ケアマネジメント	242
経済保障（Economic Security）	8
軽費老人ホーム	279
契約期間	156
契約制度	212
減額年金	318
健康危機管理	72
現行生活保護法	9
健康保険組合	99
健康保険法	94
健康保障	8
健全育成	224
現代の職業病	181
権利保護	152
権力行為的行政	20
小石川養生所	43
高額療養費制度	95, 120
後期高齢者医療	107
後期高齢者医療制度	128
合計特殊出生率	311
抗告訴訟	31
公衆衛生	12
更生援護	244, 246
厚生年金基金（調整年金）	311
厚生年金保険の現状	321
厚生年金保険料	324
厚生労働省	55, 210
厚生労働省設置法	16
公設公営型	213
公的年金制度	315

公的福祉措置制度 …………………………337
公的扶助…………………………………4, 9, 10
公的扶助方式 ……………………………………96
公的保健サービス方式 ……………………………96
高等学校等就学費 ………………………301, 302
高度経済成長 ……………………………………305
公費負担医療 ……………………………………108
高齢化率 …………………………………………124
高齢者医療保障制度 ……………………………120
高齢社会 …………………………………………358
高齢社会対策基本法 ……………………………138
高齢社会対策大綱 ………………………………138
高齢者世帯 ………………………………………310
高齢者総合相談センター ………………………272
高齢者の生活の質の確保 ………………………133
高齢者福祉 ………………………………………261
高齢者福祉制度 …………………………………129
高齢者福祉に関する主な法律 …………………262
高齢者保健福祉10か年戦略 …………51, 128, 129
ゴールド・プラン …………………………51, 128
ゴールドプラン21 ………………………………130
国際障害者年行動計画 …………………………231
国際障害分類試案 ………………………………231
国民医療費の推移 ………………………………114
国民医療法 …………………………………………74
国民皆年金体制 …………………………………313
国民健康保険 ……………………………………106
国民健康保険法 …………………………………47, 94
国民最低限 ………………………………………293
国民所得倍増計画…………………………………49
国民年金基金 ……………………………………326
国民年金制度 ……………………………………316
国民年金手帳 ……………………………………317
国民年金の受給 …………………………………320
国民年金の被保険者 ……………………………320
国民年金保険料 …………………………………323
国民の健康増進……………………………………58
国民負担率 ………………………………………339
国連・障害者の10年 ……………………………258
古代・中世・近世社会の慈善救済 ………………42
国家賠償 ……………………………………………28
国庫委託金 …………………………………………28
国庫支出金 …………………………………………27
国庫負担 …………………………………………325
国庫負担金 …………………………………………27
国庫補助金 …………………………………………27
コミュニティ・ワーカー ………………………282
雇用安定事業 ……………………………………203

雇用継続給付 ……………………………………201
雇用3事業 ………………………………………203
雇用調整助成金 …………………………………203
雇用福祉事業 ……………………………………204
雇用保険 …………………………………………200

さ　行

サービス管理責任者 ……………………………241
サービス行政機関 ………………………………345
サービス契約 ……………………………………355
サービス提供システムの変化 …………………139
裁決取消し訴訟……………………………………31
再審査請求…………………………………………30
財　政 ………………………………………………22
財政均衡期間 ……………………………………323
財政再計算 ………………………………………323
財政状況 …………………………………………113
財政調整 …………………………………………338
在宅介護支援センター …………………………272
在宅高齢者保健福祉推進支援事業 ……………136
在宅福祉サービス ………………………………264
財団法人日本医療機能評価機構…………………92
最低基準 …………………………………………160
最低生活水準 ……………………………………302
最低生活保障水準 ………………………………293
差止め訴訟 …………………………………………31
産業医制度 ………………………………………172
産業保健行政 ………………………………………54
3障害統合化 ……………………………………256
COS（Charity Organization Society，慈善組織
　協会）……………………………………………36
ジェンダー ………………………………………356
歯科保健対策 ………………………………………68
時間外・休日労働 ………………………………159
支給決定の透明化 ………………………………241
事業内職業能力開発計画 ………………………204
自己啓発重視 ……………………………………204
自己負担および費用徴収…………………………26
資産申告書 ………………………………………297
資産調査（ミーンズ・テスト）……290, 297, 298
施設症 ……………………………………………255
施設体系 …………………………………………249
施設の小規模化・地域分散化 …………………218
施設の複合・多機能化 …………………………218
施設福祉サービス ………………………………274
施設利用の活性化方策 …………………………218
自治事務 ………………………………………18, 19
市町村障害者計画 ………………………………235

重要事項索引

市町村特別給付 …………………………145
市町村保健センター ……………………57
失業等給付 ………………………………201
執行不停止原則 …………………………32
疾病保険法 ………………………………94
指定医療機関 ……………………301, 307
私的福祉の費用 …………………………339
児童委員 …………………………………287
児童権利宣言 ……………………………222
児童厚生施設 ……………………………224
児童自立支援 ……………………………225
児童自立生活援助事業 …………………227
児童手当 ……………………………224, 331
児童の権利に関するジュネーブ宣言 …222
児童福祉 …………………………………222
児童福祉法 …………………………223, 238
自動物価スライド制 ………322, 332, 333
児童扶養手当 ………………………224, 331
死亡一時金 ………………………………319
資本主義生産システム …………………3
社会参加の促進等 ………………………248
社会事業専門家養成機関 ………………46
社会事業の成立 …………………………45
社会主義生産システム …………………3
社会生活環境保全整備保障 ……………12
社会手当制度 ……………………………330
社会的介護 ………………………………342
社会的協同の仕組み ……………………42
社会的福祉 ………………………………6
社会的リハビリテーション（社会的更生）…347
社会福祉 …………………………5, 12, 346
社会福祉基礎構造 ………………………355
社会福祉基礎構造改革 ……………138, 140
社会福祉サービス ……………5, 6, 347, 353
社会福祉サービス行財政 ………………351
社会福祉サービス保障 ………………6, 348
社会福祉士 ………………………………286
社会福祉施設 ……………………………216
社会福祉施設の体系 ……………………216
社会福祉従事者 …………………………281
社会福祉制度 ……………………………336
社会福祉の実施体制 ……………………209
社会福祉法 ………………………………212
社会扶助（Social Assistance） …………10
社会扶助方式 ……………………………320
社会復帰対策 ……………………………67
社会防衛的な視点 ………………………71
社会保険審査会 ……………………328, 329

社会保険審査官 ……………………328, 329
社会保険診療報酬支払基金 ……………111
社会保険制度 ……………………………10
社会保険方式 ………………………96, 320
社会保障 …………………………………8, 339
社会保障関係費 …………………………23
社会保障構成制度の法と行政体系 ……11
社会保障審議会 …………………………210
社会保障審議会勧告 ……………………48
社会保障制度 ……………………………336
社会保障制度勧告 ………………………358
社会保障制度審議会 ……………………94
社会保障制度審議会勧告 ………………358
社会保障の経済的機能 …………………7
就業に関し …………………………………188
就業の場所 ………………………………187
自由権的基本権 …………………………13
周産期死亡率 ……………………………63
自由選択主義 ……………………………33
住宅改修支援事業 ………………………133
収入申告書 ………………………………297
就労移行支援 ……………………………240
受益者負担 ………………………………356
数珠つなぎ方式 …………………………313
主体的生活者 ……………………………294
恤救規則 …………………………9, 43, 289, 290
準公的施設機能 …………………………354
障害 ………………………………………227
障害概念 …………………………………230
障害概念の改訂 …………………………234
障害児（者）地域療育等支援事業 ……248
障害者基本計画 ……………………235, 259
障害者基本法 ………………………51, 234
障害者権利条約 ……………………235, 260
障害者支援施設等への入所等の措置 …248
障害者施策に関する主な法律 …………236
障害者週間 ………………………………235
障害者自立支援法 ……………237, 238, 244, 251
障害者自立支援法制定 …………………259
障害者対策に関する新長期計画 ………258
障害者の機会均等化に関する標準規則 …258
障害者の権利宣言 ………………………230
障害者の法定雇用率 ……………………203
障害者白書 ………………………………235
障害者プラン ……………………………51
障害程度区分 ……………………………241
障害認定日 ………………………………318
障害福祉計画 ……………………………243

障害福祉サービス	247	ストレス	182
——の一元化	238	生活機能・障害及び健康の国際分類	234
少子化社会対策大綱	64	生活困窮外国人	295
少子社会	358	生活困窮者緊急生活援護要綱	291
使用者負担増	341	生活習慣病	59
消費者契約法	134	生活習慣病対策	59
ショートステイ	270	生活保護基準	299
ショートステイ施設	252	精神科ショート・ケア	254
職業紹介法	46	精神科デイ・ケア	254
職業性疾病の予防	171	精神科デイ・ケア施設	254
職業病概念	171	精神科訪問看護	254
職業病の認定	179	精神障害	182
職業病の予防対策	171	精神障害者社会適応訓練事業	256
職場内訓練	257	精神障害者社会復帰施設	251
食糧管理法違反事件	15	精神障害者社会復帰促進センター	67
女性差別の禁止	162	精神障害者授産施設	252
女性のパートタイム労働者	321	精神障害者生活訓練施設	252
所得再配分機能	7	精神障害者退院促進支援事業	256
所得代替率	315	精神障害者の医療	66
所得保障	8, 9, 12, 348	精神障害者福祉工場	253
処分取消し訴訟	31	成人保健対策	58
自立	253	精神保健福祉士	286
自立援助ホーム	227	精神保健福祉法	66, 67, 238, 251
自立観	254	精神保健法	65
自立支援給付	239	生存権的基本権	13
自立支援プログラム	306	生存権保障	343, 344
自立自助促進	344	生存生活の権利保障	336
自立促進	352	成年後見制度	134
資力調査（ミーンズ・テスト）	10	政府管掌健康保険	114
新アジア太平洋障害者の10年	258	セクシャルハラスメント	163, 184
新救貧法	35	世帯の利益	300
賑給（しんごう）	43	世帯分離	300
新ゴールドプラン	128, 139	セツルメント（settlement）	36, 37
審査請求	30	船員保険法	94
審査請求前置主義	33, 305, 329	前期高齢者医療	107
新障害者基本計画	259	前期高齢者医療制度	128
新生活保護法	48	全国健康保険協会	99
申請書	297	戦時厚生事業	47
申請免除	317	専門的職業従事者	12
身体障害者更生相談所	246	増額年金	318
身体障害者相談員	246	総括安全衛生管理者	168
身体障害者手帳	245, 247	総合的な自立支援システム	239
身体障害者の定義	245	総報酬制等導入	315
身体障害者福祉司	246	ソーシャル・インクルージョン	234
身体障害者福祉法	238, 244	ソーシャルワーク	282
身体障害の範囲	245	措置権	346
診療報酬	118, 254	措置制度	211
水準均衡方式	304	損失補償	28

た 行

第1号被保険者 …………………………324
第2号被保険者 …………………………324
第3号被保険者 …………………………324
第一号法定受託事務 ……………………19
第二号法定受託事務 ……………………19
対人的なサービス保障 …………………12
対世効 ……………………………………32
大西洋憲章 ………………………………5
第2次国民健康づくり対策 ……………57
多段階免除制度 …………………………314
惰民養成 …………………………………294
男女雇用機会均等法 ……………………162
単身赴任者 ………………………………187
地域活動型 ………………………………215
地域生活支援事業 ………………………239
地域福祉権利擁護制度 …………………33
地域包括支援センター …………………138
地域保健 …………………………………53
地域保険 …………………………………98
地域保健行政 ……………………………54
　　──の内容 …………………………53
地域保健将来構想報告書 ………………55
地域保健対策 ……………………………72
地域保健法 ……………………………56, 71
知的障害者援護施設 ……………………250
知的障害者福祉 …………………………250
知的障害者福祉法 ………………………238
知的発達障害 ……………………………250
地方障害者施策推進協議会 ……………235
地方分権と財源 …………………………25
中央社会福祉協議会 ……………………49
中央障害者施策推進協議会 ……………235
抽象的権利説 ……………………………16
賃金保護 …………………………………157
通院医療 …………………………………67
通院患者リハビリテーション事業 ……256
通勤災害 ………………………………184, 189
通勤途上災害調査会 ……………………185
通算老齢年金 ……………………………320
通称エンゼルプラン ……………………51
通所リハビリテーション ………………269
適格退職年金 ……………………………326
伝染病予防法 …………………………45, 60
同意書 ……………………………………297
当事者訴訟 ………………………………31
特定健康診査 ……………………………113
特定障害者給付金法 ……………………319
特定保健指導 ……………………………113
特別基準 …………………………………299
特別支給の老齢厚生年金 ………………314
特別児童扶養手当 ……………………229, 332
特別養護老人ホーム ……………………272
都道府県介護保険事業支援計画 ………137
都道府県障害者計画 ……………………235

な 行

ナショナル・ミニマム（国民的最低限）
　　………………39, 41, 42, 293, 330, 338, 357
難病 ………………………………………69
難病対策 …………………………………69
ニード ……………………………………347
21世紀福祉ビジョン ……………………51
2005年制度改革の概要 …………………143
日中活動の場 ……………………………240
日本型401Kプラン ………………………312
日本の将来推計人口 ……………………311
日本版401Kプラン ………………………326
入院医療 …………………………………66
ニュージーランド「社会保障法」………4
乳児死亡率 ………………………………63
任意加入 ………………………………317, 319
任意接種 …………………………………62
認可団体型 ………………………………214
人間のライフ・ステージ ………………353
妊産婦の健康管理 ………………………163
人足寄場 …………………………………43
認知症高齢者への対応 …………………133
能力開発事業 ……………………………203
ノーマライゼーション …………………232
　　──の原理 …………………………208

は 行

賠償責任の調整 …………………………195
8020運動 …………………………………68
発達障害者支援法制定 ………………251, 259
Public Assistance（SCAPIN 775）………291
反射的受益権 …………………………346, 348
ピエール・ラロック社会保障改革 ……5
ビスマルク ……………………………4, 10
被扶養者 …………………………………100
被保険者 ………………………………100, 316
被保険者・被扶養者の自己負担 ………120
病院・診療所の情報の提供 ……………79
病院の病床種別 …………………………84

被用者保険	97	保険料納付特例制度	314
病床の種類別	85	保険料の半額免除制度	314
費用負担	105, 151	保護基準	302
費用負担関係	242, 249	保護請求権	295, 298
貧困問題の発生	44	保護通勤災害	185
ブース，C.	37, 38	保護通勤災害制度	186
附加価値税	341	保護の実施機関	295, 296, 304
福祉元年	50, 95	保護率	305
福祉国家	5	母子医療対策	64
福祉サービス供給主体	50	母子健康手帳	64
福祉3法	48	母子福祉	228
福祉事務所	281, 296	母子保健活動の基盤整備	65
福祉人材確保法	51	母子保健対策	63
福祉見直し論	50	補償責任	195
不作為の違法確認訴訟	31	堀木訴訟	15, 343
物価スライド	313		
不服申立制度	328	**ま 行**	
不服申立て前置主義	198	マーケット・バスケット方式	303
部分年金	314	マクロ経済スライド	315
不良債権処理	305	マクロ経済スライド方式	323
フレックスタイム制	159	満額年金	318
プログラム規定	344	未熟児	64
プログラム規定説	15	未熟児養育医療	64
文教および科学振興	23	民間営利組織	215
ベヴァリッジ，W. H.	39, 40	民間非営利組織	214
ベヴァリッジ報告	40, 41, 290	民衆訴訟	31
ベヴァリッジ・レポート	14	民生委員	287
変形労働時間制	158	無効等確認訴訟	31
保育	225	無年金障害者	319
防災対策の統轄管理者	165	盲導犬等の貸与	248
法定受託	19		
法定受託事務	18, 19	**や 行**	
法定免除	317	有償化福祉	356
法定労働時間	158	有料老人ホーム	279
訪問看護	267	豊かな社会	343, 352
訪問入浴介護サービス	266	ゆりかごから墓場まで	15
訪問リハビリテーション	267	養育院	44
保険医の登録	110	要介護者の認定	147
保険医療機関	307	養護老人ホーム	278
──の指定	110	予算	22
保険給付の種類と範囲	101	予防接種	62
保健事業	112	予防接種法	62
保険者	98		
保健所	56	**ら 行**	
保健所法	55, 56	ラウントリー，B. S.	37, 38
保険診療	111	離婚時の年金分割	315
保健対策	64	リセッツルメント（社会的再配置）	347
保険料	26, 105	リハビリテーション	232, 233

利用支援型 ……………………………214
利用者本位のサービス体系 …………240
隣保相扶………………………………45
劣等処遇原則 ……………………35, 42
労災保険の給付 ………………………190
労災保険の仕組み ……………………174
労災保険の受給権者 …………………193
労災補償 ………………………………175
労災補償制度 …………………………174
労災民事責任 …………………………196
労使折半原則 …………………………341
老人の日 ………………………………263
老人福祉施策 …………………………124
老人福祉法 ……………………………123
老人保健制度 …………………………127
老人保健法……………………… 50, 263
　　──の制定 ………………………127
労働安全衛生法 ……………155, 161, 165

労働衛生行政 …………………………165
労働基準監督署長 ……………………198
労働基準法 ……………………………155
労働契約 ………………………………156
労働災害 ………………………………165
　　──の認定 ………………………176
労働時間制 ……………………………158
労働条件の明示 ………………………156
労働者災害補償保険審査官 …………198
労働者災害補償保険法 ………………155
労働者保護 ……………………………156
老年人口比率（高齢化率）……………311
老齢基礎年金 …………………………320
老齢年金 ………………………………320

わ 行

ワイマール憲法…………………………14

〈編者紹介〉

佐藤　進（さとう　すすむ）
日本女子大学名誉教授
立正大学名誉教授
新潟清陵大学名誉教授

金川　琢雄（かながわ　たくお）
金沢医科大学名誉教授

あたらしい
社会保障・社会福祉法
概　説　[第2版]

2006年（平成18年）12月10日　第2版第1刷発行

編　者　　佐　藤　　　進
　　　　　金　川　琢　雄
発行者　　今　井　　　貴
発行所　　信山社出版株式会社
〒113-0033　東京都文京区本郷6-2-9-102
　　　　電　話　03（3818）1019
　　　　FAX　　03（3818）0344
Printed in Japan

©著者, 2006　印刷・製本／松澤印刷
ISBN 4-7972-8532-X　C3332
1824-012-1001-050

◆既刊・新刊のご案内◆

gender law books

ジェンダーと法
辻村みよ子 著（東北大学教授） ■本体 3,400円（税別）

導入対話による
ジェンダー法学【第2版】
監修：**浅倉むつ子**（早稲田大学教授）／阿部浩己／林瑞枝／相澤美智子
山崎久民／戒能民江／武田万里子／宮園久栄／堀口悦子 ■本体 2,400円（税別）

比較判例ジェンダー法
浅倉むつ子・角田由紀子 編著

相澤美智子／小竹聡／今井雅子／松本克巳／齋藤笑美子／谷田川知恵／
岡田久美子／中里見博／申ヘボン／糠塚康江／大西祥世 ［近刊］

パリテの論理
男女共同参画へのフランスの挑戦
糠塚康江 著（関東学院大学教授）
待望の1作 ■本体 3,200円（税別）

ドメスティック・バイオレンス
戒能民江 著（お茶の水女子大学教授） A5変判・上製 ■本体 3,200円（税別）

キャサリン・マッキノンと語る
ポルノグラフィと買売春
角田由紀子（弁護士）
ポルノ・買売春問題研究会
9064-1 四六判 ■本体 1,500円（税別）

法と心理の協働
二宮周平・村本邦子 編著

松本克美／段林和江／立石直子／桑田道子／杉山暁子／松村歌子 ■本体 2,600円（税別）

オリヴィエ・ブラン 著・辻村みよ子 監訳
オランプ・ドゥ・グージュ
― フランス革命と女性の権利宣言 ―

フランス革命期を
毅然と生き
ギロチンの露と消えた
女流作家の生涯

【共訳／解説】辻村みよ子／太原孝英／高瀬智子 （協力：木村玉絵）
「女性の権利宣言」を書き、黒人奴隷制を批判したヒューマニスト ■本体 3,500円（税別）

早川吉尚・山田 文・濱野 亮 編

ADRの基本的視座

根底から問い直す "裁判外紛争処理の本質"

1　紛争処理システムの権力性とADRにおける手続きの柔軟化　　（早川吉尚・立教大学）
2　ADRのルール化の意義と変容アメリカの消費者紛争ADRを例として　（山田 文・京都大学）
3　日本型紛争管理システムとADR論議（濱野亮・立教大学）
4　国によるADRの促進　　（垣内秀介・東京大学）
5　借地借家調停と法律家　日本における調停制度導入の一側面　（高橋 裕・神戸大学）
6　民間型ADRの可能性（長谷部由起子・学習院大学）
7　現代における紛争処理ニーズの特質とADRの機能理（和田仁孝・早稲田大学）
8　和解・国際商事仲裁におけるディレンマ（谷口安平・東京経済大学／弁護士）
9　制度契約としての仲裁契約　仲裁制度合理化・実効化のための試論　（小島武司・中央大学）
10　ADR法立法論議と自律的紛争処理志向（中村芳彦・弁護士）
座談会　［出席者：和田・山田・濱野・早川（司会）］

A5判　336頁　定価3,780円（本体3,600円）

■スポーツ法■

導入対話による スポーツ法学　9108-7

小笠原正（東亞大学）／井上洋一（奈良女子大学）／川井圭司（同志社大学）／齋藤健司（神戸大学）
諏訪伸夫（筑波大学）／濱野吉生（早稲田大学）／森浩寿（日本大学）　■ 2,900円（税別）

小笠原正・塩野宏・松尾浩也（編集代表）

スポーツ六法2006

事故防止からビジネスまで　■ 2,850円（税別）

【編集委員】
浦川道太郎／川井圭司／菅原哲朗
高橋雅夫／道垣内正人／濱野吉生
守能信次／森 浩寿／吉田勝光

トピック 社会保障法

本澤巳代子（筑波大学）　新田秀樹（大正大学）編著

原田啓一郎（駒澤大学）／中江章浩（帝京大学）／小西啓文（三重短期大学）
増田幸弘（日本女子大学）／橋爪幸代（上智大学）／脇野幸太郎（明治大学）

トピックで問題提起◆最新の知識を立体的・実践的に学ぶ　■ 2,400円（税別）

判例総合解説シリーズ

分野別判例解説書の新定番　　　　　　　　実務家必携のシリーズ

実務に役立つ理論の創造

緻密な判例の分析と理論根拠を探る

石外克喜 著（広島大学名誉教授）　2,900円
権利金・更新料の判例総合解説
●大審院判例から平成の最新判例まで。権利金・更新料の算定実務にも役立つ。

生熊長幸 著（大阪市立大学教授）　2,200円
即時取得の判例総合解説
●民法192条から194条の即時取得の判例を網羅。動産の取引、紛争解決の実務に。

土田哲也 著（香川大学名誉教授・高松大学教授）　2,400円
不当利得の判例総合解説
●不当利得論を、通説となってきた類型論の立場で整理。事実関係の要旨をすべて付し、実務的判断に便利。

平野裕之 著（慶應義塾大学教授）　3,200円
保証人保護の判例総合解説〔第2版〕
●信義則違反の保証「契約」の否定、「債務」の制限、保証人の「責任」制限を正当化。総合的な再構成を試みる。

佐藤隆夫 著（國学院大学名誉教授）　2,200円
親権の判例総合解説
●離婚後の親権の帰属等、子をめぐる争いは多い。親権法の改正を急務とする著者が、判例を分析・整理。

河内　宏 著（九州大学教授）　2,400円
権利能力なき社団・財団の判例総合解説
●民法667条〜688条の組合の規定が適用されている、権利能力のない団体に関する判例の解説。

清水　元 著（中央大学教授）　2,300円
同時履行の抗弁権の判例総合解説
●民法533条に規定する同時履行の抗弁権の適用範囲の根拠を判例分析。双務契約の処遇等、検証。

右近建男 著（岡山大学教授）　2,200円
婚姻無効の判例総合解説
●婚姻意思と届出意思との関係、民法と民訴学説の立場の違いなど、婚姻無効に関わる判例を総合的に分析。

小林一俊 著（大宮法科大学院教授・亜細亜大学名誉教授）　2,400円
錯誤の判例総合解説
●錯誤無効の要因となる要保護信頼の有無、錯誤危険の引受等の観点から実質的な判断基準を判例分析。

小野秀誠 著（一橋大学教授）　2,900円
危険負担の判例総合解説
●実質的意味の危険負担や、清算関係における裁判例、解除の裁判例など危険負担論の新たな進路を示す。

平野裕之 著（慶應義塾大学教授）　2,800円
間接被害者の判例総合解説
●間接被害による損害賠償請求の判例に加え、企業損害以外の事例の総論・各論的な学理的分析をも試みる。

三木義一 著（立命館大学教授）　2,900円
相続・贈与と税の判例総合解説
●譲渡課税を含めた相続贈与税について、課税方式の基本原理から相続税法のあり方まで総合的に判例分析。

二宮周平 著（立命館大学教授）　2,800円
事実婚の判例総合解説
●100年に及ぶ内縁判例を個別具体的な領域毎に分析し考察・検討。今日的な事実婚の法的問題解決に必須。

手塚宣夫 著（石巻専修大学教授）　2,200円
リース契約の判例総合解説
●リース会社の負うべき義務・責任を明らかにすることで、リース契約を体系的に見直し、判例を再検討。

信山社